FRANZÖSISCHE GESCHÄFTSBRIEFE HEUTE

4000 Austauschsätze und 100 Briefmuster
nach Sachgebieten geordnet

LANGENSCHEIDT

BERLIN · MÜNCHEN · WIEN · ZÜRICH

6. Auflage 1989

Druck: Druckhaus Langenscheidt, Berlin-Schöneberg
Printed in Germany
ISBN 3-468-40950-8

VORWORT UND BENUTZERHINWEISE

Im Gegensatz zur Privatkorrespondenz folgen Geschäftsbriefe einer gewissen Anzahl von Denkmodellen. So lassen sich in einer großen und guten Auswahl von Briefanlässen und Korrespondenzsituationen rund 95% aller gängigen Geschäftsbriefe erfassen. Das vorliegende Buch enthält eine solche Zusammenstellung oder Vor-Programmierung. Es ist das Produkt der Zusammenarbeit eines Teams von Experten aus den verschiedensten Gebieten der Wirtschaft.

Mit Hilfe dieser nach Sachgebieten geordneten Handelskorrespondenz und der französischen Paralleltexte lassen sich nicht nur französische Geschäftsbriefe schnell und korrekt abfassen; die Breite der Auswahl, die Vielzahl der behandelten Einzelpunkte und die praktische Verwendbarkeit der Vorlagen wirken auch als Stimulans und Inspiration bei der Anfertigung des ersten Briefkonzepts.

Im bewußten Gegensatz zu manchem verstaubten Korrespondenzbuch haben wir versucht, auch in sprachlicher Hinsicht das Heute mit einzubeziehen. Original und Übersetzung sind in der Sprache von heute abgefaßt – eine Sprache, die nichts mehr mit dem gespreizten Kaufmannsstil früherer Zeiten gemein hat.

So sind wir vorgegangen: Sie finden zuerst eine Reihe von Briefbeispielen oder Briefmustern, d. h. vorbildliche und vollständige Schreiben aus allen Gebieten und für alle Zwecke der kaufmännischen Korrespondenz. Ihre Anordnung entspricht dem normalen Ablauf: Anfrage, Angebot, Auftrag etc. Die jeweilige Thematik dieser Briefbeispiele (Seite 33–81) ist aus dem Inhaltsverzeichnis ersichtlich.

Den Hauptteil des Buches bilden die Austauschsätze (Seite 83–332), die nahezu jeden auftretenden Einzelfall decken. Diese Sätze entsprechen in ihrer Anordnung weitgehend dem Ordnungsschema der Briefbeispiele. Der Zugriff zu ihnen erfolgt entweder über das systematisch angelegte Inhaltsverzeichnis oder über das alphabetische Register am Ende des Buches.

Wir sprechen von Austauschsätzen, weil mit deren Hilfe die vorangestellten Briefbeispiele für jeden speziellen Zweck modifiziert werden können. Selbstverständlich können diese Austauschsätze aber auch unabhängig von den Briefbeispielen Verwendung finden, indem sie der Benutzer des Werkes einfach in „seinen Brief" einfügt.

Eine sicherlich gute zusätzliche Ergänzung zur Handelskorrespondenz bilden die umfangreichen Tabellen und Übersichten. Besonders eingehend werden die internationalen Handelsabkürzungen und Fachausdrücke des Transportwesens behandelt.

Reichhaltigkeit im inhaltlichen Angebot und eine moderne sprachliche Konzeption – wir haben uns bemüht, diese Grundsätze in der vorliegenden Handelskorrespondenz zu realisieren. Wir hoffen, daß dieses Buch damit dem künftigen Benutzer eine gute Arbeitshilfe sein wird.

LANGENSCHEIDT

INHALTSVERZEICHNIS

TABELLEN
TABLES

INTERNATIONALE HANDELSABKÜRZUNGEN UND FACHAUSDRÜCKE IM TRANSPORTWESEN

a/a	Always afloat. Das Schiff darf nicht auf Grund geraten
a.a.r.	Against all risks. Gegen alle Risiken (Transportversicherung)
Air consignment note	Luftfrachtbrief
Airport of arrival	Ankunftsflughafen
Airport of departure	Abgangsflughafen
Airway bill	Luftfrachtbrief
Always safely afloat	Das Schiff muss den Lade- oder Löschplatz ohne Grundberührung erreichen und dort stets schwimmend liegen können. Falls die angewiesene Lade-/Löschstelle diese Voraussetzungen nicht erfüllt, hat das Schiff das Recht, Aufleichterung bzw. Abladung an einer anderen, diesen Anforderungen genügenden Stelle zu verlangen. Damit fallen sämtliche damit verbundenen Kosten der Ware zur Last
a.m.	Ante meridiem. Vormittags
Amounts	Beträge
Appr. (approx.)	Approximately. Ungefähr
ARR	Arrival. In Flugplänen angegebene Ankunftszeit
Bareboat charter	Vertrag über die Vermietung des leeren (nackten) Schiffs. Der Mieter tritt als Reeder auf und bezahlt sämtliche Kosten für Personal, Versicherung, Treibstoff usw.; er muss ausserdem für die Instandhaltung des Schiffs auf seine Kosten sorgen
b.b.	Below bridges. Unterhalb der Brücken (u.a. in der Fahrt von und nach London wichtig im Zusammenhang mit unterschiedlichen Kosten, die zu Lasten des Schiffs gehen)
B/L	Bill of lading. Konnossement, Seefrachtbrief
Booking	Buchung, Reservierung für Güter, Gepäck und Passagiere in der Luftfahrt
Breakdown clause (Of-off-hire clause)	Eine Klausel, die in Zeitcharterverträgen bestimmt, wann die Mietzahlung infolge Maschinenschadens, Kollision, ungenügender Besatzung oder Ausrüstung usw. unterbrochen wird
Breaking bulk	Beginn der Löschung des Schiffs
Brokerage	Vergütung an den Makler, durch dessen Vermittlung ein Chartervertrag zustande kommt
B.S.	Bottom stowed. Unterste Lage
B.S.T.	British summer time. Britische Sommerzeit
Bulk	Goods not packed but shipped loose. Lose, unverpackte Massengüter (Erze, Kohlen, Getreide usw.)
Bulky freight	Sperrgut
ca.	Circa. Variationsbreite nach oben und unten; ungefähr
c.a.d. (c/d)	Cash against documents. Kasse gegen Dokumente
c.a.f.	Coût, assurance, fret. Franz. Bezeichnung für c.i.f.
Cargo	Frachtgut
Carriage	Beförderung, Transport
Carrier	Luftfrachtführer

Cash on delivery (c.o.d.)	Nachnahme
C.C.	Charges collect. Erhebung von Gebühren, unfrei
Certificate of origin	Ursprungszeugnis
c. + f.	Cost and freight. Kosten und Fracht bis zum Bestimmungshafen (Transportversicherung)
c. + i.	Cost and insurance. Kosten und Versicherung
Charge	Frachtpreis, Gebühr
Chargeable weight	Frachtpflichtiges Gewicht
Charges collect (C.C.)	Erhebung von Gebühren, unfrei
c.i.f.	Cost, insurance, freight. Kosten, Versicherung und Fracht bis zum Bestimmungshafen (Transportversicherung)
c.i.f. + c.	Cost, insurance, freight and commission. C.i.f. zuzüglich Kommission für den das Geschäft vermittelnden Vertreter
c.i.f.c.i.	Cost, insurance, freight, commission and interest. C.i.f. + Provision/Kommission und Bankspesen
c.i.f. landed	C.i.f. einschliesslich Löschen auf Kai
City terminal service	Stadt-Zubringerdienst
c.k.d.	Completely knocked down. Vollkommen zerlegt, demontiert
Claims	Beanstandungen, Reklamationen, Schadenersatzansprüche, Forderungen infolge angenommener Nicht-Erfüllung der Verpflichtungen der Gegenpartei
Classification rates	Warenklassenraten
c/o	Care of. Per Adresse
c.o.d.	Cash on delivery. Nachnahme
Collecting fee	Gebühr für die Einziehung der Seefracht im Bestimmungshafen (üblicherweise 2–5%)
Commodity rates	Frachtraten (Luftfracht)
Conditions of contract	Luftfrachtbedingungen
Congestion surcharge	Unter dieser Bezeichnung werden nach bestimmten Häfen Frachtzuschläge erhoben, falls die Schiffe infolge von Güterstauungen oder der technischen Beschaffenheit des Hafens auf ihre Entladung (Löschung) warten müssen
Consignee	Empfänger
Consignment	Gütersendung
Consignor	Absender
Consolidator	IATA-Sammelladungs-Agent
Consular invoice (C.I.)	Konsulatsfaktura
c.o.s.	Cash on shipment. Zahlung bei Verschiffung
c.p.d.	Charterer pays dues. Abgaben werden vom Charterer bezahlt
c.t.	Conference terms. Konferenzbedingungen
Current rates (c.r.)	Manchmal auch «Current cost»: zu den Sätzen und Tarifen, die zur Zeit in Kraft sind
Customs broker	Zollbevollmächtigter, Zollagent
Customs clearance	Zollabfertigung
Customs declaration	Zollanmeldung
d/a	Documents against acceptance. Dokumente gegen Akzept
D.B.B.	Deals, boards, battens. Bohlen, Balken, Bretter, bestimmte Typen von Schnittholz
d.d.	Dangerous deck. Gefährliche Ware, Deckgut
Dead freight	Fehlfracht ist eine für die gebuchte, jedoch nicht zur Verladung gelangte Menge verschuldete Fracht
Delivering carrier	Auslieferer am Bestimmungsflughafen
Delivery service	Zustelldienst
Demurrage	Liegegeld, zahlbar nach Ablauf der vereinbarten Lade- und Löschzeit
DEP (dep.)	Departure. In Flugplänen angegebene Abflugzeit
Dispatch money	Eilgeld: eine Vergütung, die – soweit vereinbart – für das Schiff gezahlt wird, falls die Beladung oder Löschung in kürzerer Zeit erfolgt, als laut Charter festgelegt ist
d.l.c. (d.w.c.)	Deadweight loading capacity, deadweight carrying capacity. Tragfähigkeit und Ladefähigkeit eines Seeschiffs, ausgedrückt in Gewichtstonnen von 2240 lbs oder 1016,047 kg
d.l.o.	Dispatch loading only. Eilgeld ist nur bei Beladung zahlbar
d/p	Documents against payment. Dokumente gegen Zahlung
Emergency rates	Konferenzausdruck für Kampfraten
E. & O.E.	Errors and omissions excepted. Irrtümer und Auslassungen vorbehalten
e.t.a.	Estimated time of arrival. Voraussichtliche Ankunft (des Schiffs)
E.T.C.	Expected to complete. Zu erwartendes Löschende

e.t.s.	Expect to sail. Voraussichtliche Abfahrt (des Schiffs)
Ex ship	Name des Schiffs – benannter Hafen: Der Verkäufer hat dem Käufer die Ware in der üblichen Weise an Bord des Schiffs am üblichen Löschungsort des benannten Hafens zur Verfügung zu stellen
f.a.c.	Fast as can. Die Beladung oder Löschung hat so schnell zu erfolgen, wie das Schiff empfangen oder ausliefern kann
f.a.c.a.c.	Fast as can as customary. Wie vorstehend, jedoch unter der Berücksichtigung der ortsüblichen Usancen
f.a.s.	Free alongside ship. Frei Längsseite Seeschiff im benannten Hafen (Transportversicherung)
F.C.R.	Forwarding agent's certificate of receipt. Spediteur-Übernahmebescheinigung; zur einheitlichen Verwendung eingeführt durch die FIATA
F.C.T.	Forwarding agent's certificate of transport. Entsprechende Bedeutung wie F.C.R.
f.i.	Free in. Die Ware ist frei in den Raum des Schiffs zu liefern
f.i.b.	Free into barge. Frei Leichter längsseits Schiff
f.i.o.	Free in and out. Die Ware ist frei in den Raum des Schiffs zu liefern und aus dem Raum zu nehmen
f.i.o.s.	Free in and out and free stowed. Die Ware ist frei in den Raum des Schiffes gestaut zu liefern und frei aus dem Raum zu nehmen
f.i.o.t.	Free in and out and free trimmed. Die Ware ist frei in den Raum des Schiffs getrimmt zu liefern (bei loser Ware) und frei aus dem Raum zu nehmen
f.i.s.	Gleiche Bedeutung wie f.i.o.s.
f.i.t.	Gleiche Bedeutung wie f.i.o.t.
f.o.a. (Free on aircraft)	Entspricht f.o.b. (Free on board)
f.o.b.	Free on board. Die Ware ist frei in den Raum des Schiffs zu liefern
f.o.q.	Free on quay. Frei auf Kai
f.o.r.	Free on rail. Frei auf Waggon
Force majeure	Höhere Gewalt, im engeren Sinne: Einwirkung von Naturgewalten auf die Beförderung, gegen die menschliche Einrichtungen und Kräfte keinen Schutz gewähren (ausgenommen Schlagregen)
f.o.t.	Free of turn. Die Lade- oder Löschzeit des Schiffs beginnt zu zählen, unabhängig davon, ob das Schiff einen Liegeplatz im Turn erhält oder nicht
f.o.t.	Free on truck. Frei Lastkraftwagen
F.O.W. (auch E.O.W.)	First open water. Erstes offenes Wasser. Üblich im Verkehr mit Häfen, die im Winter eisgeschlossen sind
f.p.a.	Free from particular average unless the vessel or craft be stranded, sunk or burnt. Frei von Teilschäden, ausgenommen das Schiff strandet, sinkt, kollidiert oder hat Feuer an Bord (Transportversicherung)
f.t.	Full terms. Zu vollen Bedingungen, ohne jede Änderung
Gateway charges	Nebenspesen beim Umladen auf bestimmten Flugplätzen
General cargo rates	Allgemeine Frachtraten
Goods	Frachtgüter
Handling	Bodenabfertigung der Flugzeuge, von Passagieren, Fracht, Post und Gepäck
I.C.C.	Institute cargo clauses. Versicherungsbedingungen für Gütertransporte (Transportversicherung)
Incoterms	International commercial terms. Internationale Regeln für die Auslegung handelsüblicher Vertragsformeln (Transportversicherung)
In regular terms	Turngleiche Reihenfolge: Beladung/Löschung findet in der Reihenfolge der Ankunft statt. Die Lade- und Löschzeit beginnt chartergemäss zu zählen, sobald das Schiff an der Lade- oder Löschstelle eintrifft
Landing charges	Kosten, die in manchen Häfen durch den Transport der Ware an Land (meist mit Leichtern von offener Reede) entstehen
L/C	Letter of credit. Akkreditiv
Liner terms	Bedingungen der Reedereien, zu denen sie die ihnen angebotenen Waren befördern
Livraison en cale	Diese Konnossementsklausel verpflichtet den Empfänger, das Gut «aus dem Laderaum» des Schiffs zu empfangen, d.h. die Löschkosten zu tragen

L.S. & D. charges	Landing, storage and delivery charges. Festgesetzte Kosten für Lösch-, Lagerungs- und Auslieferungsgebühren
L/T	Long ton
Main ports	In der Linienschiffahrt die Haupthäfen, im Gegensatz zu den «outports», den Nebenhäfen, soweit diese mit den main ports keine Hafengruppe bilden
M/R	Mate's receipt. Empfangsquittung, gezeichnet durch den Ladungsoffizier des Schiffs; Bescheinigung, dass sich die Ware an Bord befindet
MS	Motor ship. Motorschiff
M/T	Measurement ton (am.). Mass-Tonne = 40 cft.
M/T	Metric ton. Metrische Tonne (1000 kg)
N.A.A.B.S.A.	Not always afloat, but safe aground. Das Schiff liegt nicht immer flott, darf (bei Ebbe) auf Grund liegen. Die Liegestelle muss dann aber für das Schiff sicher sein (weicher Boden). Häufig bei Häfen mit starkem Tidenhub, d.h. Differenz zwischen Ebbe und Flut – ausserhalb der Docks (Themse und Nordfrankreich)
n.e.s.	Not elsewhere specified. In Seefrachttarifen anderweitig nicht tarifiert
n.o.e.	Not otherwise enumerated
n.o.p.	Not otherwise provided
n.o.r.	Not otherwise rated
Offload	Ausladung von Frachtgut
Open rates	«Offene Raten», für das betreffende Gut ist keine Fracht im Tarif festgesetzt
Outsider	Ein Schiffahrtsunternehmen, das ein Verkehrsgebiet bedient, das auch von Konferenzlinien befahren wird, jedoch der Konferenz nicht angehört
o.w.h.	Ordinary working hours. Normale Arbeitszeit
Owner's option	In Option der Reederei
Parcel receipt	Ist von verschiedenen Reedereien eingeführt worden, um bei Klein- und Kleinstsendungen nach Übersee die verhältnismässig hohe Minimalfracht bei einer Verschiffung je Konnossement zu vermeiden. Es ist kein handelbares Dokument
pd	Paid. Bezahlt
Pick-up-service	Abholdienst

Pilferage	Beraubung, Diebstahl eines Teils des Inhalts. Der Diebstahl ganzer Kolli heisst theft
p.m.	Post meridiem. Nachmittags
p.o.d.	Paid on delivery. Bezahlt bei Ablieferung
Port dues (P.D.)	Hafengebühren
ppd	Prepaid. Im voraus bezahlt
Running days running hours	Laufende Tage oder laufende Stunden. Eine häufige Charterformulierung, wenn der Tag mit 24 Stunden ununterbrochen durchzählt. Bedarf der Hinzusetzung eines Ausschlusses von Sonn- und Feiertagen
s.a.	Subject to approval. Vorbehältliche Zustimmung
s.b.f.	Sauf bonne fin. Unter üblichem Vorbehalt
S.E. & O.	Salvo errore et omissione (sauf erreur et omission). Irrtümer und Auslassungen vorbehalten
shex	Sundays and holidays excepted. Sonn- und Feiertage ausgeschlossen
Shipment	Gütersendung
Shipped on deck at shipper's risk	Freizeichnungsklausel auf einem Konnossement, die besagt, dass die Ware nicht im Laderaum, sondern auf Risiko des Verschiffers auf Deck verladen wurde
Shipper	Absender
Shipping documents	Begleitpapiere
Short shipped	Konnossements-Vermerk für nicht mitverschifftes Gut. Bezeichnung für Güter, die das Schiff bei der Beladung im Verschiffungshafen zurückgelassen hat
Sous palan	«Frei in der Schlinge», «unter dem Haken». Diese Vorschrift ist in der Levante- und Nordafrikafahrt gebräuchlich. Die Klausel wird bei Löschung auch als «overside delivery clause» oder «tackle clause» bezeichnet. «Sous palan» bedeutet, dass die Ware im Seeschiff so gestaut werden muss, dass sie jederzeit, auch an Sonn- und Feiertagen, im Bestimmungshafen mit dem Schiffsgeschirr längsseits in Binnenschiff oder Leichter übergeben werden kann. Daher ist eine vorherige Abstimmung mit der Seereederei im Verladehafen unbedingt erforderlich

Specific commodity rates	Spezialraten (Luftfracht)
S.R.C.C. risks	Strike, riots and civil commotion. Streik, Aufstände, Bürgerkrieg (Transportversicherung)
Subopen	Subject to being open. Dieser Begriff bedeutet beim Befrachten den Vorbehalt, dass Schiff oder Ladung, für deren Befrachtung der Ver- oder Befrachter zum Zeitpunkt des Abschlusses der Offerte noch anderweitig fest gebunden ist, von dieser anderweitigen Offerte wieder frei wird, damit der Subopen-Abschluss bzw. die Subopen-Offerte zum festen Abschluss bzw. zur festen Offerte werden
Surcharge	Zuschlag zur Seefracht für bei der letzten Ratenveröffentlichung noch nicht berücksichtigte kostenverteuernde Erschwernisse, wie unvorhergesehene Liegezeiten infolge von Hafenverstopfung, Währungsabwertung usw. Die Surcharge wird nur vorübergehend erhoben, solange der Erhebungsgrund andauert, oder bei der nächsten Ratenfestsetzung in die Rate eingerechnet
Surcharge value	Wertaufschlag

Thru B/L	Through bill of lading. Durch (Fracht-) Konnossement
Toploading	Klausel in Akkreditiven, die besagt, dass die Ware im Schiffsraum obenauf zu laden ist
Trace	Fahndung nach einer Sendung, die ihr Ziel nicht erreicht hat
Transportation	Beförderung
T.S.	Top stowed. Oberste Lage
u.c.	Usual conditions. Übliche Bedingungen
Unless commenced earlier	Wird mit der Beladung oder Entlöschung eines Schiffs schon während der Meldezeit begonnen, so zählt die Zeit ab Arbeitsbeginn als Lade- oder Löschzeit
w/m	Weight or measurement. Frachtabrechnung nach Gewicht oder Mass
Working days	Übliche Arbeitstage; Feiertage und Sonntage sind ausgeschlossen
w.p.a.	With particular average. Teilschaden ist mitversichert (Transportversicherung)
w.w.d.	Weather working days. Wettererlaubende Arbeitstage. Die Lade-/Löschzeit wird unterbrochen, falls die Wetterverhältnisse die Beladung/Löschung nicht gestatten

LÄNDERVERZEICHNIS UND GESCHÄFTSSPRACHEN

LISTE DES PAYS ET LANGUES COMMERCIALES

(ohne politischen Inhalt, nur mit sprachlich-praktischer Bedeutung)
E = Englisch, F = Französisch, S = Spanisch,
D = Deutsch

Land	*Geschäftssprache*
Aden – Aden	E
Ägypten – Égypte	E/F
Äquatorial-Guinea – Guinée équatoriale	S
Äthiopien – Éthiopie	E/F
Afghanistan – Afghanistan	E
Albanien – Albanie	F
Algerien – Algérie	F
Amerikanisch (Ost)Samoa – Samoa orientales	E
Andorra – Andorre	F/S
Angola – Angola	E
Antigua – Antigua	E
Argentinien – Argentine	S
Aruba – Aruba	E
Australien – Australie	E
Australisch Neuguinea – Nouvelle-Guinée australienne	E
Azoren, Inseln – Açores	E
Bahama-Inseln – Bahamas	E
Bahrein-Inseln – Bahreïn	E
Bangla Desh – Bangla-Desh	E
Barbados – Barbade	E
Belgien – Belgique	F
Bermuda – Bermudes	E
Bhutan – Bhoutan	E
Birma – Birmanie	E
Bolivien – Bolivie	S
Botswana, Republik – Botswana, République du	E
Brasilien – Brésil	E
Britische Besitztümer im Pazifik – Possessions britanniques du Pacifique	E
Britisch Honduras – Honduras britannique	E

Land	*Geschäftssprache*
Bulgarien – Bulgarie	E/F/D
Bundesrepublik Deutschland – Allemagne, République fédérale d'	D
Burundi – Burundi	F
Ceylon – Ceylan	E
Chile – Chili	S
China, Volksrepublik – Chine, République populaire de	E
Costa Rica – Costa Rica	S
Curaçao – Curaçao	E
Dänemark – Danemark	E/D
Dahomey – Dahomey	F
Deutsche Demokratische Republik – République démocratique allemande	D
Dominica – Dominique	E
Dominikanische Republik – Dominicaine, République	S
Ecuador – Équateur	S
Elfenbeinküste – Côte-d'Ivoire	F
El Salvador – El Salvador	S
Färöer – Féroé	E
Falklandinseln – Falkland	E
Finnland – Finlande	D/E
Frankreich – France	F
Französische Besitztümer im Pazifik – Territoires français du Pacifique	F
Französisch Guayana – Guyane française	F

Land	*Geschäftssprache*
Gabun – Gabon	F
Gambia – Gambie	E
Ghana – Ghana	E
Grenada – Grenade	E
Griechenland – Grèce	E/D/F
Grönland – Groenland	E
Großbritannien – Grande-Bretagne	E
Guatemala – Guatemala	E
Guayana – Guyane	F
Guinea – Guinée	S
Hadramaut – Hadramaout	E
Haiti – Haïti	F
Honduras – Honduras	S
Hongkong – Hongkong	E
Indien – Inde	E
Indonesien – Indonésie	E
Irak – Iraq	E
Iran – Iran	E/F/D
Irland – Irlande	E
Island – Islande	E/D
Israel – Israël	E/F
Italien – Italie	E/F
Jamaika – Jamaïque, la	E
Japan – Japon	E
Jemen, Arabische Republik – Yémen, République arabe du	E
Jordanien – Jordanie	E
Jugoslawien – Yougoslavie	D/F/E
Kambodscha – Cambodge	F
Kamerun, Bundesrepublik – Cameroun, République fédérale du	F/E
Kanada – Canada	E/F
Kanarische Inseln – Canaries, îles	S
Kenia – Kenya	E
Kolumbien – Colombie	S
Kongo, Republik – Congo, République populaire du	F
Korea, Republik – Corée, République de	E
Korea, Demokratische Volksrepublik – Corée, République populaire démocratique de	E
Kuba – Cuba	S
Kuwait – Koweït	E
Laos – Laos	F
Lesotho – Lesotho	E
Libanon – Liban	F/E
Liberia – Libéria	D

Land	*Geschäftssprache*
Libyen – Libye	E
Liechtenstein, Fürstentum – Liechtenstein, Principauté de	E
Luxemburg – Luxembourg	F/D
Macao – Maxao	E
Madagaskar – Madagascar, République malgache	F
Madeira – Madère	E
Malawi – Malawi	E
Malaysia, Föderation – Malaysia, Fédération de	E
Malediven – Maldives	E
Mali, Republik – Mali, République du	F
Malta – Malte	E
Marokko – Maroc	F
Maskat – Mascate	E
Mauretanien, Islamische Republik – Mauritanie, République islamique de	F
Mauritius – Maurice, île	E
Mexiko – Mexique	S
Moçambique – Mozambique	E
Monaco – Monaco	F
Mongolische Volksrepublik – Mongolie, République populaire de	E
Monserrat – Montserrat	E
Nauru – Nauru	E
Nepal – Népal	E
Neuguinea – Nouvelle-Guinée	E
Neuseeland – Nouvelle-Zélande	E
Nicaragua – Nicaragua	S
Niederlande – Pays-Bas	E/D/F
Niger – Niger	F
Nigeria – Nigéria, République fédérale du	E
Nord-Irland – Irlande du Nord	E
Norwegen – Norvège	E/D
Obervolta – Haute-Volta	F
Österreich – Autriche	D
Oman – Oman	E
Pakistan – Pakistan	E
Panama – Panama	S
Paraguay – Paraguay	S
Peru – Pérou	S
Philippinen – Philippines	E/S
Polen – Pologne	E/D/F

Land	*Geschäftssprache*
Portugal – Portugal	E
Puerto Rico – Porto Rico	E/S
Rhodesien – Rhodésie	E
Ruanda – Rwanda	F
Rumänien – Roumanie	D/F/E
Sambia – Zambie, République de	E
Samoa – Samoa	E
Santa Lucia – Sainte-Lucie	E
Saudi-Arabien – Arabie Saoudite	E
Schweden – Suède	D/E
Schweiz – Suisse	D/F/E
Senegal – Sénégal	F
Sierra Leone – Sierra Leone	E
Sikkim – Sikkim	E
Singapur – Singapour	E
Sokotra – Socotora	E
Somalia – Somalie, République de	E
Spanien – Espagne	S
Spanisch-Sahara (Rio de Oro) – Rio de Oro	S
St. Vincent – Saint-Vincent	E
Südafrika, Republik – Afrique du Sud, République d'	E
Surinam – Surinam	E
Swasiland – Swaziland	E
Syrien – Syrie, République arabe de	F/E
Taiwan – T'ai-wan	E
Tansania – Tanzanie, République fédérale de	E
Thailand – Thaïlande	E
Togo – Togo, République du	F
Trinidad und Tobago – Trinité-et-Tobago	E
Tschad, Republik – Tchad, République du	F
Tschechoslowakei – Tchécoslovaquie	D/E/F
Türkei – Turquie	F/D/E
Tunesien – Tunisie	F
Uganda – Ouganda	E
Ungarn – Hongrie	D/E
Union der Sozialistischen Sowjetrepubliken – Union des Républiques socialistes soviétiques	E/D/F
Uruguay – Uruguay	S
Vatikanstadt – Vatican, Cité du	E/F/D/S
Venezuela – Venezuela	S
Vereinigte Staaten von Amerika – États-Unis d'Amérique	E
Vietnam – Viet-Nam	F
West-Samoa – Samoa occidentales	E
Zaire, Republik – Zaïre, République du	F
Zentralafrikanische Republik – République centrafricaine	F
Zypern – Chypre	E/F

LÄNDERVERZEICHNIS UND WÄHRUNGEN

AFRIQUE

Pays	*Unité monétaire*
Afrique du sud (y compris L'Afrique du sud-ouest)	1 rand (R) = 100 cents
Algérie	1 dinar algérien (DA) = 100 centimes
Botsouana	1 rand (R) = 100 cents
Burundi	1 franc Burundi (FBU) = 100 centimes
Cameroun	1 franc CFA (FCFA) = 100 centimes
Centrafricaine, République	1 franc CFA (FCFA) = 100 centimes
Congo (Brazzaville)	1 franc CFA (FCFA) = 100 centimes
Côte française des Somalis	1 franc Djibouti (FD) = 100 centimes
Côte d'Ivoire	1 franc CFA (FCFA) = 100 centimes
Dahomey	1 franc CFA (FCFA) = 100 centimes
Éthiopie	1 dollar éthiopien ($ ETH) = 100 cents
Gabon	1 franc CFA (FCFA) = 100 centimes
Gambie	1 livre Gambie (£ GA) = 100 nouveaux pence (d)
Ghana	1 new-cedi (NC) = 100 new-pesewas
Guinée	1 sily (S) = 100 cauri
Guinée équatoriale	1 peseta (PTA) = 100 céntimos
Haute-Volta	1 franc CFA (FCFA) = 100 centimes
Kenya	1 shilling Kenya (sKE) = 100 centa
Lesotho	1 rand (R) = 100 cents
Libéria	1 dollar libérien ($ LIB) = 100 cents
Lybie	1 livre lybienne (£ LYB) = 1000 millièmes
Madagascar	1 franc malgache (FMG) = 100 centimes
Malawi	1 kwacha Malawi = 100 tambala
Mali	1 franc Mali (FM) = 100 centimes
Maroc	1 dirham (DH) = 100 franc marocains
Maurice, Ile	1 roupie mauricienne (RUPM) = 100 cents
Mauritanie	1 Ouguiya = 5 Khomss
Niger	1 franc CFA (FCFA) = 100 centimes
Nigéria	1 livre nigérienne (£ N) = 20 shillings (s) = 240 pence (d)
Ouganda	1 shilling Ouganda (s OUG) = 100 centimes
Anciennes possessions espagnoles d'Afrique: Sahara espagnol, Maroc espagnol	1 peseta (PTA) = 100 céntimos
Possessions portugaises d'Afrique: Angola, Mozambique, Guinée portugaise, SaoTome et îles Princesse, Iles du Cap-Vert	1 escudo (ESC) = 100 centavos
R.A.U. (Égypte)	1 livre égyptienne (LEG) = 100 piastres = 1000 millièmes
Réunion, La	1 franc CFA (FCFA) = 100 centimes
Rhodésie	1 dollar rhodésien ($ R) = 100 cents
Rouanda	1 franc Rouanda (FRU) = 100 centimes
Sainte-Hélène	1 livre sterling (£) = 100 nouveaux pence
Sénégal	1 franc CFA (FCFA) = 100 centimes
Seychelles, Iles	1 roupie Seychelles (RUPS) = 100 cents
Sierra Leone	1 leone (Le) = 100 cents
Somalie	1 somalo (s SOM) = 100 centesimi
Soudan	1 livre soudanaise (£ SOU) = 100 piastres = 1000 millièmes
Swaziland	1 rand (R) = 100 cents
Tanzanie (y compris Pemba)	1 shilling tanzanien (sTAN) = 100 cents
Togo	1 franc CFA (FCFA) = 100 centimes
Tschad	1 franc CFA (FCFA) = 100 centimes
Tunisie	1 dinar tunisien (DTU) = 1000 francs tunisiens ou 1000 millièmes
Zaire	1 zaire (Z) = 100 makuta
Zambie	1 kwache (K) = 100 ngwee

AMÉRIQUE

Pays	*Unité monétaire*
Antilles néerlandaises	1 florin antillais (FLANT) = 100 cents
Argentine	1 peso argentin (M$N) = 100 centavos
Bahamas, Iles	1 dollar-Bahamas ($ BH) = 100 cents
Barbade, La	1 dollar-Caraïbes = 100 cents
Belize	1 dollar Belize = 100 cents
Bermudas, Iles	1 dollar Bermudes = 100 cents
Bolivie	1 peso bolivien ($ BOL) = 100 centavos
Brésil	1 nouveau cruzeiro ($ NCR) = 100 centavos
Canada	1 dollar canadien ($ CAN) = 100 cents
Chili	1 peso = 1000 escudos
Colombie	1 peso colombien ($ COL) = 100 centavos
Costa Rica	1 colón Costa Rica (₡) = 100 céntimos
Cuba	1 peso cubain ($ CU) = 100 centavos
El Salvador	1 colón = 100 centavos
Équateur	1 sucre (SUC) = 100 centavos
États-Unis d'Amérique	1 dollar ($) = 100 cents
Falkland, Iles	1 livre Falkland (£ FL) = 100 nouveaux pence (d)
Guam	Ce sont les unités monétaires des Etats Unis qui ont cours
Guatemala	1 quetzal (Q) = 100 centavos
Guyane	1 dollar Guyane ($ GUY) = 100 cents
Haïti	1 gourde (G) = 100 centimes
Honduras	1 lempira (L) = 100 centavos
Iles Leeward et Windward, Iles Caïmans, Iles Turks et Iles Caïques	1 dollar Caraïbes = 100 cents
Jamaïque	1 dollar jamaïcain ($ JAM) = 100 cents
Mexique	1 peso mexicain ($ MEX) = 100 centavos
Nicaragua	1 córdoba = 100 centavos
Panama	1 balboa = 100 centésimos
Panama, Zone du canal de	Ce sont les unités monétaires des Etats-Unis qui ont cours
Paraguay	1 guaraní = 100 céntimos
Pérou	1 sol (SOL) = 100 centavos
Possessions françaises: Guadeloupe Guyane française Martinique St.-Pierre-et-Miquelon	1 franc (F) = 100 centimes
Puerto Rico (Porto Rico)	Ce sont les unités monétaires des Etats-Unis qui ont cours
République dominicaine	1 peso dominicain ($ DOM) = 100 centavos
Surinam	1 florin surinam (FLSUR) = 100 cents
Trinité et Tobago, La	1 dollar Trinité et Tobago = 100 cents
Uruguay	1 peso uruguayen ($ UR) = 100 centésimos
Venezuela	1 bolivar (bolv) = 100 céntimos

ASIE

Pays	*Unité monétaire*
Afghanistan	1 afghani (AF) = 100 puls
Arabie Saoudite	1 rial saoudite (RLS) = 20 guerches = 100 halalas
Bahreïn, Iles	1 dinar Bahreïn (DBA) = 1000 fils
Birmanie	1 kyat (K) = 100 pyas
Brunei	1 dollar Brunei ($ OR) = 100 cents
Cambodge	1 riel = 100 sen
Ceylan	1 roupie cingalaise (RUPC) = 100 cents
Chine, République populaire de	1 renmimbi yuan (RMBY) = 10 tchiao = 100 fen
Chypre	1 livre cypriote (£ CH) = 1000 mils
Corée du nord	1 won = 100 cheun
Corée du sud	1 won = 100 chon
États malais	1 dollar malais ($ M) = 100 cents
Formose (Taïwan)	1 nouveau dollar formosan ($ FOR) = 100 cents
Hongkong	1 dollar Hongkong ($ HK) = 100 cents
Inde	1 roupie indienne (RUPI) = 100 paise
Indonésie: Java et Madura Sumatra Bornéo Les Célèbes Les Moluques Petites îles de la Sonde Irian	1 rupiah (Rp) = 100 sen
Irak	1 dinar irakien (DIK) = 1000 fils
Iran	1 rial (RL) = 100 dinars
Israël	1 livre israélienne (£ IL) = 100 agorot
Japon	1 yen (Y) = 100 sen
Jordanie	1 dinar jordanien (DJO) = 1000 fils
Koweït	1 dinar Koweït (DKO) = 10 dirhams = 1000 fils

Laos	1 kip (K) = 100 at
Liban	1 livre libanaise (£ LIB) = 100 piastres
Malaysia	1 dollar malaysien ($ BR) = 100 cents
Mascate-et-Oman et Etats Trucial	1 rial Saïdi (RLS) = 1000 baizas
Mongolie	1 tughrik (TG) = 100 mongos
Népal	1 roupie népalaise (RURN) = 100 pice
Pakistan	1 roupie pakistanaise (RUPP) = 100 pice
Philippines	1 peso philippin ($ PH) = 100 centavos
Possessions portugaises d'Asie: Macao Timor portugais	1 escudo (ESC) = 100 centavos
Ryu-Kyu, Iles	Actuellement le dollar US ($) a cours légal
Sabah Sarawak	Malaysia: 1 dollar malaysien ($ BR) = 100 cents
Singapour	1 dollar Singapour ($ S) = 100 cents
Syrie, République arabe de	1 livre syrienne (£ SYR) = 100 piastres
Thaïlande	1 baht (B) = 100 satang
Viêt-nam	1 dong (DNH) = 10 chao = 100 san
Yémen	1 rial yéménite = 40 bugshahs
Yémen, Sud	1 dinar sudyéménite (DSY) = 1000 fils

AUSTRALIE / OCÉANIE

Pays	*Unité monétaire*
Australie Nouvelle Guinée (nord-est) Papouasie	1 dollar australien ($ A) = 100 cents
Fidji, Iles	1 dollar fidjien ($ FID) = 100 cents
Nouvelles-Hébrides	1 franc néo-hébridais (FNH) = 100 centimes
Nouvelle-Zélande	1 dollar néo-zélandais ($ NZ) = 100 cents
Possessions françaises d'Océanie	1 franc CFA (FCFA) = 100 centimes
Salomon, Gilbert et Ellice, Iles	1 dollar australien ($ A) = 100 cents
Samoa, Iles	La monnaie US a cours légal
Samoa occidentales	1 tala ($ WS) = 100 sen
Tonga, Iles	1 Pa'anga ($T) = 100 seniti

EUROPE

Pays	*Unité monétaire*
Albanie	1 lek = 100 quintars
Allemagne	1 mark allemand (DM) = 100 pfennige
Andorre	Pas de monnaie autonome, les monnaies française et espagnole ont également cours
Autriche	1 schilling (SCH) = 100 groschen
Belgique	1 franc belge (FB) = 100 centimes
Bulgarie	1 lev (LVA) = 100 stotinki
Danemark	1 couronne danoise (krd) = 100 œre
Espagne	1 peseta (PTA) = 100 céntimos
Finlande	1 mark finlandais (MF) = 100 penni
France	1 franc français (F) = 100 centimes
Gibraltar	1 livre-Gibraltar (£ GIB) = 100 nouvraux pence
Grande-Bretagne Irlande du Nord	1 livre sterling (£) = 100 nouveaux pence
Grèce	1 drachme (DR) = 100 lepta
Hongrie	1 forint (FOR) = 100 fillér
Irlande	1 livre irlandaise (£ IR) = 100 nouveaux pence
Islande	1 couronne islandaise (kis) = 100 aurar
Italie	1 lire italienne (LIT) = 100 centesimi
Luxembourg	1 franc luxembourgeois (FL) = 100 centimes
Malte	1 livre maltaise (£ Malte) = 20 shillings (s) = 240 pence (d)
Norvège	1 couronne norvégienne (krn) = 100 œre
Pays-Bas	1 florin (FL) = 100 cents
Pologne	1 złoty (ZŁ) = 100 groszy
Portugal	1 escudo (ESC) = 100 centavos
Roumanie	1 leu (l) = 100 banis
Suède	1 couronne suédoise (krs) = 100 œre
Suisse	1 franc suisse (FS) = 100 centimes
Tchécoslovaquie	1 couronne tchécoslovaque (kcs) = 100 haler
Turquie	1 livre turque (£ TQ) = 100 kurus ou piastres
URSS	1 rouble (RBL) = 100 kopecks
Vatican	1 lire vaticane = 100 centesimi
Yougoslavie	1 dinar (DIN) = 100 paras

AUSDRÜCKE DES POST- UND TRANSPORTWESENS

MENTIONS SUR ENVOIS POSTAUX ET MARCHANDISES TRANSPORTEES

Deutsch	*Français*
Unten	Bas
Sofort in trockenen Raum stellen	Ne pas emmagasiner en lieu humide
Dachpappe nicht entfernen	Ne pas enlever le carton goudronné
Nicht stürzen	Ne pas laisser tomber
Zerbrechlich	Fragile
Glas	Verre
Vorsicht	Attention
Hier anheben	Soulever par ici
Nicht mit Haken, sondern mit Ketten anheben	Soulever au moyen de chaînes et non avec des grappins
Vor Nässe zu schützen	À préserver de l'humidité
Nicht umlegen	Ne pas renverser
Hier öffnen	Ouvrir ici
Nicht kanten, sondern rollen	Rouler, ne pas culbuter
Oben	Dessus
Auf Rollen transportieren	Rouler
Gewicht, netto, gesetzlich, brutto, Tara	Poids, net, légal, brut, tare

DER KORREKTE GESCHÄFTSBRIEF

LA LETTRE COMMERCIALE CORRECTE

FORM
FORME

1 Briefkopf: Oben (üblicherweise gedruckt) Firmenname, Adresse, Telefon- und Telexnummern etc.

2 Adresse des Angeschriebenen (entweder nur Firma oder, wenn persönlich, je nach Position erst Titel und Name, dann Firma, oder in umgekehrter Reihenfolge)

3 Weiter unten rechts Datum

4 Darunter Diktatzeichen

5 Anrede

6 Briefinhalt

7 Grussformel und Unterschrift

8 Häufig wiederkehrende Angaben
1 Betreff : (vor Anrede)
2 Anlage(n) (unten links)
3 P.S.: (Postscriptum) bzw. N.B.: (Nebenbei) (nach Unterschrift)
4 z.Hd. (Adresse, nach Firma)
5 cc: bzw. Kopie an: (unter Anlagen)
6 Privat (über Adresse)
7 Vertraulich (über Adresse)
8 Nach Diktat verreist (nach Unterschrift)

9 Briefumschlag
1 Anschrift wie im Brief
2 Absender entweder gedruckt auf Rückseite oben oder Vorderseite unten links

1 En-tête: en haut (en général imprimés) raison sociale, adresse, numéros de téléphone et de télex, etc.

2 Adresse du destinataire (soit la maison seulement ou, en cas de lettre personelle, le titre et le nom puis la firme, ou dans l'ordre inverse selon la position du destinataire)

3 Plus bas, à droite: date

4 Au-dessous: référence

5 Formule de politesse initiale

6 Corps de la lettre

7 Formule de politesse finale et signature

8 Mentions revenant fréquemment
1 Objet: (concerne:) (au-dessus de la formule de politesse initiale)
2 Pièce(s) jointe(s) (annexes) (en bas à gauche)
3 P.S.: (Post-scriptum) ou N.B.: (Nota Bene) (après signature)
4 À l'attention de (adresse, suivant firme)
5 c.c. (copie conforme) ou copie à: (après P.S.)
6 Personnel (au-dessus de l'adresse)
7 Confidentiel (au-dessus de l'adresse)
8 Parti après dictée (au-dessous de la signature)

9 Envelope
Adresse comme dans la lettre
Nom de l'expéditeur imprimé au verso, en haut, ou au recto, en bas à gauche

POSTALISCHE ANGABEN
MENTIONS UTILISÉES PAR LE SERVICE POSTAL

Brief	Lettre (missive)
Postkarte	Carte postale
Einschreiben – Einschreibebrief	Envoi recommandé – lettre recommandée
Luftpost	Poste aérienne
Porto	Port
Postleitzahl (siehe auch Muster)	Numéro de code postal
Drucksache	Imprimé
Wurfsendung	Expédition massive de messages publicitaires non adressés
Werbeantwort	Bon de documentation franco de port
Postlagernd	Poste restante
Eilbote – Eilbotenbrief (in der Schweiz: Express)	Lettre par exprès
Telegramm	Télégramme
Telegraph	Télégraphe
telegraphieren	Télégraphier
Telephon	Téléphone
Postanweisung	Mandat-poste
telegraphische Postanweisung	Mandat télégraphique
Zahlkarte (in der Schweiz: Einzahlungsschein)	Mandat-carte (de versement)
Postscheck-Konto	Compte courant postal
Postscheckamt	Service des chèques postaux
Päckchen	Paquet-poste
Paket	Colis postal
Postamt	Bureau de poste
Postfach	Boîte postale
Postausgabe	Distribution
Poststempel	Tampon de la poste
Datum des Poststempels	Date du tampon postal

MUSTER KORREKTER ANSCHRIFTEN
MODÈLES D'ADRESSES CORRECTES

MUSTER 1

Herrn
Günther Huber
Hauptstr. 14
8000 München 65

MODÈLE 1

Monsieur Ernest Ledoux
24, route de Paris
F-76 Rouen

MUSTER 2

Firma
Franz Jelinek
Kronengasse 47
A-1020 Wien

MODÈLE 2

Éditions Blanc
342, rue Royale
B-1190 Bruxelles

MUSTER 3

Frau
Dr. Erna Müller
Postfach 331
CH-8021 Zürich

MODÈLE 3

Madame Françoise Giroud
Boîte postale 245
F-14 Caen

BRIEFBEISPIELE
LETTRES TYPES

BRANCHENINTERNE KORRESPONDENZ

CORRESPONDANCE ÉCHANGÉE DANS LA BRANCHE

DAS ANGEBOT
L'OFFRE

ANGEBOTS-ANFORDERUNGEN

1 Betrifft: Angebot

Sehr geehrte Herren,

als Hersteller von vollautomatischen Waschmaschinen haben wir einen grossen Bedarf an elektrischen Motoren von 0,1 bis 0,5 PS.

Können Sie uns für solche Motoren ein Angebot unterbreiten? Bitte kalkulieren Sie dabei unter Zugrundelegung eines Jahresbedarfs von . . . Motoren äusserste Preise.

Dem Eingang Ihrer ausführlichen Offerte sehen wir mit Interesse entgegen.

Mit freundlichen Grüssen

2 Sehr geehrte Herren,

Ihre Adresse erfuhren wir von unserem Vertreter, Herrn . . . in . . . Von ihm hörten wir, dass Sie Buchungsmaschinen verschiedener Ausführungen herstellen. Wir würden gern Ihr Fabrikat in unser Verkaufsprogramm aufnehmen.

Sofern auch Sie an einer Geschäftsverbindung interessiert sein sollten, würden wir Sie bitten, uns ein detailliertes Angebot zu unterbreiten.

Wir hoffen, recht bald von Ihnen Nachricht zu erhalten und verbleiben bis dahin

mit vorzüglicher Hochachtung

3 Sehr geehrte Herren,

wir haben in den letzten Jahren verschiedene ausländische . . .marken auf dem Markt eingeführt und für die Lieferwerke beträchtliche Umsätze erzielt.

Ihr Verkaufsprogramm hat bei der Ausstellung in . . . überzeugt und unser besonderes Interesse gefunden. Deshalb bitten wir Sie, uns alle Unterlagen über Ihre . . . zu übersenden.

Gestatten Sie uns noch darauf hinzuweisen, dass unsere Abnehmer über eine ausgezeichnete Kundendienstorganisation verfügen.

Ihrer Nachricht sehen wir mit grossem Interesse entgegen.

Hochachtungsvoll

DEMANDES D'OFFRE

1 Objet: Offre

Messieurs,

Fabricants de machines à laver automatiques, nous avons besoin d'une importante quantité de moteurs électriques de 0,1 à 0,5 ch.

Veuillez avoir l'amabilité de nous soumettre une offre pour ce type de moteurs, en calculant vos prix au plus juste, sur la base d'une commande annuelle de . . . moteurs.

Attendant avec intérêt une offre détaillée de votre part, nous vous prions d'agréer, Messieurs, nos salutations distinguées.

2 Messieurs,

Notre représentant à . . ., Monsieur . . ., nous a communiqué votre adresse en nous disant que vous fabriquiez différents types de machines comptables. Nous voudrions inclure vos machines dans notre programme de vente.

Au cas où, de votre côté, vous seriez désireux d'entrer en relations d'affaires avec nous, nous vous prions de nous soumettre une offre détaillée.

Dans l'attente d'une prompte réponse de votre part, nous vous prions d'agréer, Messieurs, nos salutations distinguées.

3 Messieurs,

Au cours des dernières années, nous avons lancé sur le marché . . . différentes marques étrangères et avons fait réaliser aux fabricants des chiffres d'affaires intéressants.

Votre programme, dont nous avons pu apprécier la qualité au Salon de . . . à . . ., a retenu notre intérêt. Nous vous prions de nous faire parvenir toute la documentation concernant vos . . .

Nous voudrions encore attirer votre attention sur le fait que nos acheteurs disposent d'un service après-vente très bien organisé.

Nous attendons votre réponse avec le plus grand intérêt, et vous prions d'agréer, Messieurs, nos salutations distinguées.

ANTWORT AUF ANGEBOTS-ANFORDERUNG

ABLEHNUNG

1 Sehr geehrte Herren,

verbindlichen Dank für Ihr Schreiben vom . . . und das darin zum Ausdruck gebrachte Interesse an unseren Erzeugnissen.

Leider müssen wir Ihnen mitteilen, dass unsere Fertigung aus Wettbewerbsgründen nur aus bestimmten Artikeln besteht. Die von Ihnen verlangten Waren werden von uns nicht hergestellt.

Wir haben deshalb das uns nahestehende Werk . . . gebeten, Ihnen ein entsprechendes Angebot zu unterbreiten.

Um Ihnen einen Überblick über die von uns gefertigten Waren zu geben, erlauben wir uns, Ihnen als Anlage einen illustrierten Prospekt zu überreichen. Sollte einer der Artikel für Sie interessant sein, so geben Sie uns bitte Bescheid. Sie erhalten dann ein ausführliches Angebot mit Lieferfristen, Preisen, Zahlungsbedingungen usw.

Mit freundlichen Grüssen

Anlage
1 Prospekt

2 Sehr geehrte Herren,

auf Ihre Anfrage vom . . . müssen wir Ihnen mitteilen, dass wir uns nicht in der Lage sehen, Ihnen ein Angebot zu unterbreiten, da wir mit Aufträgen für die nächsten . . . Monate voll ausgelastet sind. Eine kurzfristige Kapazitätsausweitung ist leider nicht möglich.

Mit der Bitte um Verständnis grüssen wir Sie

mit vorzüglicher Hochachtung

RÉPONSE À UNE DEMANDE D'OFFRE

REFUS

1 Messieurs,

Nous vous remercions vivement de votre lettre du . . . et de l'intérêt que vous portez à nos articles.

Nous sommes au regret de vous signaler que, pour des raisons de concurrence, nous avons limité notre fabrication à un certain nombre d'articles bien déterminés et que nous ne fabriquons pas ce que vous demandez.

C'est pourquoi nous avons demandé à l'usine . . . que nous connaissons bien de vous soumettre une proposition correspondant à ce que vous cherchez.

Pour vous donner une vue d'ensemble de notre programme de fabrication, nous nous permettons de vous adresser ci-joint un prospectus illustré. Au cas où l'un des articles vous intéresserait, faites-le nous savoir. Nous vous adresserons alors une offre détaillée, avec délais de livraison, prix, conditions de paiement, etc.

Nous vous prions d'agréer, Messieurs, nos cordiales salutations.

P.J.
1 prospectus illustré

2 Messieurs,

En réponse à votre lettre du . . ., nous avons le regret de vous informer que nous ne sommes pas en mesure actuellement de vous soumettre de proposition, notre carnet de commandes étant complet pour les . . . mois à venir.

Nous n'avons malheureusement pas non plus la possibilité d'augmenter à court terme notre capacité de production.

Espérant que vous comprendrez notre refus, nous vous prions de croire, Messieurs, à notre haute considération.

3 Sehr geehrte Herren,

verbindlichen Dank für Ihre Anfrage vom ... Dazu müssen wir Ihnen leider mitteilen, dass wir selbst keine Exportgeschäfte tätigen. Wir beliefern nur den ...-Markt.

Alle von uns hergestellten Erzeugnisse werden von der Firma ... exportiert. Wir haben Ihre Anfrage dorthin weitergeleitet und gebeten, Ihnen das gewünschte Angebot zu unterbreiten. Sie werden in Kürze von dort aus angesprochen werden.

Mit vorzüglicher Hochachtung

3 Messieurs,

Nous vous remercions vivement de votre lettre du ... Nous avons le regret de vous signaler que nous n'exportons pas nous-mêmes.

Nous n'approvisionnons que le marché ... Tous les articles que nous fabriquons sont exportés par la maison ... Nous avons donc transmis à cette maison votre demande de proposition en la priant de vous soumettre l'offre que vous désirez.

Elle vous contactera d'ici quelques jours.

Nous vous prions de croire, Messieurs, à l'expression de nos sentiments distingués.

4 Sehr geehrte Herren,

Ihre Anfrage vom ... liegt uns vor; verbindlichen Dank.

Leider sind wir nicht in der Lage, Ihnen ein direktes Angebot zu unterbreiten.

Wir werden seit vielen Jahren durch die Firma ... vertreten. Mit diesem Unternehmen haben wir vertragliche Vereinbarungen. Wir können daher in das dortige Gebiet keine unmittelbaren Lieferungen vornehmen.

Wenden Sie sich deshalb bitte – unter Bezugnahme auf dieses Schreiben – an die Firma ...

Mit freundlichen Grüssen

4 Messieurs,

Nous sommes en possession de votre demande d'offre du ... et vous en remercions.

Nous ne sommes malheureusement pas en mesure de vous soumettre directement une offre.

Nous sommes représentés depuis plusieurs années par la maison ... vis-à-vis de laquelle nous sommes tenus par contrat à un certain nombre d'obligations; c'est pourquoi nous ne pouvons faire aucune livraison directe dans cette région.

Veuillez donc vous adresser à la maison ..., en vous référant à notre lettre de ce jour.

Nous vous prions d'agréer, Messieurs, nos cordiales salutations.

ANGEBOT ENTSPRECHEND DER ANFRAGE

1 Sehr geehrte Herren,

verbindlichen Dank für Ihre Anfrage vom ... Als Anlage erhalten Sie ein Muster der nachgefertigten ... Diese bieten wir Ihnen wie folgt an:

... aus Kunststoff: per ... Stück
Mindestabnahme: ... Stück
Lieferung: frachtfrei Grenze
Verpackung: wird nicht berechnet
Zahlung: durch unwiderrufliches Akkreditiv.

Wir würden uns sehr freuen, von Ihnen den Auftrag zu erhalten, und sichern Ihnen schon heute prompte Abwicklung zu.

Mit freundlichen Grüssen

Anlage
1 Muster

OFFRE CORRESPONDANT À LA DEMANDE

1 Messieurs,

Nous vous remercions vivement de votre demande d'offre du ... Nous vous adressons ci-joint un échantillon des ... demandé(e)s. Pour cet article, nous pouvons vous faire l'offre suivante:

... en matière plastique: les ... pièces
Commande minimum: ... pièces
Livraison: franco frontière
Emballage: compris
Paiement: par accréditif irrévocable.

Nous serions heureux de recevoir votre commande et nous vous donnons dès à présent l'assurance de l'exécuter rapidement.

Nous vous prions d'agréer, Messieurs, nos cordiales salutations.

P.J.
1 échantillon

2 Sehr geehrte Herren,

besten Dank für Ihre Anfrage vom ... Zugleich bestätigen wir Ihnen den Erhalt Ihres Warenmusters.

Nach Prüfung können wir Ihnen mitteilen, dass wir jederzeit in der Lage sind, den uns vorgelegten Artikel in gleicher Qualität und Ausführung zu liefern.

Sie wünschen ein Angebot auf der Basis eines Jahresbedarfs von ... Stück, das wir wie folgt detaillieren:

Preis:	ab Werk je Stück ...
Verpackung:	wird zu Selbstkosten (nicht) berechnet
Zahlung:	durch unwiderrufliches Akkreditiv
Liefertermin:	... Tage nach Auftrag.

Wir versichern Ihnen, dass unter Zugrundelegung der genannten Jahresmengen unsere Preise äusserst kalkuliert sind.

Über die technischen Details informiert Sie der beigefügte Prospekt. Sollten noch Einzelfragen einer Klärung bedürfen, bitten wir Sie um Nachricht.

Mit vorzüglicher Hochachtung

Anlage
1 Prospekt

2 Messieurs,

Nous vous remercions vivement de votre demande d'offre du ... Nous accusons en même temps réception de votre échantillon.
Après examen, nous pouvons vous dire que nous sommes à tout moment en mesure de livrer cet article dans la même qualité et la même fabrication.

Ci-dessous, l'offre détaillée que vous nous avez demandée, sur la base d'une commande annuelle de ... pièces:

Prix départ usine:	... par pièce
Emballage:	au prix coutant (compris)
Paiement:	par accréditif irrévocable
Délai de livraison:	... jours après passation de la commande.

Nous vous donnons l'assurance que, sur la base des quantités indiquées, nos prix sont calculés au plus juste. Vous trouverez ci-joint un prospectus détaillé qui vous renseignera sur toutes les questions techniques.

Au cas où vous désireriez des détails supplémentaires, nous restons à votre disposition.
Nous vous prions d'agréer, Messieurs, nos salutations distinguées.

P.J.
1 prospectus

3 Sehr geehrte Herren,

Ihrem Wunsch, Ihnen unsere Musterkollektion zu übersenden, kommen wir gern nach. Gleichzeitig erhalten Sie die Export-Preisliste für alle von uns hergestellten Artikel.

Wir sind sehr daran interessiert, nach ... zu exportieren und möchten daher mit einem Probeauftrag unsere Leistungsfähigkeit unter Beweis stellen. Sie dürfen versichert sein, dass wir evtl. Aufträge sorgfältigst ausführen werden.

Bitte geben Sie uns bald Bescheid.

Mit freundlichen Grüssen

Anlagen
1 Musterkollektion
1 Preisliste

3 Messieurs,

Nous sommes heureux de pouvoir vous faire parvenir la collection d'échantillons que vous nous avez demandée. Vous recevrez en même temps la liste de nos prix à l'exportation pour tous les articles que nous fabriquons.

L'exportation en (au) ... nous intéresse vivement, et nous sommes donc tout disposés à ce que vous nous passiez une commande d'essai pour vous convaincre de nos possibilités.

Vous pouvez être assurés que nous exécuterons avec le plus grand soin vos commandes éventuelles.

Dans l'attente d'une prompte réponse de votre part, nous vous prions d'agréer, Messieurs, nos plus cordiales salutations.

P.J.
échantillons
liste des prix

4 Sehr geehrte Herren,

Ihre Anfrage auf Lieferung von . . . haben wir vorliegen. Die Übersendung von Mustern dürfte sich erübrigen, da Ihnen unsere Qualität bereits bekannt ist.

Bei rechtzeitiger Bestellung sind wir in der Lage, Sie vierteljährlich mit . . . Stück zu beliefern. Über Preise, Lieferbedingungen usw. hat Sie unser Herr . . . informiert. Die angegebenen Referenzen haben uns überzeugt, so dass wir nach Auftragserteilung sofort liefern könnten.

Mit freundlichen Grüssen

4 Messieurs,

Nous avons reçu votre demande de livraison de . . . Il serait superflu de vous envoyer des échantillons car vous n'ignorez plus la qualité de nos articles. Nous sommes tout à fait en mesure de vous fournir . . . pièces par trimestre, à condition que votre commande nous parvienne à temps.

Notre collaborateur, Monsieur . . ., vous a déjà donné tous les renseignements quant aux prix, conditions de livraison, etc. Les références que vous nous avez fournies nous ont convaincu, et dès que vous aurez passé votre commande, nous ferons le nécessaire pour vous livrer immédiatement.

Nous vous prions d'agréer, Messieurs, nos salutations distinguées.

ANGEBOT VON DER ANFRAGE ABWEICHEND

ANDERE AUSFÜHRUNG

Sehr geehrte Herren,

zu unserem Bedauern müssen wir Ihnen mitteilen, dass wir Waren in der von Ihnen geforderten Ausführung nicht herstellen.

Über unser Fertigungsprogramm gibt Ihnen der beigefügte Prospekt Auskunft. Es würde uns freuen, wenn einige Artikel für Ihr Verkaufsprogramm geeignet wären.

Wir sehen Ihren weiteren Nachrichten mit Interesse entgegen und verbleiben

mit freundlichen Grüssen

Anlage
1 Prospekt

OFFRE DIFFÉRANT DE CELLE QUE L'ON AVAIT DEMANDÉE

AUTRES ARTICLES

Messieurs,

À notre grand regret, nous vous signalons que nous ne fabriquons pas d'articles du type demandé.

À toutes fins utiles, nous vous envoyons ci-joint un prospectus de notre programme de fabrication. Nous serions heureux si l'un ou l'autre de nos articles convenait à votre programme de vente.

Nous restons à votre disposition pour tous renseignements complémentaires et vous prions d'agréer, Messieurs, nos salutations distinguées.

P.J.
1 prospectus

QUALITÄTSABWEICHUNG

Sehr geehrte Herren,

Ihre Anfrage vom ... haben wir mit grösstem Interesse zur Kenntnis genommen. Wir mussten aber leider feststellen, dass die von Ihnen gewünschten Waren in gleicher Qualität von uns nicht produziert werden.

Zu Ihrer Information übersenden wir Ihnen Qualitätsmuster unserer Erzeugnisse und bitten Sie zu prüfen, ob diese Ihren Ansprüchen genügen. Sollte für Ihr Programm nur die von Ihnen geforderte Qualität in Frage kommen, so wären wir nach einer Anlaufzeit von ca. ... Monaten in der Lage, auch diese Ausfertigung zu liefern.

Für die Preiskalkulationen sind genaue Angaben über Abnahmemengen erforderlich. Sobald wir Ihre Mitteilung in Händen haben, können wir Ihnen ein Angebot unterbreiten.

Ihren weiteren Nachrichten sehen wir mit besonderem Interesse entgegen.

Mit vorzüglicher Hochachtung

Anlage
Qualitätsmuster

AUTRE QUALITÉ

Messieurs,

Nous avons pris connaissance avec le plus grand intérêt de votre demande du ... Malheureusement, nous ne produisons pas les articles en question dans la qualité que vous souhaitez.

À toutes fins utiles, nous vous envoyons un échantillon de nos articles pour que vous puissiez vérifier si leur qualité vous satisferait éventuellement. Au cas où vous ne pourriez inclure dans votre programme une autre qualité que celle que vous nous avez demandée, nous serions en mesure, après un délai de mise en route de ... mois environ, de fournir également la qualité souhaitée.

Pour que nous puissions calculer nos prix avec précision, il est nécessaire que vous nous indiquiez les quantités que vous envisageriez de commander. Dès que ces renseignements nous seront parvenus, nous serons en mesure de vous soumettre une offre précise.

Nous attendons avec grand intérêt votre réponse et vous prions d'agréer, Messieurs, nos salutations distinguées.

P.J.
1 échantillon

PROBELIEFERUNGEN KÖNNEN NICHT AUSGEFÜHRT WERDEN

Sehr geehrte Herren,

leider müssen wir Ihnen mitteilen, dass wir Lieferungen auf Probe nicht durchführen.

Unsere Produkte haben sich in vielen Ländern einen ausgezeichneten Ruf erworben, deshalb bitten wir Sie für diese Entscheidung um Verständnis.

Wir sind an einem Export in Ihr Land durchaus interessiert und möchten Ihnen in der Weise entgegenkommen, dass wir Ihnen für die ersten ... Lieferungen einen Einführungsrabatt von ... % gewähren.

Lassen Sie uns bitte wissen, ob wir auf dieser Basis eine Vereinbarung treffen können. Ihrem Bescheid sehen wir gern entgegen.

Hochachtungsvoll

IMPOSSIBILITÉ D'EFFECTUER DES LIVRAISONS À TITRE D'ESSAI

Messieurs,

Nous avons le regret de vous signaler que nous ne faisons pas de livraison à titre d'essai. Nos articles se sont fait une excellente réputation dans de nombreux pays, aussi espérons-nous que vous voudrez bien comprendre les motifs de notre décision.

Cependant, l'exportation vers votre pays nous intéresse vivement, et nous serions disposés à vous satisfaire par le biais d'une remise de lancement de ... %, que nous vous accorderions pour les ... premières livraisons.

Veuillez nous faire savoir s'il est possible de parvenir à un accord sur cette base.

Dans l'attente de votre décision, nous vous prions d'agréer, Messieurs, nos salutations distinguées.

ANGEBOT MIT EINSCHRÄNKUNGEN

1 Sehr geehrte Herren,

in Erledigung Ihrer Anfrage vom . . . müssen wir Ihnen leider mitteilen, dass wir die von Ihnen gewünschten Warenposten nicht in vollem Umfang liefern können.

Wir sind jedoch in der Lage, innerhalb von . . . Tagen eine Teillieferung von . . . vorzunehmen. Darüber hinaus sind wir mit Lieferungen voll ausgelastet.

Bitte lassen Sie uns umgehend wissen, ob wir Ihnen hiermit dienen können.

Mit vorzüglicher Hochachtung

2 Sehr geehrte Herren,

wir freuen uns über Ihre Anfrage vom . . .
Die von Ihnen verlangte Lieferung können wir nur durchführen, wenn Sie den Warenposten, der gerade verfügbar ist, bis spätestens zum . . . abnehmen.

Bitte geben Sie uns Ihre Entscheidung umgehend bekannt.

Hochachtungsvoll

3 Sehr geehrte Herren,

vielen Dank für Ihre Anfrage.

Als Anlage überreichen wir Ihnen wunschgemäss unsere zur Zeit gültige Export-Preisliste. Da die Preise auf dem Rohstoffmarkt seit einigen Monaten ständig steigen, können wir das Angebot nur dann aufrecht erhalten, wenn Sie uns in den nächsten . . . Tagen Ihren Auftrag erteilen.

Nach diesem Zeitpunkt werden unsere Vorräte restlos geräumt sein, und wir werden unter Berücksichtigung eventueller Bewegungen auf dem Rohstoffmarkt unsere Preise überprüfen, gegebenenfalls auch neu festsetzen müssen.

Bitte haben Sie dafür Verständnis. Ihren Bescheid erwartend, grüssen wir Sie

mit vorzüglicher Hochachtung

Anlage
1 Export-Preisliste

OFFRE AVEC CERTAINES RESTRICTIONS

1 Messieurs,

Suite à votre lettre du . . ., nous sommes au regret de vous signaler que nous ne sommes pas en mesure de livrer la totalité des marchandises que vous demandez.

Nous sommes toutefois en mesure de vous faire dans les . . . jours une livraison partielle de . . . de la marchandise demandée. Passé cette date, notre capacité de production est utilisée à plein par les commandes déjà reçues.

Veuillez nous faire savoir par retour du courrier si notre proposition vous satisfait.

Nous vous prions d'agréer, Messieurs, nos salutations distinguées.

2 Messieurs,

Nous vous remercions de votre demande du . . .
Nous ne pouvons satisfaire à votre commande que si vous prenez livraison de la marchandise actuellement disponible d'ici le . . . au plus tard.

Nous vous prions de nous faire connaître votre décision par retour du courrier.

Nous vous prions d'agréer, Messieurs, nos cordiales salutations.

3 Messieurs,

Nous vous remercions vivement de votre lettre.

Comme vous le demandez, nous vous adressons ci-joint notre tarif-exportation actuellement en vigueur. Comme le prix des matières premières augmente continuellement depuis quelques mois, nous ne pourrons respecter notre offre que si votre commande nous parvient dans les . . . jours.

Passé cette date, nos stocks actuels seront épuisés et nous devrons, compte tenu des fluctuations éventuelles des prix sur le marché des matières premières, revoir nos prix et, le cas échéant, les réajuster.

Nous espérons que vous comprendrez les motifs de cette mesure, et, dans l'attente de vous lire, nous vous prions d'agréer, Messieurs, nos salutations distinguées.

P.J.
1 tarif-exportation

4 Sehr geehrte Herren,

in Ihrem Schreiben vom ... fehlt leider der Vermerk, welche Mengen der angebotenen Waren für Sie in Frage kommen.

Als Anlage überreichen wir Ihnen eine Preisliste unseres Sortiments, müssen aber dazu bemerken, dass die Preise alle auf der Abnahme von ... Stück pro Artikel basieren. Aufträge von geringerem Umfang können wir aus kalkulatorischen Gründen und wegen der verwendeten Verpackungseinheiten nicht hereinnehmen.

Bitte unterrichten Sie uns, ob Sie mit unseren Bedingungen einverstanden sind. Wir könnten Ihnen die Ware binnen ... liefern.

Mit vorzüglicher Hochachtung

Anlage
1 Preisliste

4 Messieurs,

Dans votre demande d'offre du ..., vous avez malheureusement omis de nous indiquer quelle quantité de marchandise vous vouliez prendre.

Nous vous adressons ci-joint le prix-courant de notre assortiment en vous faisant cependant remarquer que nos prix sont tous calculés sur la base d'une commande minimum de ... pièces par article. Nous ne pouvons donner suite aux commandes inférieures, tant pour des raisons de rentabilité qu'à cause de l'emballage standard utilisé.

Nous vous prions de nous faire savoir si vous êtes d'accord pour la quantité minimum à commander. Nous pourrions dans ce cas vous livrer la marchandise dans les ...

Nous vous prions d'agréer, Messieurs, nos salutations distinguées.

P.J.
1 prix-courant

UNVERLANGTES ANGEBOT

1 Sehr geehrte Herren,

Ihre Adresse verdanken wir unserem Geschäftsfreund ... in ..., der uns davon unterrichtete, dass Sie an den Artikeln unseres Herstellungsprogramms grossen Bedarf haben.

Unsere ... erfreuen sich in mehr als ... europäischen und überseeischen Ländern grosser Beliebtheit. Wir waren in der Lage, in den letzten ... Jahren unseren Export ständig zu steigern.

Wir sind sehr daran interessiert, auch in Ihrem Land Fuss zu fassen und dort unsere gesamten ... auf den Markt zu bringen.

Um Ihnen einen Einblick in die Leistungsfähigkeit unseres Unternehmens zu geben, übersenden wir Ihnen einen ausführlichen illustrierten Prospekt.

Wir würden uns sehr freuen, von Ihnen positiven Bescheid zu erhalten und verbleiben

mit vorzüglicher Hochachtung

Anlage
1 Prospekt

OFFRE DIRECTE, SANS DEMANDE PRÉALABLE

1 Messieurs,

Notre correspondant à ..., Monsieur ..., nous a communiqué votre adresse et nous a signalé que vous utilisiez en grande quantité les articles de notre programme de fabrication.

Nos ... jouissent d'une grande renommée dans plus de ... pays d'Europe et d'outre-mer. Au cours des ... dernières années, nous avons pu augmenter régulièrement nos exportations.

Nous serions très désireux de nous implanter aussi dans votre pays et d'y lancer sur le marché la gamme complète de nos ...

Nous vous envoyons un prospectus détaillé et illustré, afin de vous donner une idée de nos possibilités de production.

Dans l'attente d'une réponse positive de votre part, nous vous prions d'agréer, Messieurs, nos salutations distinguées.

P.J.
1 prospectus

2 Sehr geehrte Herren,

unsere Erzeugnisse erfreuen sich im In- und Ausland wachsender Beliebtheit. Wir haben die Absicht, in Ihrem Land ein bis zwei gutgehende Importunternehmen mit unseren Waren zu beliefern.

Vor einigen Tagen haben wir bei der Handelsvertretung Ihres Landes festgestellt, welche Firmen dort für den Import von . . . in Frage kämen. Unter anderem wurde uns auch Ihre Adresse genannt, und wir erlauben uns, Ihnen heute ein Angebot zu unterbreiten.

Mit gesonderter Post lassen wir Ihnen von unseren diversen Modellen Muster zugehen. Exportpreislisten sind ebenfalls beigefügt.

Falls Sie sich für unser Angebot interessierten, wären wir Ihnen für einen baldigen Bescheid dankbar, damit Verhandlungen aufgenommen werden können.

Mit vorzüglicher Hochachtung

Anlage
mit separater Post

2 Messieurs,

Nos articles jouissent d'une grande renommée tant sur le marché intérieur qu'à l'étranger. Nous vous envoyons par courrier séparé des échantillons de nos différents modèles ainsi que la liste de nos prix à l'exportation.

Nous avons l'intention d'introduire nos articles par l'intermédiaire d'un ou deux importateurs solidement établis.

Nous avons demandé il y a quelques jours aux services commerciaux de votre pays de nous signaler les maisons qui s'intéresseraient éventuellement à l'importation de . . . Nous avons reçu entre autres votre adresse, et nous nous permettons de vous soumettre l'offre suivante:

Au cas où notre offre vous intéresserait, nous vous serions obligés de nous répondre rapidement pour que les négociations puissent commencer.

Nous vous prions d'agréer, Messieurs, nos salutations distinguées.

P.J.
par courrier séparé

3 Sehr geehrte Herren,

anlässlich der Ausstellung für . . . in . . . hatten wir auf unserem Stand Gelegenheit zu einem längeren Gespräch mit Ihrem Herrn . . .

Dabei war vereinbart worden, dass Sie uns kurzfristig mitteilen, ob unsere Erzeugnisse für Ihren Markt in Frage kommen. Leider sind wir bis heute ohne jede Nachricht von Ihnen geblieben.

Nachdem auch mit verschiedenen anderen Interessenten verhandelt wurde, müssen wir jetzt zu einer Entscheidung kommen. Wir wären Ihnen deshalb dankbar, wenn Sie uns Ihren Entschluss umgehend wissen liessen.

Wir dürfen Sie nochmals auf die Qualität unserer Erzeugnisse, auf günstige Preise und Konditionen hinweisen.

Ihre Nachricht erwartend, grüssen wir Sie

mit vorzüglicher Hochachtung

3 Messieurs,

À l'occasion de l'exposition de . . . à . . ., nous avons eu la possibilité de nous entretenir longuement à notre stand avec votre collaborateur, Monsieur . . .

Il avait alors été convenu que vous nous feriez rapidement savoir si nos articles pourraient éventuellement trouver un débouché sur le marché de votre pays. Vous nous avez malheureusement laissés sans nouvelles jusqu'à ce jour.

Nous avons également pris contact avec toute une série de maisons intéressées et devons prendre maintenant une décision.

Nous vous serions donc reconnaissants de nous faire savoir par retour du courrier quelle décision vous avez prise.

Nous nous permettons de vous rappeler encore une fois la qualité et les prix avantageux de nos articles ainsi que nos conditions intéressantes.

Dans l'attente de vous lire, nous vous adressons, Messieurs, nos salutations distinguées.

ANTWORT AUF ANGEBOT

EINGANGSBESTÄTIGUNG

Sehr geehrte Herren,

verbindlichen Dank für Ihr Angebot vom . . . über . . ., das wir sofort zur Überprüfung an unsere technische Abteilung weiterleiteten. Bitte haben Sie einige Tage Geduld; wir kommen so schnell wie möglich auf den Vorgang zurück.

Mit vorzüglicher Hochachtung

NEGATIVE ANTWORT

Sehr geehrte Herren,

mit Dank bestätigen wir Ihnen den Erhalt Ihres Angebots. Leider entspricht es nicht unseren Erwartungen, da Ihre Preise wesentlich über denen anderer, vergleichbarer Konkurrenzartikel liegen.

Wir bedauern, Ihnen keinen günstigeren Bescheid geben zu können.

Mit freundlichen Grüssen

POSITIVE ANTWORT

Sehr geehrte Herren,

auf Grund Ihres Angebots vom . . . geben wir hiermit gemäss separatem Bestellschein Nr. . . die angeführten Artikel zu den von Ihnen genannten Preisen und Zahlungsbedingungen in Auftrag.

Als Liefertermin haben wir den . . . vorgemerkt.

Mit vorzüglicher Hochachtung

Anlage
1 Bestellschein

RÉPONSE À UNE OFFRE

ACCUSÉ DE RÉCEPTION

Messieurs,

Nous vous remercions vivement de votre offre de . . . en date du . . . Nous l'avons immédiatement transmise à notre service technique pour vérification. Nous vous prions de bien vouloir vous patienter quelques jours, et nous vous ferons part dès que possible de notre décision.

Nous vous prions d'agréer, Messieurs, nos salutations distinguées.

RÉPONSE NÉGATIVE

Messieurs,

Nous accusons réception de votre offre et vous en remercions. Elle ne correspond malheureusement pas à ce que nous cherchons car vos prix sont nettement supérieurs à ceux d'articles comparables proposés par d'autres maisons.

Nous regrettons de ne pouvoir donner une suite favorable à votre demande et nous vous prions d'agréer, Messieurs, nos plus cordiales salutations.

RÉPONSE POSITIVE

Messieurs,

Suite à votre offre du . . ., nous vous passons commande par la présente des articles figurants sur le bon de commande n° . . . ci-joint, aux prix et conditions de paiement que vous avez indiqués.

Nous avons noté le . . . comme date de livraison.

Nous vous prions d'agréer, Messieurs, nos salutations distinguées.

P.J.
1 bon de commande

BITTE UM ÄNDERUNG DES ANGEBOTS

Sehr geehrte Herren,

in Ihrem uns vorliegenden Angebot vom . . . fehlen leider die Angaben über abzunehmende Mindestmengen.

Senden Sie uns bitte ein überarbeitetes Angebot zu und vermerken Sie hierin auch, welche Garantieleistungen Sie gewähren.

Mit freundlichen Grüssen

DEMANDE DE MODIFICATION D'OFFRE

Messieurs,

Dans votre offre du . . ., les quantités minimums à commander n'étaient malheureusement pas signalées.

Nous vous prions de nous faire parvenir une nouvelle offre, en indiquant également quelles garanties vous accordez.

Nous vous prions d'agréer, Messieurs, nos cordiales salutations.

DEM WUNSCH NACH ÄNDERUNG KANN NICHT ENTSPROCHEN WERDEN

Sehr geehrte Herren,

mit Ihrem Schreiben vom . . . erbitten Sie eine Änderung unseres Angebots vom . . . hinsichtlich der Zahlungsbedingungen.

Dazu müssen wir Ihnen mitteilen, dass eine Korrektur in dem von Ihnen verlangten Sinn leider nicht möglich ist.

Wir bedauern dies sehr, müssen aber, falls Sie auf Ihrer Forderung bestehen, den Auftrag zurückgeben.

Hochachtungsvoll

LA DEMANDE DE MODIFICATION NE PEUT ÊTRE SATISFAITE

Messieurs,

Vous nous demandez, dans votre lettre du . . ., de modifier les conditions de paiement indiquées dans notre offre du . . . Nous avons le regret de vous faire savoir qu'une telle modification est impossible.

Nous le regrettons vivement, mais au cas où vous tiendriez absolument à cette modification, il nous serait alors impossible de donner suite à votre commande.

Nous vous prions d'agréer, Messieurs, nos salutations distinguées.

DEM WUNSCH KANN ENTSPROCHEN WERDEN

Sehr geehrte Herren,

mit der von Ihnen im Schreiben vom . . . gewünschten Änderung unseres Angebots sind wir einverstanden.

Wir werden den Auftrag Ihren Weisungen entsprechend prompt ausführen.

Hochachtungsvoll

LA DEMANDE DE MODIFICATION PEUT ÊTRE SATISFAITE

Messieurs,

Nous sommes d'accord pour modifier notre offre comme vous nous le demandez dans votre lettre du . . .

Nous exécuterons votre ordre conformément à notre offre en tenant compte des modifications que vous désirez.

Nous vous prions d'agréer, Messieurs, nos salutations distinguées.

DEM WUNSCH KANN BEDINGT ENTSPROCHEN WERDEN

Sehr geehrte Herren,

mit Ihrem Schreiben vom . . . wünschen Sie eine Änderung unseres Angebotes.

Soweit wir zu Änderungen in der Lage sind, haben wir diese in unserem neuen, beiliegenden Angebot entsprechend berücksichtigt.

Wir hoffen, Ihnen hiermit gedient zu haben und verbleiben

hochachtungsvoll

Anlage
1 Angebot

LA DEMANDE DE MODIFICATION PEUT ÊTRE SATISFAITE SOUS CERTAINES RÉSERVES

Messieurs,

Dans votre lettre du . . ., vous nous demandez de modifier notre offre.

Vous trouverez ci-joint une nouvelle offre comportant les modifications que nous étions en mesure de faire.

Espérant ainsi vous avoir donné satisfaction, nous vous prions d'agréer, Messieurs, nos salutations distinguées.

P.J.
1 offre

BITTE UM REFERENZEN
DEMANDE DE RÉFÉRENCES

BEIM PARTNER

Sehr geehrte Herren,

wir danken Ihnen sehr für den uns erteilten Auftrag.

Da wir bis heute noch nicht in Geschäftsverbindung mit Ihnen gestanden haben, bitten wir Sie höflich, uns einige Referenzen anzugeben.

Wir hoffen, dass Sie unserer Bitte Verständnis entgegen bringen, und begrüssen Sie

mit vorzüglicher Hochachtung

DE LA PART DU CORRESPONDANT

Messieurs,

Nous vous remercions de la commande que vous nous avez passée.

Comme nous n'avons, jusqu'à présent, pas encore été en relations d'affaires avec vous, nous vous prions de bien vouloir nous fournir quelques références.

Dans l'espoir que vous comprendrez les motifs de notre demande, nous vous prions d'agréer, Messieurs, nos salutations distinguées.

BEI DRITTEN

Sehr geehrte Herren,

wir beabsichtigen, mit der Firma . . . in Geschäftsverbindung zu treten.

Soweit wir in Erfahrung bringen konnten, tätigen Sie seit Jahren mit diesem Unternehmen Abschlüsse, und wir wären Ihnen sehr dankbar, wenn Sie uns kurz über sein sonstiges Geschäftsgebaren unterrichten könnten.

Wir sichern Ihnen selbstverständlich äusserste Diskretion zu und sind jederzeit zu entsprechenden Gegendiensten bereit.

Hochachtungsvoll

AUPRÈS D'UNE TIERCE PERSONNE

Messieurs,

Nous avons l'intention d'entrer en relations d'affaires avec la maison . . .

Pour autant que nous le sachions, vous êtes vous-mêmes en relations d'affaires avec cette maison depuis plusieurs années et nous vous serions reconnaissants de nous renseigner brièvement sur sa façon de traiter les affaires.

Nous vous donnons bien sûr l'assurance de notre entière discrétion et sommes tout disposés à vous rendre à tout moment un service équivalent. Nous vous prions d'agréer, Messieurs, nos plus cordiales salutations.

ANTWORT AUF REFERENZERSUCHEN

POSITIVE AUSKUNFT

Sehr geehrte Herren,

Ihre Anfrage über die Firma . . . liegt uns vor. Wir haben mit diesem Unternehmen gute Erfahrungen gemacht und können es bestens empfehlen. Die Geschäftsführung ist korrekt und fachlich versiert. Bisher hatten wir keinerlei Beanstandungen.

Wir hoffen, Ihnen hiermit gedient zu haben, und grüssen Sie

mit vorzüglicher Hochachtung

RÉPONSE À UNE DEMANDE DE RENSEIGNEMENTS

RENSEIGNEMENTS POSITIFS

Messieurs,

Nous avons bien reçu votre demande de renseignements concernant la maison . . .

Les expériences que nous avons faites avec cette entreprise ont été satisfaisantes et nous la recommandons vivement. La gestion en est correcte, qualifiée et avisée. Nous n'avons eu jusqu'à présent aucun motif de réclamation à son endroit.

Espérant vous avoir donné satisfaction, nous vous prions d'agréer, Messieurs, nos plus cordiales salutations.

NEGATIVE AUSKUNFT

1 Sehr geehrte Herren,

zu Ihrer Anfrage über die Firma . . . müssen wir Ihnen leider mitteilen, dass wir mit diesem Unternehmen keine guten Erfahrungen gemacht haben. Die Geschäftsführung erwies sich als äusserst unzuverlässig. Bereits vor zwei Monaten ist deshalb die Geschäftsverbindung abgebrochen worden.

Da diese Auskunft nicht für Dritte bestimmt ist, bitten wir, volle Diskretion zu wahren.

Mit vorzüglicher Hochachtung

RENSEIGNEMENTS NÉGATIFS

1 Messieurs,

En ce qui concerne votre demande de renseignements au sujet de la maison . . ., nous sommes au regret de vous signaler que l'expérience que nous avons faite avec cette entreprise n'a pas été satisfaisante. Sa gestion s'est révélée manquer totalement de sérieux et nous avons, il y a déjà deux mois, interrompu toute relation d'affaires avec elle.

Ces renseignements sont destinés à votre usage exclusif et nous comptons donc sur votre entière discrétion.

Nous vous prions d'agréer, Messieurs, nos salutations distinguées.

2 Betrifft: Fa. . . .

Sehr geehrte Herren,

auf Ihre Anfrage müssen wir Ihnen leider mitteilen, dass wir mit diesem Unternehmen sehr schlechte Erfahrungen gemacht haben.

Termingebundene Verpflichtungen wurden nicht eingelöst; unsere Forderungen konnten nur auf dem Klageweg eingezogen werden. Die Geschäftsverbindung ist abgebrochen worden.

Wir bitten Sie um volle Diskretion.

Mit freundlichen Grüssen

2 Objet: Maison . . .

Messieurs,

En réponse à votre demande de renseignements, nous avons le regret de vous signaler que nous avons fait de très mauvaises expériences avec elle. Elle n'a pas fait face à ses obligations dans les délais prévus et nous n'avons pu recouvrer nos créances que par voie de justice. Nous avons interrompu toute relation d'affaires avec ladite maison.

Comptant sur votre entière discrétion, nous vous prions d'agréer. Messieurs, nos plus cordiales salutations.

ABGABE NICHT MÖGLICH

Betrifft: Fa. . . .

Sehr geehrte Herren,

das Unternehmen ist uns nicht bekannt, deshalb sind wir nicht in der Lage, Ihnen die gewünschte Auskunft zu erteilen.

Wir bedauern, Ihnen nicht behilflich sein zu können.

Mit freundlichen Grüssen

RENSEIGNEMENTS IMPOSSIBLES

Objet: Maison . . .

Messieurs,

Cette entreprise nous est inconnue et nous ne pouvons donc vous communiquer aucun renseignement.

Regrettant de ne pouvoir vous être utiles, nous vous prions d'agréer, Messieurs, nos plus cordiales salutations.

KONDITIONEN
CONDITIONS

MENGE

Sehr geehrte Herren,

Ihre Anfrage nach unseren Konditionen liegt uns vor.

Mit Rücksicht auf die äusserst kalkulierten Preise sind wir gezwungen, Mindestabnahmen von . . . zu verlangen. Wir erklären jedoch unsere Bereitschaft, einem Jahresabschluss in Höhe von . . . zuzustimmen, der dann in Teillieferungen von mindestens . . . abgerufen werden kann.

Nehmen Sie die vereinbarte Stückzahl nicht voll ab, so wird der Preis berechnet, der sich für die tatsächlich gelieferte Menge ergibt, zuzüglich . . . % Aufschlag vom Rechnungsbetrag.

Wir hoffen auf Ihr Verständnis für diese Massnahme und verbleiben

mit freundlichen Grüssen

QUANTITÉ

Messieurs,

Nous avons bien reçu la lettre dans laquelle vous nous demandez nos conditions. Nos prix étant calculés au plus juste, nous sommes contraints d'imposer une commande minimum de . . . Nous sommes cependant disposés à conclure un marché portant sur une quantité globale annuelle de . . ., livrable par livraisons partielles d'un minimum de . . .

Au cas où il ne serait pas pris livraison de la quantité totale initialement prévue, le prix facturé serait celui de la quantité de marchandise effectivement livrée, augmenté de . . . % du montant de la facture.

Espérant que vous comprendrez les motifs de cette mesure, nous vous prions d'agréer, Messieurs, nos plus cordiales salutations.

VERPACKUNG

Sehr geehrte Herren,

die von Ihnen bestellten Waren werden von uns in speziellen Kisten expediert. Die Verpackung ist im Preis inbegriffen. Eine Rückgabe der Kisten erübrigt sich deshalb.

Hochachtungsvoll

EMBALLAGE

Messieurs,

Nous expédions la marchandise dont vous nous avez passé commande par caisses spéciales. L'emballage est inclus dans le prix, et il n'est donc pas nécessaire de nous le retourner.

Nous vous prions d'agréer, Messieurs, nos salutations distinguées.

ZAHLUNGS-BEDINGUNGEN

1 Sehr geehrte Herren,

zu unserem Angebot vom . . . möchten wir nachtragen, dass wir Lieferungen an neue Kunden grundsätzlich nur per Nachnahme vornehmen können.

Hochachtungsvoll

CONDITIONS DE PAIEMENT

1 Messieurs,

En ce qui concerne notre offre du . . ., nous tenons à ajouter que par principe, nous ne livrons de nouveaux clients que contre remboursement.

Nous vous prions d'agréer, Messieurs, nos salutations distinguées.

2 Sehr geehrte Herren,

zu Ihrer Anfrage hinsichtlich unserer Zahlungsbedingungen teilen wir Ihnen folgendes mit:

Unsere Konditionen sind Barzahlung mit . . . % Skonto oder innerhalb von . . . Tagen netto.

Hochachtungsvoll

2 Messieurs,

En réponse à votre demande concernant nos conditions de paiement, nous pouvons vous donner les indications suivantes:

Paiement comptant avec . . . % d'escompte, ou net dans les . . . jours.

Nous vous prions d'agréer, Messieurs, nos salutations distinguées.

AUFTRAG
COMMANDE

AUFTRAGSERTEILUNG

1 Sehr geehrte Herren,

wir beziehen uns auf Ihr Angebot vom . . . und erteilen Ihnen folgenden Auftrag:

. . . Stück zum Preis von . . . Ausführung gemäss Ihrem Prospekt und den uns übergebenen Proben.

Die Lieferung hat bis . . . frachtfrei zu erfolgen. Verpackung in Kisten (. . .) und ohne gesonderte Berechnung.

Zahlung erfolgt sofort nach Eingang bzw. Prüfung der Ware.

Wir bitten Sie um Auftragsbestätigung.

Hochachtungsvoll

2 Sehr geehrte Herren,

gemäss Ihrem Angebot vom . . . bitten wir um Lieferung von . . . Der Versand muss bis zum . . . frei Station . . . erfolgen. Zahlung bei Eingang der Ware unter Abzug von . . . % Skonto.

Vereinbarungsgemäss werden uns bei Rücksendung des Verpackungsmaterials innerhalb von . . . Wochen . . . % des dafür berechneten Betrags gutgeschrieben.

Wir bitten um kurze Auftragsbestätigung. Bei einwandfreier Lieferung können Sie mit regelmässigen Aufträgen rechnen.

Hochachtungsvoll

PASSATION DE COMMANDE

1 Messieurs,

Nous référant à votre offre du . . ., nous vous passons la commande suivante:

. . . pièces au prix de . . .
Fabrication conforme à votre prospectus et aux échantillons qui nous ont été soumis.

Livraison franco de port d'ici le . . . Emballage par caisses (. . .) non facturé. Paiement dès réception et vérification de la marchandise.

Nous vous prions de bien vouloir confirmer la présente commande.

Nous vous prions d'agréer, Messieurs, nos salutations distinguées.

2 Messieurs,

Conformément à votre offre du . . ., nous vous prions de nous livrer . . . Livraison franco gare de . . . d'ici le . . . Paiement à la réception de la marchandise, après déduction de . . . % d'escompte.

Comme convenu, il sera porté à notre crédit . . . % de la somme facturée pour l'emballage, si celui-ci vous est retourné dans les . . . semaines.

Nous vous prions de confirmer brièvement la présente commande. Vous pourrez compter sur des ordres réguliers de notre part en cas d'exécution parfaite de cette commande.

Veuillez agréer, Messieurs, l'expression de nos sentiments distingués.

AUFTRAGSANNAHME

Sehr geehrte Herren,

wir bestätigen Ihnen dankend den Erhalt Ihres Auftrags vom . . . zur Lieferung von . . .

Die bestellten Artikel werden pünktlich an Sie ausgeliefert werden. Der Versand erfolgt zu den in unserem Angebot vom . . . mitgeteilten Konditionen.

Wir sind sicher, dass Sie mit unseren Waren gute Umsätze erzielen werden.

Mit vorzüglicher Hochachtung

ACCEPTATION DE LA COMMANDE

Messieurs,

Nous accusons réception de votre commande de . . ., en date du . . ., et vous en remercions.

Nous ferons le nécessaire pour que la marchandise commandée vous soit livrée à la date prévue.

L'envoi est soumis aux conditions indiquées dans notre offre du . . .

Nous sommes sûrs que la marchandise livrée vous fera réaliser un chiffre d'affaires intéressant.

Nous vous prions d'agréer, Messieurs, nos salutations distinguées.

AUFTRAGSABLEHNUNG

Sehr geehrte Herren,

wir haben Ihren Auftrag zur Lieferung von . . . erhalten.

Leider sehen wir uns im Augenblick nicht in der Lage, die Bestellung zum angegebenen Termin auszuführen, da wir für die nächsten . . . Monate restlos ausverkauft sind.

Bitte teilen Sie uns mit, ob wir Ihre Bestellung für den Monat . . . vormerken sollen.

Wir bedauern, Ihnen vorerst keinen anderen Bescheid geben zu können.

Mit vorzüglicher Hochachtung

REFUS DE LA COMMANDE

Messieurs,

Nous avons reçu votre commande de . . .

Nous avons le regret de vous signaler que nous ne sommes pas actuellement en mesure d'exécuter votre commande pour la date indiquée, car nous n'aurons pas la moindre marchandise disponible avant . . . mois.

Veuillez nous faire savoir si nous devons prendre note de votre commande pour le mois de (d') . . .

Regrettant de ne pouvoir vous répondre plus favorablement, nous vous prions d'agréer, Messieurs, nos salutations distinguées.

BRIEFWECHSEL WÄHREND DER ORDNUNGSGEMÄSSEN AUFTRAGSABWICKLUNG

ÉCHANGE DE CORRESPONDANCE PENDANT L'EXÉCUTION DE LA COMMANDE

ANZEIGE DES PRODUKTIONSBEGINNS

Sehr geehrte Herren,

wir beziehen uns auf Ihren Auftrag vom . . . über Lieferung von . . . und teilen Ihnen mit, dass sich der von Ihnen bestellte Warenposten bereits in der Fertigung befindet und voraussichtlich bis zum . . . versandbereit sein wird.

Bitte geben Sie uns Ihre Versandwünsche rechtzeitig bekannt.

Mit freundlichen Grüssen

ANNONCE DE MISE EN FABRICATION

Messieurs,

Nous référant à votre commande du . . . concernant la livraison de . . ., nous vous signalons que les marchandises que vous avez commandées se trouvent déjà en cours de fabrication et que leur expédition est prévue pour le . . .

Veuillez nous faire savoir en temps voulu quel mode d'expédition vous désirez.

Nous vous prions d'agréer, Messieurs, nos plus cordiales salutations.

ANZEIGE DES VERSANDS

Sehr geehrte Herren,

wir teilen Ihnen mit, dass wir die Waren gemäss Ihrer Bestellung Nr. . . . vom . . . heute an Sie versandt haben.

Der Transport erfolgt per Lastkraftwagen durch die Spedition . . . frei . . .

Wir hoffen, dass Sie mit unserer Lieferung zufrieden sind, und erwarten gern Ihre weiteren Aufträge.

Mit freundlichen Grüssen

AVIS D'EXPÉDITION

Messieurs,

Nous vous signalons que nous avons expédié ce jour la marchandise objet de votre ordre n° . . . du . . .

La maison . . . est chargée du transport par camion, franco . . .

Nous espérons que vous serez satisfaits de notre livraison et, dans l'attente de vos prochains ordres, nous vous prions d'agréer, Messieurs, nos plus cordiales salutations.

RECHNUNGSSTELLUNG

Sehr geehrte Herren,

die von Ihnen bestellten Waren sind heute an Sie versandt worden.

Als Anlage erlauben wir uns, Ihnen unsere Rechnung für die Gesamtlieferung zu übersenden.

Wir würden uns freuen, weitere Aufträge von Ihnen zu erhalten, und grüssen Sie

mit freundlicher Empfehlung

Anlage
1 Rechnung

FACTURATION

Messieurs,

Les marchandises que vous nous avez commandées vous ont été expédiées ce jour.

Nous nous permettons de vous adresser ci-joint la facture pour la totalité de la livraison.

Nous serions heureux de poursuivre nos relations d'affaires avec vous et nous vous prions d'agréer, Messieurs, nos plus cordiales salutations.

P.J.
1 facture

WARENEMPFANGS-BESTÄTIGUNG

Sehr geehrte Herren,

die uns mit Ihrem Avis vom . . . angekündigte Warensendung ist heute bei uns eingetroffen.

Eine sofortige Nachprüfung hat ergeben, dass die Bestellung ordnungsgemäss ausgeführt wurde.

Mit vorzüglicher Hochachtung

ACCUSÉ DE RÉCEPTION DE LA MARCHANDISE

Messieurs,

La marchandise dont nous avions reçu l'avis d'expédition daté du . . . est arrivée chez nous aujourd'hui.

La vérification à laquelle nous avons immédiatement procédé montre que la commande a été correctement exécutée et que la marchandise est arrivée en bon état.

Nous vous prions d'agréer, Messieurs, nos salutations distinguées.

ABWEICHUNGEN UND STÖRUNGEN IM VERTRAGSABLAUF

INCIDENTS ET IRRÉGULARITÉS DANS DU CONTRAT L'EXÉCUTION

LIEFERVERZUG

1 Sehr geehrte Herren,

laut Kaufvertrag vom . . . sollte die bestellte Ware bis spätestens . . . bei uns eintreffen.

Leider haben wir bis heute von Ihnen keine Lieferung erhalten. Auch liegt uns die Versandanzeige noch nicht vor.

Da wir die Waren dringend benötigen, stellen wir Ihnen hiermit eine Nachlieferfrist bis zum . . . Sollte diese Frist von Ihnen nicht eingehalten werden, müssten wir unseren Auftrag stornieren.

Hochachtungsvoll

2 Sehr geehrte Herren,

die Ihnen mit unserem Schreiben vom . . . gesetzte Nachfrist zur Lieferung der bestellten Waren ist leider ungenützt verstrichen.

Wir annullieren hiermit den Ihnen von uns erteilten Auftrag.

Hochachtungsvoll

RETARD DE LIVRAISON

1 Messieurs,

Conformément au contrat de vente du . . ., nous devions recevoir la marchandise commandée d'ici le . . . au plus tard.

Nous n'avons malheureusement reçu aucune livraison de votre part jusqu'ici et n'avons pas davantage reçu d'avis d'expédition.

Comme nous avons un besoin urgent de la marchandise, nous vous donnons un délai de livraison supplémentaire jusqu'au . . . Au cas où vous ne respecteriez pas ce délai, nous nous verrions dans l'obligation d'annuler notre commande.

Nous vous prions d'agréer, Messieurs, nos salutations distinguées.

2 Messieurs,

Dans notre lettre du . . ., nous vous avions accordé un délai de livraison supplémentaire. Ce délai est malheureusement arrivé à expiration sans qu'aucune livraison nous ait été faite. Nous annulons donc par la présente la commande passée.

Nous vous prions d'agréer, Messieurs, nos salutations distinguées.

3 Sehr geehrte Herren,

wir müssen Ihnen mitteilen, dass wir die bei Ihnen bestellte Ware nicht abnehmen werden.

Sie haben zu unserer Überraschung die Ihnen mit Schreiben vom ... gesetzte angemessene Nachfrist nicht eingehalten. Deshalb waren wir gezwungen, uns anderweitig einzudecken. Über die uns dadurch entstandenen Mehrkosten fügen wir eine Rechnung bei und ersuchen Sie um baldige Überweisung des Betrages.

Hochachtungsvoll

Anlage
1 Rechnung

3 Messieurs,

Nous avons le regret de vous informer que nous ne prendrons pas livraison de la marchandise objet de notre commande.

À notre surprise, vous n'avez pas respecté le délai supplémentaire raisonnable que nous vous avions accordé dans notre lettre du ...

Nous nous sommes donc vus obligés de nous fournir ailleurs. Nous vous adressons ci-joint la facture des frais supplémentaires encourus de ce fait, et nous vous prions de nous en virer au plus tôt le montant.

Nous vous prions d'agréer, Messieurs, nos salutations distinguées.

P.J.
1 facture

ZAHLUNGSVERZUG

Sehr geehrte Herren,

am ... haben wir Ihnen auf Grund Ihrer Bestellung vom ... die Waren über die Speditionsfirma ... zugehen lassen.

Nach unseren Zahlungsbedingungen war die Rechnung innerhalb von ... Tagen nach Eingang der Lieferung zu begleichen. Leider können wir bis heute keinen Kontoausgleich feststellen.

Wir bitten Sie deshalb dringend, uns umgehend den Betrag von ... zu überweisen und erwarten Ihre Bestätigung der erfolgten Regulierung.

Hochachtungsvoll

RETARD DE PAIEMENT

Messieurs,

Conformément à votre commande du ..., nous vous avons fait envoyer la marchandise le ... par l'intermédiaire de la maison d'expédition ...

Nos conditions de paiement prévoient que la marchandise doit être réglée dans les ... jours suivant la réception de la marchandise. Nous constatons malheureusement que, jusqu'à ce jour, le compte n'a pas encore été balancé.

Nous vous prions donc de nous virer par retour du courrier la somme de ... et de nous confirmer que le règlement a bien été fait.

Nous vous prions d'agréer, Messieurs, nos salutations distinguées.

MÄNGELRÜGE

1 Sehr geehrte Herren,

Ihre Sendung ist am ... bei uns eingegangen. Bei Überprüfung musste eine Mindermenge von ... Stück festgestellt werden. Wir nehmen an, dass es sich hierbei um ein Versehen Ihrer Versandabteilung handelt.

Bitte liefern Sie die fehlenden Stücke umgehend nach. Weitere Frachtkosten dürfen uns nicht entstehen!

Hochachtungsvoll

DÉFAUTS D'EXÉCUTION

1 Messieurs,

Nous avons reçu votre envoi le ... En procédant immédiatement à sa vérification, nous avons constaté qu'il y manque ... pièces. Nous supposons qu'il s'agit là d'une inadvertance de votre service d'expédition.

Veuillez avoir l'obligeance de nous livrer immédiatement les pièces manquantes, sans nous facturer toutefois de frais de transport supplémentaires.

Nous vous prions d'agréer, Messieurs, nos salutations distinguées.

2 Sehr geehrte Herren,

bei Überprüfung Ihrer heute eingegangenen Teillieferung mussten wir feststellen, dass die Qualität der gelieferten Ware weder Ihrem Angebot noch den uns übersandten Mustern entspricht.

Wir bedauern deshalb, Ihnen den gesamten Warenposten zur Verfügung stellen zu müssen. Geben Sie uns bitte hierzu Ihre Versandanweisungen.

Im übrigen erwarten wir Ihre umgehende Stellungnahme, ob und gegebenenfalls bis zu welchem Zeitpunkt Sie eine mustergetreue Ersatzlieferung leisten können.

Bis zur Klärung dieser Angelegenheit ersuchen wir Sie, keine weiteren Sendungen an uns zu richten.

Hochachtungsvoll

2. Messieurs,

En vérifiant la livraison partielle que nous avons reçue ce jour, nous avons malheureusement constaté que la qualité de la marchandise livrée ne correspondait pas à votre offre, pas plus qu'à l'échantillon que vous nous aviez fait parvenir.

Nous regrettons donc de devoir mettre la totalité de la marchandise à votre disposition. Veuillez nous faire savoir où nous devons adresser l'envoi.

Nous attendons par ailleurs que vous nous fassiez savoir si, à votre avis, vous êtes en mesure de nous faire une livraison de remplacement conforme à l'échantillon, et, si oui, dans quel délai.

Jusqu'au règlement de cette affaire, nous vous prions de ne plus nous faire aucun envoi. Nous vous prions d'agréer, Messieurs, nos salutations distinguées.

3 Sehr geehrte Herren,

bei Überprüfung Ihrer ersten Lieferung stellten wir fest, dass diese nicht dem von uns bestellten Sortiment entspricht. Ohne Frage liegt hier ein Irrtum Ihrerseits vor. Wir bitten Sie um sofortige Stellungnahme.

Bis zum Erhalt Ihrer Nachricht haben wir die Waren zu Ihrer Verfügung eingelagert.

Hochachtungsvoll

3 Messieurs,

En vérifiant votre première livraison, nous avons constaté qu'elle ne correspond pas à l'assortiment que nous avions commandé. Il s'agit certainement d'une erreur de votre part. Nous vous prions de nous faire connaître au plus tôt votre point de vue à ce sujet.

Dans l'attente de vous lire, nous tenons la marchandise à votre disposition dans notre entrepôt.

Nous vous prions d'agréer, Messieurs, nos salutations distinguées.

4 Sehr geehrte Herren,

bei der heute bei uns eingegangenen Sendung von . . . mussten wir leider feststellen, dass ein Karton vollkommen durchnässt war. Dadurch sind . . . Stück für den Verkauf unbrauchbar geworden.

Wir lassen Ihnen diese Stücke heute wieder zugehen und bitten um sofortige Ersatzlieferung.

Hochachtungsvoll

4 Messieurs,

Dans la livraison de . . . reçue ce jour, nous avons malheureusement constaté qu'un carton avait été entièrement mouillé. . . . pièces sont de ce fait devenues invendables.

Nous vous retournons aujourd'hui ces pièces et vous prions de nous faire immédiatement une livraison de remplacement.

Nous vous prions d'agréer, Messieurs, nos salutations distinguées.

ANTWORT AUF REKLAMATIONEN

BITTE UM VERSTÄNDNIS

Sehr geehrte Herren,

wir beziehen uns auf Ihr Schreiben vom . . ., in dem Sie uns eine Nachfrist bis zum . . . stellen.

Wie Ihnen vielleicht durch Pressenotizen bekannt geworden ist, haben die Arbeiter unserer Branche . . . Tage gestreikt, wodurch sich unsere gesamte Produktion verzögerte. Aus diesem Grund waren wir auch nicht in der Lage, fristgemäss zu liefern.

Wir setzen jetzt aber alles daran, die versäumten Arbeitsstunden aufzuholen und die Lieferung innerhalb der von Ihnen gesetzten Frist vorzunehmen.

Für die von uns nicht verschuldete Verzögerung erbitten wir Ihr Verständnis.

Mit freundlichen Grüssen

BEANSTANDUNG WIRD ÜBERPRÜFT

Sehr geehrte Herren,

mit Bedauern müssen wir davon Kenntnis nehmen, dass die an Sie gelieferte Ware nicht Ihren vollen Beifall gefunden hat, weil verschiedene Stücke Mängel aufwiesen.

Wir haben unseren dortigen Vertreter, Herrn . . ., beauftragt, Sie unverzüglich aufzusuchen und die Mängel festzustellen. Sobald uns sein Bericht vorliegt, kommen wir auf die Angelegenheit unaufgefordert zurück.

Bitte gedulden Sie sich einige Tage. Bis dahin verbleiben wir

hochachtungsvoll

BEANSTANDUNG WIRD ZURÜCKGEWIESEN

Sehr geehrte Herren,

Ihre Beschwerde hinsichtlich der Qualität der von uns gefertigten Waren müssen wir zurückweisen. Eine genaue Nachprüfung hat ergeben, dass unsere Lieferung voll dem Muster entspricht, das Sie uns anlässlich der Auftragserteilung übersandten.

Wir bitten Sie um nochmalige Überprüfung der Beanstandung.

Hochachtungsvoll

RÉPONSE À DES RÉCLAMATIONS

EXCUSES

Messieurs,

Nous accusons réception de votre lettre du . . . nous accordant un délai supplémentaire jusqu'au . . .

Comme vous l'avez peut-être appris par la presse, les ouvriers de notre branche ont fait grève pendant . . . jours, ce qui a retardé toute notre fabrication.

C'est pour cette raison que nous n'avons pas été en mesure de vous livrer dans les délais prévus.

Nous faisons maintenant l'impossible pour rattraper les heures de travail perdues et pour vous livrer dans le délai que vous nous fixez.

Nous espérons que vous voudrez bien excuser ce retard indépendant de notre volonté, et nous vous prions d'agréer, Messieurs, nos plus cordiales salutations.

VÉRIFICATION DE L'OBJET DE LA RÉCLAMATION

Messieurs,

Nous avons appris avec regret que la marchandise que nous vous avons livrée ne vous a pas donné entière satisfaction, certaines pièces étant défectueuses.

Nous avons chargé notre représentant local, Monsieur . . ., de vous rendre visite au plus tôt pour constater les défauts de la livraison. Nous vous tiendrons nous-mêmes au courant de cette affaire dès que nous serons en possession de son rapport.

Vous demandant de bien vouloir patienter quelques jours, nous vous prions d'agréer, Messieurs, nos salutations distinguées.

CONTESTATION DE LA RÉCLAMATION

Messieurs,

Nous ne pouvons donner suite à votre réclamation concernant la qualité de notre livraison. Après vérification précise, il s'est avéré que notre livraison était entièrement conforme à l'échantillon que vous nous avez fait parvenir à l'occasion de votre commande.

Vous demandant de bien vouloir reconsidérer votre réclamation, nous vous prions d'agréer, Messieurs, nos salutations distinguées.

DIE FIRMEN UND IHRE VERTRETER
LES ENTREPRISES ET LEURS REPRÉSENTANTS

VERTRETUNGS-ANGEBOT

Sehr geehrte Herren,

wir sind ein bedeutender Hersteller von ... und exportieren unsere Waren bei steigenden Umsätzen in bereits ... Länder.

Vor einiger Zeit haben wir ein Marktforschungsinstitut damit beauftragt festzustellen, ob auch in Ihrem Land für uns ein interessanter Absatzraum vorhanden ist. Das Ergebnis dieser Untersuchung ist sehr positiv ausgefallen.

Wir sind nun daran interessiert, unsere Erzeugnisse auch nach ... zu exportieren.

Sie wurden uns von befreundeter Seite mit dem Hinweis empfohlen, dass Sie mit anderen Artikeln gute Umsätze erzielen.

Deshalb erlauben wir uns die Anfrage, ob Sie an der Übernahme der Vertretung unseres Hauses in Ihrem Land interessiert sind.
Sollte dies der Fall sein, bäten wir Sie um eine kurze Nachricht.

Es würde uns freuen, von Ihnen bald einen zusagenden Bescheid zu erhalten.

Hochachtungsvoll

OFFRE DE REPRÉSENTATION

Messieurs,

Nous sommes d'importants fabricants de ... et nous exportons déjà nos articles dans ... pays où nous réalisons des chiffres d'affaires sans cesse croissants.

Il y a quelque temps, nous avons chargé un institut d'étude de marché de déterminer si votre pays constituerait aussi pour nous un débouché intéressant.

Le résultat de cette étude a été très positif. Nous nous intéressons donc à l'exportation de nos articles en ... Vous nous avez été recommandé par des gens de confiance qui nous ont signalé que vous réalisiez de bons chiffres d'affaires avec d'autres articles.

Nous nous permettons donc de vous demander si cela vous intéresserait de vous charger de la représentation de notre maison dans votre pays.

Nous vous prions dans ce cas de nous le faire brièvement savoir.

Nous espérons que vous nous ferez parvenir bientôt votre accord et vous prions d'agréer, Messieurs, nos salutations distinguées.

BEWERBUNG

Sehr geehrte Herren,

Ihr Schreiben vom ... habe ich mit grossem Interesse gelesen. Gern bin ich bereit, die Vertretung für Ihre Artikel in ... zu übernehmen.

Ich halte es für zweckmässig, wenn über alle Einzelfragen, wie zum Beispiel Gebiet, Provisionen, Kundenschutz usw., persönlich verhandelt wird. Deshalb schlage ich Ihnen vor, dass ich am ... nach ... komme, um in direktem Gespräch mit Ihnen alle anstehenden Probleme zu erörtern.

Die mir durch diese Reise entstehenden Kosten werden mir gewiss von Ihnen in üblicher Weise gegen Belege ersetzt werden.

Ich bitte Sie um Mitteilung, ob Ihnen der angegebene Termin genehm ist.

Hochachtungsvoll

CANDIDATURE

Messieurs,

C'est avec beaucoup d'intérêt que j'ai lu votre lettre en date du ... Je suis tout à fait disposé à prendre la représentation de vos articles en ...

Je pense qu'il serait bon de discuter personnellement des questions de détail, telles que par exemple la zone de représentation, les commissions, la protection de la clientèle, etc.

Je vous propose de me rendre moi-même à ..., le ..., pour discuter de toutes ces questions au cours d'un entretien direct.

Vous serez certainement d'accord pour me rembourser de la façon habituelle, sur présentation des justificatifs, les frais que m'aura occasionnés ce voyage.

Je vous prie de me faire savoir si cette date vous convient, et vous prie d'agréer, Messieurs, mes salutations distinguées.

ANTWORT AUF BEWERBUNG

Sehr geehrter Herr,

verbindlichen Dank für Ihr Schreiben vom . . ., in dem Sie uns Ihre grundsätzliche Bereitschaft zur Übernahme unserer Vertretung in . . . mitteilten.

Mit dem von Ihnen vorgeschlagenen Besprechungstermin am . . . sind wir einverstanden. Wir erwarten Sie am . . . um . . . am Flughafen in . . . Sie werden dort von unserem Herrn . . . abgeholt.

Da Sie uns noch nicht persönlich bekannt sind, bitten wir Sie, sich am Informationsschalter zu melden und nach Herrn . . . zu fragen. Die Besprechung kann dann in unserem Haus sofort beginnen. Die massgebenden Herren unserer Geschäftsleitung stehen Ihnen zur Verfügung.

Hochachtungsvoll

RÉPONSE À UNE CANDIDATURE

Monsieur,

Nous vous remercions vivement de votre lettre en date du . . ., par laquelle vous nous faites savoir que vous êtes en principe disposé à prendre notre représentation en . . .

Nous sommes d'accord pour la date du . . . que vous proposez pour une entrevue. Nous vous attendons donc le . . . à . . . heures, à l'aéroport de . . . Notre collaborateur, Monsieur . . ., viendra vous chercher.

Comme nous ne vous connaissons pas encore personnellement, nous vous prions de vous présenter au guichet des renseignements et d'y demander Monsieur . . . L'entretien pourra ensuite commencer immédiatement dans notre maison, où les principaux représentants de notre direction seront à votre disposition.

Nous vous prions d'agréer, Monsieur, nos salutations distinguées.

VERTRETUNGS-GESUCH

Sehr geehrte Herren,

Ihre Adresse verdanke ich dem . . . Konsulat in . . .

Ich arbeite schon seit Jahren auf dem . . .-Gebiet und wäre sehr daran interessiert, Ihre Erzeugnisse auf dem . . .-Markt zu verkaufen. Bitte lassen Sie mich wissen, ob Sie grundsätzlich an einem Export Ihrer . . . nach . . . interessiert sind.

Bemerken möchte ich in diesem Zusammenhang, dass ich namhafte Werke des In- und Auslands vertrete und überdurchschnittliche Umsätze erziele. Zudem verfüge ich über einen Stab guter Mitarbeiter. Ausreichende Lagerräume und Lieferfahrzeuge stehen mir gleichfalls zur Verfügung.

Sofern Sie an einer Vertretung in . . . Interesse haben und es zu einer Zusammenarbeit zwischen uns kommt, kann ich Ihnen heute schon nicht unbedeutende Umsätze zusagen.

Ich bitte Sie um Ihre kurzfristige Stellungnahme.

Hochachtungsvoll

DEMANDE DE REPRÉSENTATION

Messieurs,

Le Consulat . . . en . . . m'a communiqué votre adresse. Je travaille depuis plusieurs années déjà dans le secteur . . ., et la vente de vos articles sur le marché . . . m'intéresserait vivement.

Veuillez me faire savoir si, en principe, l'exportation de vos . . . en . . . vous intéresse.
Je tiens encore à mentionner que je représente des marques nationales et étrangères renommées et que je réalise des chiffres d'affaires supérieurs à la moyenne.

Je dispose par ailleurs d'une équipe d'excellents collaborateurs ainsi que d'entrepôts et de voitures de livraison en nombre suffisant.

Si vous êtes intéressés par une représentation en . . . et si nous travaillons ensemble, je peux dès à présent vous promettre un chiffre d'affaires important.

Espérant que vous me ferez rapidement connaître votre opinion à ce sujet, je vous prie d'agréer, Messieurs, mes salutations distinguées.

VERTRETUNGS-VERTRAG

Zwischen der Firma . . ., im folgenden kurz Firma genannt,
und Herrn . . ., nachstehend kurz Generalvertreter (GV) genannt, kommt folgender Generalvertretungsvertrag zustande:

a) Der GV übernimmt ab . . . für die Firma die Generalvertretung für deren Erzeugnisse in . . .

b) Das Gebiet der Generalvertretung umfasst den südlichen Teil des Landes und wird begrenzt von . . .

c) Für seine Tätigkeit erhält der GV Provision. Die Höhe der Provisionen ergibt sich aus beigefügter Provisionsliste, die Bestandteil des Vertrags ist.

d) Der GV erhält einen monatlichen Pauschalbetrag von . . . für Telefon, Fernschreiber und Lager. Weitere Vergütungen werden nicht bezahlt. Die Reisespesen trägt der GV selbst.

e) Die Firma ist bereit, den GV durch entsprechende Werbemassnahmen zu unterstützen. Wie die Werbung durchgeführt wird, ist mit dem GV im einzelnen abzusprechen. Die Gesamtwerbungskosten dürfen den Betrag von . . . im Jahr nicht überschreiten. Darüber hinausgehende Kosten trägt der GV selbst.

f) Dem GV ist es während der Dauer dieses Vertrags nicht erlaubt, Konkurrenzfirmen zu vertreten.

g) Dieser Vertrag wird zunächst auf die Dauer von fünf Jahren abgeschlossen. Nach Ablauf dieser Zeit kann er von beiden Teilen unter Einhaltung einer Frist von sechs Monaten zum Ende des Kalenderjahres gekündigt werden.

h) Alle Vertragsänderungen bedürfen der Schriftform.

Gerichtsstand ist . . . (Ort, Land)

CONTRAT DE REPRÉSENTATION

Entre la Maison . . ., désignée ci-après par abréviation comme la Maison,
et Monsieur . . ., désigné ci-après par abréviation comme le représentant général (RG), il a été établi le contrat de représentation générale suivant:

a) RG se charge à dater du . . . de la représentation générale en . . . des articles fabriqués par la Maison.

b) La zone de représentation générale comprend la partie sud du pays et se trouve limitée par . . .

c) Le RG touche une commission en rémunération de son activité. Le montant de la commission apparaît dans le barême ci-joint qui est partie intégrante du contrat.

d) Le RG reçoit une indemnité mensuelle forfaitaire de . . . pour frais de téléphone, de télex et d'entrepôt. Il ne sera payé aucune autre indemnité. Les frais de déplacement sont à la charge personnelle du RG.

e) La Maison est disposée à apporter au RG le soutien publicitaire nécessaire. Le détail de cette publicité sera arrêté après discussion avec le RG. Le total des frais de publicité ne devra pas dépasser un montant annuel de . . . Les frais excédentaires seront à la charge personnelle du RG.

f) Il est interdit au RG, pour la durée du présent contrat, de représenter des maisons concurrentes.

g) Le présent contrat est d'abord conclu pour une durée de cinq ans. Une fois ce délai écoulé, il peut être résilié par l'une ou l'autre partie à la fin de chaque année avec un préavis de six mois.

h) Toute modification au contrat ne peut se faire que sous la forme écrite.

Pour toute contestation, le tribunal de . . . (lieu, pays) est seul compétent.

BEKANNTGABE DES VERTRETERS

Sehr geehrte Herren,

wir erlauben uns, Ihnen mitzuteilen, dass wir ab . . . Herrn . . . mit der Vertretung unserer Interessen in . . . betraut haben. Wir bitten Sie, sich mit allen Fragen vertrauensvoll an ihn zu wenden. Er wird Sie in jedem Fall bestens beraten.

Wir würden uns sehr darüber freuen, wenn sich zwischen Ihnen und unserem Mitarbeiter ein reger Geschäftsverkehr entwickeln könnte.

Hochachtungsvoll

LA FIRME FAIT SAVOIR QU'ELLE A UN REPRÉSENTANT

Messieurs,

Nous nous permettons de vous signaler que nous avons chargé Monsieur . . . de la représentation de nos intérêts en . . . à dater du . . . Nous vous prions de vous adresser à lui en toute confiance pour toutes les questions qui pourraient se poser. Il saura vous conseiller au mieux dans tous les cas.

Dans l'espoir que des relations commerciales actives s'établiront entre vous et notre collaborateur, nous vous prions d'agréer, Messieurs, nos salutations distinguées.

VERTRAGSKÜNDIGUNG DURCH DEN VERTRETER

Sehr geehrte Herren,

aus gesundheitlichen Gründen bin ich leider gezwungen, Ihre Vertretung, die ich seit . . . innehabe, mit Wirkung vom . . . zu kündigen.

Ich bedaure dies ausserordentlich, umso mehr, als aus der jahrelangen Verbindung ein Vertrauensverhältnis erwuchs, das zu schönen Erfolgen führte.

Ich bin sicher, dass Sie für meinen Entschluss Verständnis haben werden.

Hochachtungsvoll

RÉSILIATION DU CONTRAT PAR LE REPRÉSENTANT

Messieurs,

Des raisons de santé m'obligent malheureusement à résilier, à compter du . . ., l'emploi de représentant que j'occupe depuis le . . .

Je le regrette d'autant plus vivement qu'au cours des longues années où nous avons été en relation, des rapports de confiance s'étaient établis entre nous, rapports qui s'étaient traduits par des résultats appréciables.

Comptant sur votre compréhension, je vous prie d'agréer, Messieurs, mes salutations distinguées.

VERTRAGSKÜNDIGUNG DURCH DIE FIRMA

Sehr geehrter Herr . . .,

wir müssen Ihnen heute zu unserem Bedauern mitteilen, dass wir gezwungen sind, das mit Ihnen am . . . geschlossene Vertretungsverhältnis zum . . . zu kündigen. Wir haben alle Lieferungen nach . . . eingestellt. Der Markt in Ihrem Land ist für uns in den letzten Jahren stetig rückläufig gewesen.

Wir danken Ihnen für die gute Zusammenarbeit. Unser Herr . . . wird Sie anlässlich seines nächsten Aufenthalts in . . . aufsuchen.

Hochachtungsvoll

RÉSILIATION DU CONTRAT PAR L'ENTREPRISE

Monsieur,

Nous avons le regret de vous informer que nous sommes dans l'obligation de résilier avec effet à partir du . . ., le contrat de représentation que nous avions conclu avec vous le . . . Nous avons arrêté toutes nos livraisons à destination de . . . Au cours de l'année écoulée, le marché de votre pays est devenu de moins en moins intéressant pour nous.

Nous vous remercions de l'excellente collaboration que vous nous avez apportée. Notre collaborateur, Monsieur . . ., vous rendra personnellement visite à l'occasion de son prochain séjour à . . .

Nous vous prions d'agréer, Monsieur, nos salutations distinguées.

SCHREIBEN ZU BESONDEREN GELEGENHEITEN

LETTRES ÉCRITES À L'OCCASION D'ÉVÉNEMENTS PARTICULIERS

DANKSCHREIBEN

1 Sehr geehrte Herren,

zunächst möchten wir nicht versäumen, uns für die freundliche Aufnahme unseres Herrn . . . in Ihrem Haus zu bedanken. Wir sind davon überzeugt, dass sich die dabei erzielten Vereinbarungen für beide Seiten positiv auswirken werden.

Vorgemerkt haben wir, dass Ihr Herr . . . Ende des Monats zu weiteren Besprechungen zu uns nach . . . kommen wird. Selbstverständlich wird Herr . . . für die Dauer seines Aufenthalts unser Gast sein.

Hochachtungsvoll

2 Sehr geehrte Herren,

wir haben gestern die Besprechungen mit Ihrem Herrn . . . abgeschlossen und sind sicher, dass für beide Seiten gute Ergebnisse erzielt wurden.

Bei dieser Gelegenheit möchten wir uns für den Besuch Ihres Herrn . . . in unserem Haus herzlich bedanken, vor allen Dingen auch für die Aufgeschlossenheit, mit der er die Verhandlungen mit unserer Geschäftsleitung führte.

Hochachtungsvoll

LETTRES DE REMERCIEMENT

1 Messieurs,

Nous tenons tout d'abord à vous remercier d'avoir si aimablement accueilli chez vous notre collaborateur, Monsieur . . . Nous sommes sûrs que les accords conclus à cette occasion seront couronnés de succès.

Nous notons que votre collaborateur, Monsieur . . ., nous rendra visite à . . . à la fin du mois pour avoir avec nous des entretiens complémentaires. Il va sans dire que Monsieur . . . sera notre hôte pendant la durée de son séjour.

Nous vous prions d'agréer, Messieurs, nos cordiales salutations.

2 Messieurs,

Nous avons terminé hier nos entretiens avec votre collaborateur, Monsieur . . ., et nous sommes certains que les résultats obtenus seront satisfaisants pour les deux parties.

Nous tenons à vous remercier à cette occasion de la visite que votre collaborateur, Monsieur . . ., nous a faite, et avant tout de la franchise avec laquelle il a mené les négociations avec notre direction.

Nous vous prions d'agréer, Messieurs, nos salutations distinguées.

GLÜCKWÜNSCHE

FIRMENJUBILÄUM

Sehr geehrte Herren,

zum 25jährigen Bestehen Ihres Unternehmens erlauben wir uns, Ihnen unsere herzlichen Glückwünsche zu übermitteln.

Wir möchten diese Gelegenheit wahrnehmen, Ihnen zugleich für die jahrelange vertrauensvolle Zusammenarbeit unseren besten Dank auszusprechen.

Mit vorzüglicher Hochachtung

GEBURTSTAG

Sehr geehrter Herr . . .,

zu Ihrem . . . Geburtstag erlauben wir uns, Ihnen unsere besten Glückwünsche auszusprechen.

Wir wünschen Ihnen viele Jahre bei bester Gesundheit und hoffen, dass Ihre unermüdliche Schaffenskraft Ihrem Unternehmen noch lange erhalten bleibt.

Mit freundlichen Grüssen

FILIALERÖFFNUNG

Sehr geehrte Herren,

der Tagespresse haben wir entnommen, dass Sie in . . . eine neue Zweigstelle eröffnet haben. Dazu möchten wir Ihnen viel Erfolg wünschen.

Wir verbinden damit die Hoffnung, dass sich unsere geschäftliche Zusammenarbeit auch in Zukunft in der gleichen vertrauensvollen Weise weiterentwickeln wird.

Hochachtungsvoll

LETTRES DE FÉLICITATIONS

ANNIVERSAIRE DE LA FONDATION

Messieurs,

À l'occasion du vingt-cinquième anniversaire de la fondation de votre maison, nous nous permettons de vous adresser nos chaleureuses félicitations.

Nous saisissons cette occasion pour vous exprimer en même temps nos remerciements les plus vifs pour la confiance que vous nous avez témoignée pendant les nombreuses années de notre collaboration. Nous vous prions d'agréer, Messieurs, nos salutations distinguées.

ANNIVERSAIRE

Monsieur,

Nous nous permettons de vous adresser nos meilleurs vœux à l'occasion de votre . . .ième anniversaire. Nous vous souhaitons de rester de longues années encore en excellente santé afin de pouvoir continuer à mener votre entreprise avec l'énergie inlassable qui est la vôtre. Nous vous prions d'agréer, Monsieur, nos plus cordiales salutations.

OUVERTURE DE SUCCURSALE

Messieurs,

Nous avons appris par la presse que vous venez d'ouvrir une nouvelle succursale à . . .
À cette occasion, nous tenons à vous adresser tous nos vœux de succès.

Nous espérons que notre collaboration continuera de se dérouler à l'avenir dans la même atmosphère de confiance mutuelle, et nous vous prions d'agréer, Messieurs, nos salutations distinguées.

BERUFSJUBILÄUM

Sehr geehrter Herr . . .,

heute sind es 25 Jahre, dass Sie an der Spitze des von Ihnen gegründeten Unternehmens stehen.

In diesen langen Jahren haben Sie das Unternehmen durch persönliches Engagement und bedachtsame Leitung dank Ihrer grossen Erfahrungen zu seiner heutigen Bedeutung geführt.

Wir möchten Ihnen hierzu unsere herzlichen Glückwünsche aussprechen, verbunden mit dem Wunsch für weitere Erfolge und Gesundheit.

Mit verbindlichen Empfehlungen

ANNIVERSAIRE DANS LE CADRE PROFESSIONNEL

Monsieur,

Cela fait aujourd'hui 25 ans que vous vous trouvez à la tête de l'entreprise dont vous êtes le fondateur.

Au cours de ces nombreuses années, c'est grâce à votre activité personnelle, à votre gestion avisée et à votre vaste expérience que votre entreprise a pu acquérir son importance actuelle.

Nous tenons à vous exprimer nos plus vives félicitations, ainsi que nos vœux de santé et de succès pour l'avenir.

Je vous prie de croire, Monsieur, à ma considération distinguée.

ANZEIGE DER GESCHÄFTS-ERÖFFNUNG

Sehr geehrte Herren,

wir erlauben uns, Ihnen mitzuteilen, dass wir hier in . . . eine Verkaufsstelle für unsere Produkte eröffnet haben.

Dem Betrieb ist eine eigene Beratungsabteilung angeschlossen. Ferner verfügen wir über fachlich geschulte Kundendienstmonteure, die alle bei uns gekauften Geräte turnusmässig überprüfen.

Wir würden uns freuen, wenn Sie von den Diensten und den günstigen Einkaufsmöglichkeiten regen Gebrauch machten. Für beste Qualität unserer Erzeugnisse übernehmen wir volle Gewähr.

Mit vorzüglicher Hochachtung

ANNONCE D'OUVERTURE DE MAGASIN

Messieurs,

Nous nous permettons de vous signaler que nous venons d'ouvrir à . . . un point de vente pour les articles de notre fabrication.

Nous avons adjoint au magasin proprement dit un service d'information qui lui est propre. Par ailleurs, notre service après-vente dispose de monteurs qualifiés qui vérifient périodiquement les appareils achetés chez nous.

Nous serions heureux que vous utilisiez aussi largement que possible les services et les intéressantes possibilités d'achat que nous mettons à votre disposition. Nous nous portons entièrement garants de la très bonne qualité de nos articles.

Nous vous prions d'agréer, Messieurs, nos salutations distinguées.

ANZEIGE DER ERÖFFNUNG EINER ZWEIGNIEDERLASSUNG

Sehr geehrte Herren,

der in den letzten Jahren immer stärker gestiegene Absatz unserer Erzeugnisse im Gebiet ... hat uns veranlasst, in ... eine Zweigniederlassung zu errichten. Wir wollen damit erreichen, Sie noch kurzfristiger beliefern zu können.

Die mit der Zweigniederlassung verbundene Beratungsstelle steht Ihnen kostenlos und unverbindlich für alle Fragen des Einsatzes unserer Geräte zur Verfügung. Auch können dort ebenso Reparaturen wie die Überholung unserer Geräte durchgeführt werden.

Wir hoffen, dass durch diese Zweigstelle der Kontakt zwischen Ihnen und uns noch enger werden wird.

Mit vorzüglicher Hochachtung

ANNONCE D'OUVERTURE D'UNE SUCCURSALE

Messieurs,

Au cours des dernières années, la vente de nos articles n'a cessé de progresser dans la région de ...

Nous avons donc décidé de créer une succursale à ... Notre objectif est d'assurer nos livraisons dans des délais encore plus brefs.

Le bureau d'information que nous avons adjoint à la succursale se tient à votre disposition pour répondre, gratuitement et sans engagement de votre part, à toutes les questions que pourrait soulever l'utilisation de nos appareils. Il peut y être également procédé à la révision et à la réparation de nos appareils.

Dans l'espoir que la création de cette succursale renforcera nos bonnes relations, nous vous prions d'agréer, Messieurs, nos salutations distinguées.

ÄNDERUNG VON FIRMENNAMEN UND ANSCHRIFT

Sehr geehrte Herren,

bei unserer Gesellschafterversammlung am ... wurde die Änderung des Firmennamens ... in ... beschlossen. Gleichzeitig haben wir den Sitz unseres Unternehmens von ... nach ... verlegt.

Bitte unterrichten Sie hiervon Ihre entsprechenden Abteilungen. Besten Dank.

Mit vorzüglicher Hochachtung

CHANGEMENT DE RAISON SOCIALE ET D'ADRESSE

Messieurs,

Lors de la réunion de nos associés en date du ..., la décision a été prise de modifier notre raison sociale ..., dont l'intitulé sera désormais ... De plus, le siège de notre entreprise a été transféré de ... à ...

Nous vous serions obligés de bien vouloir informer vos services de ces modifications et vous prions d'agréer, Messieurs, nos salutations distinguées.

AUSTRITT EINES GESELLSCHAFTERS

Sehr geehrte Herren,

wir erlauben uns, Ihnen mitzuteilen, dass unser langjähriger Gesellschafter, Herr ..., mit Wirkung vom ... aus Gesundheitsgründen aus unserer Gesellschaft ausgeschieden ist.

Die Anteile wurden von unserem Hauptgesellschafter, Herrn ... übernommen, womit dieser jetzt alleiniger Gesellschafter unseres Unternehmens ist.

Mit vorzüglicher Hochachtung

RETRAIT D'UN ASSOCIÉ

Messieurs,

Nous nous permettons de vous informer que Monsieur ..., notre associé depuis de longues années, a quitté notre société pour raisons de santé. Son départ a pris effet en date du ...

Ses parts ont été reprises par notre associé principal, Monsieur ..., de sorte que ce dernier se trouve être maintenant unique associé de notre entreprise.

Nous vous prions d'agréer, Messieurs, nos salutations distinguées.

ERNENNUNG ZUM DIREKTOR

Sehr geehrte Herren,

wir freuen uns, Ihnen heute bekannt geben zu können, dass unser langjähriger verdienter Mitarbeiter, Herr . . ., mit Wirkung vom . . . zum Direktor unseres Unternehmens bestellt wurde. Er leitet verantwortlich die Abteilungen . . . und . . . (z.B. Einkauf, Verkauf, Personalwesen usw.).

Wir würden es sehr begrüssen, wenn sich das gute Einvernehmen zwischen unseren beiden Häusern durch diese Massnahme noch vertiefte.

Mit vorzüglicher Hochachtung

NOMINATION AU POSTE DE DIRECTEUR

Messieurs,

Nous avons le plaisir de pouvoir vous informer que Monsieur . . ., notre collaborateur émérite de longue date, vient d'être nommé au poste de directeur de notre entreprise, avec effet à partir du . . . Il lui est confié l'entière responsabilité des services de . . . et de . . . (par exemple service des achats, des ventes, du personnel, etc.).

Dans l'espoir que cette mesure viendra renforcer encore les bonnes relations de nos deux maisons, nous vous prions d'agréer, Messieurs, nos salutations distinguées.

ANZEIGE EINES BESUCHSTERMINS

Sehr geehrte Herren,

wir erlauben uns, Ihnen mitzuteilen, dass unser Herr . . . Sie am . . . im Laufe des Vormittags in Ihrem Haus aufsuchen wird.

Der Besuch soll dazu dienen, beiderseits interessierende Fragen zu besprechen und Möglichkeiten zu schaffen, unsere Geschäftsverbindung weiter auszubauen. Herr . . . ist von uns mit allen Vollmachten ausgestattet.

Dankbar wären wir Ihnen, wenn Sie uns den vorgeschlagenen Zeitpunkt kurz bestätigten. Sollte er nicht in Ihre Dispositionen passen, bäten wir um Mitteilung eines anderen Gesprächstermins.

Mit vorzüglicher Hochachtung

AVIS DE PASSAGE

Messieurs,

Nous nous permettons de vous annoncer la visite de Monsieur . . . dans la matinée du . . .

Cette visite a pour objet la discussion des questions qui nous intéressent de part et d'autre et sera l'occasion de développer encore les relations d'affaires que nous entretenons. Les pleins pouvoirs ont été confiés à Monsieur . . .

Nous vous serions reconnaissants de bien vouloir nous confirmer la date que nous vous proposons. Au cas où elle ne vous conviendrait pas en raison d'engagements antérieurs, nous vous saurions gré de bien vouloir nous indiquer le jour qui vous conviendrait.

Nous vous prions d'agréer, Messieurs, nos salutations distinguées.

BESTÄTIGUNG EINES BESUCHSTERMINS

Sehr geehrte Herren,

wir danken Ihnen für die Mitteilung, dass Ihr Direktionsmitglied, Herr . . ., uns am . . . besuchen wird. An diesem Tag stehen wir gern zu einem ausführlichen Gespräch zur Verfügung.

Mit vorzüglicher Hochachtung

CONFIRMATION D'UN RENDEZ-VOUS

Messieurs,

Nous avons pris note de la visite que votre directeur, Monsieur . . ., doit nous faire le . . . et vous remercions de nous en avoir informé.

C'est avec plaisir que nous nous tiendrons ce jour-là à son entière disposition pour avoir avec lui un entretien détaillé.

Nous vous prions d'agréer, Messieurs, nos salutations distinguées.

EINLADUNG ZU EINER AUSSTELLUNG

Sehr geehrte Herren,

in der Zeit vom ... bis zum ... findet in ... die ..-Fachausstellung statt.

Wir teilen Ihnen mit, dass auch wir mit unseren Erzeugnissen auf dieser Ausstellung vertreten sind. Sie können sich dabei von einigen neuen Konstruktionen überzeugen. Weiterhin wurden an verschiedenen Typen unseres Programms wesentliche Verbesserungen vorgenommen, die bestimmt Ihr Interesse finden werden.

Es würde uns sehr freuen, wenn Sie unserem Stand Nr. ... in Halle Nr. ... einen Besuch abstatteten. Eintrittskarten liegen unserem Schreiben bei.

Mit vorzüglicher Hochachtung

Anlagen
Eintrittskarten

INVITATION A UNE EXPOSITION

Messieurs,

Du ... au ... va avoir lieu à ... la foire technique de ...

Nous nous permettons de vous signaler que nous participons nous aussi à cette foire où nous présentons les articles de notre fabrication. Vous y aurez en particulier la possibilité de juger par vous-mêmes d'un certain nombre de nouveaux modèles. Par ailleurs, des améliorations importantes ont été apportées à certains types de notre programme, améliorations qui vous intéresseront certainement.

Nous serions donc heureux de recevoir votre visite à notre stand n° ..., hall ..., et nous vous adressons ci-joint quelques billets d'entrée. Espérant avoir le plaisir de vous accueillir, nous vous prions d'agréer, Messieurs, nos salutations distinguées.

P.J.
billets d'entrée

KOMMISSIONS-GESCHÄFT

Sehr geehrte Herren,

wir bitten Sie um Mitteilung, ob Sie bereit sind, auf Kommissionsbasis die Produkte Ihres Verkaufsprogramms nach ... zu liefern.

Wir arbeiten in dieser Weise seit Jahren mit bedeutenden Herstellern zusammen. Lagerräume, Lieferfahrzeuge, Kundendienstmonteure usw. stehen ausreichend zur Verfügung.

Falls Sie im Prinzip an einer solchen Zusammenarbeit interessiert sind, lassen Sie uns dies bitte wissen. Wir werden dann einen Bevollmächtigten unseres Hauses zu entsprechenden Gesprächen bei Ihnen anmelden.

Auf Wunsch sind wir auch bereit, die Kommissionsware gegen Feuer und Diebstahl versichern zu lassen und Ihnen für den Warenwert entsprechende Sicherheiten zur Verfügung zu stellen.

Mit vorzüglicher Hochachtung

AFFAIRE EN COMMISSION

Messieurs,

Nous vous prions de bien vouloir nous faire savoir si vous seriez disposés à nous livrer en commission pour la vente en ..., les articles de votre programme.

Nous travaillons depuis longtemps de cette façon avec des fabricants importants. Nous disposons en nombre suffisant d'entrepôts, de voitures de livraison et de monteurs pour le service après-vente.

Au cas où vous seriez en principe intéressés par une telle collaboration, nous vous serions obligés de nous le faire savoir. Nous vous annoncerons alors la visite d'un de nos fondés de pouvoir qui s'entretiendra avec vous pour régler toutes les questions. Si vous le désirez, nous sommes prêts à faire assurer la marchandise en commission contre l'incendie et le vol, ainsi qu'à vous fournir toute garantie nécessaire en fonction de la valeur de la marchandise.

Nous vous prions d'agréer, Messieurs, nos salutations distinguées.

PROVISIONSGESCHÄFT

Sehr geehrte Herren,

ein langjähriger Kunde von uns benötigt im Augenblick einen grösseren Posten von . . . Da wir diese Ware nicht in unserem Programm führen, bitten wir Sie, dem Kunden unter Berufung auf uns ein entsprechendes Angebot zu unterbreiten, wovon wir Kopie erbitten.

Für unsere Bemühungen erwarten wir eine Provision in Höhe von . . . %. Geben Sie uns bitte bekannt, ob Sie den angegebenen Warenposten umgehend liefern können und ob Sie mit unserem Vorschlag hinsichtlich der Provisionsvergütung einverstanden sind.

Wir werden Ihnen dann unverzüglich die Adresse des Kunden mitteilen.

Mit vorzüglicher Hochachtung

AFFAIRE CONTRE COMMISSION

Messieurs,

Un de nos clients de longue date a actuellement besoin d'une quantité importante de . . . Comme cette marchandise ne figure pas à notre programme de vente, nous vous saurions gré de bien vouloir soumettre à ce client une offre correspondante, en nous citant comme référence (offre dont vous nous ferez parvenir une copie).

Nous vous prions de tenir compte dans vos calculs d'une commission de . . . % en rémunération de nos services. Veuillez nous faire savoir si vous êtes en mesure de livrer cette marchandise par retour de courrier et si vous acceptez la rétribution à la commission que nous vous proposons. Nous vous communiquerons alors sans tarder l'adresse du client.

Nous vous prions d'agréer, Messieurs, nos salutations distinguées.

BRANCHENEXTERNE KORRESPONDENZ

CORRESPONDANCE EN DEHORS DE LA BRANCHE

HOTELKORRESPONDENZ
CORRESPONDANCE AVEC LES HÔTELS

ANFRAGE

Sehr geehrte Herren,

wir beabsichtigen Anfang ... eine Vertretertagung durchzuführen. Dafür benötigen wir vom ... bis ...
... Einzel- und
... Doppelzimmer, alle mit Bad oder Dusche.

Wir möchten alle Teilnehmer bei Ihnen unterbringen.

Bitte lassen Sie uns Ihre Preise für Übernachtung, Frühstück, einschliesslich aller Nebenkosten wissen.

Für ... haben wir ein Abendessen für ca. ... Personen in einem gesonderten Raum vorgesehen. Gern erwarten wir Ihre Menüvorschläge (Menüpreis zwischen ca. ... und ...).

Mit freundlichen Grüssen

DEMANDE

Messieurs,

Notre maison a l'intention d'organiser début ... un congrès de représentants. Pour ce faire, nous avons besoin du ... au ... de
... chambres à un lit et de
... chambres à deux lits, toutes avec douche ou salle de bain.

Nous voudrions loger tous les participants dans votre hôtel.

Veuillez avoir l'obligeance de nous faire parvenir vos prix pour la chambre et le petit déjeuner, service et taxes compris.

Nous avons prévu pour le ... un dîner de ... personnes environ dans une salle séparée. Veuillez nous faire parvenir vos propositions de menu (prix du menu situé environ entre ... et ... par personne).

Dans l'attente de vous lire, nous vous prions d'agréer, Messieurs, nos cordiales salutations.

RESERVIERUNG EINZELPERSON

Sehr geehrte Herren,

bitte reservieren Sie für unseren Kunden, Herrn ... aus ..., vom ... bis zum ... ein Einzelzimmer mit Bad, möglichst Seeseite.

Herr ... wird mit dem ... Flug Nr. ... aus ... kommen und gegen ... Uhr im Hotel eintreffen.

Wir bitten Sie, die Rechnung (Zimmer und alle Extras) uns zur Begleichung zuzusenden. (Die Rechnung wird vom Gast bezahlt.)

Gern erwarten wir Ihre Bestätigung und grüssen Sie inzwischen freundlich

RÉSERVATION POUR UNE PERSONNE

Messieurs,

Nous vous prions de réserver pour notre client, Monsieur ... de ..., du ... au ..., une chambre à un lit avec salle de bain, de préférence sur la mer (le lac).

Monsieur ... arrivera de ... par ... vol n° ... et sera à l'hôtel vers ... heures.

Nous vous prions de nous faire parvenir la note (chambre et tous les suppléments). (La note sera payée par le client.)

Dans l'attente de votre confirmation, nous vous prions d'agréer, Messieurs, nos cordiales salutations.

RESERVIERUNG TAGUNG

Betrifft: Unsere Tagung . . .

Sehr geehrter Herr . . .,

für Ihren freundlichen Empfang am vergangenen . . . danken wir Ihnen bestens. Nach Rücksprache mit der Direktion bestätigen wir Ihnen heute die Reservierung für obige Tagung wie folgt:

Zimmer:
. . . Einzelzimmer
. . . Doppelzimmer, alle mit Bad oder Dusche
vom . . . bis zum . . .

Konferenzräume:

Montag bis Samstag	K III	Konferenzstuhlung für . . . Personen
Dienstag, Mittwoch und Freitag	K I	Blocktisch für . . . Personen

Die Konferenzräume werden jeweils von 8.00 bis 18.00 Uhr benötigt.

Gemeinsame Mahlzeiten:

Kaffeepausen	täglich 10.00 und 16.00 Uhr
Mittagessen im Restaurant	Arbeitsessen um 13.00 Uhr

Rechnungen:

an Firma	Miete Konferenzräume, Kaffee, Mittagessen
Gäste direkt	Zimmer mit Frühstück, Getränke, Abendessen, Extras

Ende . . . lassen wir Ihnen eine Teilnehmerliste zukommen. Gern erwarten wir Ihre Bestätigung mit Preisangaben und verbleiben bis dahin

mit freundlichen Grüssen

RÉSERVATION POUR UN CONGRÈS

Objet: Notre congrès . . .

Cher Monsieur,

Je vous remercie vivement de l'aimable accueil que vous nous avez réservé . . . dernier. Après en avoir parlé avec notre direction, je vous confirme aujourd'hui la réservation suivante pour le congrès ci-dessus mentionné:

Chambres:
. . . chambres à un lit
. . . chambres à deux lits, toutes avec salle de bain ou douche
du . . . au . . .

Salles de conférence:

du lundi au samedi,	C III	chaises pour . . . personnes
mardi, mercredi et vendredi,	C I	grande table pour . . . personnes

Les salles de conférence seront utilisées, chaque fois, de 8 à 18 heures.

Repas:
Pause-café: tous les jours à 10 et à 16 heures.
Déjeuner au restaurant: déjeuner d'affaires à 13 heures.

La location des salles de conférence, le café et le déjeuner sont à facturer à l'adresse de la maison.
Les congressistes paient directement la chambre et le petit déjeuner, les boissons, le repas du soir et les autres suppléments.

Nous vous ferons parvenir fin . . . la liste exacte des participants.

Dans l'attente de votre confirmation avec indication des prix, nous vous prions d'agréer, cher Monsieur, nos salutations distinguées.

RESERVIERUNG GRUPPE

Sehr geehrte Herren,

wir beziehen uns auf Ihre telefonische Anfrage und bestätigen Ihnen heute die Reservierung wie folgt:

... Einzel- und ... Doppelzimmer, alle mit Bad oder Dusche, für die Zeit vom ... bis zum ...

Die Einzelzimmer sind für unsere Herren ..., die Doppelzimmer für die Ehepaare ... bestimmt.

Unsere Gäste treffen im Laufe des ... – teilweise sehr spät – ein. Die Rechnungen begleichen sie selbst. Wir bitten Sie, die beigefügten Mappen in den Zimmern auszulegen.

Mit freundlichen Grüssen

Anlagen
Mappen

RÉSERVATION POUR UN GROUPE

Messieurs,

Nous référant à la conversation téléphonique que nous avons eu avec votre réception, nous vous confirmons ce jour la réservation suivante:

... chambres à un lit et ... chambres à deux lits, toutes avec bain ou douche, du ... au ... Les chambres à un lit sont pour Messieurs ..., les chambres à deux lits pour les couples ...

Nos hôtes arriveront dans la journée du ..., certains très tard dans la soirée. Ils régleront eux-mêmes leur note d'hôtel. Nous vous prions de bien vouloir distribuer les chemises ci-jointes dans les chambres.

Veuillez agréer, Messieurs, nos cordiales salutations.

P.J.
chemises

ANTWORT DES HOTELS

ABSAGE

Sehr geehrte Herren,

für Ihre Anfrage vom ... danken wir Ihnen sehr. Leider tagt zu diesem Zeitpunkt eine grössere Gruppe in unserem Haus. Wir verfügen deshalb nicht mehr über genügend Zimmer und Konferenzräume, um Ihre Tagung bei uns durchführen zu können.

Wir können Ihnen jedoch ein Angebot für eine Woche später, – vom ... bis ... – zum Preis von ... pro Person und Tag machen. Zimmer, Frühstück, ... % Bedienungsgeld und Taxen sind in diesem Preis enthalten.

Ein Konferenzraum für maximal ... Personen ist in dieser Zeit ebenfalls frei. Preis pro Tag: ...

Es würde uns sehr freuen, Ihre Tagung in unserem Haus durchführen zu dürfen. Gern erwarten wir Ihre Stellungnahme.

Mit freundlichen Grüssen

RÉPONSE DE L'HÔTEL

REFUS

Messieurs,

Nous vous remercions vivement de votre lettre du ... Malheureusement, un groupe important tient à cette date un congrès dans notre maison, aussi ne disposons-nous plus de suffisamment de chambres ni de salles de conférence pour que votre congrès puisse avoir lieu chez nous.

Nous pouvons cependant vous faire une proposition pour la semaine suivante, du ... au ..., au prix de ... par personne et par jour. Ce prix comprend la chambre, le petit déjeuner, ... % de service et les taxes.

Une salle de conférence pour ... personnes au maximum est également libre à cette date. Prix par jour: ...

Nous serions très heureux de mettre notre maison à votre disposition pour votre congrès. Dans l'attente de votre réponse, nous vous prions d'agréer, Messieurs, nos salutations distinguées.

POSITIVE ANTWORT

Sehr geehrte Herren,

für Ihre Anfrage vom . . . danken wir Ihnen bestens. Gern stellen wir Ihnen für Ihre Reisegruppe von . . ., den . . . bis . . ., den . . . . . . Doppel- und . . . Einzelzimmer zum Preis von . . . netto pro Person und Tag zur Verfügung. Frühstück, . . .% Bedienungsgeld, Mehrwertsteuer und Taxen sind inbegriffen. Auf je 20 zahlende Gäste ist eine Person frei.

Alle unsere Zimmer sind mit Bad und Dusche, Toilette, Telefon, Rundfunk- und Fernsehempfänger, Safe-Schublade sowie Kühlschrank ausgerüstet. Das Hallenschwimmbad kann kostenlos benützt werden.

Wir bitten Sie, mit der Reservierung den Betrag für eine Übernachtung als Anzahlung bis spätestens . . . an uns zu überweisen. Wir freuen uns sehr auf Ihre baldige Bestätigung und versichern Ihnen schon heute, dass wir Ihnen und Ihren Gästen den Aufenthalt so angenehm wie möglich gestalten werden.

Mit freundlichen Grüssen

RÉPONSE POSITIVE

Messieurs,

Nous vous remercions vivement de votre lettre du . . . Pour votre voyage en groupe du . . . au . . ., nous pouvons vous offrir . . . chambres pour une et . . . chambres pour deux personnes au prix net de . . . par personne et par jour. Petit déjeuner, . . . % de service, TVA et taxes sont compris. Nous vous faisons un séjour gratuit pour 20 hôtes payants.

Toutes nos chambres sont avec salle de bain, douche, WC, téléphone, appareils de radio et de télévision, tiroir coffre-fort et réfrigérateur. La piscine couverte peut être utilisée gratuitement.

Nous vous prions de nous faire en même temps que votre réservation, avant le . . . au plus tard, un virement correspondant au prix d'une journée. Nous espérons recevoir bientôt votre confirmation et nous vous donnons dès à présent l'assurance que nous ferons tout notre possible pour que vos invités et vous-mêmes passiez un séjour agréable.

Nous vous prions d'agréer, Messieurs, nos salutations distinguées.

BESTÄTIGUNG EINER KONFERENZ

Sehr geehrte Herren,

gern bestätigen wir Ihnen heute unsere Unterredung vom vergangenen . . . wie folgt:

Zimmerreservierung:
vom . . . bis . . .
. . . Doppel- und . . . Einzelzimmer zum Preis von . . . pro Person und Tag. Frühstück, . . .% Bedienungsgeld und Taxen sind inbegriffen.
Konferenzräume:
Saal 1 (maximal . . . Personen)
vom . . . bis zum . . . und am . . .
Preis pro Tag: . . .
Saal 2 (maximal . . . Personen)
vom . . . bis zum . . .
Preis pro Tag: . . .
Den Bestuhlungsplan der Konferenzräume fügen wir bei.
Mahlzeiten:
Täglich um 12.30 Arbeitsessen für . . . Personen in unserem Restaurant. Preis inkl. Bedienung: . . .
Rechnungsstellung:
Firma: Zimmer, Essen, Konferenzräume
Teilnehmer direkt: alle Getränke, übrige Extras

Mit freundlichen Grüssen

Anlagen:
Bestuhlungsplan
Kongressbroschüren

CONFIRMATION POUR UNE CONFÉRENCE

Messieurs,

Nous vous confirmons ci-après l'entretien que nous avons eu . . . dernier:

Chambres:
du . . . au . . .,
. . . chambres à deux lits et . . . chambres à un lit, au prix de . . . par personne et par jour, petit déjeuner, . . . % de service et taxes compris.
Salles de conférence:
Salle I (. . . personnes au maximum)
du . . . au . . . et le . . .
Prix: . . . par jour
Salle II (. . . personnes au maximum)
du . . . au . . .
Prix: . . . par jour
Ci-joint la liste des sièges prévus pour les salles de conférence.
Repas:
Tous les jours à 12.30 déjeuner d'affaires de . . . personnes dans notre restaurant.
Prix: . . . service compris.
Facturation:
Firme: chambres, déjeuners, salles de conférences
Participants: boissons et suppléments
Nous vous prions d'agréer, Messieurs, nos salutations distinguées.

P.J.
liste des sièges prévus
brochures

BANKKORRESPONDENZ
CORRESPONDANCE AVEC LES BANQUES

KONTOERÖFFNUNG

ANFRAGE

Sehr geehrte Herren,

wir beabsichtigen, bei Ihnen ein Konto in laufender Rechnung zu eröffnen und bitten Sie, uns Ihre Bedingungen hinsichtlich Verzinsung, Provisionsberechnung, Kontoführungsgebühren usw. mitzuteilen.

Mit freundlichen Grüssen

AUFTRAG

Sehr geehrte Herren,

wir bitten Sie, für uns ein Konto in laufender Rechnung unter der Bezeichnung
. . .
zu eröffnen.

Zur Kontoeröffnung fügen wir als Anlage einen Scheck über . . . bei.

Über das zu eröffnende Konto sollen unsere Herren . . . und . . ., die wie folgt zeichnen werden:
Herr . . .:
Herr . . .:
gemeinsam (einzeln) verfügungsberechtigt sein.

Mit freundlichen Grüssen

Anlage
1 Scheck

OUVERTURE D'UN COMPTE EN BANQUE

DEMANDE

Messieurs,

Nous avons l'intention d'ouvrir chez vous un compte courant et vous prions de nous faire connaître vos conditions en ce qui concerne votre taux d'intérêt, le calcul de la commission, les frais de tenue de compte, etc.

Veuillez agréer, Messieurs, nos salutations distinguées.

ORDRE

Messieurs,

Nous vous demandons de nous ouvrir un compte courant au nom de . . .

Comme premier versement, nous vous adressons ci-joint un chèque de . . .

Nos collaborateurs, Messieurs . . . et . . ., sont autorisés à disposer conjointement (chacun personnellement) de ce compte. Voici leur signature:
M. . . .:
M. . . .:

Nous vous prions d'agréer, Messieurs, nos salutations distinguées.

P.J.
1 chèque

ANTRAG UM KREDITAUFNAHME

GEWÄHRUNG EINES BANKKREDITS IN LAUFENDER RECHNUNG

Sehr geehrte Herren,

teilen Sie uns bitte mit, zu welchen Bedingungen Sie uns einen Kredit in laufender Rechnung (Kontokorrentkredit) in Höhe von ... einräumen können.

Als Sicherheit bieten wir unser Warenlager im Wert von ca. ... an.

Ihrer Stellungnahme sehen wir mit Interesse entgegen.

Mit freundlichen Grüssen

DEMANDE DE CRÉDIT

OCTROI D'UN CRÉDIT EN COMPTE COURANT

Messieurs,

Veuillez nous faire savoir sous quelles conditions vous pourriez nous accorder un crédit en compte courant d'un montant de

...

Notre entrepôt de marchandises, dont la valeur s'élève à environ

...

servirait de garantie à ce crédit.

Nous attendons avec intérêt votre réponse et vous prions d'agréer, Messieurs, nos salutations distinguées.

KONTOÜBERZIEHUNG

Sehr geehrte Herren,

auf Grund unserer bisherigen Geschäftsverbindung erlauben wir uns, bei Ihnen anzufragen, ob und unter welchen Bedingungen Sie bereit wären, uns einen Überziehungskredit bis zur Höhe von ... zu gewähren.

Dieser Überziehungskredit wird von uns nur zeitweilig in Anspruch genommen werden.

Mit freundlichen Grüssen

COMPTE À DÉCOUVERT

Messieurs,

Nous nous autorisons des relations d'affaires que nous entretenons avec vous pour vous demander si et à quelles conditions vous seriez disposés à nous accorder une avance de compte courant d'un montant de

...

Nous n'aurons besoin d'une telle avance que de temps en temps.

Nous vous prions d'agréer, Messieurs, nos salutations distinguées.

KAPITALANLAGE

1 Sehr geehrte Herren,

bitte informieren Sie uns darüber, wie wir befristet freiwerdende Gelder in Höhe von ca. ... derzeit in Ihrem Land günstig anlegen können. Für baldige Antwort wären wir Ihnen dankbar.

Mit freundlichen Grüssen

PLACEMENT DE CAPITAUX

1 Messieurs,

Veuillez nous renseigner sur la façon dont nous pourrions placer actuellement dans votre pays, d'une façon avantageuse et pour une durée limitée, des capitaux s'élevant à environ

... .

Nous vous serions reconnaissants de nous répondre rapidement, et vous prions d'agréer, Messieurs, nos salutations distinguées.

2 Sehr geehrte Herren,

von dem im Moment auf unserem laufenden Konto befindlichen Guthaben möchten wir einen Betrag in Höhe von . . . auf ein Festgeldkonto mit einer Laufzeit von vorerst 30 Tagen übertragen. Bitte teilen Sie uns mit, welchen Zinssatz Sie dafür vergüten würden.

Mit freundlichen Grüssen

2 Messieurs,

Nous voudrions faire transcrire sur un compte bloqué tout d'abord pour 30 jours la somme de . . . à prendre sur l'avoir actuel de notre compte courant. Veuillez nous indiquer quel taux d'intérêt nous toucherions.

Nous vous prions d'agréer, Messieurs, nos salutations distinguées.

WERTPAPIERKAUF

Sehr geehrte Herren,

wir ersuchen Sie, zu Lasten unseres Kontos nachstehende Wertpapiere zu kaufen:
Aktien (Obligationen): . . .
im Werte von je: . . .
gültig bis: . . .

Die Stücke wollen Sie bitte für uns in Verwahrung nehmen. Ihre Ausführungsanzeige erwarten wir gern.

Mit freundlichen Grüssen

ACHAT DE VALEURS MOBILIÈRES

Messieurs,

Nous vous passons ordre d'acheter les valeurs mobilières suivantes:
actions (obligations) . . .
pour une valeur respective de . . .
valable jusqu'au . . .

Vous voudrez bien porter cette opération au débit de notre compte et garder en dépôt les valeurs achetées.

Nous vous prions d'agréer, Messieurs, nos salutations distinguées.

WERTPAPIERVERKAUF

Sehr geehrte Herren,

bitte verkaufen Sie für uns folgende Aktien (Obligationen): ... zum Kurs von ... Das Limit ist zunächst bis zum . . . gültig. Die Stücke wollen Sie unserem Depot entnehmen und den Gegenwert unserem Konto Nr. . . . bei Ihnen gutschreiben.

Mit freundlichen Grüssen

VENTE DE VALEURS MOBILIÈRES

Messieurs,

Veuillez vendre en notre nom les actions (obligations) suivantes: . . . au cours de . . . Le cours limite est valable jusqu'au . . . pour commencer. Les titres seront pris sur notre dépôt et vous voudrez bien en porter la contre-valeur au crédit de notre compte n° . . .

Nous vous prions d'agréer, Messieurs, nos salutations distinguées.

WECHSELGESCHÄFT

ANKAUF VON WECHSELN

Sehr geehrte Herren,

teilen Sie uns bitte mit, zu welchen Bedingungen Sie bereit wären, von uns ausgestellte Wechsel anzukaufen. Ihrer baldigen Stellungnahme sehen wir mit Interesse entgegen.

Mit freundlichen Grüssen

OPÉRATIONS SUR EFFETS DE COMMERCE

ESCOMPTE DE TRAITES

Messieurs,

Veuillez nous faire savoir à quelles conditions vous seriez disposés à accepter l'escompte des traites émises par nous.

Dans l'attente de votre réponse, nous vous prions d'agréer, Messieurs, nos salutations distinguées.

INKASSO VON WECHSELN

Sehr geehrte Herren,

als Anlage überreichen wir Ihnen einen Wechsel über . . ., fällig am . . ., zahlbar bei der Bank . . .

Bitte ziehen Sie den Wechselbetrag am Fälligkeitstag ein und schreiben Sie den Gegenwert unserem Konto gut.

Mit freundlichen Grüssen

Anlage
1 Wechsel

ENCAISSEMENT DE TRAITES

Messieurs,

Nous vous adressons ci-joint une traite d'un montant de . . . venant à échéance le . . ., payable à la banque . . .

Veuillez encaisser le montant de la traite au jour de l'échéance et porter la contre-valeur au crédit de notre compte.

Nous vous prions d'agréer, Messieurs, nos salutations distinguées.

P.J.
1 traite

ERÖFFNUNG EINES AKKREDITIVS

Sehr geehrte Herren,

bitte eröffnen Sie zu Gunsten der Firma . . . ein unwiderrufliches Dokumentenakkreditiv über . . . zahlbar bei Vorlage folgender Dokumente:

Faktura in doppelter Ausfertigung,
Versicherungsschein, ausgestellt über den Fakturawert zuzüglich 10% und Kriegsrisiko deckend, voller Satz reiner Bordkonnossemente, an Order ausgestellt, blanko indossiert und mit dem Vermerk «Fracht bezahlt» versehen, über . . .

Das Akkreditiv soll bis zum . . . gültig sein. Teilverschiffung ist nicht erlaubt.

Wir danken Ihnen für Ihre Bemühungen und verbleiben

mit freundlichen Grüssen

OUVERTURE D'UN ACCRÉDITIF

Messieurs,

Veuillez ouvrir au profit de . . . un crédit documentaire irrévocable pour un montant de . . ., payable contre présentation des documents suivants:

Facture en double exemplaire,
Police d'assurance établie pour la valeur facturée plus 10% et couvrant le risque de guerre, jeu complet de connaissements nets à bord, établis à ordre, endossés en blanc et portant la mention «fret payé» pour un montant de . . .

L'accréditif doit être valable jusqu'au . . .
Les expéditions partielles ne sont pas autorisées.

Nous vous remercions de votre obligeance et vous prions d'agréer, Messieurs, nos salutations distinguées.

EINLÖSUNG VON DIVIDENDENSCHEINEN

Sehr geehrte Herren,

als Anlagen überreichen wir Ihnen fällige Dividendenscheine und bitten Sie um Einlösung und Gutschrift zu Gunsten unseres Kontos.

Für Ihre Bemühungen danken wir Ihnen.

Mit freundlichen Grüssen

Anlage
Dividendenscheine

ENCAISSEMENT DE COUPONS DE DIVIDENDES

Messieurs,

Nous vous adressons ci-joint les coupons de dividendes échus en vous demandant de les toucher et de les porter au crédit de notre compte.

Nous vous remercions de votre obligeance et vous prions d'agréer, Messieurs, nos salutations distinguées.

P.J.
coupons de dividendes

SCHECKVERKEHR

EINREICHEN EINES SCHECKS

Sehr geehrte Herren,

als Anlage erhalten Sie einen Scheck über . . ., den Sie unserem Konto Nr. . . . gutschreiben wollen.

Da wir gegen diese Zahlung Ware ausliefern müssen, wären wir Ihnen sehr dankbar, wenn Sie sich die Einlösung des Schecks von der bezogenen Bank bestätigen lassen und uns das Ergebnis umgehend mitteilen würden.

Mit bestem Dank

und freundlichen Grüssen

Anlage
1 Scheck

OPÉRATIONS PAR CHÈQUES

REMISE D'UN CHÈQUE

Messieurs,

Nous vous faisons parvenir ci-joint un chèque d'un montant de . . . que vous voudrez bien porter au crédit de notre compte n° . . . Nous devons livrer de la marchandise en contrepartie de ce paiement, aussi vous serions-nous reconnaissants de vous faire confirmer l'encaissement du chèque par la banque tirée et de nous aviser aussitôt du résultat.

Nous vous remercions de votre obligeance et vous prions d'agréer, Messieurs, nos salutations distinguées.

P.J.
1 chèque

SPERREN EINES SCHECKS

Sehr geehrte Herren,

den von uns am . . . an . . . ausgestellten Scheck Nr. . . . in Höhe von . . . bitten wir zu sperren.

Mit freundlichen Grüssen

OPPOSITION AU PAIEMENT D'UN CHÈQUE

Messieurs,

Nous vous prions de faire opposition au paiement du chèque n° . . . que nous avons tiré le . . . au profit de . . . pour un montant de . . .

Nous vous prions d'agréer, Messieurs, nos salutations distinguées.

ZAHLUNGSAUFTRAG

Sehr geehrte Herren,

bitte überweisen Sie zu Lasten unseres Kontos Nr. . . . telegrafisch . . . zugunsten der Firma . . . in . . . auf deren Konto bei der . . .-Bank zur Begleichung der Rechnung Nr. . . . vom . . .

Die Spesen bitten wir dem Empfänger in Rechnung zu stellen. Für postwendende Erledigung danken wir schon jetzt.

Mit freundlichen Grüssen

ORDRE DE PAIEMENT

Messieurs,

Veuillez faire un virement télégraphique de . . ., à débiter de notre compte n° . . ., au compte de la maison . . . à la banque . . . à . . ., en règlement de la facture n° . . . du . . .

Les frais sont à porter au compte du destinataire. Nous comptons sur votre promptitude et vous en remercions à l'avance.

Nous vous prions d'agréer, Messieurs, nos salutations distinguées.

REKLAMATION

Sehr geehrte Herren,

in Ihrem Tagesauszug Nr. . . . vom . . . belasten Sie uns unter anderem mit einem Betrag von . . .

Wir können in unseren Büchern keinen Zahlungsauftrag in dieser Höhe feststellen. Bitte überprüfen Sie die Belastung und stornieren Sie die Buchung. Besten Dank.

Mit freundlichen Grüssen

RÉCLAMATION

Messieurs,

Dans votre relevé journalier n° . . . du . . ., vous nous débitez entre autres de la somme de . . .

Nous ne trouvons dans nos livres aucune trace de paiement qui corresponde à cette somme. Veuillez vérifier ce débit et corriger le cas échéant les écritures. Merci beaucoup.

Nous vous prions d'agréer, Messieurs, nos salutations distinguées.

BEENDIGUNG DER GESCHÄFTS-BEZIEHUNGEN

Sehr geehrte Herren,

nachdem wir mit Ihrem Land keine Import-/Exportgeschäfte mehr tätigen und daher das bei Ihnen geführte Konto nicht mehr benötigen, bitten wir Sie, das Konto abzurechnen und aufzulösen.

Das Restguthaben wollen Sie an die Bank . . . zu unseren Gunsten überweisen. Wir danken Ihnen für Ihre Bemühungen und verbleiben

mit freundlichen Grüssen

CESSATION DES RELATIONS D'AFFAIRES

Messieurs,

Nous ne faisons plus d'importations/d'exportations avec votre pays et n'avons donc plus besoin du compte que nous avions chez vous. Nous vous prions de liquider et de fermer ce compte.

Vous voudrez bien virer le reste de l'avoir en notre faveur à la banque . . . Nous vous remercions de votre obligeance et vous prions d'agréer, Messieurs, nos salutations distinguées.

AUSTAUSCHSÄTZE

PHRASES INTERCHANGEABLES

BRIEFWECHSEL INNERHALB DER BRANCHE

CORRESPONDANCE DANS LA BRANCHE ÉCHANGÉE

DAS ANGEBOT
L'OFFRE

ALLGEMEINE NACHFRAGE

1 Bitte senden Sie uns ein Angebot Ihrer Erzeugnisse.
2 Wir sind regelmässige Abnehmer von ... und würden gerne wissen, welches Angebot Sie uns unterbreiten können.
3 Wir sind hier in . . . der grösste Verteiler von . . . und würden gern mit Ihrer Firma in Geschäftsverbindung treten.
4 Bitte lassen Sie uns wissen, welche Produkte Sie uns hier in . . . anbieten können.
5 Zur Zeit disponieren wir unser kommendes Wintersortiment und benötigen daher schon jetzt Ihr Angebot.
6 Bitte teilen Sie uns mit, ob Sie Ihre Produkte nach . . . exportieren.
7 Wir haben soeben eine Einfuhrlizenz für . . . erhalten. Bitte unterbreiten Sie uns Ihr günstigstes Angebot.
8 Bitte lassen Sie uns wissen, welche Produkte Sie herstellen.
9 Teilen Sie uns bitte mit, ob Sie in der Lage sind, uns . . . zu liefern.
10 Eine Ihrer Konkurrenzfirmen hat uns ein ausführliches Angebot zugehen lassen.
11 Wir sind daran interessiert, unsere lange und gute Geschäftsverbindung mit Ihnen aufrechtzuerhalten und sehen Ihrem Angebot entgegen.

PROSPEKTANFORDERUNG

1 Wir sind sehr an Ihren Produkten interessiert. Bitte lassen Sie uns umgehend Ihr Prospektmaterial zugehen.
2 Können Sie uns einen Prospekt zusenden?
3 Senden Sie uns bitte . . . Prospekte. Wir benötigen sie für mehrere Abteilungen unserer Firma.

DEMANDE GÉNÉRALE

1 Nous vous prions de bien vouloir nous envoyer une offre complète de vos articles.
2 Nous sommes régulièrement preneurs de . . ., et nous aimerions savoir quelle offre vous pourriez nous faire.
3 Nous sommes ici, à . . ., le plus important distributeur de . . ., et nous aimerions entrer en relations d'affaires avec vous.
4 Veuillez nous faire savoir quels articles vous êtes en mesure de nous fournir, ici à . . .
5 Nous faisons actuellement nos prévisions pour notre assortiment de l'hiver prochain, et nous aurions donc besoin que vous nous fassiez dès à présent une offre.
6 Nous vous prions de nous faire savoir si vous exportez vos articles en . . .
7 Nous venons d'obtenir une licence d'importation pour . . . Nous vous prions de nous soumettre votre offre la plus avantageuse.
8 Veuillez nous faire savoir quels articles vous fabriquez.
9 Veuillez nous faire savoir si vous êtes en mesure de nous livrer . . .
10 Un de vos concurrents nous a fait parvenir une offre détaillée.
11 Nous aimerions poursuivre les bonnes relations d'affaires que nous entretenons depuis longtemps déjà avec vous, et nous attendons votre offre.

DEMANDE DE PROSPECTUS

1 Nous sommes vivement intéressés par vos articles et vous prions de nous faire parvenir vos prospectus par retour du courrier.
2 Auriez-vous l'obligeance de nous envoyer un prospectus?
3 Veuillez avoir l'obligeance de nous envoyer . . . prospectus. Nous en avons besoin pour différents services de notre maison.

4 Ihre Prospektsendung erreichte uns in beschädigtem Zustand. Bitte lassen Sie uns neue Prospekte zukommen.
5 Können Sie uns einen Prospekt in . . . (Sprache) senden?
6 Ihre Prospekte sollten alle wichtigen Einzelheiten und die Konditionen enthalten.

PREIS- UND PREISLISTENANFORDERUNG

1 Bitte senden Sie uns eine ausführliche Preisliste.
2 Teilen Sie uns bitte Ihren Preis mit.
3 Bitte telegrafieren Sie uns Ihren äussersten Preis.
4 Geben Sie uns bitte Ihren niedrigsten Preis an.
5 Bitte berechnen Sie Ihren Preis auf der Basis einer Mindestabnahme von jährlich . . .
6 Bitte geben Sie Ihre Preise in . . . (Währung) an.
7 Bitte berechnen Sie Ihre Preise c.i.f. . . .
8 Bitte kalkulieren Sie Ihren äussersten Preis, da es hier in . . . eine starke Konkurrenz gibt.
9 Geben Sie uns bitte Ihre Preise netto (brutto, f.o.b., c.i.f.) an.
10 Berücksichtigen Sie bitte bei Ihren Preisen den hohen Zoll, den wir zu entrichten haben.
11 Bitte teilen Sie uns mit, wie lange Ihre Preise gültig sind.

ANFORDERUNG VON QUALITÄTS- UND GARANTIEANGABEN

1 Bitte geben Sie uns genaue Qualitätsangaben Ihrer Produkte.
2 Teilen Sie uns bitte mit, ob Sie noch immer die gleiche Qualität auf Lager haben.
3 Für uns kommen nur Waren bester Qualität in Frage.
4 Teilen Sie uns bitte mit, ob Sie langfristig in der Lage sind, die gleiche Qualität zu liefern.
5 Bitte lassen Sie uns wissen, ob Ihre Erzeugnisse Qualitätsschwankungen unterliegen.
6 Unsere Kunden legen grössten Wert auf erstklassige Qualität.
7 Für uns ist die Qualität wichtiger als der Preis.
8 Teilen Sie uns bitte mit, ob Sie Garantie auf Ihre Produkte geben.
9 Lassen Sie uns bitte wissen, ob Sie Ihre Garantieleistungen erhöhen können.
10 Ihre Produkte finden auf dem hiesigen Markt nur Absatz, wenn Sie entsprechende Garantieleistungen geben.
11 Wir führen nur Waren von erstklassiger Qualität und mit langfristigen Garantiezusagen.

4 Les prospectus que vous nous avez envoyés ont été abîmés au cours du transport. Veuillez avoir l'obligeance de nous en faire parvenir d'autres.
5 Pourriez-vous nous envoyer un prospectus en . . . (langue)?
6 Vos prospectus devraient indiquer tous les détails importants, ainsi que les conditions.

DEMANDE DE PRIX ET DE TARIF

1 Nous vous prions de bien vouloir nous envoyer un tarif complet de vos articles.
2 Nous vous prions de bien vouloir nous faire connaître votre prix.
3 Veuillez avoir l'obligeance de nous télégraphier quel serait votre dernier prix.
4 Veuillez nous indiquer quel serait votre prix le plus bas.
5 Veuillez calculer vos prix sur la base d'une commande annuelle minimum de . . .
6 Veuillez avoir l'obligeance de nous donner les prix en . . . (monnaie).
7 Veuillez calculer vos prix c.a.f. . . .
8 Veuillez calculer vos prix au plus juste, car il y a ici à . . . une très forte concurrence.
9 Veuillez nous indiquer vos prix nets (bruts, f.o.b., c.a.f.).
10 Veuillez tenir compte pour vos prix des droits de douane élevés que nous avons à acquitter.
11 Veuillez avoir l'obligeance de nous faire savoir pour combien de temps vos prix sont valables.

DEMANDE CONCERNANT LA QUALITÉ ET LA GARANTIE

1 Nous vous prions de bien vouloir nous préciser la qualité de vos articles.
2 Nous vous prions de bien vouloir nous signaler si la même qualité est encore disponible.
3 Seule une marchandise de toute première qualité nous intéresse.
4 Nous vous prions de nous faire savoir si vous êtes en mesure de fournir une qualité égale pendant longtemps.
5 Nous vous prions de nous faire savoir si la qualité de vos articles est toujours égale.
6 Nos clients tiennent à une excellente qualité.
7 Pour nous, la qualité importe plus que le prix.
8 Nous vous prions de nous indiquer quelle garantie vous accordez sur vos articles.
9 Nous vous prions de nous faire savoir si vous pouvez nous donner davantage de garanties.
10 On ne peut écouler vos articles sur ce marché que si vous accordez la garantie nécessaire.
11 Nous ne vendons que de la marchandise de première qualité avec garantie de longue durée.

ANFORDERUNG VON MENGEN- UND GRÖSSENANGABEN

1 Teilen Sie uns bitte mit, welche Mengen Sie auf Lager haben.
2 Von diesem Artikel setzen wir grosse Mengen ab. Können Sie unseren Bedarf in Höhe von ... monatlich decken?
3 Nennen Sie uns bitte die Mindestabnahmemenge pro Order.
4 Welche Mengen des besorgten Artikels können Sie uns ständig kurzfristig liefern?
5 Wir benötigen in nächster Zeit eine grosse Menge von ... Können Sie liefern?
6 Machen Sie uns bitte genaue Angaben über Ausmass und Gewicht der Artikel.
7 Lassen Sie uns bitte wissen, ob Sie in der Lage sind, Ihre Masse und Gewichte zu ändern.

DEMANDE CONCERNANT LA QUANTITÉ ET LA TAILLE

1 Nous vous prions de nous indiquer les quantités que vous avez en stock.
2 Nous vendons beaucoup cet article. Pouvez-vous couvrir nos besoins en nous faisant une livraison mensuelle de ...?
3 Nous vous prions de nous indiquer quelle est la commande minimum.
4 Quelle quantité du dit article êtes-vous constamment en mesure de nous livrer rapidement?
5 Nous allons avoir besoin d'une quantité importante de ... Pouvez-vous livrer?
6 Nous vous prions de nous préciser les dimensions et le poids de vos articles.
7 Nous vous prions de nous faire savoir s'il vous est possible de modifier les dimensions et le poids de vos articles.

MUSTERANFORDERUNG

1 Führen Sie Muster Ihrer Artikel?
2 Senden Sie uns bitte einige Muster Ihrer Erzeugnisse.
3 Grundsätzlich erfolgen unsere Bestellungen anhand von Mustern.
4 Ihre Muster sollten uns einen Begriff von Farbe und Qualität Ihrer Produkte vermitteln.
5 Bitte senden Sie uns ohne Berechnung einige Muster Ihrer Produktion.
6 Bitte achten Sie darauf, dass Ihre Muster korrekt gekennzeichnet sind.
7 Teilen Sie uns bitte mit, ob die uns vor ... gesandten Muster heute noch Gültigkeit haben.
8 Wir lehnen jede Lieferung ab, die nicht genau Ihrem Muster entspricht.

DEMANDE D'ÉCHANTILLONS

1 Avez-vous des échantillons de vos articles?
2 Nous vous prions de nous envoyer quelques échantillons de vos articles.
3 En règle générale, nous passons nos commandes sur échantillon.
4 Vos échantillons doivent nous donner une idée des coloris et de la qualité de vos articles.
5 Nous vous prions de nous envoyer franco quelques échantillons de vos articles.
6 Nous vous demandons de veiller à ce que les échantillons soient marqués correctement et en détail.
7 Veuillez nous faire savoir si vous suivez toujours les articles dont vous nous avez envoyé les échantillons il y a ...
8 Nous refuserons tout envoi ne correspondant pas aux échantillons.

PROBELIEFERUNG

1 Wir sind an einer Probelieferung Ihres Artikels interessiert.
2 Teilen Sie uns bitte mit, ob Sie uns eine Probelieferung von ... senden können.
3 Geben Sie uns bitte Ihren Preisnachlass für Probelieferungen bekannt.
4 Lassen Sie uns bitte wissen, ab welcher Menge Sie zu einer Probelieferung bereit sind.
5 Sollte Ihre Probelieferung zu unserer Zufriedenheit ausfallen, können Sie mit grösseren Bestellungen rechnen.
6 Ihre Probelieferung sollte uns Aufschluss über die Qualität Ihrer Artikel und die exakte Ausführung des Auftrags geben.

ENVOI À TITRE D'ESSAI

1 Nous aimerions recevoir votre article à titre d'essai.
2 Nous vous prions de nous faire savoir si vous pouvez nous faire un envoi de ... à titre d'essai.
3 Veuillez nous dire quelle remise vous faites pour les envois à titre d'essai.
4 Nous vous prions de nous faire savoir à partir de quelle quantité minimum vous acceptez de faire un envoi à titre d'essai.
5 Au cas où votre envoi à titre d'essai nous donnerait toute satisfaction, vous pouvez compter sur des commandes importantes.
6 Votre envoi à titre d'essai doit nous renseigner sur la qualité de votre article et sur la façon précise dont vous exécutez les ordres.

KAUF AUF PROBE

1 Teilen Sie uns bitte mit, ob Sie mit einem Kauf auf Probe einverstanden sind.
2 Können Sie uns zum Kauf auf Probe Ihre . . . senden?
3 Lassen Sie uns bitte Ihre Bedingungen zum Kauf auf Probe wissen.
4 Wie lange können Sie uns Ihre . . . zur Probe überlassen?
5 Grundsätzlich bestellen wir Maschinen nur, nachdem wir sie ausprobiert haben.

VENTE À CONDITION

1 Nous vous prions de nous faire savoir si vous êtes d'accord pour que nous achetions à condition.
2 Pouvez-vous nous envoyer votre . . ., que nous voulons acheter à condition?
3 Nous vous prions de nous faire connaître vos modalités de vente à condition.
4 Combien de temps pouvez-vous nous laisser votre . . . à titre d'essai?
5 Nous avons pour principe de faire l'essai des machines avant d'en passer commande.

NACHFRAGE NACH SONDERANGEBOT

1 Wir benötigen für unsere Geschäftseröffnung ein zugkräftiges Sonderangebot.
2 Bitte teilen Sie uns mit, welches Sonderangebot Sie uns unterbreiten können.
3 Wir benötigen einen Restposten von . . . Sind Sie in der Lage, uns einen solchen zu liefern?
4 Können Sie uns auf der Basis einer Abnahmemenge von . . . ein Sonderangebot zukommen lassen?
5 Teilen Sie uns bitte mit, ob Sie daran interessiert sind, uns ständig mit Sonderangeboten zu beliefern.
6 Können Sie uns zur Einführung Ihrer Artikel auf unserem Markt Sonderangebote machen?
7 Können Sie uns hier in . . . ein entsprechendes Sonderangebot machen wie in . . .?

DEMANDE D'OFFRE SPÉCIALE

1 Nous avons besoin pour l'ouverture de notre magasin d'une offre spéciale susceptible d'attirer la clientèle.
2 Nous vous prions de nous faire savoir quelle offre spéciale vous pouvez nous proposer.
3 Nous avons besoin de . . . en solde. Pouvez-vous nous en livrer?
4 Pouvez-vous nous faire parvenir une offre spéciale, sur la base d'une commande de . . .?
5 Nous vous prions de nous faire savoir si vous êtes intéressés à nous fournir régulièrement des offres spéciales.
6 Pouvez-vous nous faire une offre spéciale pour le lancement de vos articles sur le marché?
7 Pouvez-vous nous faire ici à . . . une offre spéciale correspondant à celle que vous nous avez faite à . . .?

NACHFRAGE NACH LIEFERUNGS- UND ZAHLUNGSBEDINGUNGEN

1 Bitte teilen Sie uns Ihre Lieferungsbedingungen mit.
2 Geben Sie uns bitte Ihre kürzeste Lieferfrist an.
3 Können Sie uns . . . per sofort ab Lager liefern?
4 Wir bitten Sie um genaue Angabe Ihrer Lieferfristen.
5 Um grösseren Schaden zu vermeiden, ist die Einhaltung der Lieferfrist unerlässlich.
6 Für sofortige Lieferung sind wir bereit, einen Zuschlag von . . . zu bezahlen.
7 Sollte die Lieferung nicht pünktlich erfolgen, behalten wir uns vor, die Annahme zu verweigern.
8 Können Sie uns die Lieferung bis . . . garantieren?
9 Wir können nur eine Lieferfrist von . . . Monaten akzeptieren.

DEMANDE CONCERNANT LES CONDITIONS DE LIVRAISON ET DE PAIEMENT

1 Nous vous prions de nous faire connaître vos conditions de livraison.
2 Nous vous prions de nous indiquer quel est votre délai de livraison minimum.
3 Pouvez-vous nous livrer immédiatement sur stock . . .?
4 Nous vous prions de nous indiquer avec le maximum de précision quels sont vos délais de livraison.
5 Pour nous éviter des dommages importants, il est indispensable que vous respectiez le délai de livraison.
6 Nous sommes prêts à payer un supplément de . . . pour une livraison immédiate.
7 Au cas où la livraison n'aurait pas lieu à la date prévue, nous nous réservons le droit de refuser la marchandise.
8 Pouvez-vous nous garantir que nous serons livrés avant le . . .
9 Nous ne pouvons accepter qu'un délai de livraison de . . . mois.

10 Sollten Sie nicht innerhalb von . . . liefern können, ist Ihr Angebot für uns ohne Interesse.
11 Nennen Sie uns bitte Ihre möglichen Lieferorte.
12 Nennen Sie uns bitte Ihre Zahlungsbedingungen.
13 Teilen Sie uns bitte mit, ob Sie Aufträge nur auf der Basis von Barzahlungen annehmen.
14 Falls Sie uns ein Zahlungsziel bis zu neun Monaten gewähren können, sind wir bereit, Ihnen umfangreiche Aufträge zu erteilen.
15 Können Sie uns einen Kredit von . . . gewähren?
16 Sind Sie bereit, gegen Wechsel zu liefern?
17 Können Sie uns, wie Ihre Konkurrenz, ein Zahlungsziel bis zu . . . einräumen?
18 Sollen Zahlungen durch widerrufliches Akkreditiv getätigt werden?
19 Können auch Lieferungen gegen bankbestätigten Auftrag erfolgen?

10 Au cas où vous ne seriez pas en mesure de nous livrer avant le . . ., votre offre est pour nous sans intérêt.
11 Veuillez nous indiquer les endroits où vous pouvez livrer.
12 Nous vous prions de nous indiquer vos conditions de paiement.
13 Nous vous prions de nous faire savoir si vous ne prenez de commandes que sur la base d'un paiement comptant.
14 Au cas où vous pourriez nous accorder un délai de paiement de . . . mois, nous serions disposés à vous passer un nombre important de commandes.
15 Pouvez-vous nous accorder un crédit de . . .?
16 Acceptez-vous de livrer contre paiement par traite?
17 Pouvez-vous nous accorder un délai de paiement de . . . comme le fait votre concurrent?
18 Les paiements peuvent-ils s'effectuer par accréditif irrévocable?
19 Pouvez-vous exécuter aussi des ordres sur garantie bancaire?

BESTÄTIGUNG VON ANFRAGE UND ANGEBOT

1 Wir bestätigen Ihnen dankend den Erhalt Ihrer Anfrage vom . . .
2 Wir danken Ihnen für Ihre Anfrage vom . . . und teilen Ihnen mit, dass wir sehr daran interessiert sind, mit Ihnen in Geschäftsverbindung zu treten.
3 Ihre Anfrage vom . . . haben wir mit Dank erhalten und gestatten uns, Ihnen folgendes Angebot zu unterbreiten:
4 In Beantwortung Ihrer Anfrage vom . . . teilen wir Ihnen mit, dass wir uns schon lange bemühen, auf dem dortigen Markt Fuss zu fassen.

ACCUSÉ DE RÉCEPTION DE LA DEMANDE D'OFFRE ET REMISE D'OFFRE

1 Nous accusons réception de votre demande du . . . et vous en remercions.
2 Nous vous remercions de votre demande du . . . et vous signalons que nous sommes vivement intéressés par l'établissement de relations d'affaires avec vous.
3 Nous avons reçu votre demande en date du . . . et nous nous permettons de vous faire l'offre suivante:
4 En réponse à votre demande du . . ., nous vous signalons que nous cherchons depuis longtemps déjà à nous introduire sur ce marché (à nous implanter sur ce marché).

KEINE ANGEBOTSABGABE

1 Leider müssen wir Ihnen mitteilen, dass wir den genannten Artikel nicht führen.
2 Aus markttechnischen Gründen haben wir die Produktion besagter Erzeugnisse eingestellt.
3 Unsere Produktion des angegebenen Artikels ist ausgelaufen.

LA MAISON N'EST PAS EN MESURE DE FAIRE UNE OFFRE

1 Nous regrettons de devoir vous informer que nous ne faisons pas cet article.
2 Nous avons interrompu la production des articles que vous demandez en raison des conditions actuelles du marché.
3 L'article demandé est supprimé de notre fabrication.

4 Wir müssen Ihnen leider mitteilen, dass technische Schwierigkeiten uns veranlassten, die Produktion des verlangten Artikels einzustellen.
5 Da unsere gesamte Produktion bereits auf ... Monate verkauft ist, können wir Ihnen leider kein Angebot unterbreiten.
6 Unser Zulieferbetrieb ist zur Zeit nicht in der Lage, uns zu beliefern. Deshalb können wir Ihnen heute leider kein Angebot unterbreiten.
7 Wir werden auf Ihre Anfrage zurückkommen, sobald wir Ihnen ein günstiges Angebot unterbreiten können.
8 Wir sind leider nicht in der Lage, Ihnen ein Angebot zu unterbreiten, da wir keine Auslandsgeschäfte tätigen.
9 Unsere gesamte Produktion wird durch die Firma ... exportiert.
10 Gebietsabsprachen mit der Firma ... erlauben es uns nicht, Ihnen ein Angebot vorzulegen.
11 Leider können wir Ihnen kein direktes Angebot unterbreiten, da die Firma ... die Generalvertretung unserer Produkte für Ihr Land hat.
12 Der Artikel ist augenblicklich vergriffen. Deshalb können wir Ihnen leider kein Angebot zugehen lassen.
13 Bitte haben Sie Verständnis dafür, dass wir nicht in der Lage sind, Ihnen ein Angebot zu unterbreiten.
14 Wegen des gegenwärtigen Streiks können wir Ihnen leider kein Angebot für sofortige Lieferung unterbreiten. Bitte fragen Sie in ... Monaten erneut bei uns an. Wir hoffen, dass wir zu diesem Zeitpunkt wieder voll lieferfähig sein werden.
15 Wir werden in ... Monaten auf die Angelegenheit zurückkommen.

4 Nous sommes malheureusement dans l'obligation de vous informer que des difficultés techniques nous ont contraints à interrompre la production de l'article que vous demandez.
5 Toute notre production étant déjà vendue pour les ... mois à venir, nous ne pouvons vous soumettre d'offre.
6 Notre fournisseur n'est actuellement pas en mesure de nous approvisionner; nous ne pouvons donc vous faire aucune offre pour le moment.
7 Nous nous occuperons de votre demande dès que nous serons en mesure de vous faire une offre ferme intéressante.
8 Nous ne sommes malheureusement pas en mesure de vous faire une offre car nous ne traitons pas d'affaires avec l'étranger.
9 La totalité de notre production est exportée par la maison ...
10 Les accords que nous avons passés avec la maison ... en ce qui concerne les zones de vente nous interdisent de vous faire une offre.
11 Nous ne pouvons malheureusement vous faire aucune offre directe, car la maison ... détient la représentation générale de nos articles pour l'ensemble de votre pays.
12 L'article n'est pas disponible en ce moment. Nous ne pouvons donc vous adresser aucune offre.
13 Nous vous prions de nous excuser de ne pas être en mesure de vous faire d'offre.
14 Par suite de la grève qui sévit actuellement, nous ne sommes malheureusement pas en mesure de vous faire une offre de livraison immédiate. Si vous voulez bien nous faire une nouvelle demande dans ... mois, nous espérons être alors en mesure de livrer.
15 Nous reviendrons sur cette affaire dans ... mois.

ANGEBOT ENTSPRECHEND DER NACHFRAGE

EINFÜHRUNGSSÄTZE

1 Wir erlauben uns, Ihnen folgendes Angebot zu unterbreiten.
2 Wir danken Ihnen für Ihre Anfrage und gestatten uns, Ihnen anzubieten:
3 Wir bedanken uns für Ihre Anfrage und senden Ihnen das gewünschte Angebot.
4 Wir hoffen auf eine baldige und gute Geschäftsverbindung und senden Ihnen heute unser günstigstes Angebot.
5 Gestatten Sie uns, Ihre besondere Aufmerksamkeit auf Punkt ... unseres Angebots zu lenken.

OFFRE CORRESPONDANT À LA DEMANDE

PHRASES D'INTRODUCTION

1 Nous nous permettons de vous faire l'offre suivante:
2 Nous vous remercions de votre demande et nous nous permettons de vous faire l'offre suivante:
3 Nous vous remercions de votre lettre et nous vous adressons l'offre demandée.
4 Nous espérons entretenir bientôt avec vous de bonnes relations d'affaires et vous envoyons aujourd'hui notre offre la plus avantageuse.
5 Permettez-nous d'attirer tout particulièrement votre attention sur le point ... de l'offre que nous vous faisons.

6 Dies ist das beste Angebot, das wir Ihnen machen können.
7 Um Ihnen entgegenzukommen, sind wir bereit, Ihnen ein Sonderangebot zu unterbreiten.

PREISANGABE

8 Bitte ersehen Sie unsere Preise aus der beigefügten Preisliste.
9 Mit gleicher Post erhalten Sie unsere neueste Preisliste.
10 In Beantwortung Ihrer Anfrage vom . . . teilen wir Ihnen folgende Preise mit:
11 Unser Preis würde . . . (ohne Abzüge) betragen.
12 Unsere Preise sind gebunden.
13 Die Preise sind augenblicklich sehr niedrig.
14 Dies sind Einführungspreise.
15 Unsere Preise sind nach Abnahmemengen gestaffelt.
16 Wir können den Posten zu stark ermässigten Preisen an Sie abgeben.
17 Unsere Preise sind auf den Mustern angegeben.
18 Unsere Preise verstehen sich ohne (mit) Verpackung.
19 Unsere Preise beinhalten keine (die) Versicherung.
20 Unsere Preise verstehen sich inklusive Verpackung, Versicherung und Fracht.
21 Auf Grund unserer ausgezeichneten Qualität liegen unsere Preise höher als die der Konkurrenz.
22 Unsere Preise liegen erheblich unter denen der Konkurrenz.
23 Trotz Verbesserung der Qualität berechnen wir nach wie vor dieselben Preise.
24 Unsere Preise sind äusserst scharf kalkuliert.
25 Unsere Preise sind deshalb so niedrig, weil wir mit der kleinsten Gewinnspanne der Branche arbeiten.
26 Wir berechnen Ihnen die niedrigsten Exportpreise.
27 Trotz der ständig steigenden Herstellungskosten sind unsere Preise stabil geblieben.
28 Die Preise werden in nächster Zukunft steigen (fallen).
29 Trotz der hervorragenden Qualität sind unsere Preise niedriger als die anderer Fabrikanten.
30 Sie müssen sich verpflichten, zu den obengenannten Preisen zu verkaufen.
31 Sollten Sie sich an unsere gebundenen Preise nicht halten, wären wir gezwungen, jegliche Lieferung an Sie einzustellen.
32 Ihre Preispolitik unterliegt keinerlei Beschränkungen.
33 Unsere Preise verstehen sich:
34 ab Werk

6 C'est la meilleure offre que nous puissions vous faire.
7 Pour vous être agréables, nous sommes disposés à vous faire une offre spéciale.

INDICATION DES PRIX

8 Pour les prix, nous vous prions de vous reporter au tarif ci-joint.
9 Vous recevrez par le même courrier notre prix-courant le plus récent.
10 En réponse à votre demande du . . ., nous vous communiquons les prix suivants:
11 Notre prix s'élèverait (sans déduction), à la somme de . . .
12 Nos prix sont imposés.
13 Les prix sont actuellement très bas.
14 Ce sont des prix de lancement.
15 Nos prix tiennent compte de la quantité commandée.
16 Nous pouvons vous céder le lot de marchandises à un prix fortement réduit.
17 Nos prix sont indiqués sur les échantillons.
18 Nos prix s'entendent emballage non compris (compris).
19 L'assurance n'est pas (est) comprise dans nos prix.
20 Les frais de port, d'emballage et d'assurance sont inclus dans nos prix.
21 C'est la qualité incomparable de notre article qui explique que le prix soit supérieur à celui de la concurrence.
22 Nos prix sont nettement inférieurs à ceux de nos concurrents.
23 Bien qu'ayant amélioré la qualité, nous continuons d'appliquer les mêmes prix qu'auparavant.
24 Nos prix sont calculés au plus juste.
25 C'est parce que nous travaillons avec la plus faible marge bénéficiaire de notre branche que nos prix sont si bas.
26 Nous vous appliquons le tarif exportation le plus avantageux.
27 Nos prix restent stables malgré l'augmentation continuelle des prix de revient.
28 Les prix vont augmenter (diminuer) dans un proche avenir.
29 Malgré la qualité exceptionnelle de nos articles, nos prix sont plus bas que ceux des autres fabricants.
30 Vous devez vous engager à ne pas vendre au-dessous des prix indiqués ci-dessus.
31 Au cas où vous n'appliqueriez pas nos prix imposés, nous nous verrions contraints d'arrêter toute livraison.
32 Votre politique de prix ne se heurte à aucune limitation de notre part.
33 Nos prix s'entendent:
34 départ usine

35 ab Werk einschliesslich Verpackung (Container, seetüchtig usw.)
36 frei Waggon
37 f.a.s. (frei längsseits Schiff)
38 f.a.r. (frei längsseits Waggon)
39 f.o.t. (frei auf Lastkraftwagen)
40 frei Grenze
41 frei Haus
42 frei Bahnstation . . .
43 frei Hafen . . .
44 c. + f. (Kosten und Fracht)
45 c.i.f. (Kosten, Versicherung, Fracht)
46 c.i.f. unverzollt (Kosten, Versicherung, Fracht unverzollt)
47 c.i.f. verzollt
48 c.i.f. per Luftfracht
49 c.i.f.c. (Kosten, Versicherung, Fracht, Provision)
50 verpackt
51 unverpackt
52 frei Lager.

35 départ usine, franco d'emballage (par container, maritime spécial, etc.)
36 franco sur wagon
37 f.a.s.: franco le long du navire
38 franco sur rampe
39 franco sur camion
40 franco frontière
41 franco domicile
42 franco gare de . . .
43 franco port . . .
44 c. & f. (coût et fret)
45 c.a.f. (coût, assurance, fret)
46 c.a.f. marchandise non dédouanée (coût, assurance, fret non-dédouané)
47 c.a.f. marchandise dédouanée
48 c.a.f. fret aérien
49 c.a.f.c. (coût, assurance, fret, commission)
50 dûment emballé
51 sans emballage
52 franco entrepôt.

PREISNACHLÄSSE UND -ZUSCHLÄGE

53 Wir gewähren Ihnen . . . % Skonto (Rabatt, Nachlass).
54 Wir können Ihnen Sonderrabatt von . . . % einräumen.
55 Die Preise verstehen sich ohne Abzug.
56 Bei Barzahlung gewähren wir . . . % Skonto.
57 Wir sind bereit, Ihnen einen Einführungsrabatt von . . . % einzuräumen.
58 Unsere Exportpreise sind um . . . % niedriger als die Inlandpreise.
59 Sie erhalten eine Exportvergütung von . . . %.
60 Bei einer Abnahmemenge von . . . reduziert sich der Preis um . . . %.
61 Bei Inanspruchnahme eines Ziels von mehr als . . . Monaten erhöhen sich unsere Preise um . . . %.

DIMINUTIONS ET MAJORATIONS DE PRIX

53 Nous vous accordons . . .% d'escompte (de rabais, de remise).
54 Nous pouvons vous accorder une remise spéciale de . . .%.
55 Les prix sont nets.
56 En cas de paiement comptant, nous accordons un escompte de . . .%.
57 Nous sommes disposés à vous accorder une remise de lancement de . . .%.
58 Notre tarif exportation est inférieur de . . .%. aux prix que nous pratiquons sur le marché intérieur.
59 Vous bénéficiez d'une remise à l'exportation de . . .%.
60 Pour une commande de . . ., le prix diminue de . . .%.
61 En cas de délai de paiement supérieur à . . . mois, nos prix sont majorés de . . .%.

GÜLTIGKEIT DES ANGEBOTS

62 Unsere Preise sind verbindlich bis zum . . .
63 Unser Angebot zum gegenwärtigen Preis ist verbindlich (unverbindlich).
64 Unsere Preise gelten nur für den Fall postwendender Bestellung (Antwort).
65 Die Preise sind nur unter der Voraussetzung gültig, dass die gegenwärtigen Rohstoffpreise unverändert bleiben.
66 Wir halten uns an dieses Angebot . . . Wochen gebunden.
67 Wir fakturieren zu dem am Versandtag gültigen Marktpreis.

VALIDITÉ DE L'OFFRE

62 Nos prix s'appliquent jusqu'au . . .
63 Les prix actuels indiqués dans notre offre sont fermes (ne sont donnés qu'à titre indicatif).
64 Nos prix ne s'appliquent qu'en cas de commande (réponse) par retour du courrier.
65 Les prix indiqués ne sont valables que si les prix actuels des matières premières restent inchangés.
66 Notre offre est valable . . . semaines.
67 Nous facturons au prix en vigueur sur le marché le jour de l'expédition.

QUALITÄT UND GARANTIE

68 Wir liefern nur Ware von bester Qualität.
69 Wir sind in der Lage, Ihnen eine absolute Qualitätsgarantie zu geben.
70 Wir sind bemüht, die Qualität unserer Produkte ständig zu verbessern.
71 Alle unsere Artikel werden vor Verlassen der Fabrik einer sorgfältigen Qualitätskontrolle unterzogen.
72 Bitte überzeugen Sie sich von der Qualität unserer Produkte anhand der beigefügten Muster.
73 Unsere modernen Maschinen erlauben uns, bei niedrigem Preis beste Qualität zu liefern.
74 Die Verwendung neuer Rohstoffe und Fertigungsverfahren ermöglicht es uns, Waren von so ausgezeichneter Qualität zu liefern.
75 Wir versichern Ihnen, dass wir unser Bestes tun werden, um Sie hinsichtlich der Qualität zu befriedigen.
76 Die Qualität unserer Erzeugnisse wird Sie in jeder Hinsicht zufriedenstellen.
77 Unsere Erzeugnisse sind im In- und Ausland stark gefragt.
78 Dank der Qualität erfreuen sich unsere Erzeugnisse im Ausland reger Nachfrage.
79 Wir sind die einzige Firma, die Ihnen diesen Artikel liefern kann.
80 Unsere Maschine ist technisch perfekt und überraschend einfach zu bedienen.
81 Die Benutzung unserer Maschine spart sowohl Zeit als auch Geld.
82 Wir gewähren . . . Jahre Garantie auf unsere Maschinen.
83 Alle unsere Erzeugnisse werden mit schriftlicher Garantie geliefert.
84 Die Garantie erstreckt sich nicht auf . . .
85 Wir garantieren die Beständigkeit der Farben gegen Licht- und Feuchtigkeitseinflüsse.
86 Wir garantieren den kostenlosen Ersatz defekter Teile für die Dauer von . . . Monaten ab Liefertermin.
87 Unsere Garantieleistung erstreckt sich auch auf Temperaturwechsel zwischen – . . .° und + . . .° Celsius.
88 Bei falscher Bedienung der Maschinen kann keine Garantie geleistet werden.
89 Die genaue Einhaltung unserer Bedienungsanleitungen garantiert Ihnen eine lange Nutzungsdauer der Maschine.
90 Dank der Qualität unserer Artikel sind wir in der Lage, eine Garantie von . . . zu gewähren.
91 Wir garantieren, dass die Artikel in bestem Zustand versandt werden.

QUALITÉ ET CONDITIONS DE GARANTIE

68 Nous ne livrons que de la marchandise de première qualité.
69 Nous sommes en mesure de vous donner une garantie absolue de la qualité.
70 Nous nous efforçons d'améliorer continuellement la qualité de notre fabrication.
71 Tous nos articles sont soumis à un contrôle sévère de qualité avant de quitter l'usine.
72 Vous pouvez vous convaincre de la qualité de notre production sur les échantillons ci-joints.
73 Nos machines modernes nous permettent de livrer une très bonne qualité à des prix modérés.
74 C'est l'utilisation de nouvelles matières premières et de nouveaux procédés de fabrication qui nous permet de livrer des marchandises d'une qualité aussi exceptionnelle.
75 Nous vous donnons l'assurance que nous ferons tout notre possible pour vous satisfaire du point de vue qualité.
76 La qualité de nos produits vous satisfera à tous points de vue.
77 Nos articles sont très demandés sur le marché intérieur et à l'étranger.
78 Grâce à leur qualité, nos produits font l'objet d'une très forte demande à l'étranger.
79 Nous sommes la seule maison qui puisse vous livrer cet article.
80 Notre machine est techniquement parfaite et d'un maniement étonnamment simple.
81 L'utilisation de notre machine vous fait gagner temps et argent.
82 Nos machines sont garanties . . . ans.
83 Tous nos articles sont livrés avec certificat de garantie.
84 La garantie ne s'étend pas à . . .
85 Les couleurs sont garanties grand teint.
86 Nous garantissons le remplacement gratuit des pièces défectueuses pendant . . . mois à dater de la livraison.
87 La garantie que nous accordons est aussi valable pour des écarts de température allant de – . . .° à + . . .° Celsius.
88 En cas d'erreur de manipulation de la machine, nous ne sommes plus tenus à aucune garantie.
89 Nous vous garantissons une longue durée d'utilisation de la machine à condition que vous respectiez exactement les instructions de service.
90 Grâce à la qualité de nos articles, nous sommes en mesure de vous accorder une garantie de . . .
91 Nous garantissons que nos articles ne sont expédiés qu'en parfait état.

MENGEN- UND GRÖSSENANGABEN

92 Wir haben . . . auf Lager.
93 Die Mindestabnahmemenge beträgt . . .
94 Ihr Bestellvolumen ist keinen Beschränkungen unterworfen.
95 Wir haben stets ein grosses Lager in allen Grössen.
96 Wir könnten Ihren Auftrag sofort ausführen.
97 Nachbestellungen können regelmässig ausgeführt werden.
98 Augenblicklich ist unsere Produktion keinerlei Beschränkungen unterworfen.
99 Wir haben grosse Schwierigkeiten, die lebhafte Nachfrage nach diesem Artikel zu befriedigen.
100 Wir raten Ihnen, Ihren Bedarf zu decken, ehe das Lager ausverkauft ist.
101 Wir nehmen nur Bestellungen in Höhe von . . . an.
102 Bitte ersehen Sie Gewichte und Masse unserer Artikel aus beigefügtem Prospekt.
103 Unsere Masse sind in . . . Einheiten angegeben.

INDICATION DE LA QUANTITÉ ET DE LA TAILLE

92 Nous avons . . . en stock.
93 La commande minimum est de . . .
94 Vos commandes ne sont soumises chez nous à aucune limitation quantitative.
95 Nous disposons toujours d'un stock important dans toutes les tailles.
96 Nous serions en mesure d'exécuter immédiatement votre commande.
97 Nous sommes en mesure de livrer régulièrement les commandes de réassortiment.
98 Notre production n'est pas limitée pour l'instant.
99 La demande pour cet article est très forte, et nous avons beaucoup de mal à la satisfaire.
100 Nous vous conseillons de faire rentrer les quantités qui vous sont nécessaires avant que le stock ne soit épuisé.
101 Nous ne prenons que des commandes minimums de . . .
102 Le prospectus ci-joint vous renseignera sur le poids et les dimensions de nos articles.
103 Les mesures que nous indiquons sont exprimées en . . .

VERPACKUNG

104 Die Verpackung unserer Artikel erfolgt:
105 in Kisten
106 in Containern
107 in Fässern
108 in Pappschachteln
109 in Körben
110 in Ballen
111 in Kisten auf Paletten.
112 Die Verpackung ist im Preis inbegriffen.
113 Die Verpackung geht zu Ihren Lasten.
114 Die Verpackung berechnen wir zum halben Preis.
115 Die Waren sind in Kisten mit Wachstucheinlage verpackt.
116 Die Pakete sind gekennzeichnet und fortlaufend numeriert.
117 Die Verpackung – Kisten mit Blecheinsatz – ist seetüchtig.
118 Wir achten auf sorgfältige Verpackung der Waren.
119 Unsere Artikel sind in Geschenkschachteln verpackt.
120 Die Ware wird bruchsicher in Holzwolle verpackt.
121 Die Verpackung wird nicht berechnet, wenn sie innerhalb von . . . Tagen unbeschädigt zurückgesandt wird.
122 Kisten können nicht zurückgenommen werden.

EMBALLAGE

104 Nos articles sont expédiés:
105 par caisses
106 par container
107 en fûts
108 par boîtes en carton
109 par corbeilles
110 par ballots
111 par caisses sur palettes.
112 Nos prix s'entendent emballage compris.
113 Les frais d'emballage sont à votre charge.
114 L'emballage est facturé à moitié prix.
115 La marchandise est emballée dans des caisses avec protection intérieure en toile cirée.
116 Les paquets sont marqués et numérotés.
117 L'emballage, caisse avec châssis en tôle, est spécialement conçu pour le transport maritime.
118 Nous apportons tous nos soins à l'emballage de la marchandise.
119 Nos articles sont livrés sous emballage-cadeau.
120 La marchandise est protégée de la casse grâce à un emballage de fibre de bois.
121 Les frais d'emballage ne sont pas facturés si l'emballage nous revient en parfait état dans un délai de . . . jours.
122 Les caisses ne sont pas reprises.

123 Die Verpackung wird zur Hälfte des berechneten Preises zurückgenommen.
124 Bezüglich der Verpackung halten wir uns streng an Ihre Anweisungen.
125 Wir verpacken den gesamten Posten in einer Kiste.
126 Unsere Verpackung ist für den langen Transport bestens geeignet.
127 Unsere Verpackung hat sich im Exportgeschäft seit langer Zeit bewährt.

123 L'emballage vide est repris à moitié prix.
124 Pour ce qui est de l'emballage, nous nous en tenons strictement à vos instructions.
125 Nous emballons le lot de marchandises dans une caisse.
126 Notre emballage est spécialement conçu pour les transports à longue distance.
127 Notre emballage a fait depuis longtemps ses preuves à l'exportation.

LIEFERFRIST

128 Die Waren können sofort geliefert werden.
129 Die Lieferung kann Ende nächster Woche erfolgen.
130 Wir können frühestens in einem Monat liefern.
131 Mit der von Ihnen gewünschten Lieferzeit erklären wir uns einverstanden.
132 Die Waren werden sofort nach Eingang Ihrer Bestellung expediert.
133 Wir können kein bestimmtes Lieferdatum zusagen.
134 Für die Anfertigung der Artikel benötigen wir ... Tage.
135 Wir sichern Ihnen schnellstmögliche Lieferung zu.
136 Zur Abwicklung grösserer Aufträge benötigen wir ... Tage.
137 Die Lieferung kann zu jedem von Ihnen gewünschten Zeitpunkt erfolgen.

DÉLAI DE LIVRAISON

128 Les marchandises peuvent être livrées de suite.
129 La livraison peut se faire à la fin de la semaine prochaine.
130 Nous pouvons vous livrer au plus tôt dans un mois.
131 Nous sommes d'accord avec le délai de livraison que vous désirez.
132 La marchandise sera expédiée dès réception de votre commande.
133 Nous ne pouvons promettre aucune date précise de livraison.
134 Nous avons besoin de ... jours pour fabriquer cet article.
135 Nous vous promettons une livraison aussi rapide que possible.
136 Nous avons besoin de ... jours pour exécuter les commandes importantes.
137 La livraison peut avoir lieu quand vous le désirez.

VERSANDANZEIGE VON PROSPEKTEN

1 Mit gleicher Post senden wir Ihnen unsere neuesten Prospekte.
2 Sie erhalten als Anlage den gewünschten Katalog.
3 Als Anlage erhalten Sie unseren erheblich erweiterten Prospekt.
4 Wir weisen Sie darauf hin, dass der Artikel Nr. ... unseres Prospekts zur Zeit nicht lieferbar ist.
5 Die Prospekte für die kommende Saison sind z.Z. im Druck. Wir werden Ihnen in ... Wochen die neuesten Unterlagen zugehen lassen.
6 Leider können wir Ihrem Wunsch nach Prospekten nicht nachkommen, da wir über Unterlagen dieser Art nicht verfügen.
7 Als Anlage erhalten Sie unser Prospektmaterial, das Sie ausführlich über unser gesamtes Fertigungsprogramm informiert.

ANNONCE DE L'ENVOI DE PROSPECTUS

1 Nous vous envoyons par le même courrier nos derniers prospectus.
2 Vous trouverez ci-joint le catalogue demandé.
3 Vous trouverez ci-joint notre prospectus sous une forme très élargie.
4 Nous attirons votre attention sur le fait que l'article n° ... de notre prospectus n'est pas disponible actuellement.
5 Les prospectus pour la saison à venir sont actuellement sous presse. Nous vous ferons parvenir les nouveaux prospectus d'ici ... semaines.
6 Nous ne pouvons malheureusement pas satisfaire votre demande de prospectus, car nous n'en faisons pas.
7 Vous trouverez ci-joint notre matériel publicitaire, qui vous donnera les renseignements les plus complets sur l'ensemble de notre programme de fabrication.

VERSANDANZEIGE VON PREISLISTEN

8 Sie erhalten mit gleicher Post unsere neuesten Preislisten.
9 Unsere Preislisten sind gültig bis zum . . .
10 Mit gleicher Post senden wir Ihnen unsere neuesten Export-Preislisten.
11 Wir gewähren auf die in unserer Preisliste angegegebenen Preise eine Exportvergütung von . . . %.

ANNONCE DE L'ENVOI D'UN TARIF

8 Vous recevrez par le même courrier nos derniers tarifs.
9 Nos tarifs sont valables jusqu'au . . .
10 Nous vous envoyons par le même courrier nos derniers tarifs «exportation».
11 Nous accordons une remise à l'exportation de . . . % sur les prix indiqués dans notre tarif.

VERSANDANZEIGE VON MUSTERN

12 Sie erhalten mit getrennter Post die angeforderte Musterkollektion.
13 Die diesem Schreiben beigefügten Muster geben Ihnen eine Vorstellung von der ausgezeichneten Qualität unserer Waren.
14 Unsere beigefügten Muster sind korrekt gekennzeichnet und mit Exportpreisen versehen.
15 Wir werden morgen die gewünschten Muster an Sie absenden.
16 Sie erhalten mit getrennter Post unsere Musterkollektion für die kommende Saison.
17 Leider können wir Ihren Wunsch nach einer Musterkollektion nicht erfüllen.
18 Wir möchten Sie darauf hinweisen, dass die gesamten Muster voll zu Ihren Lasten gehen, wenn sie uns nicht innerhalb von . . . Tagen zurückgeschickt werden.
19 Bei einer Bestellung von . . . werden die Muster nicht berechnet.
20 Bitte haben Sie dafür Verständnis, dass wir nur einige typische Muster unseres Sortiments an Sie expedierten.
21 Bitte senden Sie uns die Muster wieder zurück.
22 Wir bitten Sie um Verständnis dafür, dass wir Ihnen unsere wertvollen Muster nur . . . Tage überlassen können.

ANNONCE DE L'ENVOI D'ÉCHANTILLONS

12 Vous recevrez par courrier séparé la collection d'échantillons demandée.
13 Les échantillons ci-joints vous donnent une idée de l'excellente qualité de notre marchandise.
14 Les échantillons ci-joints sont dûment marqués et portent l'indication des prix à l'exportation.
15 Nous vous enverrons demain les échantillons demandés.
16 Vous recevrez par courrier séparé notre collection d'échantillons pour la saison à venir.
17 Nous ne pouvons malheureusement pas satisfaire votre désir de recevoir une collection d'échantillons.
18 Nous attirons votre attention sur le fait que les échantillons vous seront facturés s'ils ne nous sont pas retournés dans les . . . jours.
19 Pour une commande de . . ., les échantillons ne sont pas facturés.
20 Veuillez nous excuser de ne vous avoir envoyé que quelques échantillons caractéristiques de notre assortiment.
21 Veuillez nous renvoyer les échantillons.
22 Nous ne pouvons vous confier nos échantillons de grande valeur que pour une durée de . . . jours et vous prions de nous en excuser.

ANTWORT AUF ANFRAGE NACH PROBELIEFERUNG

23 Wir teilen Ihnen mit, dass wir gern zu einer Probelieferung bereit sind.
24 Wir möchten Sie darauf hinweisen, dass unsere allgemeinen Geschäftsbedingungen auch (nicht) für Probelieferungen gelten.
25 Eine eventuelle Probelieferung wird Sie von der Qualität unserer Artikel und unserer exakten Auftragsausführung überzeugen.
26 Zum Zweck der Einführung unserer Produkte auf dem dortigen Markt sind wir bereit, Ihnen eine Probelieferung zu besonders günstigen Bedingungen zu schicken.
27 Leider sind wir nicht in der Lage, Probelieferungen durchzuführen.

RÉPONSE À DEMANDE D'ENVOI À TITRE D'ESSAI

23 Nous vous informons que nous sommes tout disposés à vous faire un envoi à titre d'essai.
24 Nous attirons votre attention sur le fait que nos conditions générales de livraison s'appliquent aussi (ne s'appliquent pas) aux envois à titre d'essai.
25 Un envoi éventuel à titre d'essai vous convaincra de la qualité de nos articles et de l'exactitude avec laquelle nous exécutons les ordres.
26 Pour lancer nos articles sur ce marché, nous sommes prêts à vous proposer un envoi à titre d'essai assorti d'avantages spéciaux.
27 Nous ne sommes malheureusement pas en mesure de faire des envois à titre d'essai.

ABWEICHENDES ANGEBOT

QUALITÄTSABWEICHUNGEN

1 Wir müssen Ihnen leider mitteilen, dass wir Waren in der von Ihnen verlangten billigen (teuren) Qualität nicht herstellen.
2 Wir übersenden Ihnen als Anlage ein Qualitätsmuster und bitten Sie um Nachricht, ob Ihnen diese Ausführung zusagt.
3 Die von Ihnen geforderte Qualität können wir nur in Sonderanfertigung herstellen.
4 Das von Ihnen übersandte Muster haben wir erhalten. Leider stellen wir diesen Artikel in der gewünschten Qualität nicht her. Bitte wenden Sie sich an die Firma . . . Uns ist bekannt, dass dieses Unternehmen die von Ihnen verlangten Qualitäten produziert.
5 Zu unserem Bedauern müssen wir Ihnen mitteilen, dass wir Artikel der gewünschten Qualität nicht auf Lager haben.
6 Wir sind in der Lage, Ihnen sofort die gewünschten Artikel in qualitativ besserer Ausführung zu liefern.
7 Die Qualitätsabweichung ist geringfügig.
8 Der Artikel Nr. . . . aus der Produktion des Jahres . . . wurde qualitativ wesentlich verbessert.
9 Leider sind wir nur in der Lage, Ihnen Waren einer mittleren Qualität zu liefern.

OFFRE DIFFÉRANT DE LA DEMANDE

DIFFÉRENCES CONCERNANT LA QUALITÉ

1 Nous sommes au regret de vous signaler que nous ne fabriquons pas la qualité bon marché (chère) que vous demandez.
2 Nous vous adressons ci-joint un échantillon type et nous vous prions de nous faire savoir si cette qualité vous convient.
3 Pour produire la qualité que vous demandez, il nous faut procéder à une fabrication spéciale.
4 Nous avons bien reçu votre échantillon. Nous ne fabriquons malheureusement pas cet article dans la qualité désirée. Veuillez vous adresser à la maison . . . Nous savons que cette entreprise produit les qualités que vous demandez.
5 Nous regrettons de devoir vous signaler que nous n'avons pas en stock d'articles de la qualité demandée.
6 Nous sommes en mesure de vous livrer les articles désirés dans une qualité supérieure.
7 La différence de qualité est insignifiante.
8 La qualité de l'article n°. . . qui était à notre programme de fabrication en . . . (année) a été sensiblement améliorée.
9 Nous ne sommes malheureusement en mesure de vous livrer que de la marchandise de qualité moyenne.

MENGEN- UND GRÖSSENABWEICHUNGEN

10 Leider müssen wir Ihnen auf Ihre Anfrage vom . . . mitteilen, dass wir in den von Ihnen verlangten Mengen nicht lieferfähig sind.
11 Wir können die von Ihnen verlangten Mengen auch in absehbarer Zeit nicht fertigen, weil wir auf Monate hinaus ausverkauft sind.
12 Die von Ihnen verlangten Liefermengen sind zu gering.
13 Wir sind auf Grund der bei uns verwendeten Verpackungseinheiten leider nicht in der Lage, Ihren Auftrag anzunehmen, da er zu geringe Stückzahlen aufweist.
14 Ihren Auftrag können wir nur ausführen, wenn Sie jeweils mindestens . . . Stück gleicher Art und Qualität bestellen.
15 Wie wir Ihrem Muster entnehmen, stimmen die von Ihnen verlangten Grössen mit unseren in Serie hergestellten Artikeln nicht überein.
16 Wir müssen Sie darauf aufmerksam machen, dass zwischen Ihrem Muster und dem von uns hergestellten Artikel beträchtliche Abweichungen hinsichtlich der Masse bestehen.

DIFFÉRENCES CONCERNANT LES QUANTITÉS ET LES DIMENSIONS

10 En réponse à votre demande du . . ., nous regrettons de devoir vous signaler que nous ne sommes pas en mesure de livrer les quantités que vous désirez.
11 Il ne nous est pas possible non plus de prévoir quand nous pourrons fabriquer les quantités que vous demandez, car nous n'aurons pas de marchandises disponibles avant plusieurs mois.
12 Les quantités que vous nous demandez de vous livrer sont insuffisantes.
13 En raison de l'emballage standard que nous utilisons, nous ne sommes malheureusement pas en mesure d'accepter votre commande, qui porte sur des quantités insuffisantes.
14 Nous ne pouvons exécuter votre ordre que si vous commandez au moins . . . pièces du même type et de la même qualité.
15 Comme nous le constatons d'après votre échantillon, les dimensions que vous demandez ne correspondent pas à celles de nos articles de série.
16 Nous devons vous faire remarquer que les dimensions de votre échantillon diffèrent sensiblement de celles de l'article que nous fabriquons.

17 Bitte teilen Sie uns mit, ob die Grössenabweichungen der einzelnen Stücke von Bedeutung für Sie sind.
18 Falls Sie die von uns hergestellten Waren trotz veränderter Grössen verwenden können, sind wir bereit, den Auftrag anzunehmen und fristgerecht zu erledigen.
19 Bei einer Auftragserteilung von mindestens ... Stück sind wir gern bereit, die von Ihnen verlangten Waren in der angegebenen Grösse als Sonderanfertigung herzustellen.
20 Wir danken Ihnen für die Übersendung des Warenmusters, müssen aber leider feststellen, dass die Grösse Ihres Musters nicht mit der von uns hergestellten Ausführung übereinstimmt.
21 Vom Artikel Nr. ... können wir Ihnen leider nur ... Stück liefern.
22 Da es sich bei der gewünschten Ware um einen Restposten handelt, bieten wir Ihnen statt der bestellten ... Stück ... zum Sonderpreis von ... (Betrag, Währung) pro Stück an.
23 Leider stellen wir den Artikel Nr. ... in der von Ihnen gewünschten Grösse nicht her. Bitte entnehmen Sie unsere Grössenangaben beiliegender Liste.

17 Veuillez nous faire savoir si les différences de dimensions des différentes pièces ont pour vous de l'importance.
18 Si vous avez l'utilisation des articles que nous fabriquons bien que les dimensions en aient été modifiées, nous sommes dans ce cas disposés à accepter votre ordre et à l'exécuter dans les délais convenus.
19 Si vous nous passez une commande appropriée d'au moins ... pièces, nous sommes disposés à fabriquer hors série les articles que vous demandez aux dimensions indiquées.
20 Nous vous remercions de l'envoi de l'échantillon, mais nous constatons que sa taille ne correspond pas à notre type de fabrication.
21 Nous ne pouvons malheureusement vous livrer que ... pièces de l'article n° ... demandé.
22 Comme nous disposons d'un solde correspondant aux articles que vous demandez, nous vous offrons, au lieu des ... pièces désirées, ... pièces au prix exceptionnel de ... (montant, monnaie) pièce(s).
23 Nous ne fabriquons malheureusement pas l'article n°... dans les dimensions que vous désirez. Vous trouverez dans la liste ci-jointe les indications concernant nos dimensions.

PREISABWEICHUNGEN

24 Unsere Preise liegen über (unter) Ihren Angaben.
25 Ihre Preisvorstellungen basieren auf unserer nicht mehr gültigen Preisliste Nr. ... Bitte entnehmen Sie unsere neuen Preise der beigefügten Preisliste Nr. ...
26 Unsere Preise liegen geringfügig über Ihren Angaben; die Waren sind jedoch von erheblich besserer Qualität.
27 Bei einer Abnahmemenge von ... Stück sind wir in der Lage, den genannten Artikel zum Sonderpreis von ... (Betrag, Währung) zu liefern.
28 Sollten Sie auf Ihren Preisangaben bestehen, wären wir leider nicht in der Lage, Ihnen ein entsprechendes Angebot zu unterbreiten.
29 Wir bieten Ihnen zu einem geringeren Preis Waren von besserer Qualität.
30 Die Preisabweichung beträgt pro Stück ... (Betrag, Währung).
31 Wir waren leider gezwungen, unsere Preise zu erhöhen. Der Preis für Artikel Nr. ... ist seit dem ...... (Betrag, Währung).

DIFFÉRENCES CONCERNANT LES PRIX

24 Nos prix sont nettement supérieurs (inférieurs) à ceux que vous indiquez.
25 Les prix que vous envisagez sont basés sur notre ancien tarif n°... Veuillez consulter nos nouveaux prix dans notre tarif n°... ci-joint.
26 Nos prix sont légèrement supérieurs à ceux que vous indiquez, mais la marchandise est d'une qualité sensiblement supérieure.
27 Si vous vous portez preneurs de ... pièces, nous serons en mesure de livrer l'article demandé au prix exceptionnel de ... (montant, monnaie) pièce.
28 Au cas où vous tiendriez au prix indiqués,.. nous ne serions malheureusement pas en mesure de vous faire une offre pouvant vous convenir.
29 Nous vous offrons une marchandise de qualité supérieure à des prix modiques.
30 La différence de prix est de ... (montant, monnaie) par pièce.
31 Nous avons été malheureusement contraints d'augmenter nos prix. Le prix de l'article n°... est depuis le ... de ... (montant, monnaie).

ABWEICHUNGEN IN DER VERPACKUNG

32 Unsere Waren sind nicht, wie von Ihnen gefordert, in Kartons, sondern in Kunststoff-Behältern verpackt.

33 Abweichend von Ihrer Bestellung, sind die Artikel in Faltkartons (Containern, Ballen, Kisten) verpackt.

34 Ihrem Wunsch nach Spezialverpackung können wir leider nicht entsprechen. Gestatten Sie uns jedoch den Hinweis darauf, dass unsere Waren bruchfest verpackt sind.

35 Bezüglich der Verpackung bestehen nur geringfügige Unterschiede.

36 Als Anlage übersenden wir Ihnen ein Muster unserer neuen, verbesserten Verpackung.

37 Bitte teilen Sie uns mit, ob Sie mit unserer Verpackung einverstanden sind.

38 Leider können wir Ihre Sonderwünsche hinsichtlich der Verpackung unserer Waren nur gegen einen entsprechenden Aufpreis erfüllen.

39 Wir sind leider nicht in der Lage, Ihre Verpackungswünsche zu erfüllen.

40 Ihre Sonderwünsche in Sachen Verpackung können wir nicht ohne Überschreitung des Liefertermins erfüllen.

DIFFÉRENCES CONCERNANT L'EMBALLAGE

32 Nos marchandises ne sont pas emballées en cartons comme vous le demandez mais dans un emballage plastique.

33 L'emballage ne correspond pas à celui que vous avez demandé; les articles sont emballés en cartons pliants (par container, en balles, par caisses).

34 Nous ne pouvons malheureusement pas satisfaire votre demande d'emballage spécial. Permettez-nous cependant de vous indiquer que nos articles sont emballés dans un emballage les garantissant contre tout risque de casse.

35 En ce qui concerne l'emballage, les différences sont insignifiantes.

36 Nous vous adressons ci-joint un échantillon de notre nouvel emballage amélioré.

37 Veuillez nous faire savoir si notre emballage vous convient.

38 Nous ne pouvons malheureusement satisfaire votre demande spéciale concernant l'emballage de nos articles qu'en augmentant nos prix en conséquence.

39 Nous ne sommes malheureusement pas en mesure de satisfaire votre demande en ce qui concerne l'emballage.

40 Nous ne pouvons satisfaire votre demande spéciale en ce qui concerne l'emballage qu'en ne respectant pas le délai de livraison.

KEIN MUSTERVERSAND

41 Wir sind leider nicht in der Lage, Ihnen ein bemustertes Angebot unserer Waren vorzulegen.

42 Ein Musterversand kann von uns leider nicht vorgenommen werden. Wenn Sie sich einen Überblick über Fertigung, Programm, Qualität und Verpackung unserer Waren verschaffen wollen, so empfehlen wir Ihnen, sich mit unserem Herrn . . . in . . . in Verbindung zu setzen, der ein komplettes Musterlager unterhält.

43 Aus Kostengründen (produktionstechnischen Gründen) sind wir leider nicht in der Lage, Muster herzustellen.

44 Zu unserem Bedauern müssen wir Ihnen mitteilen, dass wir keine Muster führen.

45 Leider können wir Ihnen keine Muster unserer Artikel zusenden. Als Anlage erhalten Sie jedoch einige Ausschnitte aus Fachzeitschriften mit Berichten über Qualität und solide Verpackung unserer Waren.

PAS D'ENVOI D'ÉCHANTILLONS

41 Nous ne sommes malheureusement pas en mesure de vous faire une offre échantillonnée de nos articles.

42 Nous ne pouvons malheureusement pas faire d'envoi d'échantillons. Si vous voulez vous faire une idée d'ensemble de la fabrication, de l'éventail, de la qualité et de l'emballage de nos articles, nous vous conseillons de prendre contact avec notre collaborateur à . . ., Monsieur . . ., qui a un dépôt d'échantillons complet.

43 Pour des raisons de prix de revient, (pour des raisons techniques de production), nous ne sommes pas en mesure de fabriquer d'échantillons.

44 Nous regrettons de devoir vous signaler que nous ne faisons pas d'échantillons de notre production.

45 Nous ne pouvons malheureusement pas vous envoyer d'échantillons de nos articles. Cependant, vous trouverez ci-joint quelques coupures de revues spécialisées où il est question de la qualité et de l'emballage résistant de nos articles.

46 Es ist uns leider nicht möglich, Ihnen Muster zukommen zu lassen. Wir dürfen Ihnen jedoch versichern, dass wir bisher noch alle Sonderwünsche unserer Kunden erfüllen konnten.

47 Unsere Musterkollektion ist für den Versand nicht geeignet (zu umfangreich). Sie können jedoch jederzeit das Musterlager in unserem Zweigwerk in . . . besichtigen.

46 Il ne nous est malheureusement pas possible de vous faire parvenir d'échantillons. Nous pouvons cependant vous assurer que jusqu'à présent nous avons toujours pu satisfaire toutes les demandes spéciales de nos clients.

47 Notre collection d'échantillons se prête mal à l'expédition (par suite de son importance). Vous pouvez cependant à tout moment visiter le dépôt d'échantillons de notre usine auxiliaire de . . .

KEINE PROBELIEFERUNGEN

48 Wie wir Ihrer Anfrage entnehmen, wünschen Sie eine Probelieferung. Wir dürfen Sie um Verständnis dafür bitten, dass wir aus innerbetrieblichen Gründen keine Probelieferungen vornehmen können.

49 Es ist uns leider nicht möglich, Ihnen eine Probelieferung zukommen zu lassen. Wir übersenden Ihnen als Anlage eine Referenzliste, die über die Qualität unserer Erzeugnisse Aufschluss gibt.

50 Probelieferungen würden die Abwicklung unserer Geschäfte verzögern. Wir können Ihnen versichern, dass wir nur Waren bester Qualität liefern.

51 Eine Probelieferung können wir Ihnen leider nicht zukommen lassen. Für die Qualität unserer Waren spricht jedoch, dass unser Unternehmen einen ausgezeichneten Ruf hat.

PAS DE LIVRAISONS À TITRE D'ESSAI

48 Comme l'indique votre demande, vous désirez une livraison à titre d'essai. Veuillez nous excuser de ne pouvoir, pour des raisons intérieures à l'entreprise, procéder à aucune livraison à titre d'essai.

49 Il ne nous est malheureusement pas possible de vous faire parvenir de livraison à titre d'essai. Nous vous adressons ci-joint une liste de références qui vous renseignera sur la qualité de notre production.

50 Des livraisons à titre d'essai apporteraient trop de retard à la marche de nos affaires. Nous pouvons vous assurer que nous ne livrons que des articles d'excellente qualité.

51 Nous ne pouvons malheureusement pas vous faire parvenir de livraison à titre d'essai. Cependant, l'excellente réputation dont jouit notre entreprise dans le monde entier prouve la qualité de nos articles.

KEIN KAUF AUF PROBE

52 Wir müssen Ihnen leider mitteilen, dass wir Verkäufe auf Probe nicht ausführen. Unsere Waren haben auf dem Markt einen so guten Ruf, dass neue Kunden sich ohne Schwierigkeiten die Informationen beschaffen können, die notwendig sind, um eine Kaufentscheidung zu treffen.

53 Eine probeweise Überlassung unserer Geräte können wir leider nicht vornehmen. Wir bieten für die Funktionstüchtigkeit der von uns gelieferten Maschinen entsprechende Garantien, so dass sich eine Probe vor dem Kauf erübrigt.

54 Aus verschiedenen Gründen können wir einem Kauf nach Probe leider nicht zustimmen. Bitte erkundigen Sie sich beim einschlägigen Fachhandel nach der Qualität unserer Erzeugnisse.

55 Aus bestimmten Gründen können wir Ihnen unsere hochwertigen Erzeugnisse nicht zur probeweisen Benutzung überlassen. Bitte überzeugen Sie sich von der Einsatzmöglichkeit unserer Artikel an Hand der beiliegenden Referenzen und Ausschnitte aus Fachzeitschriften.

PAS DE VENTE À L'ESSAI

52 Nous regrettons de devoir vous signaler que nous ne faisons pas de vente à l'essai.
Nos articles jouissent sur le marché d'une si bonne réputation que les nouveaux clients peuvent obtenir sans aucune difficulté les renseignements dont ils ont besoin pour prendre leur décision d'achat.

53 Nous ne pouvons malheureusement pas accepter de mettre nos appareils à votre disposition pour essai. Le parfait fonctionnement des machines que nous livrons est assorti de suffisamment de garanties pour rendre superflu un essai avant l'achat.

54 Diverses raisons nous empêchent malheureusement d'accepter une vente à l'essai.
Veuillez vous renseigner sur la qualité de nos articles auprès des commerçants spécialisés.

55 Certaines raisons font que nous ne pouvons mettre à votre disposition pour essai les articles de grande valeur que nous produisons.
Veuillez vous rendre compte des possibilités d'utilisation de nos articles en prenant conaissance des références et des coupures de journaux spécialisés ci-jointes.

ABWEICHUNGEN VON DEN LIEFERBEDINGUNGEN

56 Unsere Lieferungsbedingungen weichen in einigen Punkten von den von Ihnen gewünschten Bedingungen ab.
57 Gewiss haben Sie Verständnis dafür, dass allen Verkäufen grundsätzlich unsere beigefügten Lieferungsbedingungen zu Grunde liegen. Bitte bestätigen Sie uns, dass Sie diese anerkennen.
58 Wir müssen leider darauf bestehen, Ihnen die Verpackung in Rechnung zu stellen, da unsere gesamten Preise ausschliesslich Verpackung kalkuliert sind.
59 Leider sind wir nicht in der Lage, Ihre Lieferungsbedingungen zu erfüllen.
60 Aus produktionstechnischen Gründen sind wir ausserstande, die von Ihnen geforderte Lieferzeit einzuhalten.
61 Abweichend von Ihrer Nachfrage, dürfen wir Sie darum bitten, unsere Lieferungsbedingungen den beigefügten Unterlagen zu entnehmen.
62 Grundsätzlich liefern wir frei Haus.
63 Ihre Forderung nach Lieferung frei Haus können wir leider nicht erfüllen. Wir liefern grundsätzlich ab Werk.
64 Bezüglich der Lieferungsbedingungen sind wir flexibel. Bitte teilen Sie uns Ihre Wünsche mit.
65 In Abweichung von Ihrem Wunsch nach Lieferung per (LKW, Schiff, Flugzeug usw.) erfolgen unsere Lieferungen grundsätzlich per (LKW, Schiff, Flugzeug usw.).
66 Ihre Lieferungsbedingungen sind für uns nicht akzeptabel.

DIFFÉRENCES CONCERNANT LES CONDITIONS DE LIVRAISON

56 Nos conditions de livraison diffèrent sur quelques points de celles que vous demandez.
57 Nous regrettons de devoir vous signaler que toutes nos ventes sont soumises aux seules conditions de livraison ci-jointes. Veuillez nous confirmer que vous les acceptez.
58 L'ensemble de nos prix étant calculés «emballage non compris», nous sommes malheureusement obligés de facturer l'emballage.
59 Nous ne sommes malheureusement pas en mesure de satisfaire vos conditions de livraison.
60 Des raisons techniques de production nous empêchent malheureusement de respecter le délai de livraison que vous désirez.
61 Veuillez prendre connaissance des conditions de vente ci-jointes afin de vous rendre compte que nos conditions de livraison diffèrent de celles que vous demandez.
62 En principe, nous livrons franco domicile.
63 Nous ne pouvons malheureusement pas satisfaire votre demande de livraison franco domicile. Nous livrons seulement départ usine.
64 Nous sommes très arrangeants en ce qui concerne les conditions de livraison. Veuillez nous faire savoir ce que vous désirez.
65 Nous ne pouvons vous livrer par (camion, bateau, avion, etc.) comme vous le demandez, étant donné que nous effectuons nos livraisons uniquement par (camion, bateau, avion, etc.).
66 Nous ne pouvons pas accepter vos conditions de livraison.

ABWEICHUNGEN VON DEN ZAHLUNGSBEDINGUNGEN

67 Wir teilen Ihnen mit, dass wir uns mit Ihren Zahlungsbedingungen nicht einverstanden erklären können.
68 Wir schlagen Ihnen vor: Zahlung bar mit . . . % Skonto oder . . . Tage nach Erhalt der Ware netto ohne Abzug.
69 Bitte entnehmen Sie unsere neuen Zahlungsbedingungen den beigefügten Unterlagen.
70 Wir sind ausserstande, Ihnen ein Ziel von . . . einzuräumen.
71 Unsere äusserst niedrig kalkulierten Preise erlauben uns nicht, Ihnen einen Abzug zu gewähren.
72 Abweichend von Ihrer Anfrage vom . . ., schlagen wir Ihnen folgende Zahlungsbedingungen vor:
- Barzahlung mit . . . % Skonto
- Zahlung innerhalb von . . . Tagen ohne Abzug
- Zahlung innerhalb von . . . Monaten.

DIFFÉRENCES CONCERNANT LES CONDITIONS DE PAIEMENT

67 Nous vous signalons qu'il nous est impossible d'accepter vos conditions de paiement.
68 Nous vous proposons: paiement comptant avec . . . % d'escompte, ou net . . . jours après réception de la marchandise.
69 Vous trouverez nos nouvelles conditions de paiement dans les conditions de vente ci-jointes.
70 Nous ne sommes pas en mesure de vous accorder un délai de . . .
71 Nos prix sont calculés au plus juste et ne nous permettent pas de vous accorder une remise.
72 Les conditions de paiement que nous vous proposons ci-après diffèrent de celles que vous nous demandiez dans votre lettre du . . .:
- paiement comptant avec . . . % d'escompte
- paiement net dans les . . . jours
- paiement dans les . . . mois

73 Sollten Sie auf Ihren Zahlungsbedingungen bestehen, wären wir leider ausserstande, einen Auftrag von Ihnen anzunehmen.
74 Auf Grund Ihrer Anfrage vom . . . übersenden wir Ihnen unsere Lieferungs- und Zahlungsbedingungen, aus denen ersichtlich wird, dass wir Ihrem Wunsch, ein Ziel von 3 (6, 9 usw.) Monaten zu gewähren, nicht entsprechen können.
75 Wir teilen Ihnen mit, dass wir nur gegen unwiderrufliches Akkreditiv liefern.
76 Konditionen sind: $\frac{1}{3}$ Anzahlung bei Auftragserteilung, $\frac{1}{3}$ Zahlung bei Fertigstellung, $\frac{1}{3}$ bei Vorlage der Frachtbriefe.
77 Wir nehmen auch Aufträge an, die von der . . . -Bank garantiert wurden.

73 Si les conditions de paiement que vous demandez sont définitives, nous ne sommes malheureusement pas en mesure d'accepter votre ordre.
74 En réponse à votre demande du . . ., nous vous envoyons nos conditions de livraison et de paiement. Comme vous pouvez le voir, il nous est impossible de vous accorder, comme vous le demandez, un délai de paiement de 3 (6, 9, etc.) mois.
75 Nous vous informons que nous ne livrons que contre accréditif irrévocable.
76 Les conditions de paiement sont les suivantes: $\frac{1}{3}$ à la commande, $\frac{1}{3}$ à l'achèvement de la commande, $\frac{1}{3}$ sur présentation des lettres de voiture.
77 Nous acceptons aussi les ordres garantis par la . . . (banque).

ANGEBOT MIT EINSCHRÄNKUNGEN

OFFRES AVEC LIMITATIONS

ZEITLICH BESCHRÄNKTES ANGEBOT

1 Dürfen wir Sie darauf aufmerksam machen, dass wir unser Angebot vom . . . aus technischen Gründen nur noch bis zum . . . aufrechterhalten können?
2 Das folgende Sonderangebot ist auf . . . Wochen beschränkt. Bitte beachten Sie das bei Ihren Dispositionen.
3 Wir sind nur im . . . (Monat, Jahreszeit) in der Lage Ihnen ein derartig günstiges Angebot zu unterbreiten.
4 Das obige Angebot können wir leider nur für die Dauer eines Monats aufrechterhalten.
5 Dieses Angebot ist für uns nur für die Dauer eines Monats bindend.
6 Bestellungen, die auf Grund dieses Angebots nach dem . . . bei uns eingehen, können wir leider nicht mehr berücksichtigen.
7 Da wir die Produktion des oben angebotenen Artikels in Kürze einstellen werden, können wir nach dem . . . keine Bestellungen mehr annehmen.
8 Wie jedes Jahr, müssen wir auch dieses Mal wieder unser Sonderangebot zeitlich beschränken. Bestellungen, die nach dem . . . bei uns eingehen, können wir deshalb leider nicht mehr bearbeiten. Bitte beachten Sie diesen Termin.
9 Der oben angebotene Artikel läuft aus. Wir müssen deshalb dieses Angebot bis zum . . . befristen.

OFFRE LIMITÉE DANS LE TEMPS

1 Permettez-nous de vous signaler que, pour des raisons techniques, nous ne pouvons maintenir notre offre du . . . que jusqu'au . . .
2 L'offre spéciale suivante est limitée à . . . semaines. Veuillez en tenir compte en passant vos commandes.
3 Il n'y a qu'en . . . (mois, saison) que nous soyons en mesure de vous faire une offre aussi avantageuse.
4 Nous ne pouvons malheureusement maintenir l'offre ci-dessus que pendant un mois.
5 Notre offre ne reste ferme que pour la durée d'un mois.
6 Nous ne pourrons malheureusement plus tenir compte des commandes relatives à cette offre qui nous parviendraient après le . . .
7 Comme nous allons sous peu interrompre la fabrication de l'article faisant l'objet de cette offre, nous ne pourrons plus prendre aucune commande passée la date du . . .
8 Comme chaque année, nous devons cette fois encore limiter la durée de notre offre spéciale. Aussi ne pourrons-nous malheureusement plus exécuter les commandes qui nous parviendront après la date du . . . Veuillez respecter cette date limite.
9 L'article offert ci-dessus arrive à épuisement. C'est pourquoi nous devons fixer à cette offre la date limite du . . .

MENGENMÄSSIG BEGRENZTES ANGEBOT

10 Obiges Angebot ist auf eine maximale Liefermenge von . . . Stück beschränkt.
11 Bitte beachten Sie, dass wir obiges Angebot auf eine maximale Abnahmemenge von . . . (Stück, kg, t, Ballen) begrenzen müssen.
12 Um auch unsere anderen Kunden (Geschäftspartner) ausreichend beliefern zu können, müssen wir dieses Angebot mengenmässig einschränken.
13 Leider können wir aus verschiedenen Gründen nur Bestellungen bis zu einer Gesamtmenge von . . . Stück berücksichtigen.
14 Dieses Angebot unterliegt einer mengenmässigen Beschränkung. Die obere Bestellgrenze beträgt . . . (Stück, kg, t, Ballen).
15 Bitte beschränken Sie Ihre Bestellung auf die maximale Menge von . . . Stück, weil wir leider nicht in der Lage sind, grössere Mengen zu liefern.

OFFRE LIMITÉE QUANTITATIVEMENT

10 L'offre ci-dessus se limite à une livraison maximum de . . . pièces.
11 Veuillez noter que pour l'offre ci-dessus, nous devons limiter à . . . (pièces, kg, tonnes, balles) la quantité maximum pouvant être commandée.
12 Afin de pouvoir aussi fournir nos autres clients (relations d'affaires) en quantité suffisante, nous devons limiter quantitativement cette offre.
13 Pour diverses raisons, nous ne pouvons malheureusement donner suite qu'aux commandes n'excédant pas . . . pièces.
14 La présente offre est limitée quantitativement. La commande ci-dessus porte sur . . . (pièces, tonnes, kg, balles).
15 N'étant pas en mesure de faire de livraisons importantes, nous vous prions de bien vouloir limiter vos commandes à la quantité maximum de . . . pièces.

MINDESTABNAHME

16 Aus wirtschaftlichen Gründen müssen wir für obiges Angebot auf einer Mindestbestellmenge von . . . (Stück, kg, t, Ballen) bestehen.
17 Die Mindestabnahmemenge für obiges Sonderangebot liegt bei . . . Stück. Bitte beachten Sie das bei Ihrer Bestellung.
18 Bitte haben Sie Verständnis dafür, dass wir Bestellungen, die unter der Mindestabnahmemenge liegen, nicht ausführen können.
19 Wir bitten Sie, bei etwaigen Bestellungen die Mindestabnahmemenge von . . . Stück zu beachten.
20 Aus verpackungstechnischen Gründen müssen wir auf einer Mindestabnahmemenge bestehen. Sie liegt bei den angebotenen Artikeln jeweils bei . . . Stück.

COMMANDE MINIMUM

16 Pour des raisons économiques, nous devons imposer, pour l'offre ci-dessus, une quantité minimum de . . . (pièces, kg, tonnes, balles) par commande.
17 La commande minimum pour l'offre spéciale ci-dessus est de . . . pièces. Veuillez respecter cette quantité en passant votre commande.
18 Veuillez nous excuser de ne pouvoir exécuter de commandes inférieures à la quantité minimum fixée.
19 Nous vous prions de respecter la quantité minimum de . . . pièces en cas de passation de commande.
20 Pour des raisons techniques d'emballage, nous devons imposer une quantité minimum par commande. Elle s'élève à . . . pièces pour chacun des articles offerts ci-dessus.

UNVERLANGTES ANGEBOT

1 Wir haben in Ihrem Gebiet eine Marktforschung durchgeführt. Mit deren Ergebnis waren wir sehr zufrieden. Wir beabsichtigen nun, unsere Waren über einen bekannten Grosshandel zu vertreiben. Sollten Sie daran interessiert sein, würden wir Ihnen entsprechende Vorschläge unterbreiten.

OFFRE SPONTANÉE

1 Nous avons procédé, dans votre région, à une étude de marché. Nous avons été très satisfaits du résultat. Nous envisageons maintenant de vendre nos articles par l'intermédiaire d'un grossiste connu. Si cela vous intéresse, nous vous ferons parvenir des propositions précises.

2 Wir sind in Ihrem Land seit einigen Jahren durch eine eigene Agentur vertreten. Aus Altersgründen gibt deren Inhaber jetzt seine Tätigkeit auf. Sofern Sie daran interessiert sind, als Importeur unseren Kundenstamm weiter zu beliefern, lassen Sie uns das bitte wissen.

3 Wir erhalten in letzter Zeit aus Ihrem Land immer mehr Anfragen nach Lieferung unserer Produkte. Wären Sie bereit, für das dortige Gebiet unsere Waren in Ihr Sortiment mit aufzunehmen?

4 Unsere neuartigen Produkte entwickeln sich mehr und mehr zu Verkaufsschlagern. Da wir in Ihrem Land noch durch keine Grosshandlung vertreten sind, möchten wir bei Ihnen anfragen, ob Sie bereit sind, unsere Waren in Ihr Sortiment aufzunehmen.

5 Unsere Waren würden Ihr Handelssortiment beträchtlich vergrössern. Bitte teilen Sie uns umgehend mit, ob Sie uns in . . . vertreten wollen.

6 Falls Sie bereit wären, unser Erzeugnis in Ihr Verkaufsprogramm aufzunehmen, würden wir Ihnen das Alleinverkaufsrecht für . . . (Land bzw. Gebiet) zusichern.

7 Unsere Maschinen sind auf dem Gebiet der . . . verarbeitung führend. Könnten Sie unser Angebot in Ihr Sortiment aufnehmen?

8 Damit unsere Waren in . . . (Land) bekannt werden, brauchen wir die Mithilfe eines tüchtigen Importeurs.

9 Bitte lassen Sie uns wissen, ob wir mit Ihrer Hilfe rechnen können.

10 Um Ihnen Ihre Aufgabe zu erleichtern, würden wir zur Einführung unsere Listenpreise um 10% reduzieren.

11 Können Sie die Waren auf Ihre Rechnung kaufen? Wir würden von Ihnen einen Mindestauftrag von . . . erwarten.

12 Wieviel können Sie uns garantieren, damit wir Ihnen den Alleinverkauf überlassen?

13 Unsere Waren müssen durch eine grössere, unabhängige Vertriebsgesellschaft verkauft werden, die in der Branche eingeführt ist. Können Sie uns eine Firma nennen, mit der wir uns in Verbindung setzen können (die sich mit uns in Verbindung setzen könnte)?

14 Eine uns vertretende Vertriebsfirma muss auf eigene Rechnung kaufen. Mindestquantitäten können mit uns vereinbart werden.

15 Wir stellen Waren des täglichen Bedarfs her. Sie sind problemlos und eignen sich deshalb besonders gut für Sonderangebote und für Selbstbedienungsläden.

16 Ihre Aufgabe als unser Vertreter in . . . (Land, Gebiet) wäre es, diese Waren in den einschlägigen Geschäften und Grosshandlungen einzuführen.

2 Nous sommes depuis plusieurs années représentés dans votre pays par une agence dont le propriétaire renonce, en raison de son âge, à toute activité. Veuillez nous faire savoir si cela vous intéresserait, en qualité d'importateur, de prendre la relève auprès de notre clientèle.

3 Nous recevons ces derniers temps de plus en plus de demandes de livraison de nos articles en provenance de votre pays. Seriez-vous disposés, pour cette région, à prendre nos articles dans votre assortiment?

4 La nouveauté de nos articles leur fait connaître une vogue sans cesse croissante. Comme nous ne sommes encore représentés par aucun grossiste dans votre pays, nous vous demandons si vous seriez disposés à prendre nos articles dans votre assortiment.

5 Nos articles élargiraient considérablement votre assortiment. Veuillez nous faire savoir par retour du courrier si vous désirez nous représenter en . . .

6 Au cas où vous seriez disposé à prendre nos articles dans votre programme de vente, nous vous garantirions le droit de vente exclusif en . . . (pays ou région).

7 Nos machines occupent le tout premier rang dans le domaine du travail de . . . . Pourriez-vous prendre notre offre dans votre assortiment?

8 Pour que nos articles s'implantent en . . . (pays), nous avons besoin de la collaboration d'un importateur ayant toutes les qualités requises.

9 Veuillez nous faire savoir si nous pouvons compter sur votre aide.

10 Pour faciliter votre tâche, nous diminuerions nos prix de 10% à titre de lancement.

11 Pouvez-vous acheter la marchandise à votre propre compte? Il faudrait que vous nous passiez une commande minimum de . . .

12 Combien pouvez-vous nous garantir pour que nous vous donnions l'exclusivité de la vente?

13 Il faut que notre marchandise soit écoulée par une grosse société de distribution indépendante et bien introduite dans la branche. Pouvez-vous nous indiquer une maison avec laquelle nous puissions prendre contact (qui puisse prendre contact avec nous)?

14 Une entreprise de distribution qui nous représente doit acheter et vendre à son propre compte. Nous pouvons fixer d'un commun accord les quantités minimums.

15 Nous fabriquons des articles d'usage courant. Ces articles sont sans problèmes, donc particulièrement adaptés pour la vente-réclame et la vente dans des libres-services.

16 En nous représentant en . . . (pays, région), votre tâche serait de faire connaître ces articles dans les magasins appropriés et auprès des grossistes.

17 Als Provision zahlen wir Ihnen . . . % vom getätigten Umsatz; die Abrechnung erfolgt jeweils zum Quartalsende.

18 Wir beziehen uns auf unser Angebot vom . . . und konkretisieren es wie folgt:

19 Sie sind unser Alleinvertreter im angegebenen Gebiet.

20 Auf Grund Ihrer Bestellungen werden die Kunden von uns direkt beliefert.

21 Ihre Provision in Höhe von . . . % der getätigten Umsätze wird Ihnen monatlich überwiesen.

22 Es ist Ihnen nicht gestattet, Sondervereinbarungen mit den Kunden zu treffen.

23 Die Kunden sollten mindestens einmal pro Monat aufgesucht werden.

24 Bitte teilen Sie uns mit, ob Sie dieses Angebot akzeptieren. Etwaige Änderungsvorschläge von Ihrer Seite wollen wir gern prüfen.

25 Wie wir erfahren haben, führen Sie in Ihrem Sortiment auch . . . (Warenangabe). Wir stellen diese Artikel serienmässig her. Bitte teilen Sie uns mit, ob Sie auch unsere Waren in Ihr Programm aufnehmen können.

26 Als . . . -Grosshandlung haben Sie einen laufenden Bedarf an . . . (Warenbezeichnung). Wir bieten diesen Artikel zur Zeit zu einem Sonderpreis in Höhe von . . . (Betrag, Währung) an. Bitte teilen Sie uns umgehend mit, ob Sie an einer Lieferung interessiert sind.

27 Wir führen zur Zeit eine Werbewoche für unsere Produkte durch. Dabei haben wir den Preis dieser Waren um . . . % gesenkt. Bitte übermitteln Sie uns Ihre Bestellung telegrafisch.

28 Wir haben einen grösseren Posten . . . (Warenbezeichnung) auf Lager. Bei einer Abnahmemenge von über . . . Stück gewähren wir Ihnen einen Preisnachlass von . . . %. Bitte teilen Sie uns umgehend mit, ob Sie von diesem Angebot Gebrauch machen wollen.

29 Wir möchten Sie auf unser Sonderangebot aufmerksam machen. Frei Haus liefern wir Ihnen . . . (Warenbezeichnung) zum einmaligen Sonderpreis von . . . (Betrag, Währung).

30 Wir sind in der Lage, Ihnen sofort einen grösseren Posten . . . (Warenbezeichnung) zu liefern. Da bei diesem Artikel in der Regel lange Lieferfristen in Kauf genommen werden müssen, erbitten wir Ihre Bestellung umgehend.

31 Wir erlauben uns nochmals, auf unser Angebot vom . . . hinzuweisen. Da dieser Artikel bald vergriffen sein wird, könnten wir spätere Bestellungen nicht mehr berücksichtigen.

17 Nous vous payons une commission de . . .% sur le chiffre d'affaires réalisé, le règlement est trimestriel.

18 Nous référant à notre offre du . . ., nous la concrétisons comme suit:

19 Vous êtes notre représentant exclusif dans la région indiquée.

20 Nous livrons directement les clients qui nous ont passé commande.

21 Votre commission, qui s'élève à . . . % du chiffre d'affaires réalisé, vous sera virée mensuellement.

22 Vous n'êtes pas autorisé à conclure d'arrangements spéciaux avec les clients.

23 Il faudrait que vous rendiez visite aux clients au moins une fois par mois.

24 Veuillez nous faire savoir si vous acceptez cette offre. Nous étudierons volontiers toutes les modifications que vous pourriez nous proposer.

25 Nous avons appris que . . . (indication des articles) figurent aussi dans votre assortiment. Nous fabriquons ces articles en série. Veuillez nous faire savoir si vous pouvez prendre aussi nos articles dans votre programme.

26 En tant que grossiste en . . ., vous avez continuellement besoin de quantités importantes de . . . (désignation de la marchandise). Nous offrons actuellement cet article au prix exceptionnel de . . . (montant, monnaie). Veuillez nous faire savoir par retour du courrier si une livraison vous intéresserait.

27 Nous faisons actuellement une semaine publicitaire pour les articles que nous fabriquons. Nous avons à cette occasion diminué leur prix de . . .%. Veuillez nous télégraphier votre commande.

28 Nous avons en stock un lot important de . . . (désignation de la marchandise). Pour une commande dépassant . . . pièces, nous accordons une remise de prix de . . . %. Veuillez nous faire savoir par retour du courrier si vous voulez profiter de cette offre.

29 Nous attirons votre attention sur notre offre spéciale. Nous vous livrons . . . (désignation de la marchandise) franco domicile au prix exceptionnel de . . . (montant, monnaie).

30 Nous sommes en mesure de vous livrer immédiatement un lot important de . . . (désignation de la marchandise). Comme en règle générale il faut s'attendre, pour cet article, à un long délai de livraison, nous vous prions de nous faire parvenir votre commande par retour du courrier.

31 Nous nous permettons de vous rappeler notre offre du . . . Comme cet article sera bientôt épuisé, nous ne pourrons plus prendre les commandes ultérieures en considération.

ANTWORT AUF ANGEBOT

EMPFANGSBESTÄTIGUNG

1 Dankend bestätigen wir Ihnen den Empfang Ihres Sonderangebots vom ...
2 Ihr Angebot vom ... ist am ... bei uns eingegangen.
3 Wir danken Ihnen dafür, dass Sie uns auch dieses Mal über Ihr preisgünstiges Sonderangebot unterrichtet haben.
4 Wir möchten Sie bitten, uns auch in Zukunft über Ihre Sonderangebote zu unterrichten.

ABLEHNUNG

1 Von Ihrem Angebot vom ... können wir leider keinen Gebrauch machen, da wir zur Zeit keine der angebotenen Waren benötigen.
2 Da Ihre Preise über denen unseres bisherigen Zulieferers liegen, können wir Ihr Angebot vom ... leider nicht akzeptieren.
3 Da die von Ihnen gewünschte Mindestabnahmemenge über unserem derzeitigen Bedarf liegt, ist Ihr Angebot leider nicht akzeptabel für uns.
4 Leider können wir von Ihrem Sonderangebot vom ... keinen Gebrauch machen. Wir sind bis Ende dieses Jahres an eine andere Zulieferfirma gebunden.
5 Zu unserem Bedauern übersandten Sie uns Ihr Angebot zu spät. In der Zwischenzeit haben wir uns bereits anderweitig eingedeckt.

ANNAHME

1 Wir nehmen auf Ihr Angebot vom ... Bezug. Bitte übersenden Sie uns umgehend je ... Stück der angebotenen Artikel.
2 Wir nehmen Ihr Angebot vom ... dankend an.
3 Bitte liefern Sie uns umgehend die von Ihnen angegebene maximale Bestellmenge.
4 Mit dieser Bestellung nehmen wir auf Ihr Angebot vom ... Bezug.
5 Die von Ihnen angebotenen Artikel fügen sich gut in unser Verkaufsprogramm ein. Bitte senden Sie uns per Express je ... Stück.
6 Ihr Angebot vom ... sagt uns zu. Als Anlage überreichen wir Ihnen unsere Bestellung.

RÉPONSE À UNE OFFRE

ACCUSÉ DE RÉCEPTION

1 Nous accusons réception de votre offre spéciale du ... et vous en remercions.
2 Votre offre du ... nous est parvenue le ...
3 Nous vous remercions de nous avoir cette fois encore signalé l'offre spéciale que vous faites à un prix avantageux.
4 Nous vous prions de continuer à nous tenir au courant de vos offres spéciales.

REFUS

1 N'ayant actuellement besoin d'aucun des articles que vous nous proposez, nous ne pouvons malheureusement pas profiter de votre offre du ...
2 Vos prix étant supérieurs à ceux de nos fournisseurs actuels, votre offre du ... ne peut malheureusement être d'aucun intérêt pour nous.
3 Nous ne pouvons malheureusement pas accepter votre offre, car la quantité minimum que vous nous demandez de commander dépasse nos besoins actuels.
4 Nous ne pouvons malheureusement pas profiter de votre offre spéciale du ... Nous sommes en effet engagés auprès d'autres fournisseurs jusqu'à la fin de l'année.
5 Vous nous avez malheureusement envoyé votre offre trop tard. Nous nous sommes entre-temps fournis ailleurs.

ACCEPTATION

1 Nous nous référons à votre offre du ... Veuillez nous envoyer par retour du courrier ... pièces de chacun des articles proposés.
2 Nous acceptons votre offre du ... et vous en remercions.
3 Veuillez nous envoyer par retour du courrier la quantité maximum que vous avez indiquée pour la commande.
4 Notre présente commande se réfère à votre offre du ...
5 Les articles que vous proposez complètent bien notre programme de vente. Veuillez nous envoyer par express ... pièces de chacun des articles proposés.
6 Votre offre du ... nous intéresse. Nous vous adressons ci-joint notre commande.

BITTE UM ÄNDERUNG DES ANGEBOTS

QUALITÄT

1 Bitte machen Sie uns auch ein Angebot über Ihre Waren besserer Qualität sowie von Produkten zweiter Wahl.
2 Können Sie uns auch ein gleichwertiges Angebot in Waren bester Qualität machen?
3 Könnten Sie Ihr Angebot mit einer genauen Angabe der jeweiligen Qualität erneuern?
4 In Ihrem Angebot vom ... vermissen wir Qualitätsangaben. Bitte informieren Sie uns auch darüber.
5 Sie boten uns am ... Waren bester Qualität an. Können Sie die gleichen Artikel auch in einer mittleren Qualität liefern?
6 Ihre erste Qualität ist für uns preislich uninteressant. Bitte teilen Sie uns die Preise Ihrer mittleren Qualität mit.
7 Ihr Angebot ist für uns sehr verlockend. Können Sie die angebotenen Waren auch in einer mittleren Qualität liefern?
8 Die Qualität der von Ihnen am ... angebotenen Waren befriedigt uns nicht. Sind Sie auch in der Lage, qualitativ bessere Artikel zu liefern?

DEMANDE DE MODIFICATION DE L'OFFRE

QUALITÉ

1 Veuillez nous faire également une offre pour vos articles de qualité supérieure ainsi que pour vos articles de second choix.
2 Pouvez-vous également nous faire une offre équivalente pour des articles de meilleure qualité?
3 Pourriez-vous nous faire une nouvelle offre en indiquant exactement la qualité de chaque article?
4 Votre offre du ... omet d'indiquer de quelle qualité il s'agit. Veuillez nous renseigner également sur ce point.
5 Votre offre du ... concerne une marchandise de qualité supérieure. Pouvez-vous également livrer les mêmes articles dans une qualité moyenne?
6 Votre première qualité est à un prix qui ne nous intéresse pas. Veuillez nous indiquer les prix de votre qualité moyenne.
7 Votre offre est pour nous très séduisante. Pouvez-vous également livrer les articles proposés dans une qualité moyenne?
8 La qualité des articles que vous nous avez proposés le ... ne nous satisfait pas entièrement. Êtes-vous également en mesure de livrer des articles de meilleure qualité?

MENGE UND GRÖSSE

1 Ihr Angebot vom ... ist sehr attraktiv. Leider ist die von Ihnen angebotene Menge für unseren Bedarf zu gering. Wären Sie in der Lage, einen Grossauftrag in Höhe von ... Stück des Artikels Nr. ... zu liefern?
2 Wir würden Ihr Angebot vom ... gern annehmen, die von Ihnen verlangte Mindestabnahmemenge ist uns jedoch zu hoch. Könnten Sie uns zunächst nur ... Stück liefern?
3 Wir benötigen laufend grosse Mengen des von Ihnen am ... angebotenen Artikels, jedoch in anderer Grösse. Bitte teilen Sie uns umgehend sämtliche von Ihnen lieferbaren Formate mit.
4 Bei Ihrem Angebot vom ... haben Sie die Masse der angebotenen Artikel nicht angegeben. Bitte informieren Sie uns schnellstmöglich über Ihre lieferbaren Grössen.
5 Die von Ihnen vorgeschlagene Mindestabnahmemenge können wir in unserem Lager nicht unterbringen. Bitte teilen Sie uns mit, ob es Ihnen möglich ist, Partien von ... Stück des angebotenen Artikels zu liefern.

QUANTITÉ ET TAILLE

1 Votre offre du ... est très séduisante. Malheureusement, les quantités que vous proposez ne suffisent pas à nos besoins. Seriez-vous également en mesure de nous faire une livraison de ... pièces de l'article n° ...?
2 Nous donnerions volontiers suite à votre offre du ... mais la quantité minimum que vous nous demandez de commander est trop importante pour nous. Pourriez vous nous livrer aussi une quantité moins importante, soit ... pièces.
3 Nous avons continuellement besoin de quantités importantes de l'article que vous nous avez proposé le ..., mais dans une autre taille. Veuillez nous indiquer par retour du courrier toutes les tailles disponibles.
4 Dans votre offre du ..., vous n'avez pas indiqué les dimensions des articles proposés. Veuillez nous indiquer au plus vite dans quelles tailles vous pouvez livrer.
5 Il ne nous est pas possible d'entreposer la quantité minimum objet de votre offre. Veuillez nous faire savoir s'il vous est possible de livrer par tranches de ... pièces de l'article proposé.

6 Für uns kommen nur Grosseinkäufe in Frage. Bitte teilen Sie uns die maximale Menge mit, die Sie sofort liefern können.
7 Wegen ihrer aufwendigen Verpackung nehmen die von Ihnen am ... angebotenen Artikel zuviel Platz ein. Ist es Ihnen möglich, uns ein Angebot mit einer platzsparenden Verpackung zu unterbreiten?
8 Führen Sie die von Ihnen am ... angebotenen Artikel auch in einer kleineren Ausführung?

6 Nous ne sommes intéressés que par des achats en gros. Veuillez nous indiquer quelle quantité maximum vous êtes en mesure de livrer immédiatement.
7 L'emballage recherché que vous utilisez pour les articles de votre offre du ... prend trop de place. Ne vous est-il pas possible de nous faire une offre avec un emballage de faible encombrement?
8 Faites-vous aussi les articles objet de votre offre du ... dans une taille plus petite?

PREISE

1 Die von Ihnen verlangten Preise sind für uns indiskutabel. Bitte teilen Sie uns Ihre äussersten Preise mit.
2 Die Preise der von Ihnen am ... angebotenen Waren sind zu hoch für uns. Wären Sie bereit, uns bei einem Grossauftrag einen ... %igen Nachlass zu gewähren?
3 Bitte teilen Sie uns auch die Preise für eine Ausführung mittlerer Qualität mit.
4 Wenn Sie in der Lage wären, die Preise der von Ihnen am ... angebotenen Artikel um ... (Betrag, Währung) zu senken, würden wir gern von Ihrem Angebot Gebrauch machen.
5 Im Hinblick auf die allgemeine Marktsituation liegen die Preise Ihres Angebots vom ... zu hoch. Bitte teilen Sie uns umgehend Ihre äusserste Preisgrenze mit.
6 Für eine qualitativ mittlere Ausführung sind Ihre Preise zu hoch. Wenn Sie bereit wären, zu diesen Preisen eine bessere Qualität zu liefern, würden wir Ihr Sonderangebot vom ... gern akzeptieren.
7 Bitte teilen Sie uns so schnell wie möglich mit, ob in den Preisen Ihres Angebots vom ... bereits die Kosten für Verpackung und Fracht enthalten sind.
8 Wir haben ständig einen grossen Bedarf an den von Ihnen angebotenen Artikeln. Bitte informieren Sie uns über Ihre Preise für Grossaufträge.

PRIX

1 Les prix que vous demandez sont pour nous inacceptables. Veuillez nous indiquer vos derniers prix.
2 Les prix des marchandises faisant l'objet de votre offre du ... sont trop élevés pour nous. Seriez-vous disposés, pour une commande en gros, à nous accorder une remise de ... %?
3 Veuillez nous indiquer également les prix des modèles de qualité moyenne.
4 Si vous étiez en mesure de baisser de ... (montant, monnaie) les prix des articles faisant l'objet de votre offre du ..., nous serions tout à fait disposés à y donner suite.
5 Étant donné la situation générale du marché, les prix de votre offre du ... sont trop élevés. Veuillez nous indiquer par retour du courrier quels seraient vos prix limites.
6 Vos prix sont trop élevés pour la qualité moyenne de votre fabrication. Si vous étiez disposés à livrer aux mêmes prix une qualité meilleure, nous donnerions volontiers suite à votre offre spéciale du ...
7 Veuillez nous indiquer au plus vite si les frais d'emballage et de transport sont déjà compris dans les prix de votre offre du ...
8 Nous avons besoin en permanence de quantités importantes des articles objet de votre offre. Veuillez nous indiquer quels seraient vos prix pour des commandes en gros.

VERPACKUNG

1 Die Verpackung der von Ihnen angebotenen Waren genügt unseren Ansprüchen nicht. Können Sie in bruchfester Verpackung liefern?
2 Bitte unterbreiten Sie uns ein neues Angebot über in Styropor verpackte Waren.
3 In Abweichung von Ihrem Angebot vom ... müssen wir auf in Kisten verpackte Waren bestehen.
4 Um Transportschäden auf ein Minimum zu reduzieren, müssen wir eine bessere Verpackung von Ihnen fordern.

EMBALLAGE

1 L'emballage des articles de votre offre ne satisfait pas nos exigences. Vous est-il possible de livrer dans un emballage plus solide?
2 Veuillez nous faire une nouvelle offre pour des articles emballés dans du styropor.
3 Contrairement à votre offre du ..., nous tenons absolument à de la marchandise emballée en caisses.
4 Afin de réduire au minimum les dommages en cours de transport, nous tenons absolument à un emballage plus solide.

5 Um die Transportkosten zu verringern, bestehen wir bei einer derart grossen Bestellung auf einer Verpackung in Collis.

6 Wir verstehen die Preise Ihres Angebots vom ... ausschliesslich Verpackung. Bei einer etwaigen Bestellung würden wir jedoch Verpackung in Kisten – zum gleichen Preis! – von Ihnen fordern müssen.

7 Die Qualität Ihrer angebotenen Verpackung entspricht nicht unseren Erwartungen. Bitte informieren Sie uns umgehend über andere Verpackungsmöglichkeiten.

8 Wir können von Ihrem Sonderangebot nur dann Gebrauch machen, wenn Sie uns eine bessere Verpackung Ihrer Waren zusichern.

9 Die Verpackung Ihrer Artikel in Faltkartons lässt viel zu wünschen übrig. Bei einer Bestellung müssten wir auf einer Kunststoff-Verpackung bestehen.

10 Die Verpackung Ihrer Waren ist ausserordentlich unbefriedigend. Bitte unterbreiten Sie uns ein neues Angebot mit besserer Verpackung.

5 Afin de réduire les frais de transport, nous tenons absolument, pour une commande de cette importance, à ce que la livraison se fasse par colis.

6 Nous comprenons les prix de votre offre du ... emballage non compris. Pour une commande éventuelle cependant, nous tenons absolument à un emballage par caisses et pour le même prix.

7 La qualité de l'emballage que vous proposez ne répond pas à notre attente. Veuillez nous indiquer par retour du courrier quels sont les autres emballages possibles.

8 Nous ne pouvons donner suite à votre offre spéciale que si vous nous garantissez un meilleur emballage de votre marchandise.

9 L'emballage de vos articles en cartons pliants laisse beaucoup à désirer. En cas de commande, nous tenons absolument à un emballage en matière plastique.

10 L'emballage de votre marchandise est lamentable. Veuillez nous faire une nouvelle offre avec un meilleur emballage.

LIEFERUNG

1 Ihr Angebot vom ... sagt uns zu. Wir müssen jedoch auf sofortiger Lieferung bestehen.

2 Der in Ihrem Angebot vom ... angegebene Liefertermin ist für uns zu spät. Können Sie nicht schon früher liefern?

3 Zur Zeit haben wir keinen Bedarf an den angebotenen Waren. Bitte teilen Sie uns mit, ob Sie zu den gleichen Konditionen auch in ... Monaten liefern können.

4 Als Grossabnehmer der von Ihnen am ... angebotenen Artikel ist eine einmalige Lieferung für uns nicht diskutabel. Bitte teilen Sie uns schnellstmöglich mit, ob Sie in der Lage sind, entsprechend unserem Bedarf wöchentlich (monatlich) ... Stück des Artikels Nr. ... zu liefern.

5 Die in Ihrem Angebot vom ... gemachten Lieferbedingungen können wir nicht akzeptieren.

6 Da wir nur einen begrenzten Lagerraum zur Verfügung haben, müssen wir auf einer Lieferung in drei Raten bestehen. Halten Sie auch unter diesen Umständen Ihr Angebot aufrecht?

7 Wir können Ihr Angebot vom ... nur dann annehmen, wenn Sie auf unsere Sonderwünsche hinsichtlich der Lieferung eingehen.

8 Wir müssen auf Lieferung per Express bestehen.

9 Warum bieten Sie Ihre Waren nicht zu den üblichen Lieferungsbedingungen an?

LIVRAISON

1 Votre offre du ... nous convient. Nous tenons cependant absolument à une livraison immédiate.

2 La date de livraison indiquée dans votre offre du ... est pour nous trop tardive. Ne vous serait-il pas possible de livrer plus tôt?

3 Nous n'avons pas besoin actuellement des articles objet de votre offre. Veuillez nous faire savoir si, dans ... mois, vous pourrez aussi livrer aux mêmes conditions.

4 Gros acheteurs des articles faisant l'objet de votre offre du ..., il ne peut être question pour nous d'une livraison unique. Faites-nous savoir au plus tôt si vous êtes en mesure de nous livrer conformément à nos besoins, ... pièces par semaine (mois) de l'article n° ...

5 Nous ne pouvons pas accepter les conditions de livraison que vous faites dans votre offre du ..

6 Comme nous ne disposons que d'un entrepôt restreint, nous tenons absolument à être livrés en trois fois. Maintenez-vous toujours votre offre à cette condition?

7 Nous ne pouvons donner suite à votre offre du ... que si vous nous donnez satisfaction en ce qui concerne la livraison.

8 Nous tenons absolument à être livrés par express.

9 Pourquoi n'offrez-vous pas vos marchandises aux conditions de livraison habituelles?

ZAHLUNGSBEDINGUNGEN

1 Wir können nur dann von Ihrem Sonderangebot vom ... Gebrauch machen, wenn Sie uns einen Mengenrabatt in Höhe von ... % einräumen.
2 Preislich ist Ihr Angebot vom ... sehr verlockend. Mit Ihren Zahlungsbedingungen sind wir jedoch nicht einverstanden.
3 Die Zahlungsbedingungen, die Sie in Ihrem Angebot vom ... vorschlagen, können wir nicht akzeptieren.
4 Würden Sie uns bei einer Bestellung von ... Stück ein Zahlungsziel von ... Tagen einräumen?
5 Die Zahlungsbedingungen Ihres Angebots vom ... müssen wir ablehnen. Bei einer etwaigen Bestellung würden wir auf einem Rabatt in Höhe von ... % der Rechnungssumme bestehen. Bitte teilen Sie uns mit, ob Sie unseren Vorschlag akzeptieren.
6 Ihr Angebot vom ... sagt uns zu. Die von Ihnen geforderten Zahlungsbedingungen sind jedoch nicht handelsüblich.
7 Wir würden Ihr Angebot vom ... gern akzeptieren, müssten Sie aber um Zahlungserleichterungen bitten.
8 In Beantwortung Ihres Angebots vom ... müssen wir Ihnen leider mitteilen, dass Ihre Zahlungsbedingungen nicht handelsüblich sind.
9 Bitte überprüfen Sie Ihre Zahlungsbedingungen und erneuern Sie dann Ihr Angebot vom ...

CONDITIONS DE PAIEMENT

1 Votre offre spéciale du ... ne peut nous intéresser que si vous nous consentez une remise de quantité de ...%.
2 Au point de vue prix, votre offre du ... est très séduisante. Nous ne pouvons cependant pas accepter les conditions de paiement exigées.
3 Nous ne pouvons malheureusement pas accepter les conditions de paiement que vous proposez dans votre offre du ...
4 Seriez-vous prêts pour une commande de ... pièces, à nous consentir un délai de paiement de ... jours?
5 Nous nous voyons obligés de refuser les conditions de paiement de votre offre du ... En cas de commande éventuelle, nous insisterions pour avoir une remise de ...% sur le montant de la facture. Veuillez nous faire savoir si vous acceptez notre proposition.
6 Votre offre du ... nous convient. Cependant, les conditions de paiement que vous demandez ne sont pas celles qui sont en usage dans le commerce.
7 Nous aimerions donner suite à votre offre du ... mais devrions alors vous demander des facilités de paiement.
8 En réponse à votre offre du ..., nous devons malheureusement vous signaler que les conditions de paiement que vous demandez ne sont pas habituelles dans le commerce.
9 Veuillez avoir l'obligeance de revoir les conditions de paiement demandées et de renouveler ensuite en conséquence votre offre du ...

GARANTIEN

1 Wir können von Ihrem Sonderangebot vom ... nur dann Gebrauch machen, wenn Sie sich bereit erklären, die üblichen Garantieverpflichtungen zu übernehmen. Bitte nehmen Sie hierzu baldmöglichst Stellung.
2 In Ihrem Sonderangebot vom ... vermissen wir Angaben über Ihre Garantieleistungen.
3 Mit den Garantieleistungen Ihres Angebots vom ... können wir uns nicht zufriedengeben. Wir bitten Sie deshalb um deren Überprüfung.
4 Ihr Angebot vom ... enthält keinen Passus über die von Ihnen gewährten Garantien.
5 Bitte teilen Sie uns umgehend die Gewährleistungsbedingungen mit, die mit Ihrem Angebot vom ... verbunden sind.
6 Laut Angebot vom ... gewähren Sie Garantieleistungen bis zu ... Monaten nach Inbetriebnahme Ihrer Maschinen.

GARANTIES

1 Nous ne pouvons donner suite à votre offre spéciale du ... que si vous vous déclarez disposés à accepter les obligations de garantie habituelles. Veuillez nous faire connaître au plus tôt votre point de vue à ce sujet.
2 Votre offre spéciale du ... omet de préciser les garanties que vous accordez.
3 Les garanties dont est assortie votre offre du ... ne nous satisfont pas et nous vous demandons de revoir votre offre dans ce sens.
4 Votre offre du ... ne comporte aucun passage au sujet des garanties accordées.
5 Veuillez nous indiquer par retour du courrier quelles garanties comporte votre offre du ...
6 Aux termes de votre offre du ..., vous garantissez vos machines pour une durée de ... mois à dater de leur mise en exploitation.

7 Wir wären bereit, Ihr Angebot zu akzeptieren, wenn Sie Ihre Gewährleistungszeit auf ein Jahr ausdehnten.
8 Ihr letztes Angebot ist hinsichtlich der Gewährleistung nicht klar genug formuliert. Bitte teilen Sie uns umgehend Ihre Garantieleistungen mit.
9 In Ihrem Angebot vom ... sind keinerlei Garantieleistungen enthalten. Bitte geben Sie uns auch darüber Auskunft.
10 Bitte teilen Sie uns umgehend mit, welche Garantieleistungen mit Ihrem Angebot vom ... verbunden sind.

7 Nous sommes tout à fait disposés à accepter votre offre, si vous portez à 1 an la durée de la garantie.
8 Votre dernière offre manque de clarté en ce qui concerne la garantie. Veuillez nous indiquer par retour du courrier quelles garanties vous accordez.
9 Votre offre du ... ne comporte aucune sorte de garantie. Veuillez concrétiser votre offre en ce sens.
10 Veuillez nous indiquer par retour du courrier de quelles garanties est assortie votre offre du ...

VERSANDART

1 Wir können Ihr Sonderangebot nur dann akzeptieren, wenn Sie uns einen Transport per Express zu Ihren Lasten zusichern.
2 Können Sie Ihr Angebot vom ... hinsichtlich der Versandart abändern?
3 Für uns käme nur ein Versand per LKW-Sammeltransport in Frage.
4 Können Sie uns in Abänderung Ihres Angebots vom ... Versand per Luftfracht zusichern?
5 Da wir die von Ihnen angebotenen Waren dringend benötigen, müssen wir auf Versand per Express bestehen.
6 Unseres Erachtens kommt für Ihre leicht verderbliche Ware nur ein Transport in Kühlwagen in Frage. Bitte teilen Sie uns umgehend mit, ob das möglich ist.
7 Der von Ihnen mit Angebot vom ... vorgeschlagene Transportweg ist uns zu zeitraubend. Wir können von Ihrer Offerte nur dann Gebrauch machen, wenn Sie unsere Wünsche hinsichtlich des Transportwegs und der Transportart erfüllen.
8 In Abweichung von Ihrem Angebot vom ... müssen wir auf einem Versand per Express bestehen.
9 Das Transportproblem haben Sie in Ihrem Angebot vom ... nicht erwähnt. Bitte informieren Sie uns über die bei Ihnen übliche Versandart.
10 In Ihrem Angebot fehlt die Angabe der Versandart. Wir erwarten dazu Ihre Stellungnahme.

MODE D'EXPÉDITION

1 Nous ne pouvons accepter votre offre que si vous vous engagez à ce que l'envoi soit fait par express et à vos frais.
2 Pouvez-vous modifier votre offre du ... en ce qui concerne le mode d'expédition?
3 Nous ne sommes intéressés que par un transport groupé par camion.
4 Ne pouvez-vous modifier votre offre du ... et nous garantir un transport par avion?
5 Nous avons besoin d'urgence des articles de votre offre, aussi tenons-nous absolument à ce que l'envoi soit fait par express.
6 À notre avis, le transport des denrées périssables objet de votre offre ne peut se faire par wagons frigorifiques. Veuillez nous faire savoir par retour du courrier si vous pouvez satisfaire notre demande concernant le mode d'expédition.
7 L'itinéraire que vous proposez dans votre offre du ... nous fait perdre trop de temps. Nous ne pouvons accepter votre offre que si vous nous donnez satisfaction en ce qui concerne l'itinéraire et le mode d'expédition.
8 Nous tenons absolument à ce que vous modifiez votre offre du ... et à ce que l'expédition se fasse par express.
9 Votre offre du ... ne mentionne pas le problème du transport. Veuillez nous faire connaître le mode d'emploi que vous pratiquez habituellement.
10 Votre offre omet d'indiquer le mode d'envoi. Nous attendons votre proposition à ce sujet.

ABLEHNUNG DES WUNSCHES AUF ANGEBOTSÄNDERUNG

1 Bei den äusserst niedrigen Preisen unseres Sonderangebots ist es uns leider nicht möglich, auf Ihre Sonderwünsche einzugehen.

REFUS À UNE DEMANDE DE MODIFICATION D'OFFRE

1 Les prix extrêmement avantageux de notre offre spéciale ne nous permettent malheureusement pas de vous donner satisfaction.

2 Wir sehen leider keine Möglichkeit, Ihre Sonderwünsche im Hinblick auf die Verpackung der Waren aus unserem Angebot vom ... zu erfüllen.
3 Die von Ihnen vorgeschlagene Versandart können wir leider nicht akzeptieren, da sie unser Angebot zu sehr verteuern würde.
4 Die Preise unseres Angebots vom ... sind auf das äusserste kalkuliert. Wir sehen uns daher nicht in der Lage, Ihre Wünsche hinsichtlich der Zahlungsbedingungen und der Versandart zu erfüllen.
5 Ihre Bitte um Änderung unseres Angebots vom ... müssen wir leider abschlägig beantworten.
6 Leider sehen wir uns nicht imstande, Ihre Sonderwünsche hinsichtlich unseres Angebots vom ... zu erfüllen.
7 In Beantwortung Ihrer Anfrage wegen der Konditionen unseres Angebots vom ... müssen wir Ihnen leider mitteilen, dass wir nicht in der Lage sind, in Ihrem Fall eine Ausnahme zu machen.
8 Den von Ihnen geforderten Versand per Express zu unseren Lasten sind wir nicht in der Lage zu akzeptieren. Wir können unser Angebot vom ... nur zu den angegebenen Konditionen aufrechterhalten.
9 Ihren Wunsch nach Änderung unseres Angebots vom ... können wir leider nicht erfüllen.
10 Bei der heutigen Preissituation auf den Rohstoffmärkten können wir die Konditionen unseres Angebots bedauerlicherweise nicht ändern.

2 Nous ne voyons malheureusement pas la possibilité de satisfaire votre demande en ce qui concerne l'emballage des articles faisant l'objet de notre offre du ...
3 Nous ne pouvons malheureusement pas accepter le mode d'envoi que vous proposez, car il augmenterait considérablement le prix de notre offre.
4 Les prix de notre offre du ... sont calculés au plus juste. Aussi ne sommes-nous pas en mesure de vous donner satisfaction en ce qui concerne les conditions de paiement et le mode d'envoi.
5 Nous regrettons de devoir répondre par un refus à votre demande de modification en ce qui concerne notre offre du ...
6 Nous nous voyons malheureusement dans l'impossibilite de satisfaire votre demande particulière concernant notre offre du ...
7 En réponse à votre demande concernant les conditions de notre offre du ..., nous avons le regret de vous signaler que notre maison est dans l'impossibilité de faire une exception pour vous.
8 Nous ne pouvons pas accepter votre proposition d'envoi par express et à nos frais. Nous ne pouvons maintenir notre offre du ... qu'aux conditions déjà indiquées.
9 Nous ne pouvons pas donner satisfaction à votre demande de modification de notre offre du ...
10 La situation actuelle des prix sur le marché des matières premières nous empêche malheureusement de modifier les conditions de notre offre.

DEM WUNSCH KANN ENTSPROCHEN WERDEN

1 Ihren Vorschlag zur Abänderung unseres Angebots vom ... akzeptieren wir.
2 Wir sind bereit, Ihre Sonderwünsche hinsichtlich der Verpackung zu akzeptieren. Bitte leiten Sie uns Ihre Bestellung zu.
3 Wir sind bereit, unser Angebot vom ... nach Ihren Wünschen abzuändern.
4 Wir beziehen uns auf Ihr Schreiben vom ... und teilen Ihnen dazu mit, dass wir Ihrer Bitte um eine Änderung unseres letzten Angebots gern nachkommen.
5 In Anbetracht der von Ihnen in Aussicht gestellten grossen Bestellmenge sind wir gern bereit, Ihnen – in Abänderung unseres letzten Angebots – einen Preisnachlass zu gewähren.
6 Es ist uns möglich, unser Angebot vom ... Ihren Wünschen gemäss abzuändern. Wir erwarten nunmehr Ihre Bestellung.

LA DEMANDE DE MODIFICATION PEUT ÊTRE SATISFAITE

1 Nous acceptons votre proposition de modification de notre offre du ...
2 Nous sommes disposés à accepter votre demande d'emballage spécial. Veuillez nous faire parvenir votre commande.
3 Nous sommes disposés à modifier notre offre du ... dans le sens que vous souhaitez.
4 Nous référant à votre lettre du ..., nous vous signalons que nous modifierons notre dernière offre comme vous le demandez.
5 Considérant l'importance des commandes que vous envisagez, nous sommes tout à fait disposés à modifier notre dernière offre et à vous accorder une remise de prix.
6 Nous sommes en mesure de modifier notre offre du ... comme vous le désirez. Nous attendons votre commande.

7 Wir teilen Ihnen mit, dass unsere Versandabteilung in der Lage ist, Ihre Sonderwünsche hinsichtlich des Transportwegs zu erfüllen.

8 Ihrem Sonderwunsch bezüglich der Qualität entsprechen wir gern.

7 Nous vous signalons par la présente que notre service des expéditions est en mesure de vous donner satisfaction en ce qui concerne l'itinéraire.

8 Nous donnons volontiers satisfaction à votre demande concernant la qualité.

ABLEHNUNG DES ÄNDERUNGSWUNSCHES UND NEUES ANGEBOT

1 Ihren Sonderwunsch in Sachen Verpackung müssen wir leider ablehnen. Wir sind jedoch in der Lage, Ihnen folgendes Sonderangebot zu unterbreiten:

2 Wir sind gern bereit, Ihnen einen Preisnachlass zu gewähren, wenn Sie mindestens . . . Stück des angebotenen Artikels abnehmen.

3 Ihre Sonderwünsche können wir leider nicht berücksichtigen. Als Anlage übersenden wir Ihnen jedoch ein neues, noch günstigeres Angebot.

4 Unsere Geschäftsführung hat es ablehnen müssen, Ihre Sonderwünsche hinsichtlich der Zahlungsbedingungen zu erfüllen. Wir erlauben uns jedoch, Ihnen heute ein weiteres günstiges Angebot zu unterbreiten.

5 Leider können wir Ihrer Bitte um Änderung unseres letzten Angebots nicht nachkommen. Wir sind jedoch in der Lage, Ihnen ein weiteres Sonderangebot zu unterbreiten.

6 Die Erfüllung Ihrer Bitte um Änderung der Verpackung unserer Artikel müssen wir leider ablehnen. Gleichzeitig erlauben wir uns, Ihnen ein weiteres Angebot zu unterbreiten.

7 Da wir auf Sonderwünsche bedauerlicherweise nicht eingehen können, übersenden wir Ihnen ein weiteres Angebot.

8 Da wir nicht in der Lage sind, unser Angebot vom . . . zu ändern, möchten wir Ihnen heute ein neues Angebot unterbreiten.

9 Ihren Wunsch hinsichtlich einer Änderung unseres Angebots vom . . . können wir leider nicht erfüllen, dürfen Sie jedoch auf unser neuestes Sonderangebot hinweisen.

10 Sonderwünsche hinsichtlich der Verpackung können wir zur Zeit nicht berücksichtigen. Wir möchten Ihnen jedoch ein neues Angebot unterbreiten.

REFUS DE LA DEMANDE DE MODIFICATION ET NOUVELLE OFFRE

1 Nous regrettons de devoir refuser votre demande concernant l'emballage. Nous sommes cependant en mesure de vous faire l'offre spéciale suivante.

2 Nous sommes tout à fait disposés à vous accorder une remise de prix si vous prenez au moins . . . pièces de l'article objet de notre offre.

3 Nous ne pouvons malheureusement pas prendre votre demande en considération. Nous vous envoyons cependant ci-joint une nouvelle offre encore plus avantageuse.

4 Notre direction a refusé de donner satisfaction à votre demande concernant les conditions de paiement. Nous nous permettons cependant de vous faire une autre offre également avantageuse.

5 Nous ne pouvons malheureusement pas satisfaire votre demande de modification de notre dernière offre. Nous sommes cependant en mesure de vous soumettre une nouvelle offre spéciale.

6 Nous devons malheureusement répondre par un refus à votre demande de modification de l'emballage de nos articles. En même temps, nous nous permettons de vous soumettre une nouvelle offre.

7 N'étant malheureusement pas en mesure de vous donner satisfaction, nous vous envoyons une autre offre.

8 Comme nous ne sommes pas en mesure de modifier notre offre du . . ., nous tenons à vous soumettre une nouvelle offre.

9 Nous ne pouvons malheureusement pas accepter votre demande de modification de notre offre du . . . Nous nous permettons cependant de vous signaler notre dernière offre spéciale.

10 Nous ne pouvons malheureusement pas tenir compte actuellement des demandes d'emballage spécial. Nous pouvons cependant vous soumettre une nouvelle offre.

REFERENZEN
RÉFÉRENCES

REFERENZ-ANFORDERUNG

1 Wir haben erfahren, dass Sie Lieferant der Firma ... sind.
2 Wie wir erfahren, sind Sie Kunde der Firma ...
3 Wir nehmen an, dass Sie mit der Firma ... in Geschäftsbeziehung stehen.
4 Sie arbeiten schon lange mit der Firma ... zusammen. Können Sie uns dieses Unternehmen empfehlen?
5 Uns würde interessieren, welche Erfahrungen Sie mit der Firma ... gemacht haben.
6 Hat sich die Firma ... Ihnen gegenüber Unregelmässigkeiten zuschulden kommen lassen?
7 Ihnen dürfte die Firma ... schon länger bekannt sein.
8 So lange wir nichts Genaueres über diese Firma erfahren haben, scheint uns das Risiko einer Zusammenarbeit zu hoch.
9 Was halten Sie von dieser Firma?
Wie beurteilen Sie die Zukunftschancen der Firma ...?
10 Firma ... (Herr ...) hat Sie als Referenz genannt.
11 Wir ersehen aus einem Verzeichnis von Referenzadressen, dass Sie bei Firma ... gekauft haben.
12 Wir beabsichtigen, Maschinen der Firma ... zu kaufen und bitten Sie um Auskunft, ob Sie mit den bei Ihnen installierten Anlagen zufrieden sind.
13 Wir bitten Sie, uns mitzuteilen, ob Sie mit den von der Firma ... bezogenen Waren zufrieden sind.
14 Können Sie uns diese Firma empfehlen?
15 Halten Sie den Abschluss von Geschäften mit der Firma ... für empfehlenswert?
16 Was ist bei Geschäften mit der Firma ... besonders zu beachten?
17 Würden Sie uns bitte folgende Auskünfte geben?
18 Wir bitten Sie, uns einen Termin zu nennen, an dem wir die bei Ihnen installierten ... besichtigen können.
19 Wann und wo dürfen wir die Maschinen der Firma ... im Einsatz besichtigen?

DEMANDE DE RÉFÉRENCES

1 Nous avons appris que vous êtes fournisseurs de la maison ...
2 Nous avons appris que vous êtes client de la maison ...
3 Nous croyons savoir que vous êtes en relations d'affaires avec la maison ...
4 Vous travaillez depuis longtemps avec la maison ... et pouvez sans doute nous la recommander.
5 Nous aimerions savoir ce que vous pensez par expérience de la maison ...
6 Est-il arrivé à la maison ... de commettre des irrégularités à votre égard?
7 Vous devez connaître la maison ... depuis longtemps déjà.
8 Tant que nous n'aurons pas obtenu de renseignements plus précis au sujet de cette maison, les risques que nous courons nous semblent trop grands.
9 Que pensez-vous de cette maison? Que pensez-vous de l'avenir de la maison ...?
10 La maison ... (Monsieur ...) vous a cité comme référence.
11 Il ressort d'une liste d'adresses données comme références, que vous avez acheté à la maison ...
12 Nous envisageons d'acheter des machines de la maison ... et vous prions de bien vouloir nous faire savoir si le matériel installé chez vous vous donne entière satisfaction.
13 Nous vous prions de bien vouloir nous faire savoir si vous êtes satisfait de la marchandise que vous avez achetée à la maison ...
14 Pouvez-vous nous recommander cette maison?
15 Nous conseilleriez-vous de traiter des affaires avec la maison ...?
16 A quoi faut-il faire tout particulièrement attention quand on traite avec la maison ...?
17 Nous vous serions reconnaissants de bien vouloir nous communiquer les renseignements suivants:
18 Nous vous prions de bien vouloir nous fixer un rendez-vous pour que nous puissions examiner les ... installés chez vous.
19 Où et quand pourrions-nous voir les machines de la maison ... en service?

GESCHÄFTSPARTNER

1 Bitte nennen Sie uns Ihre Bank- und Geschäftsreferenzen.
2 Bitte teilen Sie uns die üblichen Referenzen mit.
3 Vor unserem ersten Abschluss bitten wir Sie um die üblichen Bank- und Geschäftsreferenzen.
4 Da wir Ihr Unternehmen noch nicht kennen, bitten wir Sie um Angabe von Referenzen.
5 Bitte informieren Sie uns über Ihren Kundenkreis.
6 Würden Sie uns bitte mitteilen, wem Sie diese Waren schon verkauft haben?
7 Wer kann Ihre Angaben bestätigen?
8 Mit welchem Ihrer Geschäftspartner können wir uns in Verbindung setzen?

RELATION D'AFFAIRES

1 Nous vous prions de nous donner vos références bancaires et commerciales.
2 Nous vous prions de nous fournir les références habituelles.
3 Avant de conclure ensemble notre première affaire, nous vous prions de nous fournir les références bancaires et commerciales habituelles.
4 Comme nous ne connaissons pas encore votre entreprise, nous vous prions de nous fournir des références.
5 Veuillez avoir l'amabilité de nous renseigner au sujet de votre clientèle.
6 Voudriez-vous avoir l'amabilité de nous dire à qui ces marchandises ont déjà été vendues.
7 Qui peut confirmer vos déclarations?
8 Avec lequel de vos correspondants pouvons-nous nous mettre en rapport?

ZUSICHERUNG DER DISKRETION UND SCHLUSSSÄTZE

1 Wir sichern Ihnen ausdrücklich zu, dass Ihre Auskünfte mit Diskretion behandelt werden.
2 Seien Sie versichert, dass diese Informationen nicht in falsche Hände geraten werden.
3 Wir würden uns freuen, Ihnen entsprechende Gegendienste leisten zu können.

ASSURANCE DE DISCRÉTION ET FORMULES FINALES

1 Nous ferons en sorte d'utiliser vos renseignements avec toute la discrétion nécessaire.
2 Soyez assurés que ces renseignements ne tomberont pas entre de mauvaises mains.
3 Nous serions heureux de pouvoir vous rendre service à notre tour si l'occasion s'en présentait.

REFERENZANFORDERUNGEN BEI BANKEN

1 Firma . . . (Herr . . .) hat Sie als Referenz genannt.
2 Ihr Haus wurde uns als Referenz genannt.
3 Die Firma . . . hat erklärt, schon seit längerer Zeit ein Konto bei Ihnen zu unterhalten.
4 Als möglicher Geschäftspartner der Firma . . . wenden wir uns mit der Bitte um folgende Auskünfte an Sie:
5 Wir bitten Sie hiermit, uns die entsprechenden Auskünfte zu erteilen.
6 Der Geschäftsführer der Firma . . . erwähnte, Sie hätten einen grösseren Kredit zugesagt.
7 Wir bitten Sie um eine Bestätigung der Kreditzusage, die Sie der Firma . . . gegeben haben.

DEMANDE DE RÉFÉRENCES AUPRÈS DES BANQUES

1 La maison . . . (Monsieur . . .) vous a cité comme référence.
2 Votre maison nous a été citée comme référence.
3 La maison . . . a déclaré qu'elle avait depuis longtemps déjà un compte chez vous.
4 Comme nous envisageons d'entrer en relations d'affaires avec la maison . . ., nous nous adressons à vous pour vous demander de bien vouloir nous communiquer les renseignements suivants:
5 Nous vous prions de bien vouloir nous faire parvenir les renseignements nécessaires.
6 Le gérant de la maison . . . a mentionné que vous auriez consenti un crédit important.
7 Nous vous prions de bien vouloir nous donner confirmation du crédit que vous avez accordé à la maison . . .

8 Wir bitten Sie um die Bestätigung dieser Kreditzusage, da wir die Lieferung eines grossen Warenpostens von der Zahlungsfähigkeit der Firma . . . abhängig machen müssen.
9 Wir bitten Sie, diese Kreditzusage zu bestätigen.
10 Unser besonderes Interesse gilt Auskünften über Zahlungsfähigkeit und Kreditwürdigkeit der Firma.
11 Wir bitten Sie, uns mitzuteilen, wie zuverlässig die Firma . . . ihren Zahlungsverpflichtungen nachkommt.
12 Wir messen Ihrer Beurteilung der Firma . . . grosse Bedeutung bei.
13 Wir glauben, dass Ihnen eine Beurteilung der Firma . . . am ehesten möglich ist und legen daher grossen Wert auf Ihre Meinung.
14 Da uns selbst Informationen zur Beurteilung der Firma . . . nicht in ausreichendem Masse vorliegen, bitten wir Sie, uns folgendes mitzuteilen:
– Welchen Ruf geniesst sie?
– Wie sind ihre Vermögensverhältnisse gelagert?
– Ist Ihre Zahlungsfähigkeit gewährleistet?
15 Wir glauben, dass die von Ihnen gewünschten Informationen den Interessen beider Parteien dienen.
16 In der Hoffnung, dass Ihre Auskünfte den Abschluss mit der Firma . . . ermöglichen, bedanken wir uns für Ihre Bemühungen.

8 Nous vous prions de bien vouloir nous confirmer cette ouverture de crédit, car nous sommes dans l'obligation de faire dépendre la livraison d'un lot important de marchandises de la solvabilité de la maison . . .
9 Nous vous prions de bien vouloir confirmer cette ouverture de crédit.
10 Nous nous intéressons tout particulièrement à des informations concernant la solvabilité et la solidité de la maison.
11 Nous vous prions de nous faire connaître votre opinion quant à la solvabilité de la maison . . .
12 Nous attachons une grande importance au jugement que vous portez sur la maison . . .
13 Nous pensons que vous êtes le mieux en mesure de juger la maison . . . et c'est pourquoi nous tenons beaucoup à connaître votre opinion à son sujet.
14 Ne disposant pas nous-mêmes d'éléments d'information en nombre suffisant pour pouvoir nous faire une opinion sur la maison . . ., nous vous prions de bien vouloir nous communiquer les renseignements suivants:
– de quelle réputation jouit-elle?
– quelle est sa situation financière?
– sa solvabilité est-elle garantie?
15 Nous sommes persuadés que les renseignements que vous désirez obtenir peuvent être utiles à l'une et à l'autre partie.
16 Nous vous remercions des renseignements que vous avez pu fournir et espérons que, grâce à eux, le marché avec la maison . . . pourra se conclure.

REFERENZANFORDERUNGEN BEI AUSKUNFTEIEN

1 Wir wenden uns an Sie, um Informationen über die Firma . . . zu erhalten.
2 Wir bitten Sie um Informationen über die Firma . . .
3 Wir beabsichtigen, geschäftliche Beziehungen zur Firma . . . aufzunehmen, halten jedoch noch folgende Auskünfte für erforderlich:
4 Da wir die Firma . . . noch nicht näher kennen, möchten wir Sie beauftragen, Auskünfte einzuholen.
5 Wir bitten Sie, uns die für die Aufnahme geschäftlicher Kontakte erforderlichen Informationen über die Firma . . . zu geben.
6 Die von der Firma . . . benannten Referenzen konnten unsere Vorbehalte nicht völlig zerstreuen, so dass wir Sie mit der Beschaffung weitergehender Informationen beauftragen möchten.

DEMANDE DE RÉFÉRENCES AUPRÈS D'UN BUREAU DE RENSEIGNEMENTS

1 Nous nous adressons à vous afin d'obtenir des renseignements au sujet de la maison . . .
2 Nous vous prions de bien vouloir nous fournir différents renseignements au sujet de la maison . . .
3 Nous envisageons d'entrer en relations d'affaires avec la maison . . ., mais nous considérons cependant qu'un certain nombre de renseignements préalables sont nécessaires.
4 Comme nous ne connaissons pas encore très bien la maison . . ., nous voudrions vous charger d'obtenir un certain nombre de renseignements.
5 Nous vous prions de bien vouloir nous communiquer les renseignements nécessaires à l'entrée en relations d'affaires avec la maison . . .
6 Les références citées par la maison . . . n'ont pas entièrement dissipé nos doutes, aussi désirons-nous vous charger d'obtenir un certain nombre de renseignements plus probants.

7 Wir benötigen dringend folgende Informationen: . . .

8 Unser besonderes Interesse gilt Auskünften über die Zahlungsfähigkeit (Zahlungsgewohnheiten, Kreditwürdigkeit, Kreditbeanspruchung, Kundenkreis, Zufriedenheit der Kunden, Kulanz, Konkurrenzsituation, Marktanteil, Wettbewerbsfähigkeit, Zukunftschancen, Eigentumsverhältnisse, Kapitalbasis, Verschuldungsgrad, Zufriedenheit des Personals, Personalsituation, Umsatz, Umsatzentwicklung, Haftung der Gesellschafter) der Firma . . .

9 Wichtig wäre für uns auch zu wissen, wie die Eigentumsverhältnisse bei der Firma . . . gelagert sind.

10 Wir halten Informationen über die Zahlungsfähigkeit für dringend erforderlich.

11 Wir bitten Sie, in Erfahrung zu bringen, wie gross ihr Marktanteil ist.

12 Bitte verschaffen Sie uns Klarheit über ihren Kundenkreis.

13 Bitte stellen Sie fest, mit welchen unserer Konkurrenten die Firma . . . früher zusammengearbeitet hat.

14 Wir bitten um Angaben zur Person des Inhabers.

15 Stimmt es, dass Herr . . . , der Inhaber der Firma . . . , schon verschiedentlich in anderen Branchen tätig war und dass dabei häufig Schwierigkeiten aufgetreten sind?

16 Wie wir hörten, soll Herr . . . schon einmal Konkurs angemeldet haben.

17 Es müsste geklärt werden, ob Herr . . . tatsächlich wiederholt mit geschäftlichen Schwierigkeiten zu kämpfen hatte.

18 Können Sie die Hintergründe der angeblichen Schwierigkeiten der Firma . . . aufklären?

19 Wir halten diese Angaben für erforderlich, um das für uns entstehende Risiko möglichst gering zu halten.

20 Wir brauchen diese Auskünfte, um uns ein umfassendes Bild von dieser Firma machen zu können.

7 Nous avons besoin de toute urgence des informations suivantes: . . .

8 Pour les renseignements concernant la maison . . ., nous nous intéressons tout particulièrement à sa solvabilité (ses habitudes de paiement, sa solidité, aux crédits qu'elle s'est fait ouvrir, à sa clientèle, à la faveur dont elle jouit auprès de ses clients, à la possibilité d'obtenir des facilités auprès d'elle, à la place qu'elle occupe sur le marché, à sa participation au marché, à sa compétitivité, à ses perspectives d'avenir, à son régime de propriété, aux fonds dont elle dispose, à son degré d'endettement, au jugement que porte son personnel sur elle, aux effectifs qu'elle emploie, à son chiffre d'affaires, à l'évolution de son chiffre d'affaires, à la responsabilité de ses associés).

9 Il est important aussi pour nous de savoir quel est le régime de la propriété de la maison . . .

10 Nous tenons pour indispensables des renseignements concernant la solvabilité.

11 Veuillez vous renseigner sur la part du marché qu'elle représente.

12 Veuillez nous donner des éclaircissements au sujet de sa clientèle.

13 Veuillez vérifier avec lesquels de nos concurrents la maison . . . a déjà travaillé.

14 Nous désirons des renseignements sur la personne du propriétaire.

15 Est-il exact que Monsieur . . ., propriétaire de la maison . . ., a déjà travaillé à plusieurs reprises dans d'autres branches et qu'il a souvent rencontré des difficultés?

16 Nous avons entendu dire que Monsieur . . . avait déjà dû une fois déposer son bilan.

17 Il faudrait vérifier s'il est exact que Monsieur . . . a déjà dû à plusieurs reprises faire face à de grosses difficultés d'ordre commercial.

18 Pouvez-vous nous fournir des éclaircissements sur les raisons des difficultés dans lesquelles est censée se trouver la maison . . .

19 Il nous est indispensable d'avoir ces renseignements si nous voulons limiter au maximum les risques.

20 Nous avons besoin de ces renseignements pour nous faire une idée d'ensemble de cette maison.

ANTWORT AUF REFERENZ-ANFORDERUNGEN

GUTE AUSKUNFT

1 Wir freuen uns, Ihnen über die Firma . . . folgendes sagen zu können:

2 Gern geben wir Ihnen folgende Auskunft:

RÉPONSE À DES DEMANDES DE RÉFÉRENCES

RÉPONSE FAVORABLE

1 Nous sommes heureux de pouvoir vous communiquer ce qui suit au sujet de la maison . . .

2 C'est avec plaisir que nous vous communiquons les renseignements suivants:

3 Im einzelnen können wir Ihnen mit folgenden Informationen dienen:
4 Wir können Ihnen nur die besten Auskünfte über diese Firma geben.
5 Die Firma ... war uns stets ein zuverlässiger und angenehmer Geschäftspartner.
6 Die Firma ... gilt in weiten Kreisen als kreditwürdig (krisenfest, kulant, zahlungsfähig, zuverlässig, flexibel geführt, zukunftssicher, guter Vertragspartner).
7 Wir halten die Firma ... für einen guten Geschäftspartner; sie ist absolut kreditwürdig.
8 Diese Firma geniesst allgemein hohes Ansehen.
9 Die Firma ... hat uns nie Anlass zu Klagen gegeben.
10 Wir arbeiten gern mit Firma ... zusammen.
11 Ein grosser und zufriedener Kundenkreis beweist die Seriosität dieser Firma.
12 Wir können die Firma ... wärmstens empfehlen.
13 Wir können Ihnen nur zum Abschluss mit der Firma ... raten.
14 Sie werden in der Firma ... einen sehr guten Geschäftspartner finden.

3 Nous sommes en mesure de vous apporter, point par point, les informations suivantes:
4 Nous ne pouvons que vous donner les meilleurs renseignements au sujet de cette firme.
5 La maison ... a toujours été pour nous une relation d'affaires sérieuse et agréable.
6 La maison ... jouit d'une large réputation de solvabilité (a la réputation d'être à l'abri des crises, complaisante, solide, sûre, dirigée avec souplesse, d'être une entreprise d'avenir, un contractant agréable).
7 Nous tenons la maison ... pour une bonne relation d'affaires, car elle est tout à fait solide.
8 La maison ... a une très bonne réputation.
9 La maison ... ne nous a jamais donné lieu de nous plaindre.
10 Nous aimons travailler avec la maison ...
11 Une clientèle considérable et satisfaite prouve la bonne réputation de la maison.
12 Nous pouvons que chaleureusement recommander la maison ...
13 Nous ne pouvons que vous conseiller d'entrer en relations d'affaires avec la maison ...
14 Vous trouverez dans la maison ... une très bonne relation d'affaires.

SCHLECHTE AUSKUNFT

1 Leider müssen wir Ihnen folgende Auskunft geben:
2 Zu unserem Bedauern müssen wir Ihnen folgendes mitteilen:
3 Im einzelnen ist folgendes zu berichten:
4 Unsere Geschäfte mit der Firma ... haben die Erwartungen nicht erfüllt.
5 Unsere Erfahrungen mit der Firma ... sind nicht sehr ermutigend.
6 Wir waren von unseren Geschäften mit der Firma ... enttäuscht.
7 Wir mussten zur Kenntnis nehmen, dass diese Firma mehr verspricht, als sie halten kann.
8 Das Verhalten der Firma ... hat zum Abbruch der Geschäftsbeziehungen geführt.
9 Wir werden in Zukunft nicht mehr mit dieser Firma zusammenarbeiten.
10 Wir mussten uns nach anderen Geschäftspartnern umsehen.
11 In letzter Zeit häufen sich die Beschwerden über diese Firma.
12 Es hat sich erwiesen, dass die Firma ... nicht kreditwürdig (krisenfest, kulant, zahlungsfähig, zuverlässig usw.) ist.
13 Wir glauben, dass grösste Vorsicht angebracht ist.
14 Ein Abschluss mit der Firma ... ist nach unseren Erfahrungen zu riskant.

RENSEIGNEMENT DÉFAVORABLE

1 Nous devons malheureusement vous donner les renseignements suivants:
2 C'est à notre grand regret que nous devons vous communiquer ce qui suit:
3 Nous avons à relater les points suivants:
4 Les affaires que nous avons faites avec la maison ... n'ont pas répondu à notre attente.
5 L'expérience que nous avons faite avec la maison ... n'est guère encourageante.
6 Les affaires que nous avons faites avec la maison ... ont été pour nous une déception.
7 Nous avons dû nous rendre à l'évidence que cette maison promet plus qu'elle ne peut tenir.
8 Le comportement de la maison ... a entraîné la rupture de nos relations d'affaires.
9 Nous ne travaillerons plus à l'avenir avec cette maison.
10 Nous avons dû chercher d'autres relations d'affaires.
11 Les plaintes contre cette maison s'accumulent ces derniers temps.
12 Il s'est avéré que la maison ... n'était pas digne de credit (solvable, à l'abri des crises, complaisante, solide, sûre, etc.).
13 Nous pensons qu'il faut faire preuve de la plus grande prudence.
14 L'expérience nous a montré que la conclusion d'une affaire avec la maison ... présente trop de risques.

15 Wir halten den geplanten Abschluss für gefährlich.

16 Wir glauben, dass die Firma . . . nur kleineren Aufträgen gewachsen ist.

17 Wir hatten mehrfach Beanstandungen, die entweder erst nach mehrfacher Mahnung oder überhaupt nicht beseitigt wurden.

18 Die aufgetretenen Mängel an den Geräten der Firma . . . wurden nur unwillig behoben.

19 Die Firma . . . hat offensichtlich kein Interesse daran, ihre Kunden zufriedenzustellen.

20 Kulanz konnten wir nur vor Vertragsabschluss feststellen.

21 Der Kundendienst der Firma . . . ist so schlecht, dass wir in Zukunft unsere Maschinen bei anderen Unternehmen kaufen werden.

15 Nous tenons l'affaire que vous projetez pour sujette à caution.

16 Nous pensons que la maison . . . n'est à même d'exécuter que des ordres d'une importance limitée.

17 Nous avons eu plusieurs fois des réclamations pour lesquelles le nécessaire n'a été fait qu'après demandes réitérées ou n'a pas été fait du tout.

18 Il n'a été remédié que de mauvais gré aux défectuosités survenues aux appareils de la maison . . .

19 Il importe apparemment peu à la maison . . . de satisfaire ses clients.

20 La maison n'a fait preuve de complaisance qu'avant la signature du contrat.

21 Le service après-vente de la maison . . . est si mauvais qu'à l'avenir nous achèterons nos machines à une autre firme.

ABLEHNUNG DES REFERENZGESUCHS

REFUS DE DONNER SUITE À LA DEMANDE DE RÉFÉRENCES

DIE FIRMA IST NICHT BEKANNT

1 Entgegen Ihrer Annahme ist uns die Firma . . . nicht bekannt.

2 Entgegen Ihrer Vermutung kennen wir die Firma . . . nicht.

3 Wir kennen die Firma . . ., nach der Sie sich erkundigen, nicht.

4 Es trifft nicht zu, dass wir mit der Firma . . . zusammenarbeiten.

5 Leider können wir Ihnen mit den gewünschten Auskünften nicht dienen, denn die Firma . . . zählt nicht zu unserem Kundenkreis (ist nicht unser Lieferant).

L'ENTREPRISE N'EST PAS CONNUE

1 Contrairement à ce que vous pensiez, la maison . . . ne nous est pas connue.

2 Contrairement à ce que vous supposiez, nous ne connaissons pas la maison . . .

3 La maison . . . qui fait l'objet de votre demande de renseignements, ne nous est pas connue.

4 Il est inexact que nous travaillions avec la maison . . .

5 Nous regrettons de ne pouvoir vous fournir les renseignements désirés, car la maison . . . ne compte pas au nombre de nos clients (n'est pas notre fournisseur).

DIE FIRMA IST NUR OBERFLÄCHLICH BEKANNT

6 Wir kennen die Firma . . . nicht lange genug, um Ihnen die gewünschten Auskünfte erteilen zu können.

7 Wir haben selbst erst vor kurzem Geschäftsbeziehungen mit der Firma . . . aufgenommen und können Ihnen deshalb mit den gewünschten Informationen nicht dienen.

LA MAISON N'EST CONNUE QUE SUPERFICIELLEMENT

6 Nous ne connaissons pas la maison . . . depuis assez longtemps pour pouvoir vous fournir les renseignements désirés.

7 Nous ne sommes entrés nous-mêmes que récemment en relations d'affaires avec la maison . . . et ne pouvons donc pas vous fournir les renseignements désirés.

8 Ein objektives Urteil über diese Firma ist uns heute leider noch nicht möglich.
9 Obwohl wir über die Firma . . . nichts Nachteiliges berichten können, möchten wir doch davon absehen, Ihnen die gewünschten Auskünfte zu erteilen.
10 Wir haben zwar schon mehrfach bei der Firma . . . gekauft, haben jedoch nicht den entsprechenden Einblick, um Ihnen die gewünschten Auskünfte geben zu können.
11 Wir wissen über die Firma . . . zu wenig, um Ihnen mit den gewünschten Auskünften dienen zu können.
12 Da wir nur gelegentlich mit der Firma . . . Geschäfte tätigen, können wir Ihnen leider keine näheren Auskünfte geben.

8 Il ne nous est malheureusement pas encore possible de porter un jugement objectif sur cette maison.
9 Bien que n'ayant rien de défavorable à dire sur, la maison . . ., nous devons cependant renoncer à vous fournir les renseignements désirés.
10 Nous nous sommes certes fournis déjà à plusieurs reprises auprès de la maison . . ., mais nous n'avons cependant pas un aperçu suffisant pour pouvoir vois fournir les renseignements désirés.
11 Nous savons trop peu de la maison . . . pour pouvoir vois fournir les renseignements désirés.
12 Comme nous ne traitons qu'occasionnellement avec la maison . . . nous ne pouvons malheureusement pas vous fournir de renseignements plus précis.

ERTEILUNG VON REFERENZEN NICHT ÜBLICH

13 Wir können Ihnen mit Auskünften über die Firma . . . leider nicht dienen, weil dies den Gepflogenheiten unserer Branche widersprechen würde.
14 In unserer Branche werden Auskünfte der gewünschten Art nicht erteilt.
15 Wir sind zur Erteilung von Auskünften nur aus triftigem Anlass befugt.
16 Wir können Ihnen die gewünschten Auskünfte leider nicht geben.
17 Um Ihnen die gewünschten Auskünfte geben zu können, müssten wir gegen das Bankgeheimnis verstossen.
18 Die von Ihnen gewünschten Auskünfte unterliegen der Geheimhaltung.
19 Wir nehmen an, dass die Firma . . . mit der Weitergabe dieser Informationen nicht einverstanden sein würde.
20 Eine Weitergabe dieser Informationen ist uns nicht möglich, da sie geheim sind.

IL N'EST PAS DANS LES HABITUDES DE FOURNIR DES RENSEIGNEMENTS

13 Nous ne pouvons malheureusement pas vous fournir de renseignements sur la firme . . ., car cela ne correspondrait pas aux habitudes de notre branche.
14 Nous n'avons pas l'habitude, dans notre branche, de fournir de renseignements de ce genre.
15 Nous ne sommes en droit de fournir des renseignements que s'il y a un motif valable de le faire.
16 Nous ne sommes malheureusement pas en mesure de vous donner les renseignements désirés.
17 Pour pouvoir vous fournir les renseignements désirés, nous devrions violer le secret bancaire.
18 Les renseignements que vous désirez sont couverts par le secret professionnel.
19 Nous supposons que la maison . . . ne serait pas d'accord pour que nous transmettions ces informations.
20 Il ne nous est pas possible de transmettre ces renseignements car ils doivent être tenus secrets.

KONDITIONEN
CONDITIONS

MINDESTABNAHME-MENGEN

1 Die Mindestabnahme beträgt ... Stück (kg, t, usw.).
2 Unser Preis ist so kalkuliert, dass mindestens ... Stück abgenommen werden müssen.
3 Aufträge unter ... Stück können leider nicht ausgeführt werden.
4 Es ist uns nicht möglich, weniger als ... Stück zu liefern.

QUANTITÉS MINIMUMS

1 La quantité minimum est de ... pièces (kg, t, etc.).
2 Notre prix est calculé sur la base d'une quantité minimum d'au moins ... pièces.
3 Nous ne pouvons malheureusement pas exécuter d'ordres inférieurs à ... pièces.
4 Nous ne pouvons effectuer que des livraisons d'au moins ... pièces.

ZEITLICHE BINDUNG

1 An dieses Angebot betrachten wir uns ... Tage (Wochen, Monate) gebunden.
2 Nach Ablauf von ... Tagen halten wir uns nicht mehr an dieses Angebot gebunden.
3 Dieses Angebot gilt nur bis zum ...
4 Dieses Angebot gilt nur, solange der Vorrat reicht.
5 Dieses Angebot erfolgt ohne jede zeitliche Bindung freibleibend.
6 Mit Bindung bis zum ... bieten wir Ihnen folgendes an: ...
7 An dieses Angebot sind wir bis zum ... gebunden, wenn nicht vorher schriftlicher Widerruf erfolgt.
8 Dieses Angebot können wir jederzeit schriftlich oder mündlich widerrufen.
9 Dieser Auftrag ist binnen ... Tagen auszuführen.
10 Nach Ablauf von ... Tagen ist die Ausführung dieses Auftrags für uns nicht mehr von Interesse.
11 Wir können Ihnen diesen Auftrag nur erteilen, wenn Sie ihn bis zum ... abwickeln.
12 Wir sind an diesen Auftrag nur gebunden, wenn er bis zum ... ausgeführt wird.
13 Die Bindung an diesen Auftrag ist nur bis zum ... wirksam.

DURÉE DE VALIDITÉ

1 Notre offre reste ferme pendant ... jours (semaines, mois).
2 Passé ... jours, nous ne nous considérerons plus comme engagés par cette offre.
3 Cette offre est seulement valable jusqu'au ...
4 Cette offre n'est valable que jusqu'à épuisement des réserves.
5 Cette offre est sans engagement et n'est soumise à aucun délai.
6 Avec engagement jusqu'au ..., nous vous faisons l'offre suivante:
7 Nous sommes tenus par la présente offre jusqu'au ..., sauf annulation écrite de l'offre avant cette date.
8 Nous nous réservons la possibilité d'annuler à tous moments la présente offre, par écrit ou bien verbalement.
9 Cette commande doit être exécutée dans les ... jours.
10 Passé un délai de ... jours, la présente commande n'a plus lieu d'être exécutée.
11 Nous ne pouvons vous passer la présente commande que si vous l'exécutez avant le ...
12 Nous ne sommes tenus par la présente commande que si elle est exécutée avant le ...
13 Cette commande ne reste ferme que jusqu'au ...

LIEFERBEDINGUNGEN

VERSAND

1 Der Versand unserer Waren erfolgt durch Kraftfahrzeug (Bahn, Schiff, Flugzeug) als Frachtgut (Expressgut).
2 Wir versenden unsere Waren per Kraftfahrzeug (Bahn usw.).
3 Unsere Waren werden durch Kraftfahrzeug (Bahn usw.) geliefert.
4 Wir versenden unsere Waren als Frachtgut (Expressgut).
5 In der Regel versenden wir unsere Waren per Kraftfahrzeug (Bahn usw.).
6 Wünscht der Kunde ein anderes Transportmittel als Kraftfahrzeuge (Bahn usw.), so hat er die zusätzlichen Kosten selbst zu tragen.
7 In der Wahl der Versandform richten wir uns nach Ihren Wünschen.
8 Durch die Beschaffenheit der Ware kann der Versand nur per Kraftfahrzeug (Bahn usw.) erfolgen.
9 Wir versenden unsere Waren nur durch Transportmittel mit Kühleinrichtung.

VERPACKUNG

10 Wir verpacken die Waren in (auf) Kisten (Körben, Ballen, Fässern, Containern, Paletten).
11 Als Verpackung wählen wir Kisten.
12 Wir liefern diese Geräte in (auf) Paletten (Kisten usw.).
13 Wir liefern die fertig montierten Geräte in Kisten verpackt.
14 Sie können wählen zwischen montierten Geräten auf Paletten und demontierten Geräten in Kisten.
15 Wenn Ihre Bestellung einen entsprechenden Umfang hat, liefern wir auch in Containern.
16 Wir liefern die Geräte in zerlegtem Zustand in Kisten verpackt.
17 Wir liefern diese Flüssigkeiten in Aluminiumfässern oder Tankfahrzeugen.
18 Unsere Paletten sind so konstruiert, dass sie ohne weiteres den Transport in Containern zulassen.
19 Es werden jeweils . . . in Kartons verpackte Einheiten in Kisten zusammengefasst.
20 Gegen den Transport auf Paletten bestehen keine Bedenken, weil Traggitter mit Stahlrahmen zum Schutz der hochwertigen Geräte vorhanden sind.

CONDITIONS DE LIVRAISON

ENVOI

1 L'expédition de nos marchandises se fait par route (chemin de fer, bateau, avion) en régime ordinaire (en régime express).
2 Nous expédions nos marchandises par route (chemin de fer, etc.).
3 Nos marchandises sont livrées par route (chemin de fer, etc.).
4 Nous expédions nos marchandises en régime ordinaire (par express).
5 En règle générale, nous expédions nos marchandises par route (chemin de fer, etc.).
6 Au cas où le client préfère un autre mode d'expédition que par route (chemin de fer, etc.), il doit prendre à sa charge les frais supplémentaires.
7 Pour le choix du mode d'expédition, nous nous conformons à vos désirs.
8 La nature de la marchandise ne permet que l'expédition par route (chemin de fer, etc.).
9 Nous n'expédions nos marchandises que par moyens de transport pourvus d'installations frigorifiques.

EMBALLAGE

10 Nous emballons les marchandises en (par) caisses (paniers, balles, tonneaux, containers, sur palettes).
11 Nous choisissons l'emballage par caisses.
12 Nous livrons ces appareils sur palette (par caisses, etc.).
13 Nous livrons les appareils tout montés dans des caisses.
14 Vous pouvez choisir entre des appareils montés sur palette ou bien démontés en caisses.
15 Si votre commande est suffisamment importante, nous livrons aussi par containers.
16 Nous livrons les appareils en pièces détachées emballées dans des caisses.
17 Nous livrons ces liquides en fûts d'aluminium ou bien par camions-citernes.
18 Nos palettes sont conçues de façon à permettre facilement le transport par containers.
19 Chaque caisse contient . . . unités emballées dans des cartons.
20 Le transport sur palette ne pose aucun problème car une protection en treillis à cadre d'acier est prévue pour les appareils de grande valeur.

21 Je nach Grösse des Auftrags liefern wir die Waren in Pappkartons, Holzkisten oder Containern.
22 Sie können zwischen folgenden Verpackungen wählen:
23 Um Transportschäden zu vermeiden, liefern wir diese hochwertigen Geräte ausschliesslich in massgefertigten Holzrahmen.
24 Zum Schutz gegen Stösse und Erschütterungen sind unsere Kisten ganz mit Schaumstoff ausgekleidet.
25 Die Kosten der Verpackung sind im Preis enthalten.
26 Für die Verpackung entstehen keine weiteren Kosten.
27 Die Kosten für die Verpackung in Pappkartons sind im Preis inbegriffen.
28 Wird eine andere Verpackungsart gewählt, so gehen die Mehrkosten zu Lasten des Kunden.
29 Sonderwünsche bei der Verpackung stellen wir getrennt in Rechnung.

21 Selon l'importance de la commande, nous livrons les marchandises par cartons, par caisses de bois ou par containers.
22 Vous avez le choix entre les emballages suivants:
23 Pour éviter les avaries en cours de transport, nous ne pouvons livrer ces appareils de grande valeur que dans des châssis en bois sur mesure.
24 Nos caisses sont entièrement garnies de mousse synthétique pour la protection contre les chocs et les secousses.
25 Les frais d'emballage sont inclus dans le prix.
26 L'emballage n'entraîne pas de frais supplémentaires.
27 Les frais d'emballage-carton sont inclus dans le prix.
28 Pour tout autre mode d'emballage, les frais supplémentaires sont à la charge du client.
29 Les demandes spéciales en ce qui concerne l'emballage sont facturées à part.

LIEFERUNG GEGEN AKKREDITIV

1 Wir liefern nur gegen unwiderrufliches Akkreditiv.
2 Wir können nur gegen Akkreditiv liefern.
3 Wir bitten Sie um Eröffnung eines unwiderruflichen (bestätigten) Akkreditivs.
4 Bitte stellen Sie uns bei Ihrer Bank ein Akkreditiv.
5 Auslandsgeschäfte können wir nur gegen Akkreditiv bei einer renommierten Bank ausführen.

LIVRAISON CONTRE ACCRÉDITIF

1 Nous ne livrons que sur présentation d'un accréditif irrévocable.
2 Nous ne pouvons livrer que sur présentation d'un accréditif.
3 Nous vous prions de fournir un accréditif irrévocable et confirmé.
4 Veuillez nous ouvrir un accréditif auprès de votre banque.
5 Nous ne traitons d'affaires avec l'étranger que contre accréditif auprès d'une banque jouissant d'une bonne réputation.

LIEFERUNG MIT EIGENTUMS-VORBEHALT

1 Wir bleiben bis zur vollständigen Bezahlung Eigentümer der Ware.
2 Der Übergang des Eigentums tritt erst mit der vollständigen Bezahlung ein.
3 Sie werden erst mit Bezahlung des Rechnungsbetrags Eigentümer der Waren.

LIVRAISON SOUS RÉSERVE DE PROPRIÉTÉ

1 Nous restons propriétaires de la marchandise jusqu'au paiement intégral.
2 Le transfert de la propriété ne s'opère qu'après paiement intégral.
3 Vous n'êtes propriétaires de la marchandise qu'après paiement du montant de la facture.

TRANSPORT-VERSICHERUNG

1. Der Käufer (Verkäufer) trägt das Risiko des Transports.
2. Während des Transports ist die Ware gegen Verlust und/oder Beschädigung versichert.
3. Das Risiko des Verlusts oder der Beschädigung der Ware wird von uns getragen (ist von Ihnen zu tragen).
4. Die Ware ist auf dem Transport versichert.
5. Die Ware wird von uns auf unsere (Ihre) Kosten gegen Transportschäden versichert.
6. Wir (Sie) tragen die Kosten der Transportversicherung.
7. Die Ware ist bis zum Eintreffen am Erfüllungsort gegen Beschädigung oder Verlust versichert.
8. Die Kosten der Transportversicherung tragen Käufer und Verkäufer je zur Hälfte.
9. Auf Ihren Wunsch schliessen wir eine Transportversicherung ab, deren Kosten wir Ihnen in Rechnung stellen.
10. Wenn Sie es wünschen, versichern wir die Ware zu Ihren Lasten.
11. Es kann eine Transportversicherung abgeschlossen werden, mit deren Kosten wir Sie belasten.
12. Die Kosten der Transportversicherung sind im Kaufpreis (nicht) enthalten.
13. Die Kosten der Transportversicherung werden (nicht) gesondert berechnet.

ASSURANCE-TRANSPORT

1. Les risques de transport sont à la charge de l'acheteur (du vendeur).
2. La marchandise est assurée en cours de transport contre les risques de perte et/ou d'avarie.
3. Nous prenons à notre charge (vous prenez à votre charge) les risques de perte et/ou d'avarie de la marchandise.
4. La marchandise est assurée en cours de transport.
5. La marchandise est assurée à nos (vos) frais contre les avaries en cours de transport.
6. Les frais de l'assurance-transport sont à notre charge (à votre charge).
7. La marchandise est assurée contre les avaries ou la perte jusqu'à son arrivée au lieu de destination.
8. Les frais de l'assurance-transport incombent pour moitié à l'acheteur et pour moitié au vendeur.
9. Comme vous le demandez, nous prenons une assurance-transport dont nous vous facturons les frais.
10. Si vous le désirez, nous assurons la marchandise à vos frais.
11. Nous pouvons conclure une assurance-transport dont nous portons les frais à votre charge.
12. Les frais de l'assurance-transport sont (ne sont pas) compris dans le prix d'achat.
13. Le coût de l'assurance-transport est (n'est pas) facturé séparément.

ZAHLUNGS-BEDINGUNGEN

CONDITIONS DE PAIEMENT

BARZAHLUNG OHNE SKONTO BEI WARENEINGANG

1. Unsere Preise verstehen sich netto ohne jeden Abzug, fällig bei Eingang der Ware.
2. Mit Eingang der Ware ist der Rechnungsbetrag in voller Höhe fällig.
3. In unseren Preisen sind Skonti bereits berücksichtigt.

PAIEMENT COMPTANT SANS ESCOMPTE À L'ARRIVÉE DE LA MARCHANDISE

1. Nos prix s'entendent nets de toutes déductions et sont exigibles à l'arrivée de la marchandise.
2. À l'arrivée de la marchandise, le montant intégral de la facture est exigible.
3. Les escomptes sont déjà compris dans nos prix.

4 Unser Angebotspreis ist so günstig, dass wir auf Barzahlung bei Lieferung bestehen müssen und keine Skonti gewähren können.

5 Zahlungen müssen in jedem Fall durch unwiderrufliches Bankakkreditiv erfolgen. Es hat mit Auftragsbestätigung in Kraft zu treten und wird bei Auslieferung fällig.

6 Zahlungen erfolgen durch unwiderrufliche Bankakkreditive, die uns nach Erhalt der Auftragsbestätigung zugesandt werden müssen.

7 Ein Drittel des Rechnungsbetrags ist bei Auftragserteilung zu zahlen, ein weiteres Drittel bei 50%iger Fertigstellung und der Rest bei Lieferung der Ware.

4 Le prix de notre offre est si avantageux que nous devons exiger le paiement comptant à la livraison et que nous ne pouvons consentir aucun escompte.

5 Les paiements doivent dans tous les cas être effectués par accréditif irrévocable. Celui-ci doit prendre effet à la confirmation de la commande et arrive à échéance à la livraison.

6 Les paiements s'effectuent par accréditifs irrévocables qui doivent nous être envoyés à la confirmation de la commande.

7 Un tiers du montant de la facture doit être payé à la commande, un tiers lorsque la commande est exécutée à 50%, le dernier tiers à la livraison.

NACH ERHALT DER RECHNUNG

8 Nach Erhalt der Rechnung ist der Rechnungsbetrag ohne Abzug von Skonti fällig.

9 Unsere Preise sind Nettopreise; die Rechnung ist nach Erhalt durch Barzahlung (Scheck) zu begleichen.

10 Wir bitten um Barzahlung (Scheck) nach Erhalt der Rechnung; Skonti sind bereits im Preis berücksichtigt.

APRÈS RÉCEPTION DE LA FACTURE

8 Le montant de la facture est exigible, sans déduction d'escompte, après réception de la facture.

9 Nos prix sont nets. La facture est réglable comptant (par chèque) après réception de la facture.

10 Nous vous prions de régler comptant (par chèque) après réception de la facture; les escomptes sont déjà comptés dans les prix.

SKONTO

11 Bei Bezahlung innerhalb von ... Tagen nach Eingang der Ware (Erhalt der Rechnung) können ... % Skonto vom Rechnungsbetrag abgezogen werden.

12 Es können ... % Skonto vom Rechnungsbetrag abgezogen werden, wenn innerhalb von ... Tagen nach Lieferung der Ware (Eingang der Rechnung) bezahlt wird.

13 Der Skonto beträgt ... % bei Bezahlung innerhalb von ... Tagen und ... % bei Bezahlung innerhalb von ... Tagen nach Eingang der Ware (Erhalt der Rechnung).

14 Wir bieten Ihnen einen gestaffelten Skontosatz von ... % bei Barzahlung innerhalb von ... Tagen bzw. von ... % bei Barzahlung innerhalb von ... Tagen nach Eingang der Ware (Erhalt der Rechnung).

ESCOMPTE

11 En cas de paiement dans les ... jours qui suivent la réception de la marchandise (de la facture), nous pouvons accorder un escompte de ...%.

12 En cas de paiement dans les ... jours qui suivent la réception de la marchandise (de la facture), un escompte de ...% peut être déduit du montant de la facture.

13 L'escompte s'élève à ...% en cas de paiement dans les ... jours et à ...% en cas de paiement dans les ... jours, à compter de la réception de la marchandise (de la facture).

14 Nous vous offrons un taux d'escompte échelonné de ... % en cas de paiement comptant dans les ... jours, ou de ...% en cas de paiement comptant dans les ... jours à partir de la réception de la marchandise (de la facture).

ZAHLUNGSZIEL

15 Zahlungsziel ist der . . .
16 Diese Forderung ist innerhalb von . . . Tagen zu begleichen.
17 Wir gewähren Ihnen ein Zahlungsziel von . . . Tagen (Wochen, Monaten), möchten Sie jedoch auf unsere günstigen Skontosätze bei sofortiger Regulierung hinweisen.

DÉLAI DE PAIEMENT

15 Le terme de l'échéance est le . . .
16 La somme est payable dans les . . . jours.
17 Nous accordons un délai de paiement de . . . jours (semaines, mois), mais nous attirons votre attention sur les taux d'escompte avantageux que nous consentons en cas de paiement immédiat.

KREDITGEWÄHRUNG

18 Bei der Finanzierung können wir Ihnen durch Gewährung eines mittel-(lang-)fristigen Kredits behilflich sein.
19 Wir können Ihnen einen Kredit mit einer Laufzeit von . . . Monaten (Jahren) gewähren.
20 Auf Wunsch sind wir Ihnen bei der Finanzierung durch Gewährung eines mittel- (lang-) fristigen Kredites mit einer Laufzeit bis zu . . . Monaten (Jahren) behilflich.
21 Unter bestimmten Voraussetzungen können wir auch die Finanzierung durch einen mittel-(lang-)fristigen Kredit mit einer Laufzeit von . . . übernehmen.
22 Wir können Ihnen für . . . Monate (Jahre) Kredit zu folgenden Konditionen gewähren:
23 Die Bedingungen, zu denen wir Ihnen Kredit gewähren können, bitten wir, der Anlage zu entnehmen.
24 Wir übernehmen die Finanzierung durch einen mittel-(lang-)fristigen Kredit zu den banküblichen Konditionen.
25 Wenn Sie unseren Kredit beanspruchen, entstehen Ihnen lediglich die banküblichen Kosten.
26 Wir sind gern bereit, Ihnen Kredit zu gewähren, wenn Sie einen (selbstschuldnerischen) Bürgen stellen.
27 Wen können Sie für den Fall der Kreditgewährung als Bürgen stellen?

OCTROI DE CRÉDIT

18 Nous pouvons vous aider financièrement en vous accordant un crédit à moyen (long) terme.
19 Nous pouvons vous accorder un crédit d'une durée de . . . mois (ans).
20 Sur demande de votre part, nous pouvons vous apporter une aide financière en vous accordant un crédit à moyen (long) terme d'une durée de . . . mois (ans).
21 Nous pouvons également sous certaines conditions nous charger du financement au moyen d'un crédit à moyen (long) terme d'une durée de . . .
22 Nous pouvons vous accorder un crédit de . . . mois (ans) aux conditions suivantes:
23 Vous trouverez ci-joint les conditions auxquelles nous pouvons vous accorder un crédit.
24 Nous nous chargeons du financement au moyen d'un crédit à moyen (long) terme aux conditions bancaires habituelles.
25 Si vous recourez à notre crédit, vous n'aurez pour tous frais que les frais de banque habituels.
26 Nous sommes tout disposés à vous accorder un crédit si vous fournissez une caution (solidaire).
27 Quel garant pouvez-vous fournir en cas d'octroi de crédit?

BARZAHLUNG

28 Die Bezahlung hat in bar zu erfolgen.
29 Wir bitten um Barzahlung nach Erhalt der Rechnung.
30 Die Rechnung ist durch Barzahlung zu begleichen.
31 Gemäss unseren Vertragsbedingungen ist bar zu bezahlen.

PAIEMENT COMPTANT

28 Le paiement doit se faire au comptant.
29 Nous vous demandons de payer comptant après réception de la facture.
30 La facture doit être payée comptant.
31 Conformément aux conditions du contrat, le paiement doit se faire au comptant.

BANKÜBERWEISUNG

32 Bitte überweisen Sie den Rechnungsbetrag auf unser Konto Nr. . . . bei der . . .-Bank.
33 Zur Rechnungsbegleichung bitten wir um Überweisung auf unser Bankkonto.
34 Bitte begleichen Sie die Rechnung bis zum . . . durch Banküberweisung.
35 Wir bitten um Rechnungsbegleichung bis zum . . . durch Überweisung auf unser Konto Nr. . . . bei der . . .-Bank.
36 Unser Konto bei der . . .-Bank hat die Nummer . . .
37 Bitte überweisen Sie den Rechnungsbetrag noch vor dem . . . auf dieses Konto.
38 Die Banküberweisung dürfte auch für Sie dle bequemste Zahlungsart sein.

VIREMENT BANCAIRE

32 Veuillez virer le montant de la facture sur notre compte n° . . . auprès de la banque . . .
33 Pour le règlement de la facture, nous vous prions de nous faire un virement sur notre compte en banque.
34 Veuillez régler la facture d'ici le . . . par virement bancaire.
35 Nous vous prions de régler la facture d'ici le
36 Notre compte à la banque . . . porte le n° . . .
37 Veuillez virer le montant de la facture à ce compte avant le . . .
38 Le paiement par virement bancaire est sans doute pour vous aussi le plus pratique.

SCHECK

39 Zur Begleichung der Rechnungen werden Schecks angenommen.
40 Bis zu Rechungsbeträgen in Höhe von . . . (Betrag, Währung) nehmen wir Schecks an.
41 Bezahlung mit Scheck ist möglich.
42 Bei Bezahlung mit Scheck behalten wir uns das Eigentum an der Lieferung bis zur Gutschrift des geschuldeten Betrags auf unserem Konto vor.
43 Wir nehmen Schecks zahlungshalber an, behalten uns aber bis zu deren Einlösung das Eigentum an der Ware vor.
44 Schecks können nur unter Eigentumsvorbehalt bis zur Einlösung angenommen werden.

CHÈQUE

39 Nous acceptons les chèques en paiement des factures.
40 Nous acceptons les chèques en règlement de nos factures jusqu'à un montant de . . . (montant, monnaie).
41 Il est possible de payer par chèque.
42 Le paiement par chèque se fait sous réserve de propriété jusqu'à ce que la somme due soit portée au crédit de notre compte.
43 Nous acceptons les chèques en paiement, mais nous nous réservons la propriété de la marchandise jusqu'à l'encaissement.
44 Les chèques ne peuvent être acceptés que sous réserve de propriété jusqu'à encaissement.

FORDERUNGS-ABTRETUNG

45 Wir treten unsere Forderung gegen Sie an unsere Hausbank, die . . . -Bank, ab.
46 Wir teilen Ihnen mit, dass wir unsere Forderung gegen Sie aus der Warenlieferung vom . . . an die . . . -Bank (Firma) abgetreten haben.
47 Wir geben Ihnen hiermit die Forderungsabtretung an die . . . -Bank bekannt.

CESSION DE CRÉANCE

45 Nous cédons notre créance sur vous à notre banque habituelle, la banque . . .
46 Nous vous avisons par la présente que nous avons cédé à la banque . . . (maison) la créance que nous avons sur vous et qui provient de la livraison de marchandises du . . .
47 Nous vous faisons savoir par la présente que nous avons cédé notre créance à la banque . . .

48 Wir sind damit einverstanden, wenn Sie uns zur Rechnungsbegleichung Forderungen an Ihre Kunden abtreten.
49 Ihr Konto bei uns ist ausgeglichen, da wir die Forderung an die Firma . . . abgetreten haben.
50 Zum Ausgleich Ihres Kontos können Sie uns auch Forderungen gegen die Firmen . . . und . . . abtreten.
51 Zahlungshalber nehmen wir gern Ihre Forderungen gegen die Firma . . . an.

48 Nous acceptons les créances sur vos clients en règlement de notre facture.
49 Votre compte chez nous est soldé car nous avons cédé notre créance à la maison . . .
50 Pour solder votre compte, vous pouvez également nous céder des créances sur les maisons . . . et . . .
51 Nous acceptons volontiers en paiement vos créances sur la maison . . .

ERFÜLLUNGSORT

1 Erfüllungsort ist der Sitz unseres Stammwerks in . . .
2 Erfüllungsort ist . . .
3 Als Erfüllungsort ist . . . vereinbart worden.

LIEU D'EXÉCUTION

1 Le lieu d'exécution est le siège de notre usine principale de . . .
2 Le lieu d'exécution est . . .
3 Il a été convenu que le lieu d'exécution serait fixé à . . .

GERICHTSSTAND

1 Gerichtsstand ist . . .
2 Ausschliesslicher Gerichtsstand für alle sich aus diesem Vertrag etwa ergebenden Rechtsstreitigkeiten ist . . .
3 Gerichtsstand für alle Rechtsstreitigkeiten ist . . .
4 Gerichtsstand ist der Sitz der für den jeweiligen Abschluss zuständigen Zweigniederlassung.

TRIBUNAL COMPÉTENT

1 En cas de litige, le tribunal de . . . est seul compétent.
2 Pour tout litige résultant de l'exécution du présent contrat, le tribunal de . . . est seul compétent.
3 Pour tout litige, le tribunal de . . . est seul compétent.
4 En cas de litige, le seul tribunal compétent est celui de la succursale ayant conclu l'affaire.

INKASSO

1 Wir teilen Ihnen mit, dass Herr . . . (nicht) inkassoberechtigt ist.
2 Wir setzen Sie davon in Kenntnis, dass Herr . . . nur in Verbindung mit einer Vollmacht zum Inkasso berechtigt ist.
3 Grundsätzlich ist keiner unserer Herrn inkassoberechtigt.
4 Herr . . . ist bis zur Höhe von . . . zum Inkasso berechtigt.
5 Bitte teilen Sie uns mit, ob Ihr Vertreter, Herr . . . inkassoberechtigt ist.

ENCAISSEMENT

1 Nous vous signalons que Monsieur . . . est (n'est pas) habilité à encaisser le montant des factures.
2 Nous portons à votre connaissance que Monsieur . . . n'est habilité à encaisser le montant des factures que s'il a reçu procuration à cet effet.
3 Par principe, aucun de nos représentants n'est habilité à encaisser le montant des factures.
4 Monsieur . . . est autorisé à faire les encaissements pour les sommes ne dépassant pas . . .
5 Veuillez nous faire savoir si votre représentant, Monsieur . . ., est habilité à encaisser le montant des factures.

AUFTRAGSERTEILUNG
COMMANDE

EINLEITENDE SÄTZE

1 Wir beziehen uns auf die Übersendung Ihres Prospekts und geben Ihnen folgende Bestellung auf: . . .
2 Bei der folgenden Bestellung beziehen wir uns auf die uns am . . . zugestellten Prospekte.
3 Die in Ihren Prospekten angebotenen Waren entsprechen unseren Anforderungen.
4 Ihre Prospekte machten uns auf Ihre Produktion aufmerksam.
5 Die in Ihren Prospekten angebotenen Waren versprechen beste Qualität. Bitte senden Sie uns zur Überprüfung Ihrer Angaben vorerst folgende Artikel: . . .
6 Wir danken Ihnen für die Übersendung Ihrer neuen Preisliste. Hiermit erteilen wir Ihnen folgenden Auftrag: . . .
7 Ihre Preislisten haben uns von den günstigen Preisen Ihrer Produkte überzeugt.
8 Vielen Dank für die Übersendung Ihrer neuen Preislisten.
9 Wie wir aus Ihren neuen Preislisten ersehen konnten, sind Sie preisgünstiger geworden.
10 In Ihren neuen Preislisten haben Sie die Preise Ihrer Produkte beträchtlich gesenkt. Wir nehmen diese Tatsache zum Anlass, Ihnen den folgenden Auftrag zu erteilen: . . .
11 Nach Ihren Preislisten zu schliessen, sind Ihre Waren preisgünstiger als die unserer bisherigen Zulieferfirma. Wir möchten Ihnen, um die Qualität Ihrer Waren zu überprüfen, folgenden Auftrag erteilen:. . .
12 Unser Beauftragter hat Ihren Stand auf der Ausstellung in . . . besucht und sich von der Qualität Ihrer Waren sowie Ihres Kundendienstes überzeugen können. Wir nehmen dies zum Anlass, Ihnen folgenden Auftrag zu erteilen:. . .
13 Wir danken Ihnen für das ausführliche Informationsgespräch, das Sie unserem Herrn . . . während der Ausstellung in . . . gewährten. Nun erteilen wir Ihnen folgenden Auftrag:. . .

PHRASES D'INTRODUCTION

1 Nous référant à votre envoi de prospectus, nous vous passons la commande suivante:. . .
2 Nous nous référons pour la commande suivante aux prospectus que vous nous avez envoyés le . . .
3 Les articles de votre prospectus nous conviennent.
4 Vos prospectus ont attiré notre attention sur vos articles.
5 Les articles présentés dans votre prospectus semblent être d'excellente qualité. Veuillez nous envoyer tout d'abord les articles suivants pour que nous puissions contrôler le bienfondé de vos indications: . . .
6 Nous vous remercions de nous avoir envoyé votre nouveau tarif et vous passons la commande suivante: . . .
7 Vos tarifs nous ont convaincus que les prix de vos articles sont intéressants.
8 Nous vous remercions vivement de l'envoi de vos nouveaux tarifs.
9 Il ressort de vos nouveaux tarifs que vos prix sont maintenant plus avantageux.
10 Nous avons constaté, après consultation de vos nouveaux tarifs, que les prix de vos articles ont sensiblement baissé; nous profitons de ce fait pour vous passer la commande suivante: . . .
11 Il ressort de vos tarifs que vos articles sont meilleur marché que ceux de nos fournisseurs habituels. En conséquence, et afin de nous rendre compte de leur qualité, nous vous passons la commande suivante:. . .
12 Notre mandataire a visité votre stand à la foire de . . . et a pu se convaincre de la qualité de vos articles ainsi que de la bonne organisation de votre service après-vente; en conséquence, nous vous passons la commande suivante:. . .
13 Nous vous remercions des renseignements détaillés que vous avez fournis à notre représentant, Monsieur . . ., au cours de l'entretien que vous lui avez accordé à la foire de . . . C'est en nous y référant que nous vous passons la commande suivante:. . .

14 Der von uns beauftragte Makler, Herr . . . , hat Ihren Stand auf der Ausstellung in . . . besucht. Auf Grund seiner Informationen erteilen wir Ihnen den folgenden Auftrag: . . .

15 Ein Informationsgespräch mit Ihrem Vertreter, Herrn . . . , veranlasst uns, Ihnen folgende Bestellung aufzugeben:

16 Ihr Vertreter, Herr . . . , hat uns von der Qualität Ihrer Artikel überzeugt.

17 Wir sind mit der Qualität Ihrer Probelieferung sehr zufrieden und erteilen Ihnen deshalb folgenden Auftrag: . . .

18 Nachdem wir die einzelnen Artikel Ihrer Probelieferung genau überprüft haben, möchten wir Ihnen folgenden Auftrag zukommen lassen: . . .

19 Wir bedanken uns für die uns am . . . zugesandte Probelieferung und hoffen, dass Sie den folgenden Auftrag in der gleichen Qualität abwickeln werden.

20 Die von Ihrem Vertreter, Herrn . . ., vorgelegten Muster haben uns von der Qualität Ihrer Waren überzeugt.

21 Wir beziehen uns auf die von Ihnen vorgelegten Muster und erteilen Ihnen folgenden Auftrag:. . .

14 Monsieur . . ., le courtier chargé de nous représenter, a visité votre stand à la foire de . . . Nous fondant sur les renseignements qu'il nous a fournis, nous vous passons la commande suivante: . . .

15 Les informations que nous avons recueillies au cours de notre entretien avec votre représentant, Monsieur . . ., nous ont décidés à vous envoyer la commande suivante: . . .

16 Votre représentant, Monsieur . . ., nous a convaincus de la qualité de vos articles.

17 Nous sommes tout à fait satisfaits de la qualité de la livraison que vous nous avez faite à titre d'essai, et vous passons de ce fait la commande suivante: . . .

18 Après avoir examiné en détail chacun des articles de votre livraison à titre d'essai, nous vous adressons la commande suivante: . . .

19 Nous vous remercions de la livraison que vous nous avez faite à titre d'essai le . . . et espérons que vous pourrez livrer la commande suivante dans la même qualité.

20 Les échantillons que nous a montrés votre représentant, Monsieur . . ., nous ont convaincus de la qualité de vos articles.

21 Nous référant aux échantillons que vous nous avez présentés, nous vous passons la commande suivante: . . .

MENGEN

22 Wir geben Ihnen je . . . Stück der folgenden Artikel in Auftrag: . . .

23 Bitte senden Sie uns umgehend . . . Stück von Ihrem Artikel Nr. . . .

24 Wir benötigen dringend je . . . Stück der folgenden Artikel:

25 Ihre Probelieferung hat uns zugesagt. Wir erteilen Ihnen deshalb einen Auftrag über . . . Stück von dem Artikel Nr. . . .

26 Wir möchten unsere Bestellung vom . . . hiermit auf . . . Stück erhöhen.

27 Hiermit erteilen wir Ihnen folgenden Auftrag: . . .

QUANTITÉ

22 Nous vous passons commande de . . . pièces de chacun des articles suivants: . . .

23 Veuillez nous faire parvenir immédiatement . . . pièces de votre article n° . . .

24 Nous avons besoin de toute urgence de . . . pièces de chacun des articles suivants:

25 Votre livraison à titre d'essai nous a donné satisfaction. Nous vous passons commande de . . . pièces de l'article n° . . .

26 Nous vous prions, par la présente, d'augmenter notre commande du . . . à . . . pièces.

27 Nous vous passons, par la présente, l'ordre suivant: . . .

QUALITÄT

28 Wir benötigen ausschliesslich Waren bester Qualität.

29 Bitte senden Sie uns die bestellten Waren in Ihrer qualitativ besten Auswahl.

QUALITÉ

28 Nous ne nous intéressons qu'à des marchandises d'excellente qualité.

29 Veuillez nous envoyer les articles commandés dans votre meilleur choix.

30 Der oben erteilte Auftrag bezieht sich auf Waren erster Qualität.
31 Wir sind gern bereit, eine geringfügige Preiserhöhung in Kauf zu nehmen, wenn Sie uns dafür Waren erster Qualität liefern.
32 Für unsere Erzeugnisse kommen nur Zwischenprodukte bester Qualität in Frage.

30 L'ordre passé ci-dessus concerne une marchandise de première qualité.
31 Nous sommes tout à fait disposés à accepter une légère augmentation de prix si cela vous permet de nous livrer des articles de toute première qualité.
32 Nous n'admettons pour nos articles que des produits intermédiaires d'excellente qualité.

VERPACKUNG

33 Um Schäden beim Versand zu vermeiden, müssen wir auf Verpackung in stabilen Holzkisten bestehen.
34 Die Verpackung Ihrer letzten Sendung liess zu wünschen übrig.
35 Bitte versenden Sie oben bestellte Waren in mit Schaumstoff ausgelegten Collis.
36 Um die Verlade- und Transportkosten so niedrig wie möglich zu halten, möchten wir Sie bitten, uns obige Artikel in Containern zu senden.
37 Wir legen grössten Wert auf ordnungsgemässe Verpackung.
38 Bitte verpacken Sie die oben bestellten Waren so, dass eine Beschädigung während des Transports ausgeschlossen ist.
39 Bitte verpacken Sie die bestellten Waren in stabilen Kartons.
40 Hinsichtlich der Verpackung haben wir keine speziellen Wünsche.
41 Wir hoffen, dass Sie obigen Artikel ordnungsgemäss verpackt versenden werden.
42 Bitte senden Sie uns die bestellten . . . in mit Styropor ausgelegten Holzkisten.

EMBALLAGE

33 Pour éviter toute détérioration en cours de transport, nous tenons absolument à un emballage en caisses de bois solides.
34 L'emballage de votre dernier envoi laissait à désirer.
35 Veuillez envoyer la commande ci-dessus par colis garnis de mousse synthétique.
36 Pour réduire autant que possible les frais de chargement et de transport, nous vous prions d'expédier par containers les articles commandés ci-dessus.
37 Nous attachons la plus grande importance à un emballage correct.
38 Veuillez emballer les articles commandés ci-dessus de façon à ce qu'aucune avarie ne puisse se produire en cours de transport.
39 Veuillez emballer les articles commandés dans des cartons solides.
40 Nous n'avons pas d'exigences particulières en ce qui concerne l'emballage.
41 Nous espérons que vous expédierez la commande ci-dessus dans un emballage correct.
42 Nous vous prions de nous envoyer cette commande de . . . dans des caisses de bois garnies de styropor.

PREISE

43 Wir müssen darauf bestehen, dass Sie unseren Ihnen am . . . erteilten Auftrag noch zu den alten Preisen ausliefern.
44 Ihre uns am . . . übersandten Preislisten betrachten wir als verbindlich.
45 Der obigen Bestellung legen wir Ihre letzte Preisliste zu Grunde.
46 Wir möchten Sie bitten, bei der Festlegung des Preises für obigen Auftrag sowohl einen Mengen- als auch einen Barzahlungsrabatt zu berücksichtigen.

PRIX

43 Nous tenons à ce que vous livriez notre commande du . . . en respectant encore les anciens prix.
44 Nous considérons comme fermes les tarifs que nous nous avez envoyés le . . .
45 La commande ci-dessus se réfère à votre dernier tarif.
46 Nous vous prions de tenir compte, en établissant la facture de la commande ci-dessus, d'une remise sur la quantité ainsi que d'un escompte pour paiement comptant.

47 Bitte machen Sie uns genaue Angaben über die Staffelung Ihrer Preise.
48 Die Preise verstehen wir inklusive Verpackungs- und Versandkosten.
49 Bitte berücksichtigen Sie bei Ihrer Preisstellung einen angemessenen Mengenrabatt.

47 Veuillez nous indiquer avec précision votre barème de prix.
48 Les prix s'entendent franco de port et d'emballage.
49 En établissant vos prix, veuillez tenir compte d'un rabais de quantité approprié.

VERSANDART

50 Bitte liefern Sie oben bestellte Waren per Express aus.
51 Da wir die oben bestellten Waren dringend benötigen, müssen wir auf Versand per Express bestehen.
52 Obige Bestellung wollen Sie bitte per Express ausliefern.
53 Um schnellste Lieferung zu gewährleisten, bitten wir Sie, obigen Auftrag per Luftfracht auszuliefern.
54 Die von uns beauftragte Spedition ... wird in den nächsten Tagen die bestellte Ware bei Ihnen abholen.
55 Wir haben mit der Spedition ... die besten Erfahrungen gemacht.
56 Bitte beauftragen Sie obige Spedition mit dem Transport der von uns bestellten Maschinen.
57 Wir möchten Sie bitten, obigen Auftrag als Bahnfracht auszuliefern.
58 Als Versandart bevorzugen wir den Transport per Lastkraftwagen.
59 Bitte senden Sie uns die Waren per Schiff.

EXPÉDITION

50 Veuillez expédier la commande ci-dessus par express.
51 Ayant besoin de toute urgence de la marchandise commandée ci-dessus, nous tenons absolument à ce que vous l'expédiez par express.
52 Vous voudrez bien expédier la commande ci-dessus par express.
53 Afin que la commande ci-dessus nous parvienne le plus rapidement possible, nous vous demandons de l'expédier par avion.
54 L'entreprise de transport ... que nous avons commissionnée viendra enlever la marchandise dans les prochains jours.
55 Nous sommes jusqu'à présent très satisfaits de l'entreprise de transport ...
56 Veuillez charger l'entreprise de transport ci-dessus mentionnée du transport des machines que nous avons commandées.
57 Nous vous prions d'expédier la commande ci-dessus par chemin de fer.
58 Comme mode d'expédition, nous préférons le transport par camion.
59 Veuillez expédier la marchandise par bateau.

LIEFERFRIST

60 Wir müssen auf Lieferung der oben bestellten Artikel bis spätestens ... bestehen.
61 Bitte liefern Sie obigen Auftrag sofort nach Fertigstellung der Waren aus.
62 Wir bitten um sofortige Lieferung.
63 Wir benötigen die oben bestellten Waren dringend. Deshalb müssen wir auf schnellstmöglicher Lieferung bestehen.
64 Ihre Lieferung erwarten wir binnen ... Monaten.
65 Wir können Ihnen eine Lieferfrist von ... Monaten einräumen.
66 Bitte stellen Sie uns die Ware nicht vor dem ... zu.

DÉLAI DE LIVRAISON

60 Nous tenons absolument à ce que les articles commandés ci-dessus nous soient livrés d'ici le ... au plus tard.
61 Veuillez nous envoyer la commande ci-dessus dès qu'elle sera prête.
62 Nous vous prions de nous livrer par retour.
63 Nous avons besoin de toute urgence de la marchandise commandée ci-dessus, c'est pourquoi nous vous demandons de nous livrer le plus tôt possible.
64 Nous comptons recevoir votre livraison dans les ... mois.
65 Nous pouvons vous accorder un délai de livraison de ... mois.
66 Veuillez ne pas nous expédier la marchandise avant le ...

67 Bitte liefern Sie Pos. 1 der obigen Bestellung postwendend aus. Bei den übrigen Positionen können wir Ihnen eine Lieferfrist von ... Monaten einräumen.
68 Wir hoffen, dass Sie obigen Auftrag binnen ... abwickeln können.
69 Wir benötigen die bestellten Waren dringend und möchten Sie daher um schnellste Lieferung bitten.
70 Um Stockungen in unserer Fertigung zu vermeiden, muss Ihre Lieferung bis zum ... bei uns eingetroffen sein.
71 Halten Sie bitte unsere Bestellung ab ... auf Abruf.
72 Wir erwarten Ihre Lieferung am ...

67 Veuillez nous envoyer par retour l'article figurant au poste 1 de la commande ci-dessus. Pour les autres postes, nous pouvons vous accorder un délai de livraison de ... mois.
68 Nous espérons que vous pourrez nous envoyer la commande ci-dessus dans les ...
69 Nous avons besoin de toute urgence de la marchandise commandée et vous prions donc de nous livrer le plus rapidement possible.
70 Pour éviter un ralentissement de notre fabrication, nous devons recevoir la commande ci-dessus d'ici le ...
71 Veuillez tenir prête notre commande sur appel à partir du ...
72 Nous comptons sur votre livraison le ...

ERFÜLLUNGSORT

73 Bitte liefern Sie obige Bestellung an unser Hauptwerk in ... aus.
74 Den Bestimmungsort können Sie unserem Briefkopf entnehmen.
75 Ihre Lieferung wollen Sie bitte an unsere Zweigniederlassung in ... adressieren.
76 Bestimmungsbahnhof Ihrer Lieferung ist ...
77 Richten Sie Ihre Lieferung bitte direkt an obige Adresse.
78 Wir bitten Sie, den obigen Auftrag an unseren Zweigbetrieb auszuliefern. Die Anschrift lautet:
79 Die Versandadresse für obigen Auftrag ist:

LIEU DE LIVRAISON

73 Veuillez expédier la commande ci-dessus à notre usine principale, à ...
74 Le lieu de livraison est celui mentionné dans notre en-tête.
75 Veuillez expédier la commande ci-dessus directement à notre succursale de (d') ...
76 La gare destinataire de la commande est ...
77 Veuillez expédier cette commande directement à l'adresse ci-dessus.
78 Nous vous prions d'expédier la commande ci-dessus à notre succursale, dont voici l'adresse:
79 La commande ci-dessus doit être expédiée à l'adresse suivante:

ZAHLUNGS-BEDINGUNGEN

80 Wir zahlen bei Lieferung bar.
81 Als Zahlungsbedingungen für obigen Auftrag möchten wir Ihnen vorschlagen: ⅓ bei Auftragsbestätigung, ⅓ bei Fertigstellung und ⅓ bei Lieferung.
82 Wir müssen Sie bitten, uns ein Zahlungsziel von ... Monaten zu gewähren.
83 Bitte räumen Sie uns auch dieses Mal ein Zahlungsziel von ... Monaten ein.
84 Nach erfolgter Lieferung und Prüfung der Ware begleichen wir den Rechnungsbetrag innerhalb von 14 Tagen unter Abzug von 3% Skonto.
85 Bitte senden Sie uns die Waren per Nachnahme.
86 Können Sie uns einen mittel-(lang-)fristigen Kredit von ... Monaten gewähren?

CONDITIONS DE PAIEMENT

80 Nous payons comptant à la livraison.
81 Pour la commande passée ci-dessus, nous vous proposons les conditions de paiement suivantes: ⅓ à la confirmation de la commande, ⅓ à l'exécution de la commande, ⅓ à la livraison.
82 Nous vous prions de bien vouloir nous accorder un délai de paiement de (d') ... mois.
83 Veuillez nous accorder cette fois encore un délai de paiement de ... mois.
84 Après réception et vérification de la marchandise, nous réglerons la facture sous quinzaine après déduction d'un escompte de 3%.
85 Veuillez nous envoyer la marchandise contre remboursement.
86 Pouvez-vous nous accorder un crédit à moyen (long) terme de ... mois?

87 Nach Erhalt der Ware werden wir unsere Bank beauftragen, den Rechnungsbetrag an Sie zu überweisen.
88 Bitte ziehen Sie auf uns einen Warenwechsel auf . . . Monate.
89 Die Zahlung des Rechnungsbetrags erfolgt per Verrechnungsschecks.
90 Wir sind bereit, Ihnen ein unwiderrufliches Akkreditiv zu stellen.
91 Die Begleichung der Rechnungssumme erfolgt durch Aufrechnung gegen unsere Forderung an Sie.
92 Können Sie uns einen mittel-(lang-)fristigen Kredit einräumen? Unsere Hausbank ist bereit, Bürgschaft zu stellen.

87 À la réception de la marchandise, nous donnerons à notre banque l'ordre de vous virer le montant de la facture.
88 Veuillez tirer sur nous une traite à . . . mois.
89 Nous vous enverrons un chèque barré pour règlement de la facture.
90 Nous sommes disposés à ouvrir un accréditif irrévocable à votre profit.
91 Le montant de votre facture compense la créance que nous avons sur vous.
92 Pouvez-vous nous consentir un crédit à moyen (long) terme? Notre banque est prête à fournir un cautionnement.

DURCHFÜHRUNG DES AUFTRAGS

93 Bitte lassen Sie die Abwicklung dieses Auftrags sorgfältig überwachen.
94 Wir müssen Sie bitten, bei der Durchführung des obigen Auftrags laufende Qualitätskontrollen durchzuführen.
95 Eine laufende Überwachung bei der Ausführung des obigen Auftrags erscheint uns unerlässlich.
96 Wir hoffen, dass Sie bei der Ausführung obigen Auftrags das von uns in Sie gesetzte Vertrauen rechtfertigen.
97 Wir hoffen, dass die Abwicklung unseres Auftrags reibungslos erfolgt.
98 Wir bitten um beschleunigte Abwicklung unseres Auftrags.
99 Wir hoffen, dass die Lieferung termingemäss erfolgt.

EXÉCUTION DE LA COMMANDE

93 Veuillez faire surveiller avec le plus grand soin l'exécution de cette commande.
94 Nous vous prions de procéder à un contrôle continu de la qualité au cours de l'exécution de cette commande.
95 Un contrôle permanent nous semble indispensable lors de l'exécution de la commande ci-dessus.
96 Nous espérons que l'exécution de la commande ci-dessus justifiera la confiance que nous avons placée en vous.
97 Nous espérons que l'exécution de notre commande se fera sans difficulté.
98 Nous vous prions d'exécuter au plus vite notre commande.
99 Nous espérons que la livraison aura lieu les délais prévus.

HINWEIS AUF FOLGEAUFTRÄGE

100 Wir möchten Sie darauf hinweisen, dass es von der Ausführung obigen Auftrags abhängt, ob Ihre Firma auch in Zukunft mit Aufträgen von uns rechnen kann.
101 Sollten Sie obige Bestellung zu unserer Zufriedenheit ausführen, können Sie mit weiteren Aufträgen rechnen.
102 Sollten wir mit der Qualität Ihrer Produkte zufrieden sein, sind wir bereit, einen langfristigen Liefervertrag mit Ihnen abzuschliessen.

COMMANDES ULTÉRIEURES ÉVENTUELLES

100 Nous vous signalons que c'est de l'exécution de la présente commande que dépend la perspective, pour votre maison, d'autres commandes de notre part.
101 Si l'exécution de la commande ci-dessus nous satisfait, vous pouvez être assurés que nous vous en passerons d'autres.
102 Si la qualité de vos articles nous satisfait, nous sommes disposés à conclure avec votre maison un contrat de livraison à long terme.

103 Wir benötigen jährlich grosse Mengen der oben bestellten Waren.

104 Von der Durchführung obigen Auftrags hängt es ab, ob Sie uns weiterhin zu Ihrem Kundenkreis zählen können.

105 Entsprechen Ihre Produkte unseren Anforderungen, können Sie mit weiteren Aufträgen rechnen.

106 Einwandfreie Auftragsabwicklung ist Voraussetzung für grössere Folgeaufträge.

103 Nous avons besoin chaque année de quantités importantes de la marchandise objet de cette commande.

104 Il dépend de l'exécution de la commande ci-dessus que vous puissiez continuer de nous compter au nombre de vos clients.

105 Si vos articles répondent à nos exigences, vous pourrez compter sur d'autres commandes de notre part.

106 Une parfaite exécution de notre commande est la condition préalable à toute commande ultérieure plus importante.

BITTE UM AUFTRAGS-BESTÄTIGUNG

107 Bitte bestätigen Sie uns obigen Auftrag telegrafisch.

108 Nach Erhalt dieser Bestellung wollen Sie uns bitte eine Auftragsbestätigung übersenden.

109 Bitte bestätigen Sie uns den obigen Auftrag mit genauer Angabe des Liefertermins.

110 Wir bestehen auf Bestätigung obigen Auftrags.

111 Eine schriftliche Auftragsbestätigung betrachten wir als selbstverständlich.

112 Wir bitten Sie um eine Auftragsbestätigung mit genauen Angaben im Hinblick auf Preisstaffelung und Liefertermin.

113 Würden Sie uns bitte obigen Auftrag fernschriftlich bestätigen?

114 Bitte bestätigen Sie uns den Eingang obiger Bestellung.

DEMANDE DE CONFIRMATION DE LA COMMANDE

107 Veuillez accuser réception par télégramme de la commande ci-dessus.

108 Veuillez nous envoyer confirmation de cette commande dès réception.

109 Veuillez nous confirmer la commande ci-dessus en précisant la date de livraison.

110 Nous tenons absolument à avoir confirmation de la commande ci-dessus.

111 Il va de soi que nous attendons confirmation par écrit de notre commande.

112 Nous vous prions de confirmer notre commande en précisant le barème des prix et la date de livraison.

113 Veuillez accuser réception par télex de la commande ci-dessus.

114 Veuillez accuser réception de la commande ci-dessus.

AUFTRAGS-BESTÄTIGUNG

1 Wir bestätigen dankend den Erhalt Ihres Auftrags vom . . .

2 Ihr Auftrag Nr. . . . vom . . . ist am . . . bei uns eingetroffen. Wir haben sofort mit der Produktion begonnen.

3 Ihre Bestellung ist gestern bei uns eingegangen; besten Dank.

4 Wir sichern Ihnen sorgfältige Ausführung Ihres Auftrags zu.

ACCUSÉ DE RÉCEPTION DE COMMANDE

1 Nous accusons réception de votre commande du . . . et vous en remercions.

2 Nous avons reçu le . . . votre commande n° . . . Nous en avons immédiatement commencé l'exécution.

3 Nous avons reçu hier votre commande et vous en remercions.

4 Nous vous donnons l'assurance que nous exécuterons votre commande avec le plus grand soin.

5 Wir sind sicher, dass mit der exakten Durchführung Ihres Auftrags vom ... eine erfolgreiche Zusammenarbeit zwischen unseren Firmen beginnen wird.

6 Wir danken Ihnen für den Auftrag Nr. ... vom ... Wir werden am ... lieferbereit sein.

5 Nous sommes certains que la parfaite exécution de votre commande du ... marquera le début d'une collaboration fructueuse entre nos deux maisons.

6 Nous vous remercions de votre commande n° ... du ... et prévoyons que la fabrication de la marchandise sera terminée d'ici le ...

ANNAHME MIT DEM VERMERK «LAUT BESTELLUNG»

7 Hiermit nehmen wir Ihren Auftrag laut Bestellung an.

8 Ihr Auftrag vom ... wird von uns laut Bestellung ausgeführt werden.

9 Gleichzeitig möchten wir Ihnen die Annahme Ihres Auftrags laut Bestellung mitteilen.

ACCEPTATION DE L'ORDRE AVEC MENTION «CONFORMÉMENT À VOTRE COMMANDE»

7 Par la présente, nous prenons bonne note de votre ordre, conformément à votre commande.

8 L'ordre du ... sera exécuté par nos soins, confermément à votre commande.

9 Nous vous avisons en même temps que nous prenons bonne note de votre ordre, conformément à votre commande.

ANNAHME MIT WIEDERGABE DER BESTELLUNG

10 Ihren Auftrag vom ... über ... Stück des Artikels Nr. ... nehmen wir dankend an.

11 Wir bestätigen Ihnen dankend Eingang und Annahme Ihres Auftrags vom ... über je ... Stück der Artikel Nr. ..., Nr. ... und Nr. ...

12 Wir werden Ihren Auftrag über ... Stück unseres Artikels Nr. ... schnellstens ausführen.

13 Wir danken Ihnen für Ihren Auftrag über ... (Anzahl und Bezeichnung) und sind sicher, dass wir Sie mit unseren Erzeugnissen zufriedenstellen werden.

ACCEPTATION AVEC REPRISE DES TERMES DE LA COMMANDE

10 Nous prenons bonne note de votre ordre du ... concernant ... pièces de l'article n° ... et vous en remercions.

11 Nous accusons réception et prenons bonne note de votre ordre du ..., concernant ... pièces de chacun des articles n° ..., n° ... et n° ... Nous vous en remercions.

12 Nous allons exécuter le plus vite possible votre ordre concernant ... pièces de notre article n°

13 Nous vous remercions de votre commande de ... (quantité et désignation) et nous espérons que nos articles vous donneront satisfaction.

ANNAHME MIT ÄNDERUNGEN

14 Wir bedanken uns für Ihren Auftrag vom ..., den wir gern annehmen. Leider können wir Ihnen jedoch die Position ... Ihrer Bestellung nicht wie gewünscht bis zum ... liefern. Wir sind frühestens am ... in der Lage, diesen Artikel zu versenden. Bitte teilen Sie uns mit, ob Sie mit dieser Lieferungsverzögerung einverstanden sind.

ACCEPTATION AVEC MODIFICATIONS

14 Nous vous remercions de votre ordre du ... et sommes volontiers prêts à l'exécuter. Cependant, nous ne sommes malheureusement pas en mesure de vous envoyer la position ... de votre commande avant le ... comme vous le demandez. Nous ne serons pas en mesure d'expédier cet article avant le ... au plus tôt.

15 Der von Ihnen unter anderem bestellte Artikel Nr. . . . ist zur Zeit nicht auf Lager. Wir sind bereit, Ihnen hierfür die qualitativ bessere Ausführung zum gleichen Preis zu liefern. Wir hoffen, mit dieser Änderung in Ihrem Sinne gehandelt zu haben.

16 Leider können wir die in Ihrem Auftrag vom . . . vorgeschlagenen Lieferungs- und Zahlungsbedingungen nicht akzeptieren. Wir sind jedoch gern bereit, Ihren Auftrag zu den für unsere Branche üblichen Konditionen zu übernehmen.

17 Wir nehmen Ihren Auftrag vom . . . gern an, müssen jedoch die Position . . . Ihrer Bestellung geringfügig abändern.

15 Nous n'avons pas actuellement en stock l'article n° . . . faisant de votre commande. En contrepartie, nous sommes disposés à vous livrer au même prix la qualité supérieure. Nous espérons, ce faisant, avoir agi au mieux de vos intérêts.

16 Nous ne pouvons malheureusement pas accepter les conditions de livraison et de paiement proposées dans votre ordre du . . . Nous sommes toutefois disposés à prendre votre commande aux conditions habituellement pratiquées dans notre branche.

17 C'est avec plaisir que nous prenons note de votre ordre du . . ., tout en apportant cependant un léger changement à la position . . . de votre commande.

ABLEHNUNG DES AUFTRAGS OHNE GRUND

1 Leider sind wir nicht in der Lage, Ihren Auftrag vom . . . zu den gewünschten Bedingungen anzunehmen.

2 Den uns am . . . zugegangenen Auftrag über . . . können wir bedauerlicherweise nicht annehmen.

3 Die von Ihnen gewünschten Artikel können wir leider nicht herstellen. Als Anlage reichen wir Ihnen deshalb Ihre Bestellung zurück.

REFUS SIMPLE DE LA COMMANDE

1 Nous ne sommes malheureusement pas en mesure d'exécuter votre ordre du . . . aux conditions demandées.

2 Nous ne pouvons malheureusement pas accepter votre ordre du . . . concernant . . .

3 Nous ne pouvons malheureusement pas fabriquer les articles que vous désirez; c'est pourquoi nous nous permettons en annexe de vous renvoyer votre commande.

ABLEHNUNG DES AUFTRAGS MIT GRUNDANGABE

4 Da wir im Augenblick über keine freien Kapazitäten verfügen, müssen wir Ihren Auftrag leider ablehnen.

5 Infolge des Mangels an Fachkräften ist es uns nicht möglich, Ihren Auftrag vom . . . zu übernehmen.

6 Da unsere Rohstoffvorräte auf Monate hinaus disponiert sind, können wir Ihren Auftrag bedauerlicherweise nicht übernehmen.

7 Ein Streik hat uns in unserer Produktion zurückgeworfen.

8 Wegen eines mehrwöchigen Streiks sind wir zu unserem Bedauern nicht in der Lage, Ihren Auftrag termingerecht abzuwickeln.

REFUS DE LA COMMANDE AVEC INDICATION DES MOTIFS

4 Notre capacité de production ne nous laissant actuellement aucune marge disponible, nous sommes au regret de devoir refuser votre ordre.

5 Le manque de personnel spécialisé nous empêche malheureusement de donner suite à votre commande du . . .

6 Nos disponibilités en matières premières étant retenues pour plusieurs mois, il nous est malheureusement impossible de prendre en commande votre ordre.

7 Notre fabrication s'est trouvée retardé à la suite d'une grève.

8 À la suite d'une grève de plusieurs semaines, nous ne sommes malheureusement pas en mesure d'exécuter votre commande dans les délais prévus.

9 Leider zwingt uns ein Streik, Ihren Auftrag abzulehnen.

10 Da wir Schwierigkeiten mit unseren Zulieferfirmen haben, können wir Ihren Auftrag leider nicht annehmen.

11 Stockungen in der Materialzufuhr zwingen uns zu unserem Bedauern, Ihren Auftrag vom . . . abzulehnen.

12 Ein Streik in einer unserer Zulieferfirmen macht es uns leider unmöglich, Ihren Auftrag vom . . . anzunehmen.

13 Ihre Referenzen genügen uns nicht, wir sehen uns daher leider ausserstande, Ihren Auftrag auszuführen.

9 Une grève nous contraint malheureusement à refuser votre commande.

10 Ayant des difficultés avec nos fournisseurs, nous ne pouvons malheureusement pas donner suite à votre commande.

11 Notre approvisionnement en matières premières ayant ralenti, nous sommes malheureusement contraints de refuser votre ordre du . . .

12 Une grève survenue chez un de nos fournisseurs nous empêche malheureusement de donner suite à votre commande du . . .

13 Vos références ne nous permettent malheureusement pas de prendre votre commande en considération.

BRIEFWECHSEL WÄHREND DER ORDNUNGSGEMÄSSEN AUFTRAGSABWICKLUNG

ÉCHANGE DE CORRESPONDANCE PENDANT L'EXÉCUTION DE LA COMMANDE

ANZEIGE DES PRODUKTIONS-BEGINNS

1 Wir möchten Ihnen mitteilen, dass Ihr Auftrag vom . . . bei uns in Produktion gegangen ist.
2 Nach Beendigung der Umrüstarbeiten unserer Maschinen werden wir noch im Laufe dieser Woche mit der Produktion Ihres Auftrags beginnen.
3 Die Produktion Ihres letzten Auftrags ist bereits voll angelaufen.

AVIS DE MISE EN FABRICATION

1 Nous vous avisons par la présente que votre ordre du . . . vient d'être mis en fabrication.
2 Nous allons pouvoir commencer d'ici la fin de la semaine la fabrication de votre ordre, dès que la réorganisation de notre matériel mécanique sera achevée.
3 Votre dernière commande est déjà en plein cours de fabrication.

ANZEIGE DES PRODUKTIONSENDES

1 Wir teilen Ihnen mit, dass Ihr Auftrag vom . . . fertiggestellt ist.
2 Wir haben die Produktion Ihres Auftrags fristgerecht beendet.
3 Die Waren liegen zur Zeit in unserer Prüfabteilung zur Durchsicht vor.
4 Sämtliche Arbeitsgänge an den Waren Ihres Auftrags vom . . . sind abgeschlossen.

AVIS D'ACHÈVEMENT DE FABRICATION

1 Nous vous avisons que l'exécution de votre ordre du . . . est maintenant terminée.
2 Nous avons terminé la fabrication de votre ordre dans les délais prévus.
3 Les marchandises se trouvent actuellement dans notre atelier d'essais pour vérification.
4 Les marchandises objet de votre ordre du . . . sont maintenant passées par les différents stades de fabrication.

ABHOL-BEREITSCHAFT

1 Die Waren aus Ihrem Auftrag vom . . . befinden sich seit . . . abholbereit in unserem Auslieferungslager.
2 Bitte veranlassen Sie, dass die in Auftrag gegebenen Waren in den nächsten Tagen in unserem Werk abgeholt werden.
3 Die Waren Ihres letzten Auftrags sind vorschriftsmässig verpackt und abholbereit.
4 Ihr Auftrag ist abgewickelt; wir erwarten gern Ihre Disposition.

LA COMMANDE PEUT ÊTRE PRISE EN LIVRAISON

1 Vous pouvez faire enlever les marchandises commandées le . . . Elles sont à votre disposition dans notre entrepôt de distribution depuis le . . .
2 Veuillez faire enlever dans les prochains jours en notre usine les marchandises commandées.
3 Les marchandises de votre dernière commande sont emballées selon vos instructions et attendent d'être enlevées.
4 Votre commande est exécutée et la marchandise est à votre disposition.

VERSAND-BEREITSCHAFT

5 Die Produktion Ihres Auftrags ist abgeschlossen. Die Waren lagern versandbereit in unserem Fertigungslager. Bitte teilen Sie uns umgehend die Versandadresse mit.
6 Die Waren aus Ihrem Auftrag vom . . . sind versandbereit. Sie können sofort darüber verfügen.

L'ORDRE EST PRÊT POUR L'EXPÉDITION

5 La fabrication de votre ordre est terminée. Les marchandises se trouvent dans notre entrepôt de fabrication, prêtes à être expédiées. Veuillez nous indiquer par retour du courrier où nous devons adresser l'envoi.
6 Les marchandises que vous avez commandées le . . . sont prêtes à être expediées. Vous pouvez en disposer de suite.

VERSANDANZEIGE

7 Die von Ihnen am . . . bestellten Waren haben heute unser Werk per Express verlassen.
8 Die Waren Ihres Auftrags vom . . . verliessen gestern als Frachtgut unser Werk.
9 Die Waren aus Ihrem Auftrag haben unser Werk heute mit Lastkraftwagen verlassen.
10 Die von Ihnen bestellten Waren verlassen noch heute als Luftfracht unser Werk.
11 Die von Ihnen beauftragte Spedition . . . hat die Waren heute bei uns abgeholt.
12 Ihre Waren haben heute vormittag als Bahnfracht unser Werk verlassen.
13 Die von Ihnen am . . . bestellten Waren werden heute verschifft.
14 Wir teilen Ihnen mit, dass die von Ihnen am . . . bestellten Waren heute unser Werk mit der Spedition . . . verlassen haben.

AVIS D'EXPÉDITION

7 Les marchandises que vous avez commandées le . . . ont quitté notre usine aujourd'hui par express.
8 Les marchandises commandées par vous le . . . ont quitté notre usine hier en régime ordinaire.
9 Les marchandises objet de votre commande ont quitté notre usine aujourd'hui par camion.
10 Les marchandises que vous avez commandées quitteront notre usine avant ce soir et vous seront expédiées par avion.
11 La maison de transport . . . commissionnée par vous est venue aujourd'hui prendre livraison de la marchandise.
12 Vos marchandises ont quitté notre usine ce matin par chemin de fer.
13 Les marchandises commandées par vous le . . . vont être embarquées aujourd'hui.
14 Nous vous avisons que les marchandises commandées par vous le . . . ont été enlevées aujourd'hui à notre usine par la maison de transport . . .

RECHNUNGS-ERSTELLUNG

1 Als Anlage überreichen wir Ihnen unsere Rechnung für die am . . . gelieferten Waren.
2 Wir sandten Ihnen am . . . . . . Stück unseres Artikels Nr. . . . zu einem Einzelpreis von . . . Der Gesamtbetrag beläuft sich – abzüglich eines Mengenrabatts in Höhe von . . . % – auf . . .
3 Der zu begleichende Rechnungsbetrag für unsere Lieferung vom . . . beträgt . . .

FACTURATION

1 Veuillez trouver ci-joint la facture des marchandises livrées le . . .
2 Nous vous avons envoyé le . . . . . . pièces de notre article n° . . . au prix unitaire de . . . Le montant total s'élève à . . ., déduction faite d'une remise de quantité de . . . %.
3 Le montant de la facture à payer pour notre livraison du . . . s'élève à . . .

4 Der Rechnungsbetrag für unsere letzte Lieferung beläuft sich auf ... In dieser Summe ist der von Ihnen erbetene Sonderrabatt bereits berücksichtigt.
5 Die zu begleichende Rechnungssumme für unsere Lieferung vom ... beträgt ... Der branchenübliche Barzahlungsrabatt wurde bereits berücksichtigt.
6 Die von uns ausgestellte Rechnung bezieht sich auf das von Ihnen gestellte unwiderrufliche Akkreditiv vom ...

4 La facture de votre dernière livraison se monte à ... Cette somme tient compte déjà de la remise exceptionnelle que vous nous aviez demandée.
5 Le montant de la facture à payer pour notre livraison du ... s'élève à ... Il a déjà été tenu compte de l'escompte de caisse usuel dans notre branche.
6 La facture que nous avons adressée correspond à l'accréditif irrévocable ouvert par vous en date du ...

BEGLEITSÄTZE FÜR RECHNUNGSÜBERSENDUNG

1 Als Anlage überreichen wir Ihnen unsere Rechnung über die von Ihnen bestellten Waren.
2 Bei unserer Rechnungslegung haben wir bereits einen Mengenrabatt (Barzahlungsrabatt) berücksichtigt.
3 Die Versandkosten haben wir Ihnen nicht in Rechnung gestellt.
4 Die beigefügte Rechnung bezieht sich auf unsere Preise ab Werk.
5 Die Versandkosten rechnen wir direkt mit dem Spediteur ab.
6 Unserer Rechnungserstellung haben wir letztmals die Preise unserer Preisliste vom ... zu Grunde gelegt.
7 Bei der Rechnungslegung sind Ihre Wünsche hinsichtlich der Zahlungsbedingungen weitgehend berücksichtigt worden.
8 Bitte überweisen Sie den Rechnungsbetrag auf unser Konto Nr. ... bei der ...-Bank in ...
9 Gestatten Sie uns, Sie nochmals auf unsere Zahlungsbedingungen hinzuweisen.
10 Übersenden Sie uns bitte einen Warenwechsel in Höhe des Rechnungsbetrags.
11 Das von Ihnen gestellte Akkreditiv vom ... dient zur Zahlung unserer Rechnung ... vom ...
12 Über den Betrag hinaus, der durch das von Ihnen gestellte Akkreditiv für die Begleichung der Rechnung zur Verfügung steht, fallen zusätzlich noch ... zur Zahlung an. Wir bitten um sofortigen Ausgleich.

FORMULES ACCOMPAGNANT L'ENVOI DE LA FACTURE

1 Nous vous adressons ci-joint la facture concernant les marchandises que vous avez commandées.
2 En établissant la facture, nous avons déjà tenu compte d'une remise de quantité (d'un escompte de caisse).
3 Nous ne vous avons pas facturé les frais d'envoi.
4 La facture ci-joint est établie sur nos prix départ usine.
5 Nous réglons les frais d'envoi directement avec l'expéditeur.
6 Nous avons établi pour la dernière fois votre facture sur la base des prix de notre tarif du ...
7 En établissant la facture, nous avons largement tenu compte de vos désirs concernant les conditions de paiement.
8 Veuillez virer le montant de la facture sur votre compte n° ... auprès de la banque ... à ...
9 Nous nous permettons encore une fois de vous rappeler vos conditions de paiement.
10 Veuillez nous envoyer une traite documentaire pour le montant de la facture.
11 Veuillez nous adresser une lettre de change correspondant au montant de la facture.
12 L'accréditif ouvert par vous le ... sera utilisé en règlement de notre facture du ...

WARENEMPFANGS-BESTÄTIGUNG

1 Wir bestätigen Ihnen dankend den Empfang Ihrer Lieferung vom ...
2 Ihre Lieferung vom ... ist gestern bei uns eingetroffen.
3 Wir bestätigen Ihnen mit Dank den Erhalt Ihrer Sendung vom ...

ACCUSÉ DE RÉCEPTION DE LA MARCHANDISE

1 Nous accusons réception de votre livraison du ... et vous en remercions.
2 Votre livraison du ... est arrivée hier.
3 Nous accusons réception de votre envoi du ... et vous en remercions.

4 Die von uns am ... bei Ihnen bestellten Waren sind fristgerecht eingetroffen.
5 Dieses Schreiben ist gleichzeitig unsere Empfangsbestätigung der von Ihnen am ... expedierten Waren.
6 Die Lieferung aus unserer letzten Bestellung haben wir fristgerecht und unbeschädigt erhalten.
7 Wir danken Ihnen für die termingerechte Lieferung der von uns bestellten Waren.
8 Ihre Sendung ist heute in einwandfreiem Zustand bei uns eingetroffen.

4 Les marchandises objet de notre commande du ... sont arrivées dans les délais prévus.
5 Par la présente, nous accusons réception des marchandises expédiées par vous le ...
6 Notre dernière commande est arrivée hier en bon état et dans les délais prévus.
7 Nous vous remercions d'avoir livré dans les délais prévus la marchandise que nous avions commandée.
8 Votre envoi nous est arrivé aujourd'hui en bon état.

BESTÄTIGUNG DES ZAHLUNGSEINGANGS

1 Wir bestätigen Ihnen dankend den Eingang Ihrer Überweisung am ...
2 Am ... ist Ihr Rechnungsbetrag bei uns eingegangen.
3 Am ... bekamen wir von unserer Bank die Mitteilung, dass Ihre Überweisung eingetroffen ist.
4 Wir bedanken uns für die prompte Begleichung unserer Rechnung vom ...
5 Ihr Akzept vom ... ist heute bei uns eingetroffen.
6 Wir bestätigen Ihnen mit Dank den Eingang Ihrer Überweisung vom ...
7 Ihr Konto bei uns ist nun ausgeglichen.
8 Nach Ihrer Überweisung vom ... beträgt Ihr Kontostand bei uns ... (Betrag, Währung).
9 Mit der heutigen Überweisung ist Ihr Konto bei uns ausgeglichen.
10 Wir danken Ihnen für Ihren Scheck, den Sie uns zur Begleichung unserer Rechnung vom ... gesandt haben.
11 Ihr Scheck ist bei uns eingegangen.

ACCUSÉ DE RÉCEPTION DU PAIEMENT

1 Nous accusons réception en date du ... de votre virement et vous en remercions.
2 Le montant de la facture nous est parvenu le ... (date).
3 Nous avons reçu le ... l'avis de virement de notre banque.
4 Nous vous remercions du règlement rapide de notre facture du ...
5 Votre traite acceptée du ... nous est parvenue aujourd'hui.
6 Nous accusons réception par la présente de votre virement du ... et vous en remercions.
7 Votre compte chez nous est maintenant soldé.
8 Suite à votre virement du ..., votre compte chez nous se monte maintenant à ... (montant, monnaie).
9 Votre virement de ce jour solde votre compte chez nous.
10 Nous vous remercions du chèque que vous nous avez envoyé en règlement de notre facture du ...
11 Nous avons bien reçu votre chèque.

ABWEICHUNGEN UND STÖRUNGEN IM VERTRAGSABLAUF

IRRÉGULARITÉS ET INCIDENTS DANS LE DÉROULEMENT DU CONTRAT

ANZEIGE DES BESTELLUNGSVERZUGS

1 Leider können wir unser Angebot vom ... nur noch bis ..., den ..., aufrecht erhalten.
2 Wir erwarten umgehend Ihre Bestellung.
3 Eine spätere Auftragsannahme ist uns leider nicht mehr möglich.
4 Wir bitten Sie, diesen Termin bei Ihren Dispositionen zu beachten.
5 Ihrer sofortigen Bestellung sehen wir gern entgegen.
6 Auf unser Angebot vom ... ist uns von Ihnen noch keine Bestellung zugegangen. Wir möchten Sie darauf hinweisen, dass wir uns nur noch bis zum ... an dieses Angebot gebunden fühlen.
7 Da Sie unser Angebot vom ... bisher nicht berücksichtigten, erlauben wir uns den Hinweis, dass es uns aus organisatorischen Gründen nur noch bis zum ... möglich ist, zu den angegebenen Bedingungen zu liefern.
8 Da unser Angebot vom ... am ... ausläuft, erbitten wir möglichst umgehend Ihre Bestellung.
9 Da unser Angebot vom ... auf den ... befristet ist, erbitten wir umgehend Ihre Bestellung.

RETARD DE LA COMMANDE

1 Nous ne pouvons malheureusement maintenir notre offre du ... que jusqu'au ...
2 Nous attendons votre commande par retour du courrier.
3 Il ne nous est malheureusement plus possible de prendre votre commande à une date plus tardive.
4 Nous vous prions de tenir compte de cette date en faisant vos prévisions d'achats.
5 Nous serons heureux de recevoir sans retard votre commande.
6 Notre offre du ... n'a encore été suivie d'aucune commande de votre part. Nous vous signalons que cette offre ne nous engage que jusqu'au ...
7 Vous n'avez toujours pas répondu à notre offre du ..., aussi tenons-nous à vous signaler que, pour des raisons d'organisation, il ne nous sera possible de livrer aux conditions indiquées que jusqu'au ...
8 Notre offre du ... expire le ..., veuillez donc nous envoyer votre commande par retour du courrier.
9 Notre offre du ... n'étant valable que jusqu'au ..., nous vous demandons de nous envoyer votre commande par retour du courrier.

WIDERRUF DES ANGEBOTS

1 Zu unserem grossen Bedauern ist uns auf unser Angebot vom ... noch keine Bestellung von Ihnen zugegangen.
2 Leider sind wir nicht mehr in der Lage, unser bisheriges Angebot aufrechtzuerhalten.
3 Wir betrachten uns an dieses Angebot nicht mehr gebunden.
4 Wir müssen unser Angebot leider zurücknehmen.
5 Da die angebotene Ware ausläuft, können wir keine Bestellungen mehr entgegennehmen.

ANNULATION DE L'OFFRE

1 À notre grand regret, vous ne nous avez fait parvenir aucune commande à la suite de notre offre du ...
2 Nous ne sommes malheureusement plus en mesure de maintenir l'offre que nous vous avions faite jusqu'à ce jour.
3 Nous cessons de nous considérer comme liés par cette offre.
4 Nous devons malheureusement reprendre notre offre.
5 La marchandise objet de notre offre arrive à épuisement. Nous ne pouvons donc plus prendre de commandes.

6 Es ist uns nicht mehr möglich, zu den angebotenen Preisen zu liefern. Als Anlage erhalten Sie unsere neuen Preislisten.
7 In Anbetracht Ihres Bestellverzugs müssen wir unser Angebot vom . . . leider zurückziehen.
8 Da Sie bis heute auf unser Angebot vom . . . nicht geantwortet haben, nehmen wir an, dass Sie kein Interesse an der Ware haben. Hiermit ziehen wir unser Angebot zurück.
9 Bis heute haben wir auf Ihre Bestellung gewartet. Da für die Ware bereits andere Interessenten vorhanden sind, können wir eine etwaige Bestellung von Ihnen nicht mehr berücksichtigen.
10 Wir möchten Sie darauf hinweisen, dass die mit unserem Angebot vom . . . verbundene Frist mit dem heutigen Tag abgelaufen ist. Wir sehen uns ausserstande, noch Bestellungen entgegenzunehmen.
11 Aus produktionstechnischen Gründen können wir unser Angebot vom . . . nicht mehr aufrechterhalten.
12 Wir müssen unser Angebot vom . . . bedauerlicherweise zurücknehmen, da die Ware inzwischen nicht mehr lieferbar ist.
13 Da wir Schwierigkeiten mit unseren Zulieferern haben, müssen wir unser Angebot leider zurückziehen.

6 Il ne nous est plus possible de livrer aux prix proposés. Vous trouverez ci-joint nos nouveaux tarifs.
7 Etant donné votre retard à passer commande, nous devons malheureusement reprendre notre offre du . . .
8 Vous n'avez toujours pas répondu à notre offre du . . .; nous supposons que la marchandise ne vous intéresse pas et reprenons donc notre offre par la présente.
9 Nous avons attendu votre commande jusqu'à aujourd'hui. Comme nous avons maintenant d'autres preneurs pour cette marchandise, nous ne pouvons plus tenir compte d'éventuelles commandes de votre part.
10 Nous vous avisons que le délai dont était assortie notre offre du . . . expire aujourd'hui. Nous ne sommes plus en mesure de prendre de commandes.
11 Pour des raisons techniques de fabrication, il nous est malheureusements impossible de maintenir notre offre du . . .
12 Nous devons malheureusement annuler notre offre du . . ., car la marchandise se trouve entretemps épuisée.
13 Les difficultés que nous avons avec nos fournisseurs nous obligent malheureusement à annuler notre offre.

LIEFERVERZUG

1 Die bei Ihnen bestellten Waren sind bis heute nicht bei uns eingetroffen.
2 Seit . . . Tagen warten wir auf die am . . . bestellte Ware.
3 Zu unserem grossen Bedauern müssen wir feststellen, dass Sie unseren Auftrag vom . . . noch nicht ausgeführt haben.
4 Auf unsere Bestellung vom . . . haben wir weder die Waren noch irgendeine Mitteilung von Ihnen erhalten.
5 Warum teilen Sie uns nicht mit, dass Sie unseren Auftrag Nr. . . . nicht ausführen können?
6 Da wir die am . . . bestellten Waren dringend benötigen, bitten wir um schnellste Zusendung.
7 Wir möchten Sie darauf aufmerksam machen, dass Sie mit Ihrer Lieferung bereits . . . Tage im Verzug sind.

LIVRAISON EN RETARD

1 Les marchandises que nous vous avions commandées ne nous sont toujours pas parvenues.
2 Nous attendons depuis . . . jours la marchandise commandée le . . .
3 À notre grand regret, nous constatons que vous n'avez pas encore exécuté notre ordre du
4 À la suite de notre commande du . . ., nous n'avons reçu ni les marchandises ni un avis quelconque de votre part à ce sujet.
5 Pourquoi ne nous avertissez-vous pas que vous n'êtes pas en mesure d'exécuter notre ordre n° . . .?
6 Nous avons besoin de toute urgence des marchandises commandées le . . ., et vous prions donc de nous les envoyer au plus tôt.
7 Nous vous signalons que votre livraison est déjà en retard de . . . jours.

NACHLIEFERFRIST

8 Die am . . . bei Ihnen bestellten Waren sind bis heute nicht eingetroffen.
9 Sollten Sie Ihren Lieferungsverpflichtungen nicht bis zum . . . nachkommen, sehen wir uns gezwungen, unseren Auftrag zurückzuziehen.

FIXATION D'UN DÉLAI DE LIVRAISON

8 Les marchandises que nous vous avions commandées le . . . ne sont toujours pas arrivées.
9 Au cas où vous ne rempliriez pas d'ici le . . . vos obligations concernant la livraison, nous nous verrions obligés d'annuler notre commande.

10 Wir bitten Sie, unsere Bestellung schnellstens zu bearbeiten; eine Abnahme nach dem . . . wäre uns nicht mehr möglich.

11 Da wir die Waren dringend benötigen, müssen wir auf Lieferung innerhalb von . . . Tagen bestehen.

12 Wir bitten um Zusendung noch in dieser Woche.

13 Wir bestehen auf Lieferung bis zum . . .

14 Da unsere Kunden ungeduldig werden, benötigen wir die Ware binnen . . . Wochen.

15 Bis heute sind Sie Ihren Lieferungsverpflichtungen nicht nachgekommen. Wir gewähren Ihnen eine letzte Frist bis zum . . .

16 Die Lieferfrist für unseren Auftrag vom . . . ist seit . . . Wochen abgelaufen. Wir müssen deshalb auf schnellster Zusendung (Express zu Ihren Lasten) bestehen.

10 Nous vous prions d'exécuter notre commande au plus tôt; passé le . . ., il ne nous serait plus possible d'accepter la marchandise.

11 Nous avons besoin de toute urgence des marchandises, et nous vous demandons donc de nous livrer dans les . . . jours.

12 Nous demandons que l'expédition soit faite avant la fin de la semaine.

13 Nous tenons à être livrés avant le . . .

14 Nos clients s'impatientant, nous avons besoin de la marchandise d'ici . . . semaines.

15 Jusqu'à ce jour, vous n'avez pas exécuté vos engangements concernant la livraison. Nous vous accordons un dernier délai jusqu'au . . .

16 Le délai de livraison de notre ordre du . . . est expiré depuis . . . semaines. Nous vous demandons donc de l'expédier au plus tôt (par express, à vos frais).

REGRESSANDROHUNG

17 Wir möchten Sie darauf aufmerksam machen, dass Sie mit Ihrer Lieferung bereits . . . Tage im Verzug sind.

18 Etwaige Schadenersatzansprüche behalten wir uns vor.

19 Sollten die Waren nicht innerhalb von . . . Tagen geliefert werden, würden wir Sie für entgangenen Gewinn und zusätzliche Kosten verantwortlich machen müssen.

20 Wir werden die Ware nur unter Vorbehalt abnehmen.

21 Durch Ihren langen Lieferungsverzug ist die Ware für uns nahezu wertlos geworden. Für etwaige Verluste werden wir Sie haftbar machen.

22 Sie sind mit Ihrer Lieferung in Verzug. Wir behalten uns das Recht vor, von Ihnen eine Entschädigung zu verlangen.

23 Sollte uns durch Ihre Lieferungsverzögerung Schaden entstehen, würden wir Sie dafür haftbar machen.

24 In Anbetracht Ihrer Lieferungsverspätung müssen wir Sie auf unser Recht hinweisen, Schadenersatzforderungen geltend zu machen.

25 Sollte Ihre Lieferung nicht innerhalb einer Woche bei uns eintreffen, werden wir uns weitere Schritte vorbehalten.

MENACE DE RECOURS

17 Nous attirons votre attention sur le fait que votre livraison est déjà en retard de . . . jours.

18 Nous nous réservons le droit de demander des dommages-intérêts.

19 Si les marchandises ne sont pas livrées d'ici . . . jours, vous serez responsables du manque à gagner et du supplément de frais.

20 Nous ne prendrons livraison de la marchandise que sous réserve.

21 Du fait de votre long retard de livraison, la marchandise a pratiquement perdu pour nous toute valeur. Nous vous tiendrons pour responsables des éventuelles pertes subies.

22 Votre livraison a du retard. Nous nous réservons le droit de vous demander une indemnisation.

23 Vous serez responsables du préjudice que pourrait nous occasionner votre retard de livraison.

24 Étant donné votre retard de livraison, nous vous signalons que nous nous réservons de nous prévaloir de notre droit à dommages-intérêts.

25 Si votre livraison ne nous parvient pas d'ici une semaine, nous nous réservons de prendre d'autres mesures.

RÜCKTRITT VOM VERTRAG

1 In Anbetracht Ihres Lieferverzugs sehen wir uns ausserstande, die Ware noch anzunehmen.

ANNULATION DE L'ORDRE

1 Étant donné votre retard de livraison, nous nous voyons dans l'impossibilité d'accepter maintenant la marchandise.

2 Wir machen unsere Bestellung hiermit rückgängig.
3 Leider sind wir gezwungen, vom Vertrag zurückzutreten.
4 Die Ware ist für uns wertlos geworden. Wir werden sie deshalb zurücksenden.
5 Infolge Ihres erheblichen Lieferverzugs erklären wir Ihnen hiermit unseren Rücktritt vom Vertrag.
6 Ihre Waren sind mit ... wöchiger Verspätung bei uns eingetroffen. Die Rücksendung ist bereits veranlasst.
7 Wir fühlen uns nicht mehr an unsere Bestellung vom ... gebunden, weil Ihre Lieferung nunmehr bereits ... überfällig ist.
8 Auf Grund Ihrer nachlässigen Bearbeitung unseres Auftrags vom ... widerrufen wir unsere Bestellung.
9 Ihre lange Lieferungsverspätung hat es uns unmöglich gemacht, unsere Kunden fristgerecht zu bedienen. Wir ziehen hiermit unseren Auftrag vom ... zurück. Gleichzeitig teilen wir Ihnen mit, dass Sie in Zukunft nicht mehr mit Aufträgen von uns rechnen können.

2 Par la présente, nous annulons notre commande.
3 Nous sommes malheureusement obligés de résilier le contrat.
4 La marchandise a perdu pour nous toute valeur. Nous allons donc vous la retourner.
5 Étant donné votre retard considérable de livraison, nous vous avisons par la présente que nous résilions le contrat.
6 Vos marchandises nous sont arrivées avec un retard de ... semaines. Nous avons déjà donné l'ordre de les retourner.
7 Nous ne nous considérons plus comme liés par notre commande du ... car votre livraison est déjà en retard de ...
8 Étant donné la négligence avec laquelle vous avez exécuté notre ordre du ..., nous annulons notre commande.
9 Votre long retard de livraison nous a mis dans l'impossibilité de servir nos clients dans les délais prévus. Nous annulons par la présente notre ordre du ... et vous avisons en même temps de ne plus compter dorénavant sur nos commandes.

DECKUNGSKAUF UND SCHADENERSATZ

1 ... Monat(e) haben wir auf Ihre Lieferung gewartet. Nun sind wir gezwungen, uns anderweitig einzudecken. Für den Preisunterschied machen wir Sie haftbar.
2 Ihr Lieferverzug hat uns veranlasst, die Waren bei der Firma ... zu beschaffen. Wir senden Ihre Lieferung zu Ihren Lasten zurück und werden Sie für den Mehrpreis haftbar machen.
3 Ihr Lieferverzug hat uns grossen Schaden zugefügt. Wir werden Sie wegen Nichterfüllung belangen.
4 Ihr Lieferverzug hat uns dazu gezwungen, die Waren anderweitig zu beschaffen. Sollte Ihre Lieferung doch noch eintreffen, werden wir sie zu Ihren Lasten zurücksenden.
5 Da Ihre Lieferung seit ... Wochen überfällig ist, mussten wir andere Waren beschaffen. Für unseren Gewinnverlust machen wir Sie haftbar.
6 Durch Ihre Nichtlieferung ist uns ein hoher Verlust entstanden. Wir werden Ihr Konto mit ... belasten.
7 Da Ihre Ware nicht rechtzeitig eingetroffen ist, mussten wir unsere Kunden zum ursprünglichen Preis mit teureren Waren beliefern. Für den entstandenen Schaden machen wir Sie haftbar.
8 Auf Grund unserer vertraglichen Abmachungen (Konventionalstrafe bei Lieferverzug) werden wir einen Teil des Rechnungsbetrags einbehalten.

ACHAT DE REMPLACEMENT ET DOMMAGES-INTÉRÊTS

1 Nous avons attendu ... mois votre livraison. Nous sommes maintenant obligés de nous approvisionner ailleurs. Nous vous demandons de nous rembourser la différence de prix.
2 Votre retard de livraison nous a obligés à acheter les marchandises à la maison ... Nous vous retournons la livraison à vos frais et vous réclamerons le supplément de prix.
3 Votre retard de livraison nous a causé de graves préjudices. Nous allons vous poursuivre en justice pour non-exécution.
4 Votre retard de livraison nous a contraints à nous procurer la marchandise ailleurs. Si votre livraison arrive, nous vous la retournerons à vos frais.
5 Votre livraison est en retard de ... semaines, aussi avons-nous dû nous procurer d'autres marchandises. Notre manque à gagner vous est imputable.
6 Votre non-livraison nous a causé un grave préjudice. Nous allons débiter votre compte de ...
7 Comme votre marchandise n'est pas arrivée à temps, nous avons dû livrer à nos clients de la marchandise plus chère au prix initial. Vous devrez nous dédommager.
8 Nous fondant sur les clauses de notre contrat (amende conventionnelle en cas de retard de livraison), nous retiendrons une partie du montant de la facture.

ZAHLUNGSVERZUG

ERSTE MAHNUNG

1 Wir möchten Sie darauf hinweisen, dass auf Ihrem Konto noch ein Betrag von ... offensteht.
2 Vermutlich ist es Ihrer Aufmerksamkeit entgangen, dass unsere Rechnung vom ... noch nicht beglichen ist.
3 Leider mussten wir feststellen, dass Sie mit Ihren Zahlungen im Rückstand sind.
4 Wir warten nun bereits ... Monate auf die Regulierung unserer Rechnung vom ...
5 Leider müssen wir Sie darauf aufmerksam machen, dass Ihr Konto mit einem Betrag von ... belastet ist.
6 Ihr Konto weist einen Saldo von ... zu unseren Gunsten auf.
7 Mit Verwunderung mussten wir feststellen, dass Sie dieses Mal Ihren Zahlungsverpflichtungen nicht nachgekommen sind.
8 Wir bitten Sie um baldige Überweisung des noch ausstehenden Betrags von ...
9 Bei dieser Gelegenheit möchten wir Sie darauf hinweisen, dass Sie uns noch den Betrag von ... schulden.

RETARD DE PAIEMENT

PREMIÈRE LETTRE DE RAPPEL

1 Nous vous signalons que votre compte est encore débiteur d'une somme de ...
2 Il a sans doute échappé à votre attention que notre facture du ... est encore impayée.
3 Nous constatons malheureusement que vos paiements sont en retard.
4 Nous attendons depuis déjà ... mois le règlement de notre facture du ...
5 Nous regrettons de devoir attirer votre attention sur le fait que votre compte est débiteur de la somme de ...
6 Votre compte accuse un solde de ... à notre profit.
7 Nous avons constaté avec étonnement que vous n'avez pas cette fois respecté vos engagements en ce qui concerne le paiement.
8 Nous vous demandons de virer rapidement la somme de ... qui n'est pas encore réglée.
9 Nous profitons de cette occasion pour vous signaler que vous nous devez encore la somme de ...

ZWEITE MAHNUNG

10 Ihr Zahlungsverzug steht im Widerspruch zu unseren Geschäftsbedingungen. Weitere Schritte behalten wir uns vor.
11 Ihr Zahlungsrückstand stellt einen Vertragsbruch dar. Wir erwägen den Abbruch unserer geschäftlichen Beziehungen.
12 Sollten Sie Ihren finanziellen Verpflichtungen nicht in Kürze nachkommen, werden wir uns nach anderen Geschäftspartnern umsehen müssen.
13 Wir haben sofortige Bezahlung vereinbart. Ihr Zahlungsverzug veranlasst uns, Ihr Konto mit monatlich ... % des ausstehenden Betrags zu belasten.
14 Sie wollten den Rechnungsbetrag in Höhe von ... sofort nach Erhalt der Ware überweisen. Wir möchten Sie auf mögliche Folgen Ihres Zahlungsverzugs hinweisen.
15 Wir erlauben uns, Sie auf unsere vertraglichen Vereinbarungen aufmerksam zu machen.
16 Ihr ...monatiges Zahlungsziel haben Sie schon beträchtlich überschritten. Wir sehen uns deshalb gezwungen, in Zukunft auf sofortiger Bezahlung zu bestehen.

DEUXIÈME LETTRE DE RAPPEL

10 Votre retard de paiement contredit nos conditions. Nous nous réservons toutes voies de recours.
11 Votre retard de paiement constitue une rupture de contrat. Nous envisageons de rompre nos relations d'affaires.
12 Au cas où vous ne rempliriez pas rapidement vos obligations financières, il nous faudra chercher d'autres relations d'affaires.
13 Nous avions convenu que le paiement serait immédiat. Votre retard de paiement nous oblige à débiter chaque mois votre compte de ... % de la somme due.
14 Vous deviez virer le montant de la facture, soit ..., dès réception de la marchandise. Nous vous rappelons les conséquences éventuelles de votre retard de paiement.
15 Nous nous permettons d'attirer votre attention sur les clauses de notre contrat.
16 Vous avez déjà largement dépassé votre délai de paiement de(d') ... mois. Nous nous voyons donc obligés d'exiger à l'avenir un paiement immédiat.

DRITTE MAHNUNG UND FRISTSETZUNG

17 Wir hoffen, dass Sie Ihre noch offenstehenden Rechnungen bis zum Ende dieses Monats begleichen werden.
18 Unsere Rechnung Nr. . . . vom . . . steht noch offen. Wir erwarten Ihre Zahlung binnen . . . Wochen.
19 Zur Begleichung der noch offenen Rechnungen gewähren wir Ihnen eine zusätzliche Frist von . . . Tagen.
20 Ihr Konto ist noch mit . . . belastet. Wir bitten um Ausgleich bis zum . . .
21 Sie sind mit Ihren Zahlungen in Verzug geraten. Bitte gleichen Sie Ihr Konto noch im Laufe des Monats aus.
22 Ihr uns am . . . telefonisch zugesagter Scheck ist bis heute nicht bei uns eingetroffen. Wir gewähren Ihnen eine letzte Frist von einer Woche.
23 Seit . . . Monaten warten wir auf die Begleichung unserer Rechnungen Nr. . . . und Nr. . . . Bitte überweisen Sie den offenstehenden Betrag in Höhe von . . . noch in dieser Woche an unsere Bank.
24 Wir möchten Sie bitten, binnen . . . Wochen Ihren Zahlungsverpflichtungen nachzukommen.

TROISIÈME LETTRE DE RAPPEL ET FIXATION D'UN DÉLAI DE PAIEMENT

17 Nous espérons que vous réglerez les factures encore en suspens d'ici la fin de ce mois.
18 Notre facture n° . . . du . . . n'est pas encore réglée. Nous attendons votre paiement d'ici . . . semaines.
19 Pour le règlement des factures encore en suspens, nous vous accordons un délai supplémentaire de . . . jours.
20 Votre compte est encore débiteur de . . . Nous vous demandons de le solder d'ici le . . .
21 Vous êtes en retard dans vos paiements. Veuillez solder votre compte avant la fin du mois.
22 Le chèque que vous nous avez promis par téléphone le . . . ne nous est à ce jour pas encore parvenu. Nous vous accordons un dernier délai d'une semaine.
23 Nous attendons depuis . . . mois le règlement de nos factures n° . . . et n° . . . Veuillez virer à notre banque d'ici la fin de la semaine la somme que vous nous devez encore et qui s'élève à . . .
24 Nous vous prions de remplir vos obligations de paiement dans les . . . semaines.

STRENGE MAHNUNG UND ANDROHUNG VON RECHTLICHEN MASSNAHMEN

25 Sollte Ihre Zahlung nicht bis Ende dieser Woche bei uns eintreffen, werden wir unsere Rechtsabteilung mit der Erledigung der Angelegenheit beauftragen.
26 Sollten Sie mit Ihren Zahlungen weiter im Rückstand bleiben, werden wir unsere Rechtsabteilung einschalten.
27 Auf unsere Mahnungen haben Sie nicht reagiert. Ab Ende dieses Monats wird sich unsere Rechtsabteilung mit der Regelung des Falls befassen.
28 Ihr Zahlungsverzug stellt eine schwerwiegende Verletzung unserer Geschäftsbedingungen dar. Am . . . nächster Woche werden wir die Angelegenheit unserer Rechtsabteilung übergeben.
29 Da wir nicht mehr länger auf die ausstehenden Beträge warten können, erwägen wir, unsere Rechtsabteilung mit der Regelung dieser Sache zu betrauen.
30 Unsere Geduld ist zu Ende. Ab Ende nächster Woche werden wir unsere Interessen von unserer Rechtsabteilung wahrnehmen lassen.

MISE EN DEMEURE IMPÉRATIVE ET MENACE DE RECOURS AUX MOYENS LÉGAUX

25 Si votre paiement ne nous parvient pas avant la fin de la semaine, nous chargerons notre service juridique de régler cette affaire.
26 Si vous persistez dans votre retard de paiement, nous ferons intervenir notre service juridique.
27 Vous n'avez pas réagi à nous sommations. À partir de la fin du mois, notre service juridique s'occupera du règlement de l'affaire.
28 Votre retard de paiement constitue une violation grave de nos conditions de vente. Nous transmettrons l'affaire . . . en huit à notre service juridique.
29 Comme nous ne pouvons pas attendre plus longtemps les sommes dues, nous envisageons de confier à notre service juridique le règlement de cette affaire.
30 Notre patience est à bout. À partir de la fin de la semaine prochaine, nous demanderons à notre service juridique de prendre en charge nos intérêts.

ÜBERGABE AN RECHTSANWALT

31 Wir teilen Ihnen mit, dass wir Ihre offenstehenden Rechnungen unserem Rechtsanwalt zur weiteren Bearbeitung übergeben haben.
32 Da Sie auf unsere beiden Mahnungen nicht antworteten, haben wir unseren Rechtsanwalt eingeschaltet.
33 Ihr Zahlungsrückstand veranlasst uns, unsere Forderungen auf gerichtlichem Weg einzutreiben.
34 Wir haben unseren Rechtsanwalt beauftragt, Ihren Fall zu bearbeiten. Als Anlage übersenden wir Ihnen eine Kopie unseres heutigen Schreibens an ihn.
35 Unser Rechtsanwalt hat die Bearbeitung Ihrer Angelegenheit übernommen. Gegebenenfalls werden wir uns nicht scheuen, unseren Forderungen gerichtlich Nachdruck zu verleihen.
36 Ihr Zahlungsrückstand liess uns keine andere Wahl als die, unseren Rechtsanwalt mit der Angelegenheit zu betrauen.

L'AFFAIRE EST CONFIÉE AUX SOINS D'UN AVOCAT

31 Nous vous faisons savoir par la présente que nous avons transmis les factures non réglées à notre avocat pour qu'il continue de s'occuper de l'affaire.
32 Comme vous n'avez pas répondu à nos deux réclamations, nous avons confié l'affaire à notre avocat.
33 Votre arriéré nous oblige à recourir aux voies de justice pour recouvrer nos créances.
34 Nous avons chargé notre avocat de s'occuper de votre cas. Nous vous adressons ci-joint une copie de la lettre que nous lui avons envoyée ce jour.
35 Notre avocat s'est chargé de l'affaire. Le cas échéant, nous n'hésiterons pas à faire appel au tribunal pour recouvrer nos créances.
36 Votre arriéré ne nous a pas laissé d'autre choix que de confier cette affaire à notre avocat.

MÄNGELRÜGE

MENGENABWEICHUNG

1 Leider mussten wir bei der Überprüfung Ihrer Sendung vom . . . feststellen, dass Sie sich nicht an unsere Mengenangaben gehalten haben. Nur gegen einen Preisnachlass von 25% sind wir bereit, die nicht bestellten Stücke abzunehmen.
2 Anstatt der bestellten . . . haben Sie uns . . . Stück zugesandt und in Rechnung gestellt. Sollten Sie uns einen angemessenen Preisnachlass gewähren, wären wir bereit, auch die Mehrlieferung abzunehmen.
3 Mit Ihrer Lieferung vom . . . haben Sie unseren Auftrag um mehr als . . . % überschritten. Wir sind nicht bereit, diese Mehrlieferung zum ursprünglichen Preis abzunehmen.
4 Für Ihre Mehrlieferung haben wir keine Verwendung. Die überzähligen Stücke werden wir Ihnen umgehend zurücksenden.
5 Wir hoffen, dass sich eine derartige Mehrlieferung nicht wiederholen wird.
6 Wir haben keine Verwendung für die zuviel gelieferten . . . Stück.
7 Zu unserem grossen Bedauern liegt die von Ihnen gelieferte Stückzahl beträchtlich unter der von uns lt. Auftrag Nr. . . . bestellten Warenmenge. Wir bitten daher um schnellste Zusendung der fehlenden . . . Stück.

RÉCLAMATION POUR DÉFAUTS D'EXÉCUTION

ÉCART QUANTITATIF

1 Nous avons malheureusement constaté en vérifiant votre envoi du . . . que vous n'avez pas respecté les quantités que nous avions indiquées. Nous n'accepterons les pièces commandées que contre une remise de prix de 25%.
2 Au lieu des . . . pièces commandées, vous nous en avez livré et facturé . . . Si vous nous accordez une remise de prix raisonnable, nous sommes disposés à accepter l'excédent de livraison.
3 Votre livraison du . . . excède de plus de . . . % la quantité que nous avions commandée. Nous n'avons pas l'intention d'accepter cet excédent de livraison au prix initial.
4 Nous n'avons pas l'utilisation de ce que vous nous avez livré en trop. Nous allons vous retourner immédiatement les pièces excédentaires.
5 Nous espérons qu'une semblable livraison excédentaire ne se renouvellera pas.
6 Nous n'avons pas l'utilisation des . . . pièces livrées en trop.
7 À notre grand regret, la livraison que vous nous avez faite est très inférieure à la quantité prévue dans notre ordre n° . . . Nous vous demandons donc de nous envoyer au plus vite les . . . pièces manquantes.

8 Wir müssen auf baldige Zusendung der fehlenden Ware bestehen.
9 Bitte senden Sie uns die fehlenden Stücke per Express zu.
10 Leider haben Sie unseren Auftrag vom . . . nicht vollständig ausgeführt. Wir erwarten die fehlende Ware dringend.
11 Bei Ihrer Lieferung vom . . . vermissten wir den Artikel . . . Wir erwarten Ihre Nachricht über den Verbleib der Ware.
12 Bei Ihrer letzten Sendung ist Ihnen leider ein Fehler unterlaufen. Sie vergassen . . . Kartons des Artikels Nr. . . . mitzuliefern.
13 Wir hoffen, dass Sie uns die fehlenden Stücke sofort zusenden werden.
14 Unsere letzte Bestellung wurde nicht ordnungsgemäss ausgeführt. Leider fehlen . . . Stück des für uns sehr wichtigen Artikels . . .
15 Bitte senden Sie uns umgehend die . . . Kartons, die Sie bei Ihrer letzten Sendung vergessen haben.
16 Sie haben . . . Stück des Artikels Nr. . . . zwar in Rechnung gestellt, aber nicht mitgeliefert. Wir erwarten Ihre Stellungnahme.

8 Nous insistons pour que la marchandise manquante nous soit envoyée au plus tôt.
9 Veuillez nous envoyer les pièces manquantes par express.
10 Vous n'avez malheureusement pas exécuté entièrement notre ordre du . . . Nous attendons la marchandise manquante de toute urgence.
11 Dans votre livraison du . . ., les articles . . . manquaient. Veuillez nous faire savoir où se trouve la marchandise.
12 Dans votre dernier envoi, une erreur vous a malheureusement échappé. Vous avez oublié de joindre . . . cartons de l'article n° . . .
13 Nous espérons que vous allez nous envoyer immédiatement les pièces manquantes.
14 Notre dernière commande n'a pas été correctement exécutée. Il manquait malheureusement . . . pièces de l'article . . . qui est pour nous primordial.
15 Veuillez nous envoyer par retour du courrier les . . . cartons que vous avez oubliés lors de votre dernière expédition.
16 Vous nous avez bien facturé . . . pièces de l'article n° . . . mais celles-ci manquaient à la livraison. Nous attendons votre réponse à ce sujet.

QUALITÄTSABWEICHUNG VOM MUSTER

1 Die Qualität Ihrer Lieferung vom . . . weicht beträchtlich von den Mustern ab.
2 Die Muster, die uns Ihr Vertreter, Herr . . . am . . . vorgelegt hat, waren von weitaus besserer Qualität als Ihre letzte Lieferung.
3 Die Artikel Nr. . . . und . . . Ihrer Lieferung vom . . . sind qualitativ schlechter als die vorgelegten Muster.
4 Wir sind nicht gewillt, von Ihren Mustern abweichende Waren anzunehmen.
5 Wir müssen darauf bestehen, dass Sie uns die gleiche Qualität wie die der am . . . vorgelegten Muster liefern.
6 Wir haben die Rücksendung Ihrer Lieferung vom . . . veranlasst, da die Qualität beträchtlich von Ihren Mustern abweicht.
7 Wir werden Ihnen die Artikel Nr. . . ., . . . und . . . zu Ihren Lasten zurücksenden, da deren Qualität vom Muster abweicht.

QUALITÉ DIFFÉRANT DE CELLE DE L'ÉCHANTILLON

1 La qualité de votre livraison du . . . diffère sensiblement de celle des échantillons.
2 Les échantillons que votre représentant, Monsieur . . ., nous a présentés le . . . étaient d'une qualité largement supérieure à celle de votre dernière livraison.
3 Les articles n° . . . et . . . de votre livraison du . . . sont d'une qualité inférieure à celle des échantillons présentés.
4 Nous n'avons pas l'intention d'accepter des marchandises non conformes aux échantillons.
5 Nous tenons absolument à ce que vous nous livriez la même qualité que celle des échantillons qui nous ont été montrés le . . .
6 Nous vous avons fait retourner votre livraison du . . ., car sa qualité diffère sensiblement de celle des échantillons.
7 Nous allons vous retourner les articles n° . . . et . . . à vos frais, car leur qualité n'est pas conforme à l'échantillon.

QUALITÄTSABWEICHUNG VON DER PROBELIEFERUNG

8 Ihre Probelieferung vom . . . war von weitaus besserer Qualität als die Artikel Ihrer letzten Sendung.

QUALITÉ DIFFÉRANT DE CELLE DE LA LIVRAISON À TITRE D'ESSAI

8 Votre livraison à titre d'essai du . . . était d'une qualité bien supérieure à celle des articles de votre dernier envoi.

9 Wir sehen uns nicht in der Lage, Ihre letzte Lieferung anzunehmen, da sie qualitativ von Ihrer Probelieferung abweicht.

10 Wir haben die Rücksendung Ihrer Lieferung vom ... in die Wege geleitet, da sie uns – im Gegensatz zu Ihrer Probelieferung – nicht überzeugte.

11 Die Rücksendung haben wir bereits veranlasst.

9 Nous ne pouvons pas accepter votre dernière livraison car elle diffère qualitativement de votre livraison à titre d'essai.

10 Nous avons donné l'ordre de vous retourner votre livraison du ... qui, contrairement à votre livraison à titre d'essai, ne nous a pas convaincus.

11 Nous avons déjà donné l'ordre de vous réexpédier la marchandise.

QUALITÄTSABWEICHUNG VON DER BESTELLUNG

12 Leider müssen wir Sie darauf hinweisen, dass Ihre Lieferung vom ... nicht der von uns bestellten Qualität entspricht.

13 Wir haben Posten mittlerer Qualität bestellt. Nun senden Sie uns diese minderwertige Ware.

14 Wir hatten beste Qualität bestellt und sehen uns ausserstande, Ihre schlechte Ware abzunehmen.

15 Ihre Lieferung vom ... entspricht nicht unseren Qualitätsvorstellungen.

QUALITÉ DIFFÉRANT DE CELLE DE LA QUALITÉ COMMANDÉE

12 Nous devons malheureusement vous signaler que votre livraison du ... ne correspond pas à la qualité que nous avions commandée.

13 Nous avons commandé de la marchandise de qualité moyenne. Or vous nous envoyez des marchandises de qualité inférieure.

14 Nous avions commandé une très bonne qualité et nous ne pouvons pas accepter vos marchandises de mauvaise qualité.

15 Votre livraison du ... ne correspond pas à la qualité que nous attendons.

QUALITÄTSABWEICHUNG VON DEN ANGABEN

16 Die Waren entsprechen nicht der von Ihnen angebotenen Qualität.

17 In Ihrem Prospekt bieten Sie Ware einer weitaus besseren Qualität an.

18 Bitte teilen Sie uns den Grund für die Qualitätsabweichung zwischen Angebot und Lieferung mit.

19 In Ihrem Prospekt kündigen Sie Waren bester Qualität an. Sollten Sie uns nicht einen beträchtlichen Preisnachlass gewähren, müssten wir die Posten minderer Qualität zurücksenden.

20 Bei der Überprüfung Ihrer Sendung vom ... mussten wir feststellen, dass Sie Ihre Qualitätszusage nicht gehalten haben.

21 Ihre Sendung entspricht nicht Ihrem Angebot. Wir weigern uns, Waren von so schlechter Qualität abzunehmen.

22 In den nächsten Tagen erhalten Sie Ihre Sendung vom ... zurück. Bitte senden Sie uns Ware von der in Ihrem Prospekt angebotenen Qualität.

QUALITÉ DIFFÉRANT DE LA QUALITÉ OFFERTE

16 Les marchandises ne correspondent pas à la qualité indiquée dans votre offre.

17 Dans votre prospectus, vous offriez de la marchandise d'une qualité bien supérieure.

18 Veuillez nous donner la raison de la différence de qualité entre l'offre et la livraison.

19 Votre prospectus annonce une marchandise d'excellente qualité. Si vous ne nous accordez pas une importante remise de prix, nous vous retournerons les lots de marchandises de qualité inférieure.

20 En vérifiant votre envoi du ..., nous avons constaté que vous n'avez pas tenu votre promesse en ce qui concerne la qualité.

21 Votre envoi n'est pas conforme à votre offre. Nous refusons d'accepter des marchandises d'aussi mauvaise qualité.

22 Vous allez recevoir en retour dans les prochains jours votre envoi du ... Veuillez nous envoyer une marchandise de la qualité offerte dans votre prospectus.

MANGELHAFTE VERPACKUNG

1 Die Verpackung Ihrer letzten Sendung liess viel zu wünschen übrig. Ein beträchtlicher Teil der Lieferung ist beschädigt.

EMBALLAGE DÉFECTUEUX

1 L'emballage de votre dernière expédition laissait beaucoup à désirer. Une partie importante de la livraison est endommagée.

2 Leider müssen wir die Beschädigung des Artikels Nr. . . . Ihrer letzten Sendung reklamieren.
3 Die Waren Ihrer letzten Lieferungen waren nachlässig verpackt. Die beschädigten Waren erhalten Sie zurück.
4 Ein Teil der Ware ist beschädigt bei uns eingetroffen. Ihre nachlässige Verpackung ist uns bei dieser wertvollen Ware einfach unverständlich.
5 Infolge schlechter Verpackung kam ein Teil Ihrer Lieferung vom . . . feucht an.
6 Die Verpackung war derart mangelhaft, dass der grösste Teil Ihrer Lieferung vom . . . beschädigt ist.
7 Für die beschädigten Stücke haben wir keine Verwendung. Wir hoffen, dass Sie bei unserer nächsten Bestellung die Waren sorgfältiger verpacken werden.
8 Eine derart schlechte Verpackung ist uns unverständlich. Die beschädigten Stücke senden wir Ihnen zu Ihren Lasten zurück.
9 Infolge mangelhafter Verpackung sind . . . Artikel Ihrer Lieferung vom . . . beschädigt und daher unverkäuflich. Wir bitten dies bei der Rechnungstellung zu berücksichtigen.
10 Leider müssen wir auf Ersatzlieferung von . . . Stück des Artikels . . . bestehen, da sie infolge schlechter Verpackung beschädigt angekommen sind.
11 Ihre Sendung vom . . . kam in unbrauchbarem Zustand bei uns an. Bitte verpacken Sie die Waren in Zukunft sorgfältiger.

FALSCHLIEFERUNG

1 Zu unserem Bedauern müssen wir Ihnen mitteilen, dass Ihre am . . . gelieferte Ware nicht unserer Bestellung entspricht.
2 Leider haben Sie uns nicht die bestellten Waren geliefert.
3 Wir müssen Sie darauf hinweisen, dass Sie uns anstelle des bestellten Artikels Nr. . . . den Artikel Nr. . . . geliefert haben.
4 Sie erhalten in den nächsten Tagen die irrtümlich gelieferten Posten zurück. Bitte senden Sie uns umgehend die am . . . bestellten Artikel.
5 Ihre Lieferung weicht beträchtlich von unserer Bestellung vom . . . ab.
6 Ihrer Versandabteilung ist ein Fehler unterlaufen. Irrtümlich wurden uns Waren zugesandt, die laut Rechnung für eine andere Firma bestimmt waren.
7 Leider müssen wir Ihre Lieferung Nr. . . . zurückweisen. Sie entspricht in keiner Weise unserer Bestellung vom . . .

2 Nous devons malheureusement vous adresser une réclamation pour la détérioration de l'article n° . . . de votre dernier envoi.
3 La marchandise de votre dernière livraison était emballée sans aucun soin. Nous vous retournons la marchandise endommagée.
4 Une partie de la marchandise est arrivée en mauvais état. Le manque de soin de votre emballage pour une marchandise de valeur comme celle-ci nous est tout simplement incompréhensible.
5 En raison de son emballage défectueux, une partie de votre livraison du . . . a été mouillée.
6 Votre emballage était à ce point défectueux que la plus grande partie de votre livraison du . . . est endommagée.
7 Nous n'avons pas l'utilisation des pièces endommagées. Nous esperons qu'à notre prochaine commande l'emballage sera plus soigné.
8 Un emballage aussi lamentable nous est incompréhensible. Nous vous renvoyons à vos frais les pièces endommagées.
9 Par suite du mauvais emballage, . . . articles de votre livraison du . . . ont été endommagés et sont maintenant invendables. Nous vous prions de tenir compte de ce préjudice lors de la facturation.
10 Nous devons malheureusement exiger le remplacement de . . . pièces de l'article . . . arrivées en mauvais état par suite de l'emballage défectueux.
11 Votre envoi du . . . est arrivé chez nous dans un état qui le rend inutilisable. Veuillez à l'avenir emballer la marchandise avec plus de soin.

RÉCLAMATION CONCERNANT LA LIVRAISON

1 Nous avons le regret de vous signaler que la marchandise que vous nous avez livrée le . . . ne correspond pas à notre commande.
2 Vous ne nous avez malheureusement pas livré les marchandises commandées.
3 Nous vous signalons qu'à la place de l'article n° . . . commandé, vous nous avez livré l'article n° . . .
4 Vous allez recevoir en retour dans les prochains jours les marchandises livrées par erreur. Veuillez nous envoyer par retour les articles commandés le . . .
5 Votre livraison diffère considérablement de notre commande du . . .
6 Une erreur a échappé à votre service d'expédition. On nous a expédié par erreur des marchandises qui, d'après la facture, étaient destinées à une autre maison.
7 Nous sommes malheureusement obligés de vous retourner votre livraison n° . . . Elle ne correspond pas du tout à notre commande du

8 Für die am ... bei uns eingegangene falsch ausgeführte Lieferung haben wir keine Verwendung. Bitte überprüfen Sie nochmals unseren Auftrag.
9 Bitte teilen Sie uns die Höhe Ihrer Skonti auf die irrtümlich gelieferten Artikel ... und ... mit. Wir sind nur bei beträchtlichem Preisnachlass bereit, diese Ware abzunehmen.
10 Sie haben unsere letzte Bestellung nachlässig bearbeitet; die Posten ... und ... hatten wir nicht bestellt.

8 Nous n'avons pas l'utilisation de la livraison qui est arrivée chez nous le ... et qui ne correspond pas à ce que nous avions commandé. Veuillez revoir notre ordre.
9 Veuillez nous faire savoir quel est le montant de vos remises pour les articles ... et ... qui ont été livrés par erreur. Nous ne prendrons cette marchandise qu'avec une importante remise de prix.
10 Vous n'avez pas exécuté notre dernière commande avec tout le soin voulu; nous n'avions pas commandé les articles ... et ...

FALSCHE RECHNUNGSSTELLUNG

1 Bei der Berechnung Ihrer letzten Lieferung ist Ihnen ein Fehler von ... zu Ihren Gunsten unterlaufen.
2 Zu unserer Überraschung mussten wir feststellen, dass Sie in Ihrer Rechnung Nr. ... vom ... höhere Preise in Rechnung stellen als in Ihrem Angebot angekündigt.
3 In Ihrer letzten Rechnung ist Ihnen ein Fehler unterlaufen. Als Anlage erhalten Sie die Faktur zur Korrektur zurück.
4 Die Berechnung der Preise entspricht nicht den am ... vertraglich festgelegten Bedingungen.
5 Sie berechnen höhere Preise als in Ihrem Prospekt angekündigt.
6 Ihre Rechnung Nr. ... vom ... ist in US-$ fakturiert. Bitte senden Sie uns eine in DM fakturierte Zweitschrift.
7 Wir möchten Sie bitten, uns Ihre Rechnungen in Zukunft in ...-facher Ausfertigung zu senden.
8 Die Posten ... und ... Ihrer Rechnung Nr. ... vom ... sind unleserlich. Bitte senden Sie uns umgehend eine einwandfrei lesbare Rechnung.
9 Aus Ihrer Rechnung vom ... geht der Preis des Artikels ... nicht klar hervor. Wir erwarten umgehend eine übersichtliche Fakturierung.
10 Ihre letzte Rechnung weist zwei Rechenfehler auf. Bitte senden Sie uns schnellstens eine einwandfreie Faktur.

RÉCLAMATION CONCERNANT LA FACTURATION

1 En facturant votre dernière livraison, vous avez malheureusement commis une erreur de ... à votre profit.
2 Nous avons été surpris de constater que les prix indiqués sur votre facture n° ... du ... sont plus élevés que ceux annoncés dans votre offre.
3 Une erreur s'est glissée dans votre dernière facture. Nous vous la retournons ci-joint pour rectification.
4 Tels que vous les avez calculés, les prix ne correspondent pas aux conditions fixées le ... par contrat.
5 Les prix que vous nous faites sont plus élevés que ceux indiqués dans votre prospectus.
6 Votre facture n° ... du ... est établie en dollars. Veuillez nous en adresser un nouvel exemplaire en marks.
7 Nous vous prions de nous envoyer désormais vos factures en ... exemplaires.
8 Les postes ... et ... de votre facture n° ... du ... sont illisibles. Veuillez nous envoyer par retour du courrier une facture parfaitement lisible.
9 Dans votre facture du ..., le prix de l'article ... ne ressort pas clairement. Nous attendons une facture claire par retour du courrier.
10 Votre dernière facture contient deux erreurs de calcul. Veuillez nous envoyer le plus vite possible une facture correcte.

NICHTEINHALTUNG DER VERSPROCHENEN ABZÜGE

11 Ihr Vertreter versprach uns einen Mengenrabatt von ... %. Bitte senden Sie uns eine neue, korrigierte Rechnung.
12 In Ihrem Angebot versprachen Sie uns einen Preisnachlass von ... % pro Artikel.

PROMESSES DE REMISE NON TENUES

11 Votre représentant nous a promis un rabais de quantité de ... %. Veuillez nous envoyer une nouvelle facture dûment corrigée.
12 Dans votre offre, vous nous avez promis une remise de prix de ... % par article.

13 Bei der Berechnung unserer Bestellung vom ... haben Sie leider den versprochenen Preisnachlass vergessen. Bitte senden Sie uns eine neue Rechnung.

14 In Ihrem Prospekt sind die Preise nach Mengen gestaffelt. Leider haben Sie dies bei der Fakturierung Ihrer letzten Rechnung übersehen.

15 Mit Schreiben vom ... versprachen Sie uns einen Treuebonus in Höhe von ... % des Rechnungsbetrags. Bitte senden Sie uns eine entsprechend korrigierte Faktur.

16 Bei der Fakturierung unseres Auftrags vom ... vergassen Sie den versprochenen Einführungsrabatt auf die neuen Artikel Nr. ... und ... Wir erlauben uns, diesen Betrag bei der Überweisung abzuziehen.

17 Sie versprachen uns bei Barzahlung einen Skonto von ... %. Deshalb ist es uns unerklärlich, warum sie jetzt diesen Skontoabzug reklamieren.

18 Leider haben Sie die in Ihrem Angebot vom ... zugesagten Preisnachlässe nicht berücksichtigt. Deshalb senden wir Ihnen Ihre Rechnung Nr. ... vom ... zur Korrektur zurück.

19 Bei der Fakturierung unserer Bestellung vom ... vergassen Sie den versprochenen Mengenrabatt. Wir bitten Sie, diesen Betrag bei unserer nächsten Bestellung zu berücksichtigen.

13 En facturant notre commande du ..., vous avez malheureusement oublié la remise de prix que vous nous aviez promise. Veuillez nous envoyer une nouvelle facture.

14 Dans votre prospectus, les prix sont différenciés d'après la quantité. Vous n'en avez malheureusement pas tenu compte en établissant votre dernière facture.

15 Dans votre lettre du ..., vous nous avez promis une bonification de bon client s'élevant à ... % du montant de la factúre. Veuillez nous envoyer une facture en tenant compte.

16 En facturant notre ordre du ..., vous avez oublié la remise que vous nous aviez promise pour le lancement des articles n° ... et ... Nous nous permettons de déduire cette somme de notre virement.

17 Vous nous avez promis un escompte de ... % en cas de paiement comptant. Nous ne nous expliquons donc pas pourquoi vous réclamez maintenant le montant de cette déduction.

18 Vous n'avez malheureusement pas respecté les remises de prix que vous nous aviez promises dans votre offre du ... Nous vous retournons votre facture n° ... du ... pour rectification.

19 En facturant notre commande du ..., vous avez oublié le rabais de quantité que vous nous aviez promis. Nous vous prions d'en tenir compte lors de notre prochaine commande.

MISSVERSTÄNDNISSE UND UNKLARHEITEN

1 Wir haben zwei Ausführungen des Artikels ... auf Lager. Bitte teilen Sie uns umgehend mit, welche Version wir Ihnen liefern sollen.

2 Die Posten ... und ... Ihrer Bestellung sind unklar. Bitte geben Sie uns telefonisch die gewünschten Farben an.

3 In Ihrer letzten Bestellung haben Sie die gewünschten Grössen nicht angegeben.

4 Bei unserer Bestellung vom ... ist uns leider ein Fehler unterlaufen. Bitte senden Sie uns anstelle des ursprünglich bestellten Artikels ... den Artikel ...

5 Teilen Sie uns bitte mit, ob Ihr Angebot vom ... noch gültig ist.

6 Bitte fakturieren Sie unsere Bestellung vom ... in ... (Währung). Wir haben vergessen, dies anzugeben.

7 Bei unserer letzten Bestellung ist uns ein Fehler unterlaufen. Bitte senden Sie die Waren nicht vor dem ... nächsten Monats.

8 Die Adressenangabe Ihrer letzten Bestellung ist uns unklar. Bitte teilen Sie uns den Bestimmungsbahnhof mit.

MALENTENDUS ET OBSCURITÉS

1 Nous avons en stock deux modèles de l'article ... Veuillez nous dire par retour du courrier quel modèle nous devons vous envoyer.

2 Les postes ... et ... de votre commande ne sont pas clairs. Veuillez nous faire savoir par téléphone quelles sont les couleurs que vous désirez.

3 Dans votre dernière commande, vous avez omis de signaler les tailles que vous désirez.

4 En passant notre commande du ..., une erreur nous a malheureusement échappé. Veuillez nous envoyer l'article ... au lieu de l'article ... initialement commandé.

5 Veuillez nous faire savoir si votre offre du ... est encore valable.

6 Veuillez facturer notre commande du ... en ... (monnaie). Nous avons oublié de vous le signaler en passant notre commande.

7 Nous avons commis une erreur en passant notre dernière commande. Veuillez ne pas nous envoyer la marchandise avant le ... du mois prochain.

8 L'adresse que vous indiquez dans votre dernière commande n'est pas claire. Veuillez nous préciser quelle est la gare destinataire.

9 Aus Ihrer Bestellung vom . . . ist die von Ihnen gewünschte Versandart nicht ersichtlich. Bitte geben Sie uns umgehend Bescheid.
10 Bitte teilen Sie uns den Grund für die Stornierung Ihrer letzten Bestellung mit.
11 Ihre telegrafische Bestellung vom . . . weist leider Übertragungsfehler auf. Würden Sie Ihren Auftrag bitte schriftlich wiederholen!
12 Leider müssen wir auf Rückerstattung des fälschlich abgezogenen Betrags in Höhe von . . . bestehen.
13 Wir möchten Sie darauf hinweisen, dass wir beste Qualität bestellt hatten. Eine derartige Qualitätsabweichung können wir nicht in Kauf nehmen.
14 Ihre Waren entsprechen nicht unserer Bestellung.
15 Bitte senden Sie Waren der von uns bestellten Qualität.
16 Wir bitten Sie, bei der nächsten Lieferung die bestellte Qualität genau zu beachten.
17 Die Posten . . . und . . . entsprechen nicht der von uns bestellten Qualität.

9 Il n'apparaît pas dans votre commande du . . . quel mode d'expédition vous désirez. Veuillez nous donner les indications nécessaires par retour du courrier.
10 Nous vous prions de bien vouloir nous faire connaître le motif de l'annulation de votre dernière commande.
11 Des erreurs de transmission se sont malheureusement produites dans votre commande télégraphique du . . . Pourriez-vous nous confirmer de nouveau votre commande par écrit?
12 Nous regrettons de devoir exiger le remboursement de la somme de . . . que vous avez déduite à tort.
13 Nous voudrions attirer votre attention sur le fait que nous avions commandé une qualité supérieure. Un tel écart de qualité est inacceptable.
14 Votre marchandise ne correspond pas à notre commande.
15 Veuillez nous envoyer une marchandise de la qualité commandée.
16 Nous vous prions, pour votre prochaine livraison, de respecter exactement la qualité commandée.
17 Les articles . . . et . . . ne correspondent pas à la qualité que nous avions commandée.

VERLORENE SENDUNGEN

1 Wir teilen Ihnen mit, dass Ihre letzte Sendung anscheinend verlorengegangen ist.
2 Zu unserem Bedauern müssen wir Ihnen mitteilen, dass der Artikel Nr. . . . Ihrer Lieferung vom . . . auf dem Transport verlorenging.
3 Ihre Lieferung vom . . . ist auf dem Transport von . . . nach . . . verlorengegangen. Bitte veranlassen Sie entsprechende Nachforschungen und geben Sie uns Bescheid über den Verbleib der Sendung.
4 Trotz umfangreicher Nachforschungen konnten wir bis heute den Verbleib Ihrer (unserer) Lieferung vom . . . leider nicht ermitteln.
5 Bis heute ist Ihre Sendung vom . . . nicht bei uns eingegangen. Wir nehmen an, dass sie auf dem Transport verlorenging. Bitte veranlassen Sie entsprechende Nachforschungen.

ENVOIS ÉGARÉS

1 Nous vous signalons que votre dernier envoi s'est apparemment perdu.
2 Nous avons le regret de vous signaler que l'article n° . . . de votre livraison du . . . s'est perdu en cours de transport.
3 Votre livraison du . . . s'est perdue au cours du transport de . . . à . . . Veuillez faire faire les recherches nécessaires et nous faire savoir où se trouve la marchandise.
4 Malgré toutes nos recherches, nous n'avons jusqu'à ce jour malheureusement pas pu découvrir où se trouve votre (notre) livraison du . . . (date).
5 Jusqu'à ce jour, votre livraison du . . . ne nous est pas encore parvenue. Nous supposons qu'elle s'est perdue en cours de transport. Veuillez faire faire les recherches nécessaires.

ANTWORTEN AUF STÖRUNGSANZEIGEN

ANGEBOTSWIDERRUF

1 Mit grossem Bedauern nehmen wir den Widerruf Ihres Angebots vom . . . zur Kenntnis.

RÉPONSES AUX NOTIFICATIONS D'INCIDENTS

ANNULATION D'UNE OFFRE

1 C'est à notre grand regret que nous prenons connaissance de l'annulation de votre offre du . . .

2 Der Widerruf Ihres Angebots bringt uns in ernstliche Schwierigkeiten.
3 Die Zurücknahme Ihres Angebots ist sehr bedauerlich.
4 Wir bedauern den Widerruf Ihres letzten Angebots, bitten Sie jedoch, uns auch in Zukunft Ihre Sonderangebote zukommen zu lassen.
5 Die Zurückziehung Ihres Angebots nehmen wir mit Bedauern zur Kenntnis. Hoffentlich ist es Ihnen noch möglich, unsere gestrige Bestellung auszuführen.
6 Heute erfahren wir vom Widerruf Ihres Angebots. Wir müssen dennoch auf Ausführung unseres Ihnen vor zwei Tagen erteilten Auftrages bestehen.

2 L'annulation de votre offre nous cause de graves difficultés.
3 Nous regrettons vivement l'annulation de votre offre.
4 Nous regrettons que vous annuliez notre dernière offre. Nous vous prions toutefois de continuer à l'avenir à nous faire parvenir vos offres spéciales.
5 Nous prenons connaissance avec regret de l'annulation de votre offre. Nous espérons que vous êtes cependant encore en mesure de nous livrer notre commande d'hier.
6 Nous apprenons aujourd'hui l'annulation de votre offre. Nous insistons cependant pour que vous nous livriez l'ordre passé il y a deux jours.

AUFTRAGSWIDERRUF

1 Den Widerruf Ihres Auftrags vom . . . können wir nicht akzeptieren; die Ware hat gestern unser Werk verlassen.
2 Eine Stornierung Ihrer Bestellung ist nicht mehr möglich, da wir bereits mit der Produktion Ihres Auftrags begonnen haben.
3 Unser Lieferungsverzug war durch produktionstechnische Schwierigkeiten bedingt. In Anbetracht dieser Tatsachen möchten wir Sie bitten, Ihren Auftrag aufrechtzuerhalten.
4 Da unsere Lieferung an keinen Termin gebunden war, können wir Ihren Auftragswiderruf nicht anerkennen.
5 Unser Lieferungsverzug ist die Folge einer Reihe nicht von uns verschuldeter unglücklicher Zwischenfälle. Wir sind sicher, dass wir Ihren nächsten Auftrag pünktlich ausführen können.
6 In Sachen Lieferungsverzug trifft uns keine Schuld. Wir haben Ihre Beschwerde an unseren Exporteur weitergeleitet. Eine Stornierung Ihrer Bestellung können wir leider nicht mehr veranlassen.
7 Wir bedauern den Rückruf Ihres Auftrags, hoffen jedoch für die Zukunft auf gute Geschäftsverbindung.

ANNULATION D'UN ORDRE

1 Nous ne pouvons plus accepter l'annulation de votre ordre du . . ., la marchandise ayant quitté hier notre usine.
2 Il ne nous est plus possible de reprendre votre commande, car nous avons déjà commencé l'exécution de votre ordre.
3 Le retard de notre livraison était dû à des difficultés techniques d'exécution. Nous vous prions de tenir compte de ce fait et de maintenir votre commande.
4 Comme nous n'étions tenus à aucun délai de livraison, nous ne pouvons accepter l'annulation de votre ordre.
5 Le retard de notre livraison est la conséquence d'une série d'incidents fâcheux qui ne nous sont pas imputables. Nous avons la certitude de pouvoir exécuter votre prochaine commande dans les délais prévus.
6 Le retard de la livraison est totalement indépendant de notre volonté. Nous avons transmis vos réclamations à notre exportateur. Nous ne sommes malheureusement plus en mesure de transmettre l'ordre d'annulation de votre commande.
7 Nous regrettons que vous annuliez votre commande, mais nous espérons cependant qu'à l'avenir nos relations d'affaires seront profitables.

RECHTFERTIGUNG DES VERZUGS

LIEFERUNGSVERZUG

1 Unser Lieferverzug ist durch eine bedauerliche Fehlplanung unserer Auftragsabteilung entstanden. Wir versichern Ihnen, dass wir in Zukunft Ihre Aufträge bevorzugt bearbeiten werden.

JUSTIFICATION DU RETARD

RETARD DANS LA LIVRAISON

1 Le retard dans la livraison est dû à une erreur de planification regrettable de notre service des commandes. Nous vous donnons l'assurance qu'à l'avenir vos ordres seront exécutés en priorité.

2 Unsere Exportabteilung ist zur Zeit derart überlastet, dass es uns leider nicht möglich war, Ihren Auftrag vom . . . fristgerecht abzuwickeln.

3 Unsere Lieferungsverzögerung bitten wir zu entschuldigen. Wir wurden von einer Zulieferfirma im Stich gelassen.

4 Die Waren aus Ihrer Bestellung vom . . . machten eine Sonderanfertigung erforderlich. Wir bitten deshalb, unseren Lieferungsverzug zu entschuldigen.

5 Der Artikel Nr. . . . wird auf einer neuen Anlage produziert. Den durch technische Schwierigkeiten entstandenen Verzug bitten wir zu entschuldigen.

6 Wir möchten Sie darauf aufmerksam machen, dass unser Lieferungsverzug auf eine Unklarheit in Ihrer Bestellung zurückzuführen ist.

7 Ihr Auftrag war derart missverständlich, dass wir erst nach mehrmaligen Rückfragen mit der Bearbeitung beginnen konnten. Jegliche Schuld an der Lieferungsverzögerung müssen wir deshalb von uns weisen.

8 Mit Schreiben vom . . . haben wir Ihnen mitgeteilt, dass wir Ihre Bestellung vom . . . erst nach Bezahlung Ihres vorhergehenden Auftrags ausführen können. Sie haben sich den Lieferungsverzug demnach selbst zuzuschreiben.

9 Der grosse Lieferungsverzug ist durch eine Nachlässigkeit unseres Spediteurs entstanden. Wir haben Ihr Schreiben vom . . . an ihn weitergeleitet.

10 Durch einen Streik hatten wir einen beträchtlichen Produktionsausfall. Es war uns deshalb leider nicht möglich, Ihren Auftrag pünktlich auszuführen.

2 Notre service des exportations est en ce moment tellement débordé qu'il ne nous a malheureusement pas été possible de faire partir votre ordre du . . . dans les délais prévus.

3 Nous vous prions d'excuser notre retard de livraison dû au fait que l'un de nos fournisseurs nous a fait faux bond.

4 Votre commande du . . . a nécessité une fabrication hors série. Nous vous prions donc de bien vouloir excuser notre retard de livraison.

5 L'article n° . . . est fabriqué avec un matériel nouveau. Nous vous prions d'excuser le retard dû aux difficultés techniques résultant de ce fait.

6 Nous attirons votre attention sur le fait que le retard de notre livraison est dû à un manque de clarté dans votre commande.

7 Votre ordre était à ce point inintelligible que nous n'avons pu commencer à l'exécuter qu'après plusieurs demandes de précisions. La responsabilité du retard dans la livraison ne nous est donc en aucun cas imputable.

8 Dans notre lettre du . . ., nous vous avons avisé que nous ne ferions partir votre commande du . . . qu'après règlement de votre commande précédente. Vous devez donc vous en prendre à vous-mêmes du retard dans la livraison.

9 Le retard considérable dans la livraison est dû à une négligence de notre expéditeur. Nous lui avons transmis votre lettre du . . .

10 À la suite d'une grève, nous avons eu une perte considérable de production. Il nous a donc été impossible d'exécuter votre commande dans les délais fixés.

ZAHLUNGSVERZUG

11 Da wir ein Zahlungsziel von . . . vereinbart hatten, ist uns Ihre Mahnung vom . . . unverständlich.

12 Ihre Mahnung kam für uns überraschend. Wir haben unsere Bank schon in der letzten Woche angewiesen, den angegebenen Betrag an Sie zu überweisen.

13 Unser Zahlungsverzug ist auf eine vorübergehende Liquiditätsschwierigkeit zurückzuführen. Wir werden den Betrag in Höhe von . . . Anfang nächster Woche an Sie überweisen.

14 Da Ihr Konto in unseren Büchern ausgeglichen ist, ist uns Ihre letzte Mahnung unverständlich. Wir bitten Sie um Überprüfung der Angelegenheit.

15 Da wir hohe Aussenstände haben, sind wir mit unseren Zahlungsverpflichtungen in Verzug geraten.

RETARD DANS LE PAIEMENT

11 Nous ne comprenons pas votre rappel du . . . étant donné que nous nous étions mis d'accord sur un délai de paiement de . . . mois.

12 Votre rappel nous a fort surpris, car, la semaine passée déjà, nous avons donné ordre à notre banque de virer la somme en question sur votre compte.

13 Notre retard de paiement est dû à des difficultés passagères de trésorerie. Nous virerons la somme de . . . au début de la semaine prochaine.

14 Nous ne pouvons pas nous expliquer votre dernier rappel, étant donné que, dans nos livres, votre compte se trouve équilibré. Nous vous prions de revoir l'affaire.

15 Nous sommes un peu en retard dans nos paiements car nous avons beaucoup de créances à recouvrer.

16 Ihre Ware kam in schlechtem Zustand bei uns an. Es war uns deshalb bis jetzt noch nicht möglich, grössere Mengen abzusetzen. Unseren Zahlungspflichten werden wir nachkommen, sobald wir einen grösseren Posten abgesetzt haben.

17 Sobald Sie uns den Preisnachlass für den beschädigten Artikel mitgeteilt haben, werden wir unsere Bank beauftragen, den entsprechenden Betrag an Sie zu überweisen.

18 Erst lassen Sie uns ... Monate auf die Ware warten, und dann senden Sie uns eine Woche nach deren Erhalt eine in ausgesprochen unfreundlichem Ton gehaltene Mahnung. Ihr Geschäftsgebaren ist recht merkwürdig!

19 Da wir eine grössere Forderung gegen Ihre Zweigniederlassung in ... haben, erlauben wir uns, die beiden Beträge gegeneinander aufzurechnen.

16 Votre marchandise nous est arrivée en très mauvais état. Il ne nous a donc pas encore été possible d'en vendre de grandes quantités. Nous vous paierons dès que nous aurons pu en vendre une quantité assez importante.

17 Dès que vous nous aurez communiqué la remise consentie pour les articles endommagés, nous donnerons ordre à notre banque de virer la somme due sur votre compte.

18 Vous commencez par nous faire attendre la marchandise ... mois. Vous nous envoyez ensuite à peine une semaine après la livraison, une mise en demeure on ne peut moins aimable. Votre manière de traiter les affaires est décidément très bizarre.

19 Comme votre succursale de ... a une dette importante envers nous, nous nous sommes permis d'épurer les deux dettes par voie de compensation.

ENTSCHULDIGUNG FÜR LIEFERUNGSVERZUG

1 Unser Lieferungsverzug resultiert aus einer falschen Disposition. Wir bitten Sie um Entschuldigung.

2 Unseren Lieferungsverzug bitten wir zu entschuldigen.

3 Ihre Bestellung vom ... wurde bei uns leider fehlgeleitet. Wir bitten Sie für die Lieferungsverzögerung um freundliches Verständnis und versprechen Ihnen für die Zukunft bevorzugte Bearbeitung Ihrer Bestellungen.

4 Unserem zuständigen Sachbearbeiter ist ein Fehler unterlaufen. Wir bitten die verspätete Auslieferung zu entschuldigen.

5 Wegen einer Fehlplanung unserer Fertigungsabteilung konnten wir Ihren Auftrag leider nicht fristgerecht abwickeln.

6 Wegen einer grossen Zahl von Erkrankungen in unserer Firma sind wir mit unserer Produktion in Rückstand geraten. Wir hoffen, Ihnen die Waren Ihrer Bestellung vom ... in ... Tagen zustellen zu können.

7 Wir bitten unsere Lieferungsverzögerung zu entschuldigen. Schwierigkeiten in der Fertigung machten es uns unmöglich, Ihren Auftrag früher auszuführen.

8 Die Lieferungsverzögerung von ... Tagen bedauern wir ausserordentlich. Wir sind deshalb bereit, Ihnen die Ware zu einem reduzierten Preis zu überlassen.

9 Leider war es uns nicht möglich, die bestellten Artikel rechtzeitig zu liefern.

10 Wegen eines Grossauftrags sind wir in Verzug geraten. Bitte haben Sie Verständnis für unsere Terminschwierigkeiten.

EXCUSES POUR RETARD DE LIVRAISON

1 Le retard dans la livraison est dû à une faute d'organisation. Nous vous prions de nous en excuser.

2 Nous vous prions d'excuser le retard de notre livraison.

3 Une erreur d'expédition a malheureusement été commise au départ de chez nous. Nous vous prions d'excuser le retard de la livraison et vous assurons une exécution rapide de vos prochaines commandes.

4 L'employé responsable a commis une erreur. Nous vous prions d'excuser le retard dans la livraison.

5 À la suite d'une erreur de planification de notre service «fabrication», nous n'avons pas pu envoyer votre commande dans les délais prévus.

6 Nous avons eu un retard de production dû à de nombreux cas de maladie parmi le personnel. Nous espérons pouvoir vous envoyer la commande du ... dans ... jours.

7 Nous vous prions d'excuser le retard de notre livraison. Des difficultés de fabrication nous ont empêché de terminer plus tôt votre commande.

8 Nous regrettons vivement que la livraison de votre ordre ait subi un retard de ... jours. Nous sommes prêts pour cette raison à vous laisser la marchandise avec une réduction.

9 Nous regrettons de ne pas avoir pu vous livrer les articles commandés dans les délais prévus.

10 Nous sommes un peu en retard en raison d'une commande exceptionnellement importante. Veuillez avoir de la compréhension pour nos difficultés de livraison.

ENTSCHULDIGUNG FÜR ZAHLUNGSVERZUG

11 Wegen einer Nachlässigkeit unserer Buchhaltung sind wir mit den Zahlungen in Verzug geraten. Wir werden den Betrag umgehend an Sie überweisen und bitten Sie, die Verzögerung zu entschuldigen.
12 Ihre Rechnung vom . . . wurde bei uns falsch abgelegt und daher nicht beglichen. Wir bitten Sie, dies zu entschuldigen.
13 Ihre letzte Rechnung ist durch ein Versehen noch nicht beglichen worden.
14 Unserem zuständigen Sachbearbeiter ist ein Buchungsfehler unterlaufen. Die dadurch bedingte Zahlungsverspätung bitten wir Sie zu entschuldigen.
15 Wegen eines Personalwechsels in der Buchhaltung haben sich unsere Zahlungen verzögert; entschuldigen Sie.
16 Die Zahlungsanweisung wurde von unserer Bank übersehen. Wir bitten für diese Verzögerung um Nachsicht.
17 Die Regulierung Ihrer Rechnung vom . . . ist durch ein Versehen unterblieben.
18 Durch die Verlegung unserer Buchhaltung in das neue Bürogebäude sind wir mit unseren Zahlungen in Rückstand geraten. Bitte haben Sie für diesen Umstand Verständnis.
19 Leider wurde Ihre letzte Rechnung von uns übersehen.
20 Wir danken Ihnen dafür, dass Sie uns an die noch offene Rechnung erinnert haben. Sie wurde versehentlich falsch abgelegt.

EXCUSES POUR RETARD DE PAIEMENT

11 Une négligence survenue dans notre comptabilité a provoqué le retard de paiement dont nous vous prions de nous excuser. Nous allons immédiatement vous virer le montant en question.
12 Votre facture du . . . a été mal classée et, de ce fait, non réglée. Nous vous prions de nous en excuser.
13 Par mégarde, nous n'avons pas encore réglé votre dernière facture.
14 Une erreur a échappé à l'employé responsable de notre service comptable. Nous vous prions d'excuser le retard de paiement qui en a résulté.
15 Un changement dans le personnel de notre service comptable a retardé d'une façon générale nos paiements. Veuillez nous en excuser.
16 La banque n'a pas tenu compte de notre avis de virement. Nous vous prions de bien vouloir excuser le retard qui en résulte.
17 Nous avons, par erreur, omis de régler votre facture du . . .
18 L'installation de notre service comptable dans de nouveaux bureaux a retardé nos paiements. Nous vous prions de tenir compte de cette circonstance et de bien vouloir nous excuser.
19 Nous avons omis de régler votre dernière facture.
20 Nous vous remercions de nous avoir rappelé votre facture que nous n'avons pas encore réglée. Elle s'est trouvée par erreur mal classée.

ABLEHNENDE ANTWORTEN AUF MÄNGELRÜGEN

NICHTANNAHME EINER MEHRLIEFERUNG

1 Der Artikel Nr. . . . ist in Kartons zu je . . . Stück verpackt. Da wir keine Verwendung für angebrochene Kartons haben, bitten wir Sie, die zuviel gelieferten Stücke abzunehmen.
2 Ihre Bestellung vom . . . gab zu Missverständnissen Anlass. Eine Schuld bezüglich der Mehrlieferung des Postens . . . können wir deshalb nicht anerkennen.
3 Ihre Bestellung Nr. . . . wurde von uns ordnungsgemäss abgewickelt.

REFUS DES RÉCLAMATIONS POUR DÉFAUT D'EXÉCUTION

NON-ACCEPTATION D'UN EXCÉDENT DE LIVRAISON

1 L'article n° . . . est emballé en cartons de . . . pièces. Comme nous ne pouvons pas utiliser des cartons entamés, nous vous prions de prendre les articles livrés en excédent.
2 Votre commande du . . . n'était pas claire. Nous ne sommes donc absolument pas responsables de la livraison excédentaire du poste . . .
3 Votre commande n° . . . a été correctement livrée.

4 Aus unseren Unterlagen ist keine Überlieferung Ihrer letzten Bestellung um . . . % ersichtlich. Bitte überprüfen Sie nochmals Ihren Auftrag.

5 Ihre Mängelanzeige ist uns unverständlich. Während unseres letzten Telefongesprächs zeigten Sie sich mit einer Mehrlieferung von . . . Stück einverstanden.

6 Ihre Beschwerde in Sachen Mehrlieferung Ihres letzten Auftrags ist unbegründet, da Sie uns in Ihrem Schreiben vom . . . um zusätzliche Lieferung von . . . Stück des Artikels . . . baten.

7 Ihre Beschwerde wegen der Mehrlieferung von . . . Stück des Artikels . . . ist uns unbegreiflich. Dürfen wir Sie an den einschlägigen Briefwechsel erinnern?

8 Es scheint Ihnen entgangen zu sein, dass Sie Ihre Bestellung mit Schreiben vom . . . um . . . % erhöhten.

9 Ihre Beschwerde wegen Mehrlieferung ist unbegründet.
Dürfen wir Sie in diesem Zusammenhang an Ihre Zusatzbestellung vom . . . erinnern?

4 Il ne ressort pas de nos dossiers que nous vous ayons livré . . . % de plus que la quantité commandée. Veuillez revoir encore une fois votre ordre.

5 Nous ne comprenons pas votre réclamation. Au cours de notre dernier entretien téléphonique, vous étiez d'accord pour une livraison supplémentaire de . . . pièces.

6 Vos réclamations pour excédent dans la livraison de votre dernière commande ne sont pas justifiées: Vous nous avez en effet demandé, dans votre lettre du . . ., de vous livrer . . . pièces en plus de l'article . . .

7 Vos réclamations concernant . . . pièces de l'article . . . qui auraient été livrées en trop sont pour nous tout à fait incompréhensibles. Pouvons-nous nous permettre de vous rappeler notre correspondance à ce sujet.

8 Vous semblez avoir totalement oublié votre lettre du . . ., par laquelle vous avez augmenté de . . . % votre commande.

9 Votre réclamation pour livraison excédentaire est injustifiée. Permettez-nous de vous rappeler votre commande complémentaire du . . .

UNVOLLSTÄNDIGKEIT

1 Sie haben . . . Stück bestellt; wir haben Ihnen diese geliefert. Ihre Beschwerde wegen unvollständiger Lieferung ist unbegreiflich.

2 Nach unseren Unterlagen ist Ihre Beschwerde wegen unvollständiger Lieferung unbegründet.

3 Die fehlenden Stücke könnten beim Transport verlorengegangen sein.

4 Da wir Ihren letzten Auftrag ordnungsgemäss ausgeliefert haben, möchten wir Sie bitten, unsere Lieferung nochmals genau zu überprüfen.

5 Zur Überprüfung Ihrer Beschwerde wegen unvollständiger Lieferung wird in den nächsten Tagen unser Herr . . . bei Ihnen vorbeikommen.

6 In unseren Büchern haben wir keine Fehler entdecken können. Bitte überprüfen Sie nochmals unsere letzte Bestellung.

7 Mit der Überprüfung Ihrer Mängelanzeige haben wir unseren Vertreter, Herrn . . ., beauftragt.

8 Wir können Ihre Beschwerde wegen unvollständiger Lieferung erst nach genauer Prüfung anerkennen.

9 Mit Ihrem Schreiben vom . . . reduzierten Sie Ihre letzte Bestellung um . . . Stück. Ihre Beschwerde ist somit gegenstandslos.

10 Sie baten uns telefonisch, vom Posten . . . Ihres letzten Auftrags nur die Hälfte zu liefern.

LIVRAISON INCOMPLÈTE

1 Nous vous avons livré les . . . pièces que vous aviez commandées. Votre réclamation pour livraison incomplète nous est donc totalement incompréhensible.

2 D'après nos dossiers, votre réclamation pour livraison incomplète est injustifiée.

3 Les pièces manquantes ont tout au plus été perdues en cours de transport.

4 Comme nous avons livré correctement votre dernière commande, nous vous prions de bien vouloir vérifier encore une fois avec soin notre livraison.

5 Notre collaborateur, Monsieur . . ., passera chez vous dans les prochains jours vérifier le bien-fondé de votre réclamation pour livraison incomplète.

6 Nous n'avons découvert dans nos livres aucune erreur. Nous vous prions de bien vouloir vérifier de nouveau notre dernière commande.

7 Nous avons chargé notre représentant, Monsieur . . ., de vérifier le bien-fondé de votre réclamation.

8 Nous ne pouvons reconnaître le bien-fondé de votre réclamation pour livraison incomplète qu'après vérification.

9 Dans votre lettre du . . ., vous avez réduit de . . . pièces votre dernière commande. Votre réclamation est donc totalement injustifiée.

10 Vous nous avez demandé par téléphone de ne vous livrer que la moitié de la quantité indiquée en position . . . de votre dernière commande.

QUALITÄTSRÜGEN

1 Wir haben Ihnen die bestellte Qualität geliefert.
2 Die Waren entsprechen der von Ihnen bestellten Qualität.
3 Mit Schreiben vom ... änderten Sie Ihre Bestellung bezüglich der Qualität des Artikels ... ab.
4 Die Ihnen zugesandten Waren entsprechen qualitativ korrekt unserer Musterlieferung vom ... dieses Jahres.
5 Ihre plötzliche Beschwerde hinsichtlich der «schlechten Qualität» unserer Waren ist uns unverständlich, da wir Ihnen schon seit Jahren eben diese Qualität liefern, ohne dass es je zu einer Beschwerde gekommen wäre.
6 Die Waren verliessen unser Werk in einwandfreiem Zustand.
7 Da wir nur Waren der gelieferten Qualität führen, ist uns Ihre Beschwerde unverständlich.
8 Sie haben es versäumt, in Ihrer Bestellung vom ... Qualitätsangaben zu machen. Ihre Beschwerde ist deshalb unbegründet.
9 Weil Sie keine konkreten Wünsche äusserten, sandten wir Ihnen Waren mittlerer Qualität.
10 Die von Ihnen gewünschte mittlere Qualität wird nicht mehr gefertigt. Bitte berücksichtigen Sie dies bei Ihren weiteren Bestellungen.

RÉCLAMATION CONCERNANT LA QUALITÉ

1 Nous vous avons livré la qualité commandée.
2 La marchandise correspond à la qualité que vous avez commandée.
3 Dans votre lettre du ..., vous avez modifié votre commande en ce qui concerne la qualité de l'article ...
4 La qualité de la marchandise que nous vous avons envoyée correspond exactement à celle des échantillons que vous avez reçus le ... de cette année.
5 Votre brusque réclamation concernant la «mauvaise qualité» de notre marchandise nous est incompréhensible, car c'est exactement la même qualité que nous vous livrons depuis des années et qu'elle n'a jamais donné lieu à réclamation de votre part.
6 La marchandise a quitté notre usine en parfait état.
7 Nous ne comprenons pas votre réclamation, car nous ne faisons la marchandise que dans une qualité, celle que nous vous avons livrée.
8 Dans votre commande du ..., vous avez omis d'indiquer la qualité que vous désiriez. Votre réclamation n'est donc pas justifiée.
9 Comme vous n'aviez pas indiqué quelle qualité vous désiriez, nous vous avons envoyé une marchandise de qualité courante.
10 La qualité moyenne que vous désiriez n'est plus fabriquée. Veuillez en tenir compte dans vos prochaines commandes.

VERPACKUNGSMÄNGEL

1 Ihre Wünsche hinsichtlich besserer Verpackung können wir nur bei Erhöhung der Preise erfüllen. Die Verpackung unserer Waren hat sich seit Jahren bewährt. Wir sind deshalb über Ihre Beschwerde erstaunt.
2 Die für Sie bestimmte Lieferung wurde vorschriftsmässig verpackt. Für Beschädigungen während des Versands können wir keine Haftung übernehmen.
3 Die Ware verliess unser Werk am ... in einwandfreier Verpackung.
4 Sie sind die erste Firma, die sich über unsere Verpackung beschwert.
5 Die Sperrigkeit der Güter liess keine andere Verpackung zu.
6 Da Sie auf schnelle Lieferung drängten, konnten wir leider unsere Spezialverpackung nicht verwenden.
7 Ihre Schadenersatzansprüche müssen wir zurückweisen.

RÉCLAMATION CONCERNANT L'EMBALLAGE

1 Nous ne pouvons satisfaire votre demande d'un meilleur emballage qu'en augmentant en même temps nos prix. L'emballage de notre marchandise a fait ses preuves depuis des années, aussi sommes-nous étonnés de votre réclamation.
2 Votre commande a été emballée conformément à vos indications. Nous déclinons toute responsabilité pour les avaries survenues en cours de transport.
3 La marchandise a quitté notre usine le ... dans un emballage impeccable.
4 Vous êtes la première maison que se plaigne de notre emballage.
5 Les dimensions volumineuses de la marchandise ne permettaient aucun autre emballage.
6 Comme vous insistiez pour être livrés rapidement, nous n'avons malheureusement pas pu utiliser notre emballage spécial.
7 Nous ne pouvons donner suite à votre demande de dommages-intérêts.

8 Die Verpackung unserer Waren hat sich weltweit bewährt. Ihre Beschwerde ist uns völlig unverständlich.
9 Ihre Schadenersatzansprüche wegen mangelhafter Verpackung werden wir nicht anerkennen.
10 Die Waren wurden nicht von uns, sondern von einer Spezialfirma verpackt. Ihre Beschwerde haben wir an sie weitergeleitet.

8 L'emballage de notre marchandise a fait ses preuves dans le monde entier. Votre réclamation est pour nous totalement incompréhensible.
9 Nous ne pouvons pas reconnaître le bien-fondé de votre demande de dommages-intérêts pour emballage défectueux.
10 La marchandise n'a pas été emballée par nous, mais par les soins d'une maison spécialisée. Nous lui avons transmis votre réclamation.

ANERKENNUNG DER MÄNGEL

LIEFERMENGE

1 Da Ihre Bestellung die vorrätige Menge überschritt, konnten wir Ihren Auftrag leider nicht wunschgemäss ausführen.
2 Der Artikel . . . wird bei uns nicht mehr gefertigt. Haben Sie deshalb bitte Verständnis, wenn wir Ihren letzten Auftrag nicht ordnungsgemäss ausführen konnten.
3 Durch ein Versehen haben wir Ihnen . . . Stück zuviel geliefert. Sollten Sie die überzähligen Artikel dennoch abnehmen, würden wir Ihnen einen Preisnachlass von . . . gewähren.
4 Die unvollständige Lieferung Ihrer letzten Bestellung ist auf einen Fehler unserer Auftragsabteilung zurückzuführen.
5 Bitte entschuldigen Sie die zu geringe Belieferung bezüglich Ihrer letzten Bestellung.
6 Wir haben die fehlenden Artikel bereits zum Versand angewiesen. Bitte entschuldigen Sie unseren Irrtum.
7 Die fehlenden Waren werden Ihnen zu unseren Lasten per Express zugesandt.
8 Wir sind sicher, dass uns solche Fehler nicht mehr unterlaufen werden.
9 Sollten Sie für die zuviel gelieferten Waren keine Verwendung haben, schicken Sie sie bitte zu unseren Lasten zurück.
10 Wir bedauern sehr, dass wir die Liefermenge hinsichtlich Ihres letzten Auftrags um mehr als . . . % unterschritten haben. Die Ursache lag im Ausfall eines unserer Fliessbänder.

LA FIRME RECONNAÎT LE BIEN-FONDÉ DE LA RÉCLAMATION

QUANTITÉ LIVRÉE

1 Comme votre commande dépassait la quantité que nous avions en stock, nous n'avons malheureusement pas pu exécuter votre ordre comme vous le désiriez.
2 Nous ne fabriquons plus l'article . . . Nous vous prions donc de nous excuser de n'avoir pas pu exécuter votre commande comme vous le désiriez.
3 Nous vous avons livré par erreur . . . pièces en trop. Si vous acceptiez cependant de garder les articles en excédent, nous vous consentirions une remise de prix de . . .
4 C'est à la suite d'une erreur du service des commandes que nous n'avons livré qu'une partie de votre dernière commande.
5 Nous vous prions de bien vouloir nous excuser de ne pas avoir livré votre dernière commande en totalité.
6 Nous avons déjà donné l'ordre d'expédier les articles manquants. Nous vous prions de bien vouloir excuser cette erreur.
7 La marchandise manquante vous a été envoyée par express à nos frais.
8 Nous sommes certains qu'une telle erreur ne se reproduira plus.
9 Au cas où vous n'auriez pas l'utilisation de la marchandise livrée en trop, nous vous prions de nous la retourner à nos frais.
10 Nous sommes désolés de vous avoir livré une quantité inférieure de plus de . . . % à celle indiquée dans votre dernière commande. Ceci est dû à l'arrêt d'une de nos chaînes.

QUALITÄT

1 Durch ein Versehen wurden Ihnen Waren minderer Qualität geliefert. Bitte senden Sie uns diese Artikel zurück.

QUALITÉ

1 Nous vous avons livré par inadvertance une marchandise de qualité inférieure. Nous vous prions de nous retourner les articles en question.

2 Die von Ihnen gewünschte Qualität hatten wir nicht auf Lager. Wir schickten Ihnen deshalb – übrigens zum gleichen Preis – Waren einer höheren Güteklasse.

3 Bitte entschuldigen Sie die schlechte Ausführung des Artikels ... Wir werden dies bei der Rechnungserstellung berücksichtigen.

4 Die Stücke minderer Qualität tauschen wir auf unsere Kosten um.

5 Bei der Bearbeitung Ihrer Bestellung vom ... ist uns leider ein Fehler unterlaufen.

6 Wir erkennen Ihre Schadenersatzansprüche für die Stücke der minderen Qualität an und bitten für das Versehen um Nachsicht.

7 Bitte entschuldigen Sie unseren Irrtum hinsichtlich der Qualität des Postens Ihrer letzten Bestellung.

8 Wir sind bereit, Ihnen auf die qualitativ weniger guten Stücke einen Preisnachlass von ... % zu gewähren.

9 Bitte schicken Sie die beanstandeten Stücke zurück. Wir werden Ihnen umgehend die gewünschte Qualität zukommen lassen.

2 Nous n'avions pas en stock la qualité que vous désiriez. C'est pourquoi nous vous avons envoyé, d'ailleurs au même prix, de la marchandise d'une qualité supérieure.

3 Nous vous prions d'excuser la mauvaise qualité de l'article ... Nous en tiendrons compte au moment de la facturation.

4 Nous échangerons à nos frais les pièces de qualité inférieure.

5 Une erreur nous a malheureusement échappé lors de l'exécution de votre commande du ...

6 Nous reconnaissons le bien-fondé de votre demande de dédommagement pour les pièces de qualité inférieure et nous vous prions d'excuser cette négligence.

7 Nous vous prions d'excuser notre erreur concernant la qualité de l'article de votre dernière commande.

8 Nous sommes disposés à vous accorder une remise de prix de ...% pour les pièces de moins bonne qualité.

9 Nous vous prions de nous retourner les pièces contestées. Nous vous envoyons par retour la qualité désirée.

VERPACKUNG

1 Wir bitten um Nachsicht für die unsachgemässe Verpackung.

2 Da unser Spezialverpackungsmaterial ausgegangen ist, konnten wir Ihren Auftrag leider nicht besser verpacken.

3 Wir erkennen Ihre Schadenersatzansprüche an und bitten für die Verpackung um Nachsicht.

4 Ihre Beschwerde wegen unsachgemässer Verpackung erkennen wir an. Bitte senden Sie die beschädigten Stücke zurück.

5 Die mangelhafte Verpackung des Artikels Nr. ... ist durch einen Fehler an unserer Verpakkungsmaschine entstanden.

6 Wegen Personalmangels und Terminschwierigkeiten konnten wir die Waren leider nicht sorgfältiger verpacken lassen.

7 Sie sind die erste Firma, die mit unserer Spezialverpackung nicht zufrieden ist. Wir werden Ihre Beschwerde überprüfen lassen.

8 In Anbetracht der von Ihnen zu Recht gerügten schlechten Verpackung sind wir bereit, Ihnen einen Preisnachlass von ... % zu gewähren.

9 Wir bedauern sehr, dass die Ware infolge eines Verpackungsfehlers beschädigt bei Ihnen eingetroffen ist. Bitte teilen Sie uns die Höhe des Ihnen entstandenen Schadens mit.

EMBALLAGE

1 Nous vous prions de bien vouloir excuser le mauvais choix de l'emballage.

2 Notre matériel spécial d'emballage étant épuisé, nous n'avons malheureusement pas pu emballer mieux vos marchandises.

3 Nous reconnaissons le bien-fondé de votre demande d'indemnité et vous prions de bien vouloir excuser l'emballage défectueux.

4 Nous reconnaissons le bien-fondé de votre réclamation pour emballage défectueux. Veuillez nous retourner les pièces endommagées.

5 L'emballage défectueux de l'article n° ... résulte d'une erreur de notre machine à empaqueter.

6 Le manque de personnel et un calendrier surchargé nous ont malheureusement empêché de faire emballer plus soigneusement les marchandises.

7 Vous êtes la première maison qui ne soit pas satisfaite de notre emballage spécial. Nous ferons vérifier votre réclamation.

8 Étant donné l'emballage incriminé par vous à bon droit comme défectueux, nous sommes disposés à vous accorder une réduction de prix de ... %.

9 Nous regrettons vivement que par suite d'un emballage défectueux, la marchandise soit arrivée chez vous en mauvais état. Veuillez nous indiquer le montant du dommage subi.

FALSCHLIEFERUNG

1 Durch ein Versehen wurden Ihnen falsche Waren zugesandt. Wir bitten, diesen Irrtum zu entschuldigen.
2 Sollten Sie für die irrtümlich gelieferten Artikel Verwendung haben, wären wir bereit, Ihnen einen Preisnachlass von . . . % zu gewähren.
3 Bitte senden Sie die falsch gelieferten Posten an uns zurück. Ihr letzter Auftrag wird bereits bearbeitet.
4 Durch eine Verwechslung wurde Ihnen unser Artikel . . . anstelle des von Ihnen bestellten Artikels . . . zugesandt.

ERREUR DE LIVRAISON

1 Par inadvertance, ce n'est pas la bonne marchandise qui vous a été envoyée. Nous vous prions de bien vouloir excuser cette erreur.
2 Au cas où vous auriez l'utilisation des articles qui vous ont été livrés par erreur, nous serions disposés à vous accorder une réduction de prix de . . .%.
3 Veuillez nous retourner la marchandise qui vous a été livrée par erreur. Nous avons déjà repris votre dernière commande.
4 À la suite d'une confusion, c'est l'article . . . qui vous a été envoyé à la place de l'article . . . objet de votre commande.

RECHTFERTIGUNG DER RECHNUNGSSTELLUNG

1 Da wir die vereinbarungsgemäss festgelegten Preise in Rechnung gestellt haben, ist uns Ihre Beschwerde über unsere Rechnung vom . . . unverständlich.
2 Ihre Beschwerde bezüglich unserer Rechnung Nr. . . . müssen wir zurückweisen.
3 Ihre Forderung auf Preisnachlass können wir nicht anerkennen, da unsere Preisstaffelung bei derart kleinen Mengen noch nicht in Kraft tritt.
4 Wir können in unserer letzten Rechnung keinen Additionsfehler entdecken.
5 Wir sind nicht verpflichtet, die Kosten des Versands zu übernehmen.
6 Der vereinbarte Preisnachlass wurde in unserer Rechnung vom . . . bereits berücksichtigt. Die in Rechnung gestellten Preise entsprechen unserer derzeit gültigen Preisliste.
7 Unsere Preise sind äusserst kalkuliert. Ihrer nachträglichen Forderung auf Mengenrabatt können wir leider nicht nachkommen.
8 Wir können in unserer Rechnung vom . . . keinen Fehler entdecken. Bitte überprüfen Sie die Angelegenheiten nochmals.

JUSTIFICATION DE LA FACTURATION

1 Étant donné que nous avons compté les prix convenus, nous ne comprenons pas votre réclamation au sujet de notre facture du . . .
2 Nous ne pouvons donner suite à votre réclamation au sujet de notre facture n° . . .
3 Nous ne pouvons donner suite à votre demande de remise de prix, car notre barème ne s'applique pas à des quantités aussi minimes.
4 Nous n'avons découvert aucune erreur d'addition dans notre dernière facture.
5 Nous ne sommes pas tenus de prendre les frais d'envoi à notre charge.
6 Nous avons déjà tenu compte de la remise de prix convenue dans notre facture du . . . Les prix comptés dans la facture correspondent exactement à notre tarif alors en vigueur.
7 Nos prix sont déjà calculés au plus juste. Nous ne pouvons donc malheureusement pas donner suite à votre demande de rabais de quantité.
8 Nous n'avons découvert aucune erreur dans notre facture du . . . Veuillez avoir l'obligeance de revérifier cette affaire.

ANTWORTEN AUF FEHLERHAFTE ABZÜGE

1 Wir werden Ihnen umgehend eine richtiggestellte Rechnung zugehen lassen.
2 Bitte entschuldigen Sie den Additionsfehler in unserer letzten Rechnung.

RÉPONSES AU SUJET DE DÉDUCTIONS ERRONÉES

1 Nous allons vous faire parvenir par retour du courrier une facture dûment rectifiée.
2 Veuillez excuser l'erreur d'addition de notre dernière facture.

3 Den zuviel berechneten Betrag in Höhe von ... haben wir Ihrem Konto gutgeschrieben.

4 Als Anlage erhalten Sie die richtiggestellte Rechnung in dreifacher Ausfertigung. Bitte entschuldigen Sie das Versehen.

5 Die beanstandete Rechnung wird von uns korrigiert und Ihnen umgehend zurückgesandt.

6 Ihrem Wunsch entsprechend, haben wir die korrigierte Rechnung in ... (Währung) fakturiert.

7 Den Betrag in Höhe von ... für die irrtümlich berechneten Frachtkosten haben wir auf Ihr Konto Nr. ... bei Ihrer Bank überwiesen.

8 Den irrtümlich in Rechnung gestellten Betrag von ... werden wir bei unserer nächsten Fakturierung berücksichtigen.

9 Bitte entschuldigen Sie, dass wir in unserer Rechnung vom ... nicht die versprochenen Mengenrabatte berücksichtigt haben.

10 Ihre Beschwerde wegen Nichtgewährung der versprochenen Preisnachlässe ist berechtigt. Bitte entschuldigen Sie dieses Versehen. Wir werden den zuviel berechneten Betrag Ihrem Konto gutschreiben.

11 Wie am ... telefonisch (brieflich) vereinbart, gehen die Versandkosten zu unseren Lasten. Bitte entschuldigen Sie unseren Irrtum.

12 Sie erhalten umgehend eine neue Rechnung, in der wir den versprochenen Mengenrabatt berücksichtigen werden.

13 Den vereinbarten Preisnachlass werden wir bei unserer nächsten Rechnung berücksichtigen.

14 Wir danken Ihnen, dass Sie uns auf unseren Irrtum aufmerksam gemacht haben. Der versehentlich nicht abgezogene Betrag wurde bereits Ihrem Konto gutgeschrieben.

15 Bitte entschuldigen Sie unsere Beschwerde. Unser zuständiger Sachbearbeiter hatte leider übersehen, dass Sie den Mengenrabatt schon in Ihren Preisen berücksichtigten.

16 Den ungerechtfertigt abgezogenen Rabatt werden wir umgehend auf Ihr Konto Nr. ... bei der ...-Bank in ... überweisen.

17 Bitte stellen Sie uns den irrtümlich abgezogenen Mengenrabatt bei unserer nächsten Bestellung in Rechnung.

18 Wir werden den abgezogenen Betrag in Höhe von ... Ihrem Konto bei uns gutschreiben.

19 Als Anlage erhalten Sie eine Gutschrift für den irrtümlich abgezogenen Bonus in Höhe von ...

20 Ihre Mahnung in Sachen des von uns irrtümlich abgezogenen Betrags ist berechtigt.

21 Wir möchten Sie bitten, in Ihren Rechnungen in Zukunft den abgezogenen Mengenrabatt deutlich zu kennzeichnen.

22 Als Anlage übersenden wir Ihnen einen Verrechnungsscheck über den zuviel abgezogenen Betrag.

23 Bitte belasten Sie unser Konto mit dem irrtümlich abgezogenen Skonto.

3 Nous avons porté à votre crédit la somme de ... que nous vous avions comptée en trop.

4 Ci-joint, la facture rectifiée en triple exemplaire. Nous vous prions d'excuser notre erreur.

5 Nous allons rectifier la facture contestée et vous la renvoyer par retour du courrier.

6 Comme vous le demandez, nous avons établi en ... (monnaie) la facture après l'avoir dûment corrigée.

7 Nous avons viré à votre compte n° ... auprès de votre banque la somme de ... correspondant aux frais d'envoi facturés en trop.

8 Nous tiendrons compte dans notre prochaine facture de la somme de ... que nous vous avons facturée par erreur.

9 Veuillez nous excuser de ne pas avoir déduit dans notre facture du ... les rabais de quantité que nous vous avions promis.

10 Votre réclamation au sujet des remises de prix promises et dont il n'a pas été tenu compte est justifiée. Veuillez excuser cette erreur. Nous allons créditer votre compte du montant de la somme facturée en trop.

11 Comme convenu par téléphone (par lettre) le ..., les frais d'expédition sont à notre charge. Veuillez excuser notre erreur.

12 Vous allez recevoir par retour du courrier une nouvelle facture dans laquelle il sera tenu compte des rabais de quantité promis.

13 Nous tiendrons compte de la remise de prix convenue lors de notre prochaine facture.

14 Nous vous remercions de nous avoir fait remarquer notre erreur. Votre compte a déjà été crédité du montant de la somme qui, par erreur, ne vous avait pas été défalquée.

15 Veuillez excuser notre réclamation. Notre employé ne s'était malheureusement pas aperçu que vous aviez déjà tenu compte dans vos prix du rabais de quantité.

16 Nous allons virer immédiatement à votre compte n° ... à la ... (nom de la banque), ... (localité), la remise déduite à tort.

17 Veuillez nous facturer le rabais de quantité déduit à tort lors de notre prochaine commande.

18 Nous allons créditer votre compte de la somme de ... que nous avions déduite.

19 Veuillez trouver ci-joint un bon à valoir d'un montant de ... pour le rabais déduit à tort. Veuillez excuser notre erreur.

20 Votre rappel au sujet de la somme que nous avions déduite à tort est tout à fait justifié.

21 Nous vous prions à l'avenir de faire clairement ressortir les déductions pour rabais de quantité.

22 Vous trouverez ci-joint un chèque de virement du montant de la somme déduite en trop.

23 Veuillez débiter notre compte du montant de l'escompte déduit à tort.

GUTSCHRIFTSANZEIGE

24 Wir haben am . . . Ihrem Konto den Betrag von . . . gutgeschrieben.
25 Wir haben heute unserer Buchhaltung Anweisung erteilt, Ihnen . . . gutzuschreiben.
26 Auf die beanstandeten Artikel Nr. . . . und Nr. . . . gewähren wir Ihnen einen Nachlass in Höhe von . . . % des Rechnungsbetrags. Entsprechende Gutschrift ist bereits erfolgt.

AVIS DE CRÉDIT

24 Nous avons porté le . . . la somme de . . . au crédit de votre compte.
25 Nous avons donné l'ordre aujourd'hui à notre comptabilité de créditer votre compte de . . .
26 Pour les articles n° . . . et n° . . . contestés, nous vous accordons une réduction de . . . % sur le montant de la facture. Votre compte a déjà été crédité de la somme correspondante.

ANTWORTEN AUF MISSVERSTÄNDNISSE UND UNKLARHEITEN

1 Wir sind überrascht zu hören, dass Sie unsere Bestellformulare nicht übersichtlich genug finden.
2 Wir werden Ihre Anregung in Sachen unserer Mustermappe überprüfen.
3 Wir verstehen Ihre erneute Anfrage nicht. Bei sämtlichen Mustern ist doch die Qualität angegeben.
4 Es tut uns leid, dass unsere Bestellung vom . . . . zu Missverständnissen Anlass gab und dadurch Verzögerungen entstanden.
5 Wir werden uns bemühen, Ihre Bestellformulare in Zukunft gut leserlich auszufüllen.
6 Bitte entschuldigen Sie unsere unklare Rechnungsstellung. Der Mengenrabatt wurde bereits bei der Preisstellung berücksichtigt.
7 Die Fehllieferung ist durch einen Übertragungsfehler entstanden. Bitte haben Sie dafür Verständnis.

RÉPONSES AU SUJET DE MALENTENDUS ET D'OBSCURITÉS

1 Nous sommes étonnés d'apprendre que vous ne trouvez pas nos bons de commande suffisamment clairs.
2 Nous allons examiner votre suggestion au sujet de notre carton d'échantillons.
3 Nous ne comprenons pas votre demande réitérée. La qualité est indiquée sur tous les échantillons.
4 Nous regrettons que notre commande du . . . ait donné lieu à des malentendus et, par suite, à des retards.
5 Nous nous efforcerons à l'avenir de remplir bien lisiblement vos bons de commande.
6 Veuillez excuser le manque de clarté de notre facturation. Il a déjà été tenu compte du rabais de quantité dans les prix.
7 L'erreur de livraison est due à une erreur de transcription. Nous vous prions de nous en excuser.

VORBEUGENDE MASSNAHMEN

LIEFERUNG

1 Vielleicht ist es Ihnen in Zukunft möglich, unsere Aufträge sofort nach Eingang zu bearbeiten.
2 Wir bitten Sie, die für uns bestimmten Lieferungen in Zukunft per Express zu versenden.
3 Um solche Lieferungsverzögerungen zu vermeiden, wollen Sie die Waren in Zukunft per LKW-Sammelverkehr expedieren.

MESURES PRÉVENTIVES

LIVRAISON

1 Il vous sera peut-être possible à l'avenir de vous occuper de nos ordres dès leur réception.
2 Nous vous prions d'expédier à l'avenir par express les livraisons qui nous sont destinées.
3 Afin d'éviter de tels retards de livraison, vous voudrez bien à l'avenir nous expédier les marchandises par camion en transport groupé.

4 Wir möchten Sie bitten, in Zukunft nur die Aufträge anzunehmen, die Sie auch ausliefern können.
5 Vermutlich ist die Ursache für Ihren fast schon chronischen Lieferungsverzug in der schlechten Organisation Ihrer Auftragsabteilung zu suchen.
6 Wir bitten Sie, die Fertigungstermine künftig genauer zu überwachen.
7 Wir sind sicher, dass Ihre Lieferungsverzögerungen bei besserer Terminplanung vermeidbar wären.

ZAHLUNG

1 Um ähnliche Zahlungsverzögerungen zu vermeiden, bitten wir für die Zukunft um sofortige Barzahlung (Zahlung per Scheck) bei Wareneingang.
2 Vielleicht können Sie einen kurzfristigen Kredit aufnehmen?
3 Warum nehmen Sie nicht einen Bankkredit auf, wenn Sie in Liquiditätsschwierigkeiten geraten sind?
4 Sie hätten uns um ein . . . Zahlungsziel bitten können.
5 Bitte weisen Sie Ihre Buchhaltung an, geschuldete Beträge in Zukunft rechtzeitig zu überweisen.

MENGEN

1 Um die Fehllieferungen zu vermeiden, bitten wir Sie, künftig unsere Auftragsmengen bei Verpackung nochmals zu überprüfen.
2 Vielleicht können unvollständige Lieferungen vermieden werden, wenn Sie das Verpacken der Waren genauer kontrollieren lassen.
3 Sie könnten die bearbeiteten Bestellungen von einem zuverlässigen Mitarbeiter überprüfen lassen.
4 Warum lassen Sie die Bestellungen nicht fotokopieren? Auf diese Weise können Sie Übertragungsfehler bei den Mengenangaben der einzelnen Posten vermeiden.
5 Mit Hilfe eines entsprechenden Prämiensystems könnten Sie sicher eine genauere Auftragsbearbeitung erreichen.

QUALITÄT

1 Durch ständige Kontrollen Ihrer Fertigung liessen sich derartige Qualitätsabweichungen sicherlich vermeiden.

4 Nous vous demandons de n'accepter à l'avenir que les ordres que vous êtes aussi en mesure de livrer.
5 La cause du retard presque chronique de vos livraisons se trouve vraisemblablement dans la mauvaise organisation de votre service des commandes.
6 Nous vous prions de contrôler à l'avenir avec plus d'exactitude vos délais de fabrication.
7 Nous sommes certains qu'une meilleure planification de vos livraisons vous permettrait d'éviter les retards.

PAIEMENT

1 Afin d'éviter de semblables retards de paiement, nous demandons à l'avenir à être payés comptant (par chèque) dès réception de la marchandise.
2 Peut-être pourriez-vous prendre un crédit à court terme?
3 Pourquoi ne prenez-vous pas un crédit bancaire quand vous avez des difficultés de trésorerie?
4 Vous auriez pu nous demander un délai de paiement de . . . mois.
5 Veuillez donner à votre comptabilité l'ordre de virer à l'avenir en temps voulu les sommes dues.

QUANTITÉ

1 Afin d'éviter à l'avenir les erreurs de livraison, nous vous prions de faire revérifier les quantités que nous avons commandées au moment de l'emballage.
2 Les livraisons incomplètes pourraient peut-être être évitées si vous faisiez mieux contrôler l'emballage de vos marchandises.
3 Vous pourriez faire vérifier les commandes terminées par un employé de confiance.
4 Pourquoi ne faites-vous pas photocopier les commandes? Vous pourriez de cette façon éviter les erreurs commises dans la transcription des quantités respectivement commandées pour chaque article.
5 Avec un système de primes adéquat, les commandes pourraient sans doute être exécutées de façon plus précise.

QUALITÉ

1 Des contrôles de fabrication constants permettraient certainement d'éviter de tels écarts de qualité.

2 Besitzen Sie keine Prüfabteilung, in der die Qualität Ihrer Waren kontrolliert wird?

3 Derartige Fehler liessen sich sicherlich vermeiden, wenn Ihr Warenlager nach Qualitätsgruppen gegliedert wäre.

4 Wenn Sie Ihre Artikelbezeichnungen neu festlegten, wären derartige Fehler sicherlich zu vermeiden.

5 Bitte lassen Sie die Qualität der Waren bei der Verpackung genau überprüfen.

6 Wäre es nicht möglich, an Ihren Maschinen automatische Qualitätskontrollen anzubringen?

7 Durch Entnahme von Stichproben könnten Sie sich von der Qualität Ihrer Fertigung überzeugen.

8 Was Ihnen fehlt, ist offensichtlich eine klare Qualitätskontrolle.

9 Durch den Einsatz einer neuen Maschine könnten die Qualitätsschwankungen Ihrer Produktion vermieden werden.

10 Durch Lagerung in temperierten Hallen liesse sich der Qualitätsabfall gewiss vermeiden.

2 N'avez-vous aucun service de vérification qui puisse contrôler la qualité de votre marchandise?

3 De semblables erreurs pourraient certainement être évitées si les marchandises étaient groupées par qualités dans votre entrepôt.

4 Si vous changiez la désignation de vos articles, de semblables erreurs pourraient certainement être évitées.

5 Veuillez faire vérifier soigneusement la qualité de la marchandise au moment de l'emballage.

6 Ne pourriez-vous équiper vos machines d'un dispositif automatique de contrôle de qualité?

7 En prélevant des échantillons, vous pourriez contrôler la qualité de votre fabrication.

8 Ce qui manque dans votre maison, c'est apparemment un contrôle de qualité éprouvé.

9 La mise en service d'une nouvelle machine permettrait d'éviter les variations de qualité de vos articles.

10 En entreposant la marchandise dans des hangars à température constante, la diminution de qualité pourrait certainement être évitée.

VERPACKUNG

1 Durch eine bessere Verpackung könnte der Grossteil der Transportschäden vermieden werden.

2 Warum liefern Sie Ihre Waren nicht in Kisten?

3 Bei derartig grossen Bestellmengen wäre doch ein Transport in Containern gerechtfertigt.

4 Kisten wären eine weitaus bessere Verpackung als diese zu dünnen Faltkartons.

5 Durch Einsatz einer automatischen Verpackungsmaschine liesse sich Ihre teilweise sehr schlechte Verpackung sicherlich verbessern.

6 Wenn Sie Ihre empfindlichen Geräte in Styropor verpacken würden, könnten Sie einen Grossteil der Reklamationen vermeiden.

7 Es gibt doch bestimmt besser zu faltendes Verpackungsmaterial, das weitaus widerstandsfähiger, dabei jedoch leicht ist.

8 Wäre nicht eine Schaumstoffverpackung für Ihre Artikel geeigneter?

EMBALLAGE

1 Un meilleur emballage permettrait d'éviter la plus grande partie des dommages en cours de transport.

2 Pourquoi ne livrez-vous pas votre marchandise par caisses?

3 L'importance des commandes justifierait certainement un transport par containers.

4 L'emballage par caisses serait nettement préférable à cet emballage en cartons pliants trop minces.

5 L'utilisation d'une machine à emballer automatique permettrait sûrement d'améliorer votre emballage en partie très défectueux.

6 Si vous emballiez vos appareils fragiles dans du styropor, vous vous éviteriez la plupart des réclamations.

7 Il existe à coup sûr des matériels d'emballage plus faciles à plier, beaucoup plus résistants et quand même légers.

8 Un emballage en mousse synthétique ne conviendrait-il pas mieux à vos articles?

VERSCHIEDENES

1 Mit übersichtlicherer Lagerung könnten Sie diese verhältnismässig oft auftretenden Artikelverwechslungen sicher vermeiden.

2 Bitte lassen Sie in Zukunft eine abschliessende Auftragskontrolle durchführen.

DIVERS

1 Une organisation plus rationnelle de votre entrepôt permettrait certainement d'éviter ces confusions d'articles qui se produisent relativement souvent.

2 Veuillez faire procéder à l'avenir à une dernière vérification une fois la commande achevée.

3 Warum lassen Sie die bearbeiteten Bestellungen nicht genau überprüfen?
4 Vielleicht geben Ihre Artikelbezeichnungen zu diesen Verwechslungen Anlass.
5 Bei genauer Angabe der Adresse wäre diese Verwechslung nicht möglich gewesen.
6 Bitte lassen Sie an Ihren Kisten die alten Adressen entfernen. Vermutlich liegt hier die Ursache der Fehlzustellung.
7 Wir müssen auf einer genaueren Kontrolle Ihrer Auftragsabwicklung bestehen.
8 Wir sind nicht gewillt, uns ständig mit falschen Lieferungen zu beschäftigen.

3 Pourquoi ne faites-vous pas vérifier soigneusement les commandes après exécution?
4 Ce sont peut-être les désignations de vos articles qui donnent lieu à de telles confusions?
5 Si l'adresse avait été indiquée de façon plus précise, l'erreur de livraison ne se serait pas produite.
6 Veuillez faire disparaître l'ancienne adresse de vos caisses. C'est sans doute la raison de l'erreur de livraison.
7 Nous vous demandons de mieux vérifier l'exécution de vos commandes.
8 Nous n'avons pas l'intention de perdre tout notre temps à nous occuper d'erreurs de livraison.

ANTWORTEN WEGEN VERLORENER SENDUNGEN

1 Nach Erhalt Ihrer Reklamation vom . . . haben wir Nachforschungen in Sachen unserer verlorengegangenen Sendung in die Wege geleitet. Wir konnten jedoch bis heute den Verbleib unserer Sendung nicht ermitteln.
2 Den Verbleib besagter Sendung konnten wir feststellen. Versehentlich wurde sie von unserem Spediteur an einen falschen Bestimmungsort befördert.
3 Unser Spediteur hat die Sendung – trotz Versandanzeige an uns – bis heute noch nicht an Sie weitergeleitet.
4 Unverständlicherweise wurden die Waren in . . . in einem Lagerhaus eingelagert.
5 Besagte Sendung wurde infolge starker Beschädigung auf dem Transport an uns zurückgesandt. Wir haben heute eine neue Lieferung an Sie abgesandt.
6 Wir versichern Ihnen, dass wir alles tun werden, um Ihnen die Sendung schnellstens zugehen zu lassen.
7 Bitte gedulden Sie sich noch ein paar Tage. Wir werden alles tun, um den Verbleib der Sendung festzustellen und diese umgehend an Sie weiterzuleiten.
8 Damit Sie die Waren noch rechtzeitig vor dem Weihnachtsgeschäft zur Verfügung haben, haben wir Ihnen heute vorsorglich nochmals den gesamten Posten per Express (Luftfracht) zugeleitet. Sollte die verlorengegangene Sendung inzwischen bei Ihnen eingetroffen sein, bitten wir Sie, uns die zweite Lieferung zu unseren Lasten zurückzuschicken.

RÉPONSES CONCERNANT DES LIVRAISONS ÉGARÉES

1 Dès réception de votre lettre du . . ., nous avons fait entreprendre des recherches pour retrouver notre envoi égaré. Jusqu'à présent, nous n'avons malheureusement pas pu découvrir où se trouve notre envoi.
2 Nous avons pu retrouver l'envoi en question. À la suite d'une inadvertance, notre expéditeur s'est trompé de lieu de destination.
3 Bien qu'il nous ait fait parvenir un avis d'expédition, notre expéditeur ne vous a pas encore réexpédié l'envoi.
4 Il nous est impossible de comprendre pourquoi les marchandises ont été entreposées à . . .
5 L'envoi en question nous a été retourné à la suite d'une importante avarie en cours de transport. Nous vous avons expédié aujourd'hui un nouvel envoi.
6 Vous pouvez être certains que nous ferons tout notre possible pour vous faire parvenir l'envoi dans les plus brefs délais.
7 Veuillez patienter encore quelques jours. Nous ferons tout notre possible pour découvrir où se trouve notre envoi et pour qu'il vous parvienne dans les plus brefs délais.
8 Afin que vous puissiez disposer à temps de la marchandise avant la saison des cadeaux de Noël, nous avons pris la précaution de vous faire aujourd'hui par express (par voie aérienne) un deuxième envoi de toute la marchandise. Si l'envoi égaré vous parvenait entretemps, nous vous prions de bien vouloir nous retourner à nos frais la deuxième livraison.

VERTRETER UND VERTRETUNGEN
REPRÉSENTANTS ET REPRÉSENTATIONS

VERTRETUNGS-ANGEBOT

ZEITUNGSANNONCEN

1 Vertreter für ausgewähltes Programm bei hoher Provision gesucht.
2 Wir haben eine Generalvertretung anzubieten. Wäre das nichts für Sie?
3 Wollen Sie die Welt kennenlernen? Dann kommen Sie zu uns.
4 Für den Raum ... suchen wir einen gewandten jungen Herrn zur Übernahme einer Vertretung.
5 Unsere Firma sucht für den Raum ... einen Vertreter für ...
6 Die Firma ... sucht einen zuverlässigen Vertreter für den Raum ...
7 Sie können bis zu ... verdienen, wenn Sie als Vertreter zu uns kommen.
8 Wir suchen zum ... einen erfahrenen Vertreter für unsere Produkte.
9 Für unsere Filiale in ... suchen wir einen Aussendienst-Mitarbeiter.
10 Unsere Produkte haben sehr gute Absatzchancen. Wir suchen noch Vertreter für den Raum ...
11 Der beste Ihrer zukünftigen Kollegen verdiente im letzten Jahr ... Wollen auch Sie für uns als Vertreter tätig sein?
12 Wir suchen junge, unabhängige Herren, die sofort einsatzbereit sind. Als Vertreter garantieren wir Ihnen einen Monatsverdienst von ...
13 Wir sind ein Markenartikelhersteller der Konsumgüterindustrie und suchen junge, redegewandte Vertreter.
14 Junge Damen und Herren mit eigenem Personenkraftwagen zur Übernahme einer Vertretung gesucht.

OFFRE DE REPRÉSENTATION

ANNONCES DANS UN JOURNAL

1 On recherche représentant pour programme exclusif, commission élevée.
2 Nous avons une représentation générale à offrir. Ne serait-ce pas quelque chose pour vous?
3 Voulez-vous parcourir le monde? Dans ce cas, passez donc nous voir.
4 Recherchons jeune homme dynamique pour prendre représentation dans la région de ...
5 Notre maison recherche pour la région de ... un représentant en ... (désignation).
6 La maison ... recherche un représentant sérieux pour la région de ...
7 Vous pouvez gagner jusqu'à ... si vous entrez chez nous comme représentant.
8 Nous recherchons pour le ... un représentant expérimenté pour nos produits.
9 Nous recherchons un collaborateur pour le service prospection de notre filiale de ...
10 Nos articles ont de très bonnes perspectives de débouchés. Nous recherchons encore des représentants pour la région de ...
11 Le meilleur de vos futurs collègues a gagné l'an dernier ... Voulez-vous, vous aussi, travailler pour nous comme représentant?
12 Recherchons jeunes gens dégagés toutes obligations pour engagement immédiat. Nous garantissons à nos représentants un gain mensuel de ...
13 Nous sommes fabricants d'articles de marque de l'industrie des biens de consommation et recherchons encore des représentants jeunes et sachant convaincre.
14 Recherchons pour représentation personnes jeunes, hommes et femmes, disposant voiture personnelle.

PERSÖNLICHE BRIEFE

1 Wir wenden uns an Sie, da wir gehört haben, dass Sie im Raum ... Vertretungen übernehmen würden.

LETTRES PERSONNELLES

1 Nous nous adressons à vous, car nous avons appris que vous voudriez prendre des représentations dans la région de ...

2 Wir möchten Ihnen mitteilen, dass wir in . . . eine Vertretung zu vergeben haben.
3 Wir erlauben uns, bei Ihnen anzufragen, ob Sie bereit wären, den Verkauf unserer Waren in Ihrem Land zu übernehmen.
4 Wir würden uns freuen, wenn Sie bereit wären, unsere Generalvertretung in . . . zu übernehmen.
5 Da Sie uns als ausgezeichneter Vertreter bekannt sind, würden wir uns freuen, wenn Sie auch unsere Produkte vertreiben würden.
6 Wir wenden uns an Sie, da wir einen tüchtigen Vertreter mit guten Beziehungen suchen.
7 Sollten Sie daran denken, sich zu verbessern (verändern), wären wir gern bereit, Sie mit dem Verkauf unserer Waren zu betrauen.

2 Nous vous informons que nous disposons d'une représentation à . . .
3 Nous nous permettons de vous demander si vous seriez disposé à vous charger de la vente de nos articles dans votre pays.
4 Nous serions heureux que vous acceptiez de prendre notre représentation générale en . . .
5 Vous êtes connu comme étant un excellent représentant, aussi notre maison serait-elle heureuse que vous acceptiez également de vendre ses articles.
6 Nous nous adressons à vous, car nous cherchons un représentant actif, disposant d'excellentes relations.
7 Au cas où vous envisageriez d'améliorer votre situation (de changer de situation), nous vous confierions volontiers la vente de nos articles.

BESCHREIBUNG DER TÄTIGKEIT

1 Sie haben die Aufgabe, die Restaurants in . . . zu besuchen.
2 Ihre Tätigkeit würde sich auf den Raum . . . beschränken.
3 Ihre Aufgabe bestünde lediglich darin, den Kunden unsere Kataloge und Muster vorzulegen.
4 Als unser Generalvertreter hätten Sie die Aufgabe, sich persönlich um unsere Kunden zu kümmern.
5 Die Tätigkeit, die Ihnen übertragen wird, erfordert gewandtes Auftreten und Verhandlungsgeschick.
6 Durch diese Vertretung wäre es Ihnen möglich, das ganze Land kennenzulernen.
7 Die Tätigkeit ist nicht zu anstrengend, sie erfordert lediglich sicheres Auftreten und fachliches Können.
8 Bei dieser Vertretung wären Sie verpflichtet, alle Kunden wöchentlich (monatlich) einmal aufzusuchen.
9 Ihre Aufgabe bestünde darin, Musterkollektionen und Kataloge vorzulegen sowie Aufträge entgegenzunehmen.
10 Einen PKW stellen wir Ihnen zur Verfügung. Für Ihre spätere Tätigkeit erhalten Sie bei voller Gehaltszahlung eine intensive Schulung.
11 Für Ihre Vertretertätigkeit ist ein PKW unerlässlich. Wir erstatten Ihnen eine (Kilometer)-Pauschale von . . . pro . . .

DESCRIPTION DE L'ACTIVITÉ

1 Vous êtes chargé de passer dans les restaurants de . . .
2 Votre activité se limiterait à la région de . . .
3 Votre travail consisterait simplement à présenter nos catalogues et nos échantillons à la clientèle.
4 En tant que représentant général, votre travail serait de vous occuper personnellement de nos clients.
5 L'activité dont vous allez être chargé suppose que vous sachiez vous présenter avec aisance et négocier avec habileté.
6 Cette activité vous donnerait l'occasion de connaître le pays tout entier.
7 Le travail n'est pas trop fatigant, il demande simplement que vous ayez de l'assurance et que vous connaissiez votre affaire.
8 Cette représentation vous donnerait l'obligation de passer chez tous les clients une fois par semaine (par mois).
9 Votre travail consisterait à présenter les collections d'échantillons et les catalogues et à prendre les commandes.
10 Nous mettons une voiture à votre disposition. Vous recevrez une formation intensive pour votre activité à venir, tout en touchant votre plein salaire.
11 Une voiture est indispensable pour l'exercice de votre activité de représentant. Nous vous accordons une indemnité (kilométrique) de . . . (montant, monnaie) par . . .

BESCHREIBUNG DER PRODUKTE

1 Unsere Produkte sind von bester Qualität und finden einen ausgezeichneten Absatz.
2 Wir vertreiben Waren des täglichen Bedarfs, die einen hohen Umsatz garantieren.

DESCRIPTION DES ARTICLES

1 Nos articles sont d'excellente qualité et se vendent très bien.
2 Nous vendons des articles d'usage courant qui garantissent un chiffre d'affaires élevé.

3 Damit Sie sich ein besseres Bild von Ihrer Tätigkeit machen können, führen wir hier einige unserer Artikel auf: . . .
4 Unsere Maschinen haben einen ausgezeichneten Ruf.
5 Da Sie schon auf dem Gebiet des . . .handels tätig waren, werden Sie schnell mit unseren Produkten vertraut sein.
6 Das Produkt, das Sie zu vertreiben hätten, ist ein Schlager auf dem . . .markt.
7 Unsere Firma vertreibt . . . (Nahrungsmittel, Textilien, Werkzeuge, Motoren, Haushaltswaren, Möbel usw.).
8 Wir produzieren . . . (Bezeichnung).
9 Wir sind eine . . .-Firma.
10 Die von Ihnen vertretenen Waren des täglichen Bedarfs sind problemlos und lassen sich gut absetzen.

3 Afin que vous puissiez vous faire une meilleure idée de votre activité, nous vous indiquons ici quelques-uns de nos articles: . . .
4 Nos machines ont une excellente réputation.
5 Comme vous avez déjà travaillé dans le secteur des . . ., vous serez vite familiarisé avec nos articles.
6 L'article que vous auriez à vendre a actuellement beaucoup de succès sur le marché des (du) . . .
7 Notre maison vend . . . (des produits alimentaires, des textiles, des outils, des moteurs, des articles ménagers, des meubles, etc.).
8 Notre maison fabrique . . . (désignation).
9 Nous sommes une maison de . . .
10 Les articles d'usage courant que vous représentez ne posent pas de problèmes et se vendent donc bien.

MARKTBESCHREIBUNG

1 Der Markt ist für unser Produkt aufnahmefähig.
2 Der Absatz unserer Bedarfsartikel ist keinen Marktschwankungen unterworfen.
3 Der Artikel, den Sie vertreten werden, hat gute Absatzchancen.
4 Unsere Produkte sind in Ihrem Raum noch nicht genügend bekannt. Ihre Aufgabe wäre es, den Markt zu erschliessen.
5 Unser Bestreben ist es, durch Qualität den Markt zu erobern.
6 Der Artikel ist auf dem dortigen Markt bereits hinreichend bekannt. Sie hätten lediglich die Aufgabe, unsere Kunden ständig mit Ware zu versorgen.
7 Die Marktverhältnisse sind sehr zufriedenstellend.
8 Da es für diesen Artikel nahezu keine Konkurrenz gibt, sind die Verkaufschancen besonders gut.
9 Unser Produkt ist neu auf dem Markt. Es sind gute Verkaufschancen vorhanden.
10 Mit unseren neuartigen Produkten rechnen wir uns vor allem auf großstädtischen Märkten beste Absatzchancen aus.
11 Auf dem Markt unserer Produkte herrscht ein starker Konkurrenzkampf. Da unsere Waren jedoch ein ausgezeichnetes Image besitzen, sind die Absatzchancen gut.
12 Das Ergebnis einer langfristigen Marktforschung hat uns von den guten Absatzchancen unserer Waren überzeugt.

DESCRIPTION DU MARCHÉ

1 Le marché n'est pas saturé pour notre article.
2 La vente de notre article d'usage courant n'est pas soumise aux fluctuations du marché.
3 L'article que vous représenterez a de bonnes perspectives de débouchés.
4 Nos articles ne sont pas encore suffisamment connus dans cette région. Votre travail serait de nous ouvrir ce marché.
5 Nous nous efforçons de conquérir le marché par la qualité.
6 L'article est déjà suffisamment connu sur ce marché. Vous auriez seulement à fournir constamment nos clients en marchandise.
7 Les conditions du marché sont très satisfaisantes.
8 Comme cet article n'a pratiquement pas de concurrent, les perspectives de vente sont particulièrement bonnes.
9 Notre article est nouveau sur le marché. Il existe de bonnes perspectives de débouchés.
10 Avec nos nouveaux articles, nous prévoyons de bonnes perspectives de débouchés, surtout sur les marchés des grandes villes.
11 Une forte concurrence règne sur le marché de nos produits. Comme nos articles jouissent cependant d'une excellente image de marque, les perspectives de débouchés sont bonnes.
12 Le résultat d'une longue étude de marché nous a convaincus des bonnes perspectives de débouchés de nos articles.

BESCHREIBUNG DER WERBEMASSNAHMEN

1 Für den Artikel, den Sie vertreten werden, haben wir eine grosse Werbekampagne gestartet.

DESCRIPTION DES MESURES PUBLICITAIRES

1 Nous venons de lancer une grande campagne de publicité pour l'article que vous allez représenter.

2 Unsere Produkte sind durch Werbung in Film, Funk und Fernsehen gut bekannt.
3 Sie können voraussetzen, dass der von Ihnen vertretene Artikel durch Werbung bestens bekannt ist.
4 Ihre Tätigkeit beschränkt sich nicht nur auf den Vertrieb unserer Artikel, sondern sie beinhaltet auch eine intensive eigene Werbetätigkeit.
5 Sie hätten lediglich die Aufgabe, bei unseren Kunden für unsere Produkte zu werben.
6 Vor allem müssten Sie die ausgezeichnete Qualität unserer Ware anpreisen.
7 Als unser Generalvertreter müssten Sie auch die Werbung in Ihrem Gebiet überwachen.
8 In dem Ihnen anvertrauten Gebiet wäre in erster Linie der Schwerpunkt auf die Werbung zu legen.
9 Die Werbung für die von Ihnen vertretenen Artikel hat eine bekannte Werbeagentur übernommen.
10 Wir geben im Jahr durchschnittlich . . . für Werbung aus.
11 Wir verfügen über ausgezeichnetes Werbematerial. Eine kleine Auswahl haben wir diesem Schreiben beigefügt.

2 La publicité au cinéma, à la radio et à la télévision a fait largement connaître nos articles.
3 Vous pouvez partir du principe que les articles que vous représentez sont très bien connus grâce à la publicité que nous avons faite.
4 Votre travail ne se limite pas à la seule vente de nos articles, mais comprend aussi une publicité personnelle intense.
5 Votre travail consisterait seulement à faire la publicité de nos articles auprès de la clientèle.
6 Vous auriez avant tout à vanter l'excellente qualité de notre marchandise.
7 En tant que représentant général, vous auriez aussi à superviser la publicité dans votre région.
8 Dans la région qui vous est confiée, la publicité est le point essentiel sur lequel vous auriez à faire porter vos efforts.
9 Une agence de publicité connue s'est chargée de la publicité pour les articles que vous représentez.
10 Notre budget annuel de publicité s'élève en moyenne à . . .
11 Nous disposons d'un excellent matériel publicitaire. Vous en trouverez ci-joint une petite sélection.

BESCHREIBUNG DES VERTRETUNGSGEBIETS

1 Ihr Gebiet würde den Raum . . . umfassen.
2 Sie würden die Alleinvertretung in Ihrem Land übernehmen.
3 Wir können Ihnen das Alleinvertriebsrecht in . . . (Land) einräumen.
4 Sie hätten das Gebiet . . . zu bereisen.
5 Ihre Vertretung umfasst das Gebiet . . .
6 Unsere Firma wäre bereit, Ihnen das Gebiet um . . . zu überlassen.
7 Was das Vertretungsgebiet anbelangt, wären wir bereit, uns weitgehend nach Ihren Wünschen zu richten.
8 Unter folgenden Vertretungsgebieten können Sie wählen: . . .
9 Die Firma erklärt sich bereit, Ihnen das gewünschte Vertretungsgebiet zu überlassen. Sie sind dann unser einziger Vertreter im Raum . . .
10 Nach Erzielung eines Umsatzes von . . . sind wir bereit, Ihr Gebiet zu erweitern.

DESCRIPTION DE LA ZONE DE REPRÉSENTATION

1 Votre zone comprendrait la région de . . .
2 Vous prendriez la représentation exclusive dans votre pays.
3 Nous pouvons vous accorder le droit de vente exclusif pour . . . (pays).
4 Vous auriez à prospecter la région de . . .
5 Votre représentation comprend la région de . . .
6 Notre maison serait disposée à vous confier la région de . . .
7 Notre maison serait disposée, pour ce qui est de la zone de représentation, à se conformer largement à vos désidérata.
8 Vous avez le choix entre les zones de représentation suivantes: . . .
9 Notre maison se déclare disposée à vous laisser la zone de représentation que vous désirez. Vous serez donc notre unique représentant dans la région de . . .
10 Nous sommes prêts à élargir votre zone de représentation dès que vous aurez atteint un chiffre d'affaires de . . .

ANFORDERUNGEN

PERSÖNLICHKEIT

1 Unsere Firma hat ein ausgezeichnetes Image. Wir fordern deshalb von unseren Mitarbeitern ein Auftreten, das diesem Ruf in jeder Weise gerecht wird.
2 Für diesen verantwortungsvollen Posten sind persönlicher Einsatz und selbständiges Handeln erforderlich.
3 Diese Aufgabe setzt Erfahrung im Umgang mit Menschen voraus.
4 Wir setzen Fleiss und Verantwortungsbewusstsein voraus.
5 Diese Tätigkeit setzt gute Umgangsformen und ein gewisses Mass an Kontaktfähigkeit voraus.
6 Für diesen Kundenkreis sind ausgezeichnete Umgangsformen und ein hohes Bildungsniveau unerlässlich.
7 Da sich Ihre Tätigkeit auf einen ausgesuchten Kundenkreis erstreckt, sind korrekte Kleidung und gute Umgangsformen Grundvoraussetzung.
8 Für diesen Wirkungskreis suchen wir einen selbstsicheren, wendigen Herrn.
9 Einfühlungsvermögen und fachliches Wissen sind Voraussetzung.

FACHWISSEN

10 Sie müssten fachliche Vorkenntnisse mitbringen.
11 Vorkenntnisse in diesem Fach sind unerlässlich.
12 Wir möchten Sie darauf aufmerksam machen, dass wir grössten Wert auf fachliche Vorbildung legen.
13 Vorkenntnisse auf fachlichem Gebiet sind wünschenswert.
14 Es sind keine besonderen Vorkenntnisse in diesem Fach notwendig.
15 Sie müssten eine langjährige Vertretererfahrung haben.
16 Sie hätten Kenntnisse auf dem Gebiet der (des) . . . mitzubringen.
17 Für uns kommen nur Leute in Frage, die eine kaufmännische Vorbildung haben.
18 Die Tätigkeit erfordert Kenntnisse im . . .wesen.
19 Ohne ausreichende Kenntnisse in Sachen . . . wäre eine Anstellung leider nicht möglich.
20 Grundkenntnisse der . . . Sprache sind unbedingt notwendig.

EXIGENCES

PERSONNE

1 Notre maison a une excellente réputation. Aussi exigeons-nous de nos collaborateurs une présentation qui ne puisse en aucune façon nuire à cette réputation.
2 Ce poste à responsabilités requiert un engagement personnel et de l'initiative.
3 La condition préalable pour pouvoir remplir cette tâche est d'avoir l'expérience des contacts humains.
4 Pour occuper ce poste, nous pensons qu'il est indispensable d'être travailleur et d'avoir le sens des responsabilités.
5 Cette fonction suppose une présentation excellente et un certain sens des contacts humains.
6 Pour cette clientèle, il est indispensable d'avoir une excellente présentation et un niveau culturel élevé.
7 Votre travail vous mettant en contact avec une clientèle choisie, il est fondamental que vous ayez un habillement correct et des manières impeccables.
8 Pour cette sphère d'activité, nous recherchons quelqu'un qui ait de l'assurance et l'esprit vif.
9 Il est indispensable d'avoir de l'intuition et une qualification professionnelle.

CONNAISSANCES PROFESSIONNELLES

10 Il faudrait que vous possédiez au départ les connaissances de base du métier.
11 Il est indispensable d'avoir des connaissances de base dans cette spécialité.
12 Nous voudrions attirer votre attention sur le fait que nous tenons absolument à une formation spécialisée de base.
13 Il est souhaitable que vous ayez des connaissances de base dans cette spécialité.
14 Dans cette spécialité, les connaissances préalables ne sont pas nécessaires.
15 Il faudrait que vous ayez plusieurs années d'expérience dans la représentation.
16 Il faudrait que vous possédiez déjà des connaissances préalables dans le domaine de la (du) . . .
17 Seules nous intéressent les personnes ayant déjà une formation commerciale préalable.
18 Le travail nécessite des connaissances dans le domaine de . . .
19 Sans un niveau de connaissances suffisant en matière de . . ., il est malheureusement impossible d'être engagé chez nous.
20 Des connaissances de base en . . . (langue) sont absolument indispensables.

21 Diese Tätigkeit verlangt vor allem technische Kenntnisse.
22 Es sind keine besonderen Kenntnisse erforderlich. Sie werden durch uns geschult.

21 Ce travail nécessite avant tout des connaissances techniques.
22 Aucune connaissance particulière n'est requise. Nous assurons entièrement votre formation.

LEBENSLAUF

23 Wir bitten Sie, einen (handgeschriebenen) Lebenslauf beizulegen.
24 Wir möchten Sie bitten, Ihrem Bewerbungsschreiben einen handgeschriebenen Lebenslauf beizufügen.
25 Bitte bewerben Sie sich mit den üblichen Unterlagen einschliesslich eines tabellarischen Lebenslaufs.

CURRICULUM VITAE

23 Nous vous prions de joindre un curriculum vitae (manuscrit).
24 Nous vous prions de joindre à votre demande d'emploi un curriculum vitae manuscrit.
25 Veuillez faire votre demande d'emploi en nous envoyant les documents habituels, y compris un curriculum vitae disposé sous forme de tableau.

ZEUGNISSE

26 Für eine Anstellung sind handgeschriebener Lebenslauf, Zeugnisse, Nachweise der beruflichen Tätigkeit und Referenzen notwendig.
27 Bitte legen Sie Ihre Zeugnisse bei.
28 Bitte senden Sie uns Ihre Zeugnisse oder beglaubigte Abschriften.
29 Bitte legen Sie uns die Zeugnisse bei Ihrer persönlichen Bewerbung vor.
30 Wir bewerten den Ausgang eines persönlichen Gesprächs mehr als Ihre Zeugnisse.
31 Bitte legen Sie uns Dokumente über Ihren schulischen und beruflichen Werdegang vor.
32 Zeugnisse sind nicht erforderlich.

DIPLÔMES

26 Pour toute demande d'emploi, il est nécessaire de fournir curriculum vitae manuscrit, diplômes, certificats prouvant l'activité professionnelle et références.
27 Veuillez avoir l'obligeance de joindre vos diplômes.
28 Veuillez avoir l'obligeance de nous envoyer vos diplômes ou bien des copies certifiées conformes.
29 Vous voudrez bien nous présenter vos diplômes lorsque vous viendrez en personne poser votre candidature.
30 Nous accordons plus de valeur au résultat d'un entretien personnel qu'à vos diplômes.
31 Veuillez avoir l'obligeance de produire les certificats et attestations concernant votre scolarité et votre activité professionnelle.
32 Les diplômes ne sont pas nécessaires.

REFERENZEN

33 Wir bitten Sie, auch Referenzen beizubringen.
34 In Anbetracht der verantwortungsvollen Stellung sind ausgezeichnete Referenzen unbedingt erforderlich.
35 Wir bitten Sie, Ihrem Bewerbungsschreiben Referenzen Ihrer bisherigen Arbeitgeber beizufügen.
36 Legen Sie bitte Ihrem Bewerbungsschreiben neben den sonst üblichen Unterlagen auch Referenzen bei.
37 Referenzen sind nicht (unbedingt) erforderlich.

RÉFÉRENCES

33 Nous vous prions de fournir également des références.
34 Etant donné les reponsabilités que comporte ce poste, il est absolument indispensable de fournir d'excellentes références.
35 Nous vous prions de joindre à votre demande d'emploi les références de vos précédents employeurs.
36 Veuillez avoir l'obligeance de joindre également des références à votre demande d'emploi en plus des autres pièces habituelles.
37 Il n'est pas (absolument) nécessaire de fournir des références.

VERGÜTUNGEN

GEHALT

1 Wir würden Ihnen ein festes Gehalt von . . . bieten.
2 Ihr Gehalt würde sich auf . . . belaufen.
3 Ihr festes Anfangsgehalt beträgt . . .
4 Wir bieten Ihnen ein Jahresfixum von . . .
5 Das vorgesehene Gehalt beträgt . . .
6 Wir hoffen, Ihre Gehaltsvorstellungen mit . . . erfüllen zu können.
7 Ihr fixes Monatsgehalt würde sich auf . . . belaufen. Durch Provisionen können Sie es natürlich wesentlich erhöhen.
8 Wir gewähren Ihnen ein monatliches Fixum von . . . zuzüglich Provisionen laut beiliegender Provisionsliste.
9 Ihre Gehaltsforderung sollten wir bei einem persönlichen Treffen diskutieren.
10 Wir können Ihnen heute die ungefähre Höhe Ihres Fixums mitteilen, nämlich . . . Über den genauen Betrag müssten wir uns persönlich unterhalten.
11 Die genaue Höhe Ihres Monatsfixums könnten wir bei Ihrer Vorstellung festlegen.
12 Bei uns ist es nicht üblich, ein Fixum zu gewähren.
13 Unsere Provisionssätze sind derart hoch, dass wir kein Fixum gewähren können.

PROVISIONEN

14 Wir gewähren Ihnen zusätzlich zu Ihrem Fixum eine Provision von . . .%.
15 Ihre Provision würde . . . % betragen.
16 Ausserdem billigen wir Ihnen eine Provision von . . . % zu.
17 Ihr Provisionssatz beträgt . . .% der von Ihnen getätigten Umsätze.
18 Ihre Verkaufsprovision beträgt . . . %. Ausserdem vergüten wir Ihnen für Waren, die von Ihnen auf Ihre Rechnung auf Lager gehalten werden, . . . % Provision des (durchschnittlichen monatlichen) Lagerbestands.
19 Ausser der regulären Provision von . . . % werden wir weitere . . . % bei einem monatlichen Umsatz von . . . zahlen.
20 Ihre Provision in Höhe von . . . % wird beim jeweiligen Eingang des Rechnungsbetrags fällig.
21 Die Provisionsbeträge werden Ihnen monatlich (vierteljährlich, halbjährlich, jährlich) ausbezahlt.

RÉMUNÉRATIONS

SALAIRE

1 Nous vous offririons un salaire fixe de . . .
2 Votre salaire s'élèverait à . . .
3 Votre salaire fixe de départ s'élève à . . .
4 Nous vous offrons un fixe annuel de . . .
5 Le salaire prévu s'élève à . . .
6 Nous espérons qu'un salaire de . . . satisfera vos exigences.
7 Votre salaire mensuel fixe s'élèverait à . . ., mais pourrait bien sûr être augmenté sensiblement grâce aux commissions.
8 Nous vous accordons un fixe mensuel de . . ., en plus des commissions prévues dans le tableau ci-joint.
9 Nous pourrions discuter du montant de vos appointements au cours d'une rencontre personnelle.
10 Nous sommes en mesure de vous indiquer aujourd'hui quel sera à peu près le montant de votre fixe, à savoir . . . Il faudrait que nous discutions ensemble du montant exact.
11 Nous pourrions fixer le montant exact de votre fixe mensuel quand vous viendrez vous présenter.
12 Il n'est pas dans nos habitudes d'accorder un fixe.
13 Les taux de nos commissions sont tellement élevés qu'il ne nous est pas possible d'accorder un fixe.

COMMISSIONS

14 En plus de votre fixe, notre maison vous accorde une commission de . . . %.
15 Votre commission s'élèverait à . . .%.
16 Nous vous consentons par ailleurs une commission de . . .%.
17 Le taux de votre commission s'élève à . . .% du chiffre d'affaires réalisé par vous.
18 Votre commission sur les ventes est de . . . %. Vous recevrez de plus, pour les marchandises entreposées par vous à vos frais, une commission s'élevant à . . .% de la valeur du stock entreposé (du stock moyen mensuel entreposé).
19 En plus de la commission régulière de . . .%, nous vous payerons . . .% de plus si vous réalisez un chiffre d'affaires mensuel de . . .
20 Vos . . .% de commission sont payables à l'encaissement des factures.
21 Le montant de vos commissions vous sera versé chaque mois (tous les trois mois, tous les six mois, annuellement).

SPESEN

22 Sie erhalten Ihre Spesen voll vergütet.
23 Für Ihre Spesen kommen wir auf.
24 Wir gewähren Ihnen pro Tag einen durchschnittlichen Spesensatz von . . .
25 Gegen entsprechende Quittungen erstatten wir Ihnen Ihre Auslagen zurück.
26 Die Spesenabrechnung ist uns jeweils am Monatsende zu schicken.
27 Wir sind bereit, Ihre Unkosten zu tragen.
28 Eine Spesenrückerstattung ist nur für den Fall der vollständigen Vorlage aller Belege möglich.
29 Es werden auch Spesen für Kundenbewirtungen gewährt.
30 Wir sind nicht in der Lage, bestimmte Extraspesen (wie Barbesuche, Mittag- und Abendessen usw.) zu erstatten.
31 Sie erhalten Ihre Spesen von uns zurückvergütet, Sie sind jedoch verpflichtet, diese so niedrig wie möglich zu halten.
32 Ihre Spesen werden von uns bis zu einer Höhe von . . . erstattet.
33 Ihre Spesen werden mit einer monatlichen Pauschale von . . . abgegolten.
34 Die Spesen sind von Ihnen selbst zu tragen.
35 Spesen können Sie uns nicht in Rechnung stellen.
36 Spesen werden Ihnen von uns nicht vergütet.
37 Ihre Spesen sind in unsere hohen Provisionssätze einkalkuliert und können nicht gesondert in Rechnung gestellt werden.

FRAIS

22 Vos frais vous sont entièrement remboursés.
23 La maison prend vos frais à sa charge.
24 La maison vous accorde une indemnité journalière moyenne de . . . pour vos frais.
25 La maison vous rembourse vos frais sur présentation des justificatifs correspondants.
26 Le décompte des frais doit nous être envoyé à la fin de chaque mois.
27 La maison est disposée à prendre vos frais à sa charge.
28 Le remboursement des frais n'est possible que sur présentation de tous les justificatifs.
29 Les frais de traitement des clients sont également remboursés.
30 La maison n'est pas en mesure de rembourser certaines dépenses supplémentaires (bars, restaurants, etc.).
31 Vos frais vous sont remboursés, mais vous êtes tenus de les limiter autant que possible.
32 Nous vous remboursons vos frais jusqu'à concurrence d'une somme de . . .
33 Vous touchez un fortfait mensuel de . . . en remboursement de vos frais.
34 Les frais sont à votre charge.
35 Vous ne pouvez pas nous facturer les frais.
36 Nous ne vous remboursons pas vos frais.
37 Il est déjà tenu compte des frais dans les taux élevés de commission, ils ne peuvent donc être facturés à part.

ANSTELLUNGSZEIT

BEGINN

1 Die Vertretung wird am . . . frei.
2 Ihre Anstellung ist ab . . . wirksam.
3 Wir würden Sie ab . . . einstellen.
4 Sie können die Vertretung am . . . übernehmen.
5 Sie können die Vertretung sofort nach Ablauf Ihrer Kündigungsfrist übernehmen.
6 Sie können jederzeit mit der Vertretung beginnen.
7 Die Kündigungsfrist unseres jetzigen Vertreters läuft am . . . ab. Bitte erscheinen Sie an diesem Tag, um Ihre neue Aufgabe zu übernehmen.
8 Die Vertretung wäre ab . . . neu zu besetzen.
9 Wir bitten Sie um Übernahme dieser Vertretung ab . . .
10 Bitte teilen Sie uns Ihre Wünsche hinsichtlich des Vertretungsbeginns mit.

DATE D'ENTRÉE EN FONCTION

DÉBUT

1 La représentation est vacante à partir du . . .
2 Votre engagement prend effet au . . .
3 Nous vous engagerions à partir du . . .
4 Vous pouvez prendre la représentation au . . .
5 Vous pouvez prendre la représentation immédiatement après l'expiration de votre délai de préavis.
6 Vous pouvez commencer votre représentation à tout moment.
7 Le délai de préavis de notre représentant actuel expire le . . . Veuillez vous présenter à cette date afin de prendre vos fonctions.
8 La représentation serait libre à partir du . . .
9 Nous vous prions de prendre cette représentation à partir du . . .
10 Veuillez nous faire savoir quand vous désireriez commencer votre représentation.

DAUER

11 Der Vertrag erstreckt sich (vorerst) auf . . . Jahre.
12 Der Vertrag ist auf . . . Jahre befristet.
13 Nach . . .-jähriger Dauer ist der Vertrag jederzeit fristlos kündbar.
14 Die Anstellung erfolgt vorerst auf Probe.
15 Nach sechs Monaten wären wir bereit, einen Vertrag über . . . Jahre einzugehen.
16 Nach einer bestandenen Probezeit von . . . Monaten sind wir bereit, Ihr Gehalt auf . . . zu erhöhen und einen Vertrag von . . .-jähriger Dauer mit Ihnen abzuschliessen.
17 Die Regelung der Vertragsdauer behalten wir uns vor.
18 Über die Vertragsdauer würden wir uns gern bei Ihrer persönlichen Vorstellung mit Ihnen unterhalten.
19 Über die Vertragsdauer möchten wir uns persönlich mit Ihnen unterhalten.

DURÉE

11 Le contrat porte d'abord sur . . . ans.
12 Le contrat est limité à . . . ans.
13 Après une durée de . . . ans, le contrat est résiliable à tout moment sans préavis.
14 L'engagement se fera d'abord à l'essai.
15 Au bout de six mois, nous serions disposés à conclure un contrat de . . . ans.
16 Après une période d'essai concluante de . . . mois, nous sommes disposés à porter votre salaire à . . . et à conclure avec vous un contrat de . . . ans.
17 Nous nous réservons de fixer la durée du contrat.
18 Nous aimerions parler avec vous de la durée du contrat quand vous viendrez vous présenter personnellement.
19 Nous aimerions discuter personnellement avec vous de la durée du contrat.

VORSTELLUNG

1 Wir bitten Sie um persönliche Vorstellung am . . .
2 Wir bitten Sie nach Möglichkeit um eine persönliche Vorstellung am . . . um . . . Uhr in unserem Hause.
3 Wir ersuchen Sie um eine persönliche Vorstellung. Bitte teilen Sie uns einen Termin mit.
4 Wenn Sie sich am . . . bei uns vorstellten, könnten wir uns über bestimmte Vertragsbedingungen einigen.
5 Der Direktor unseres Hauses erbittet Ihre persönliche Vorstellung am . . .
6 Wäre Ihnen der . . . als Vorstellungstermin angenehm?
7 Wir werden Ihnen Ihre Reisespesen erstatten. Bitte legen Sie uns die entsprechenden Belege vor.

PRÉSENTATION

1 Nous vous prions de vous présenter personnellement le . . .
2 Si cela vous est possible, nous vous prions de vous présenter personnellement à nos bureaux le . . . à . . . heure(s).
3 Nous vous prions de vous présenter personnellement. Veuillez avoir l'obligeance de nous indiquer une date.
4 Si vous vous présentiez à nos bureaux le . . ., nous pourrions nous mettre d'accord sur certaines modalités du contrat.
5 Le directeur de notre maison souhaite que vous vous présentiez personnellement le . . .
6 Le . . . vous conviendrait-il pour venir vous présenter?
7 Nous vous rembourserons vos frais de déplacement. Veuillez fournir les justificatifs correspondants.

BEWERBUNG AUF VERTRETUNGS-ANGEBOT

EINLEITENDE SÄTZE

1 Auf Ihre Anzeige vom . . . in . . . (Zeitung) möchte ich mich bei Ihnen bewerben.

RÉPONSE À UNE OFFRE DE REPRÉSENTATION

PHRASES D'INTRODUCTION

1 Je réponds à votre annonce parue dans le . . . (journal) du . . ., et désire poser ma candidature.

2 Auf Ihre Zeitungsanzeige vom ... bewerbe ich mich um Ihre Generalvertretung für den Raum ...
3 Es wurde mir mitgeteilt, dass Ihre Firma für den Raum ... einen Vertreter sucht. Ich bin zur Zeit in ungekündigter Stellung, möchte mich aber trotzdem zum ... bei Ihnen bewerben.
4 Ich beziehe mich auf Ihr schriftliches Angebot und bewerbe mich bei Ihnen um die Generalvertretung.
5 Ich möchte mich zum ... um die ausgeschriebene Stelle bewerben.
6 Ich möchte mich für die von Ihnen ausgeschriebene Stelle bewerben. Bitte machen Sie mir nähere Angaben.

2 En réponse à votre annonce du ..., je désire poser ma candidature à votre représentation générale pour la région de ...
3 J'ai appris que votre maison cherchait un représentant pour la région ... Je suis actuellement encore en place, mais désire cependant poser ma candidature pour le ...
4 Me référant à l'offre que vous avez faite par écrit, je désire poser ma candidature à votre représentation générale.
5 Je désire poser pour le ... ma candidature au poste déclaré vacant.
6 Je désire poser ma candidature au poste que vous déclarez vacant. Je vous prie de m'envoyer des indications plus précises.

ANGABEN ZUR PERSON

7 Ich bin ... Jahre alt, verheiratet (ledig) und habe ... (keine, 1, 2, 3) Kinder.
8 Ich bin ... Jahre alt und bereits ... Jahre in dieser Branche tätig.
9 Hier meine Personalien: Name: ..., Geburtsdatum: ..., Geburtsort: ..., Familienstand: ...
10 Ich bewerbe mich um diesen Posten, da ich eine entsprechende Ausbildung habe. Ich bin ... Jahre alt, ledig und damit ohne hinderliche familiäre Bindungen.
11 Hiermit überreiche ich Ihnen meinen Lebenslauf in tabellarischer Form. Geburtsdatum: ..., Geburtsort: ..., Schule in ... vom ... bis ..., Lehre als ..., Abschluss am ..., seit ... Jahren als Vertreter tätig.

RENSEIGNEMENTS PERSONNELS

7 J'ai ... ans, je suis marié (célibataire) et j'ai ... (1, 2, 3) enfant(s) (je suis sans enfants).
8 J'ai ... ans et j'ai déjà travaillé ... ans dans cette branche.
9 Voici mon état civil: Nom: ... Date de naissance: ... Lieu de naissance: ... Situation de famille: ...
10 Je pose ma candidature à ce poste car je peux justifier de la formation nécessaire. J'ai ... ans, je suis célibataire et n'ai donc aucun lien familial qui puisse me gêner dans cette profession.
11 Par la présente, je vous envoie mon curriculum vitae, sous forme de tableau:
Date de naissance: ..., lieu de naissance: ..., école de ... du ... au ..., apprentissage en qualité de ..., examen de fin d'apprentissage le ..., activité de représentation depuis ... ans.

VORSTELLUNGSTERMIN

12 Wenn Sie damit einverstanden sind, würde ich den ... als Vorstellungstermin vorschlagen.
13 Ich werde mich zum vereinbarten Termin bei Ihnen vorstellen.
14 Bitte teilen Sie mir einen Vorstellungstermin mit.
15 Sie würden mir sehr entgegenkommen, wenn Sie den Vorstellungstermin auf den ... legen könnten.

DATE À LAQUELLE LE CANDIDAT VIENDRA SE PRÉSENTER

12 Si cela vous convient, je pourrai venir me présenter le ...
13 Je viendrai me présenter à la date convenue.
14 Je vous prie de me faire savoir à quelle date je pourrai venir me présenter.
15 Je vous serais très obligé de remettre au ... le rendez-vous fixé.

16 Würden Sie bitte den Vorstellungstermin auf einen Vormittag (Nachmittag) legen?
17 Dürfte ich Sie am . . . um eine persönliche Unterredung bitten?
18 Ich wäre an einem persönlichen Gespräch sehr interessiert.
19 Ich würde mich gern vor Vertragsabschluss eingehend mit Ihnen über die Konditionen unterhalten.
20 Zur Klärung einiger Fragen würde ich gern einen Termin mit Ihnen vereinbaren.

16 Je vous serais reconnaissant de bien vouloir fixer le rendez-vous un matin (un après-midi).
17 Puis-je me permettre de vous demander un entretien personnel le . . .
18 Je désirerais beaucoup avoir un entretien personnel avec vous.
19 J'aimerais beaucoup discuter en détail avec vous des conditions avant la conclusion du contrat.
20 J'aimerais que nous prenions rendez-vous afin d'éclaircir certaines questions.

ANTWORT AUF ANGEBOTENE VERTRETUNG

ABLEHNUNG

1 Ich bedanke mich für Ihr Stellenangebot, muss aber leider ablehnen.
2 Vielen Dank für Ihr grosszügiges Angebot, das ich aus persönlichen Gründen leider ablehnen muss.
3 Es ist mir leider nicht möglich, auf Ihr Angebot einzugehen, da ich noch auf . . . Jahre vertraglich gebunden bin.
4 Ihr Angebot ehrt mich. Ich bedauere jedoch, Ihnen wegen anderer geschäftlicher Verpflichtungen absagen zu müssen.
5 Bedauerlicherweise kann ich Ihr Angebot aus familiären Gründen nicht annehmen.
6 Ich bedaure ablehnen zu müssen, weil mir Ihre Konditionen nicht zusagen.
7 Es tut mir leid, Ihr Angebot ablehnen zu müssen, da das Vertretungsgebiet für mich denkbar ungünstig liegt.

RÉPONSE À UNE OFFRE DE REPRÉSENTATION

REFUS

1 Je vous remercie de votre offre d'emploi, mais ne peux malheureusement l'accepter.
2 Je vous remercie vivement de votre offre généreuse, mais des raisons personnelles m'obligent malheureusement à refuser.
3 Étant lié par contrat pour . . . ans encore, il ne m'est malheureusement pas possible d'accepter votre offre.
4 Votre offre m'honore. Je regrette cependant de devoir la refuser, étant tenu par d'autres obligations commerciales.
5 Des raisons familiales m'empêchent malheureusement d'accepter votre offre.
6 Je regrette de devoir refuser, vos conditions ne me convenant pas.
7 La zone de représentation est pour moi la plus défavorable possible, je regrette donc de devoir refuser votre offre.

ANNAHME

8 Ich danke Ihnen für das Vertrauen, das Sie mir entgegenbringen. Gern bin ich bereit, Ihre Vertretung in . . . zu übernehmen.
9 Die mir von Ihnen angebotenene Vertretung in . . . nehme ich an.
10 Ihr Vertretungsangebot ehrt mich. Ich bin gern bereit, für Sie tätig zu werden.
11 Ich bin Ihrem Vertretungsangebot nicht abgeneigt. Bitte teilen Sie mir einen Termin für ein persönliches Gespräch mit.
12 Obwohl ich mich zur Zeit in ungekündigter Stellung befinde, akzeptiere ich schon heute Ihr Vertretungsangebot.
13 Das Angebot, Ihre Vertretung in . . . zu übernehmen, reizt mich sehr. Wann kann ich mich bei Ihnen vorstellen?

ACCEPTATION

8 Je vous remercie de la confiance que vous me témoignez. J'accepte volontiers de me charger de votre représentation en . . .
9 J'accepte la représentation que vous m'avez offerte en . . .
10 Votre offre de représentation m'honore. J'accepte volontiers de travailler pour vous.
11 Votre offre de représentation ne me déplairait pas. Veuillez me fixer rendez-vous pour un entretien personnel.
12 Bien que j'occupe actuellement un emploi pour lequel je n'ai pas donné congé, j'accepte dès à présent votre offre de représentation.
13 L'offre que vous me faites de prendre votre représentation en . . . me tente beaucoup. Quand pouvez-vous me recevoir?

VERTRETUNGS-GESUCH

ZEITUNGSANNONCEN

1 Suche eine Vertretung in der weiteren Umgebung von . . .
2 Bin als Vertreter tätig und möchte mich verändern. Angebote unter Chiffre-Nr. . . . an die . . .-Zeitung.
3 Vertreter in ungekündigter Stellung möchte sich verändern. Angebote erbeten an . . .
4 Welche renommierte Firma hat noch eine Vertretung frei? Angebote unter . . .
5 Vertreter der . . .-Industrie sucht sich zu verändern.
6 Vertreter möchte sich verbessern. Kein spezieller Branchenwunsch. Angebote erbeten unter . . .
7 Kenne mich nach langjähriger Tätigkeit als Vertreter der . . . Industrie in . . . gut aus. Offerten an. . .

ANGABEN ZUR PERSON

1 Ich habe eine Ausbildung als . . . erhalten.
2 Ich habe eine kaufmännische Lehre gemacht.
3 Ich bin kaufmännisch ausgebildet und anschliessend zur Vertretertätigkeit übergewechselt.
4 Die einzelnen Stationen meiner Ausbildung sind: Mittlere Reife, kaufmännische Lehre und Vertretertätigkeit.
5 Meine Ausbildung als . . . habe ich bei der Firma . . . erhalten.

REFERENZEN

1 Als Referenzen für meine bisherige Vertretertätigkeit lege ich Ihnen die Namen der bisher von mir vertretenen Firmen vor.
2 Als Referenz kann ich anführen, dass ich gleichzeitig für so bekannte Unternehmen wie . . . und . . . tätig bin.
3 Bitte erkundigen Sie sich bei der von mir bisher vertretenen Firma nach mir. Ihre Anschrift lautet: . . .
4 Würden Sie sich bitte bei Herrn Direktor . . . in Firma . . . nach mir erkundigen?
5 Als Anlage erhalten Sie meine Referenzen.

DEMANDE DE REPRÉSENTATION

ANNONCES DANS LES JOURNAUX

1 Cherche représentation dans les environs de . . .
2 Représentant désire changer de situation. Adresser offres au journal . . . sous le numéro . . .
3 Représentant n'ayant pas encore donné congé désire changer de situation. Adresser propositions à . . .
4 Quelle maison renommée a encore besoin d'un représentant? Prière d'adresser les offres à . . .
5 Représentant de l'industrie de . . . cherche à changer d'emploi.
6 Représentant cherche emploi plus intéressant. Accepterait toutes branches. Adresser offres à . . .
7 Ayant été de longues années représentant de l'industrie de . . ., je m'y connais bien en . . ., adresser offres à . . .

RENSEIGNEMENTS PERSONNELS

1 J'ai reçu une formation professionnelle de . . .
2 J'ai fait mon apprentissage dans la branche commerciale.
3 J'ai reçu une formation commerciale et suis passé ensuite à la représentation.
4 Les stades de ma formation sont: cycle secondaire court, apprentissage dans la branche commerciale et représentation.
5 J'ai reçu ma formation professionnelle de . . . dans la maison . . .

RÉFÉRENCES

1 Comme références de mon activité de représentant je peux vous fournir les noms des maisons que j'ai représentées jusqu'à présent.
2 Je peux citer comme référence que j'ai travaillé en même temps pour des maisons aussi connues que . . . et . . .
3 Je vous prie de vous renseigner à mon sujet auprès de la maison que j'ai représentée jusqu'à maintenant. L'adresse est: . . .
4 Je vous prie de bien vouloir vous renseigner à mon sujet auprès de Monsieur . . ., directeur de la maison . . .
5 Vous trouverez ci-joint mes références.

BRANCHE

1 Ich würde eine Vertretung in der . . .-Branche vorziehen.
2 Da ich bereits in der . . .-Branche tätig war, möchte ich wieder eine Vertretung in diesem Bereich übernehmen.
3 Ich habe eine technisch orientierte Ausbildung erhalten und würde deshalb gern eine Vertretung in der . . .-Industrie übernehmen.
4 In der . . .-Industrie könnte ich meine Erfahrung gut verwerten.
5 Für mich kommt nur eine Vertretung in der . . .-Industrie in Frage.
6 Wenn möglich, würde ich gern als Vertreter in der . . .-Industrie tätig werden.

BRANCHE

1 Je préférerais une représentation dans la branche de . . .
2 Comme j'ai déjà travaillé dans la branche de . . ., c'est de nouveau dans ce domaine que j'aimerais prendre une représentation.
3 J'ai bénéficié d'une formation technique, c'est pourquoi je prendrais volontiers une représentation dans l'industrie . . .
4 Je pourrais utiliser le mieux mon expérience dans l'industrie . . .
5 Seule une représentation dans l'industrie . . . est susceptible de m'intéresser.
6 J'aimerais si possible travailler comme représentant dans l'industrie . . .

VERGÜTUNGEN

1 Ich bin bereit, auf einer Provisionsbasis von . . . % für Sie tätig zu werden.
2 Als Vergütung für meine Vertretertätigkeit stelle ich mir ein Fixum mit zusätzlichen Provisionen vor.
3 Auf einer Provision von . . . % des von mir getätigten Umsatzes muss ich allerdings bestehen.
4 Meine Provision wäre monatlich auszubezahlen.
5 Zusätzlich zu der branchenüblichen Provision erwarte ich Kilometergeld für die geschäftliche Nutzung meines Privat-PKWs.
6 Ich bin nur dann bereit, Ihre Vertretung zu übernehmen, wenn ich mich nach einer Einarbeitungszeit von . . . Monaten finanziell verbessern kann.
7 Ein durchschnittlicher Monatsverdienst von . . . muss mir garantiert werden.

RÉMUNÉRATIONS

1 Je suis prêt à travailler pour vous sur la base d'une commission de . . . %.
2 En rémunération de mon activité de représentant, je désirerais toucher un fixe plus une commission.
3 Je tiens bien entendu à toucher une commission de . . . % sur le chiffre d'affaires que j'aurai réalisé.
4 Il faudrait quand même que la commission me soit réglée mensuellement.
5 Outre la commission habituelle dans la branche, je tiens à une indemnité kilométrique pour l'utilisation de ma voiture personnelle à des fins commerciales.
6 Je ne suis disposé à prendre votre représentation qu'à condition que ma situation financière s'améliore après une période de mise en route de . . . mois.
7 Un gain moyen mensuel de . . . doit m'être garanti.

VERTRAGSDAUER

1 Ich würde vorschlagen, den Vertretungsvertrag vorerst für eine Probezeit von . . . abzuschliessen.
2 Als Vertragsdauer schlage ich . . . Jahre vor.
3 Der Vertrag muss für mindestens . . . Jahre abgeschlossen werden.
4 Auf einer vertraglich zugesicherten Probezeit von einem halben Jahr bestehe ich.
5 Ich möchte den Vertrag vorerst auf . . . Jahre befristet wissen.
6 Im Vertretungsvertrag sollte die Kündigungsfrist auf ein halbes Jahr festgelegt werden.
7 Der Vertrag sollte unbefristet sein. Kündigung erfolgt durch Einschreibebrief mit . . .-monatiger Kündigungsfrist.
8 Die Dauer des Vertrags bitte ich in persönlichem Gespräch zu fixieren.

DURÉE DU CONTRAT

1 Nous pourrions conclure tout d'abord le contrat pour une période d'essai de . . .
2 Je propose . . . ans pour la durée du contrat.
3 Il faut que le contrat soit passé pour . . . ans au moins.
4 Je tiens à ce qu'une période d'essai de six mois me soit garantie par contrat.
5 J'aimerais que le contrat soit tout d'abord limité à . . . ans.
6 Dans le contrat de représentation, il faudrait que le délai de préavis soit fixé à six mois.
7 Il faudrait que le contrat soit conclu pour une durée indéterminée. Résiliation par lettre recommandée avec délai de préavis de . . . mois.
8 Je vous prie de fixer la durée du contrat au cours d'un entretien personnel.

VERTRETUNGSGEBIET

1 Ich bin sehr an einer Alleinvertretung im Raum ... interessiert.
2 Da ich in ... ansässig bin, wäre mir eine Alleinvertretung im ...-Gebiet sehr angenehm.
3 Als Vertretungsgebiet kommt für mich nur ... in Frage.
4 Im Raum ... wären meine Gebietskenntnisse und Beziehungen für Sie von grossem Vorteil.
5 Da ich vollkommen ungebunden bin, ist die Übernahme Ihrer Vertretung mit keinerlei Gebietswünschen verbunden.
6 Mein bisheriges Vertretungsgebiet war der Raum ...
7 Für die Firma ... hatte ich die Alleinvertretung für ...

INDICATION DE LA ZONE DE REPRÉSENTATION

1 Je serais très intéressé par une représentation exclusive dans la région de ...
2 Comme je suis établi à ..., j'aimerais beaucoup prendre une représentation générale dans la région ...
3 Comme zone de représentation, il ne peut être question pour moi que de (du, des) ...
4 Le fait que je connaisse la région de ... et que j'y aie des relations vous serait d'une grande utilité.
5 Étant tout à fait libre, je n'ai pas de désirs particuliers en ce qui concerne la zone de représentation.
6 Jusqu'à présent, ma zone de représentation était la région de ...
7 J'avais la représentation exclusive de la maison ... pour ...

ABLEHNUNG DES GESUCHS

1 Wir bedauern, Ihnen mitteilen zu müssen, dass wir die Vertretung in der Zwischenzeit vergeben haben.
2 Wir können Ihnen leider keine Vertretung übertragen.
3 Zur Zeit haben wir keine Vertretung frei.
4 Bitte fragen Sie in ... Monaten nochmals bei uns an.
5 Wir müssen Ihnen leider mitteilen, dass unser Vertreterstamm komplett ist.
6 Den vakanten Vertreterposten haben wir inzwischen wieder besetzt.
7 Die Generalvertretung des Raums ... haben wir bereits vergeben.
8 Da wir dazu übergegangen sind, unsere Waren durch festangestellte Reisende zu vertreiben, müssen wir Ihr Vertretungsgesuch leider ablehnend beantworten.
9 Wir bedauern, Ihr Gesuch auf Grund Ihrer Forderungen (Bedingungen) ablehnen zu müssen.

REFUS DE LA DEMANDE

1 Nous avons le regret de vous informer que nous avons entre-temps attribué la représentation à une autre personne.
2 Nous ne pouvons malheureusement vous donner aucune représentation pour nos articles.
3 Nous n'avons pas de représentation libre actuellement.
4 Veuillez avoir l'obligeance de vous adresser de nouveau à nous dans ... mois.
5 Nous devons malheureusement vous informer que notre équipe de représentants est actuellement au complet.
6 Nous avons entre-temps pourvu au poste de représentant vacant.
7 Nous avons déjà attribué la représentation génerale pour ...
8 Ayant décidé de distribuer nos articles par l'intermédiaire de voyageurs de commerce salariés, nous devons malheureusement répondre par un refus à votre demande de représentation.
9 En raison de vos exigences (conditions) nous avons le regret de devoir refuser votre demande.

ANNAHME DES GESUCHS

1 Wir sind gern bereit, Sie mit einer unserer Vertretungen zu betrauen.
2 Bitte sprechen Sie zur Regelung aller Einzelheiten am ... bei uns vor.
3 Sie können sofort als unser Vertreter tätig werden.

ACCEPTATION DE LA DEMANDE

1 Nous serions tout à fait disposés à vous confier une de nos représentations.
2 Veuillez vous présenter le ... de ce mois afin de régler tous les détails.
3 Vous pouvez commencer immédiatement à travailler pour nous comme représentant.

4 Zur Absprache der vertraglichen Regelungen bitten wir Sie, uns am . . . aufzusuchen.
5 Sie können ab nächsten Monat als unser Vertreter in . . . tätig werden.
6 Bitte sprechen Sie in den nächsten Tagen bei uns vor.
7 Eine unserer Vertretungen im Raum . . . ist vor kurzer Zeit frei geworden. Wir könnten Ihnen diese Stelle übertragen.
8 Bitte sprechen Sie vor Übernahme der Vertretung bei uns vor.
9 Wir freuen uns, Ihnen eine unserer Vertretungen übertragen zu können und hoffen auf gute Zusammenarbeit.
10 Wir begrüssen Sie als unseren neuen Mitarbeiter.

4 Nous vous prions de venir nous trouver le . . . pour discuter les modalités du contrat.
5 Vous pouvez commencer à travailler pour nous le mois prochain comme représentant en . . .
6 Veuillez passer chez nous dans les prochains jours.
7 Une de nos représentations dans la région de . . . est devenue vacante il y a peu de temps. Nous pourrions vous confier ce poste.
8 Veuillez passer nous voir avant de prendre notre représentation.
9 Nous avons le plaisir de pouvoir vous donner une de nos représentations et comptons sur une bonne collaboration.
10 Nous avons le plaisir de vous accueillir comme nouveau collaborateur.

BRANCHENANGABE

1 Wir werden Ihnen die Vertretung unserer . . . übertragen.
2 Wir möchten Sie mit der Vertretung unserer Markenartikel des Lebensmittelbereichs betrauen.
3 Erfahrungsgemäss sind in der . . .-Branche die Verdienstchancen besonders gut.
4 Als Produzent von hochwertigen Investitionsgütern müssen wir von unseren Vertretern technische Kenntnisse verlangen.
5 Wie Sie sicherlich wissen, sind wir in der . . .industrie tätig.
6 Da Sie bereits in der . . .-Branche als Vertreter tätig waren, würde es Ihnen sicherlich keine grossen Schwierigkeiten bereiten, unsere neuartige . . . zu vertreiben.
7 Ihre Vertretung umfasst sämtliche Artikel der . . . verarbeitenden Industrie und des Handwerks.

INDICATION DE LA BRANCHE

1 Nous allons vous donner la représentation de nos . . .
2 Nous désirons vous confier la représentation de nos articles de marque dans le domaine de l'alimentation.
3 L'expérience prouve que les possibilités de gains dans la branche de . . . sont particulièrement bonnes.
4 Étant fabricants de biens d'investissements de haute qualité, nous exigeons de nos représentants des connaissances techniques.
5 Comme vous le savez certainement, notre maison travaille dans l'industrie de . . .
6 Comme vous avez déjà travaillé comme représentant dans la branche . . ., la vente de notre nouvelle (nouveau) . . . ne présenterait certainement pour vous aucune grosse difficulté.
7 Votre représentation englobe tous les articles de l'industrie et de l'artisanat du (de la, des) . . .

GEBIETSANGABE

1 Ihr Vertretungsgebiet wird sich auf den Raum . . . beschränken.
2 Ihre Vertretung beschränkt sich auf die Städte . . ., . . . und . . .
3 Ihr Vertretungsgebiet liegt in . . .
4 Wir haben nur noch in . . . eine Vertretung zu vergeben.
5 Bitte teilen Sie uns umgehend mit, ob dieses Gebiet Ihren Vorstellungen entspricht.
6 Wir können Ihnen zur Auswahl die Gebiete . . ., . . . und . . . vorschlagen.
7 Bitte teilen Sie uns mit, welches Gebiet Ihnen zusagt.

INDICATION DE LA RÉGION

1 Votre zone de représentation se limitera à la région de . . .
2 Votre représentation se limite aux villes de . . ., . . . et de . . .
3 Votre zone de représentation se trouve située dans la région de . . .
4 Nous ne disposons plus que d'une représentation en (au) . . .
5 Ayez l'obligeance de nous faire savoir par retour du courrier si cette région correspond à ce que vous cherchez.
6 Nous pouvons vous proposer de choisir entre les régions de . . ., de . . . et de . . .
7 Veuillez avoir l'obligeance de nous faire savoir quelle est la région qui vous convient.

VERGÜTUNGEN

1 Als Vergütung erhalten Sie . . . % Provision auf die von Ihnen getätigten Umsätze.
2 Ihre Provisionsforderungen können wir in dieser Form leider nicht erfüllen.
3 Wie unsere anderen Vertreter, würden auch Sie eine Provision von . . .% erhalten.
4 Als Vergütungen erhalten Sie Provision in Höhe von . . . % und eine . . .-prozentige Gewinnbeteiligung zum Ende eines jeden Geschäftsjahrs.
5 Die höchstmögliche Provision, die wir Ihnen anbieten können, liegt bei . . .%.
6 Über die Höhe Ihrer Provision bitten wir Sie, strengstes Stillschweigen zu wahren.
7 Zu Verhandlungen über die Höhe Ihres Provisionssatzes bitten wir Sie, in den nächsten Tagen bei uns vorzusprechen.
8 Sie erhalten ein monatliches Fixum von . . . und . . . % Provision aus den von Ihnen getätigten Umsätzen.
9 Sie erhalten eine . . .-prozentige Umsatzprovision und eine monatliche Spesenpauschale von . . .
10 Wir gewähren Ihnen eine Umsatzprovision von . . . %. Ihre gesamten Unkosten gehen zu Ihren Lasten.

RÉMUNÉRATIONS

1 Comme rémunération, vous toucherez . . . % de commission sur le chiffre d'affaires réalisé par vous.
2 Nous ne pouvons malheureusement pas vous accorder la commission que vous demandez.
3 Comme nos autres représentants, vous toucheriez vous aussi une commission de . . . %.
4 Comme rémunérations, vous toucherez une commission de . . . % ainsi qu'une participation aux bénéfices de . . . % à la fin de chaque année commerciale.
5 Le taux de commission le plus élevé que nous puissions vous offrir se situe aux environs de . . . %.
6 Nous vous prions d'observer la plus grande discrétion en ce qui concerne le taux de votre commission.
7 Nous vous prions de bien vouloir vous présenter dans les prochains jours afin de discuter du taux de votre commission.
8 Vous toucherez un fixe mensuel de . . . et . . . % de commission sur le chiffre d'affaires que vous aurez réalisé.
9 Vous toucherez . . . % de commission sur le chiffre d'affaires et une somme mensuelle forfaitaire de . . . en remboursement de vos frais.
10 Nous vous accordons une commission de . . . % sur le chiffre d'affaires, la totalité des frais étant à votre charge.

VERTRAGSDAUER

1 Nach einer halbjährigen Probezeit sind wir bereit, den Vertretungsvertrag auf unbestimmte Zeit mit . . .-monatiger Kündigungsfrist einzugehen.
2 Als Vertragsdauer schlagen wir zunächst . . . Jahre vor.
3 Wir sind bereit, mit Ihnen einen Vertretungsvertrag von . . .-jähriger Dauer abzuschliessen.
4 Nach einer Einarbeitungszeit von sechs Monaten können wir uns dann über die Dauer Ihres Vertretungsvertrages unterhalten.
5 Ihr Vertretungsvertrag wird auf unbestimmte Zeit abgeschlossen. Er ist von beiden Seiten durch eingeschriebenen Brief mit einer . . .-monatigen Kündigungsfrist kündbar.
6 Ihre Wünsche hinsichtlich der Vertragsdauer werden wir gern berücksichtigen.
7 Leider ist es uns nicht möglich, derart spezielle Vertragswünsche zu erfüllen.
8 Jede Kündigung muss schriftlich erfolgen.
9 Die Vertragsdauer möchten wir in einem persönlichen Gespräch festlegen.

DURÉE DU CONTRAT

1 Une fois écoulée une période d'essai de six mois, nous sommes disposés à passer un contrat de représentation de durée indéterminée avec délai de préavis de . . . mois.
2 Comme durée du contrat, nous vous proposons . . . ans pour commencer.
3 Nous sommes disposés à conclure avec vous un contrat de représentation d'une durée de . . . ans.
4 Après une période de six mois de mise au courant, nous pourrons alors discuter de la durée de votre contrat de représentation.
5 Votre contrat de représentation est conclu pour une durée indéterminée. Il est résiliable par l'une et l'autre partie, par lettre recommandée, et avec un délai de préavis de . . . mois.
6 Il ne nous est malheureusement pas possible d'accepter des modalités aussi particulières.
7 Toute résiliation ne sera valable que par écrit.
8 Nous voudrions avoir un entretien personnel avec vous pour fixer la durée du contrat.
9 Nous sommes tout disposés à vous satisfaire en ce qui concerne la durée du contrat.

VORSTELLUNGSTERMIN

1 Wir möchten Sie bitten, sich am ... bei uns vorzustellen.
2 Bitte teilen Sie uns mit, ob Ihnen der ... als Vorstellungstermin angenehm ist.
3 Als Vorstellungstermin käme nur der ... in Frage.
4 Wir möchten Sie bitten, sich genau an den von uns vorgeschlagenen Vorstellungstermin zu halten.
5 Als Vorstellungstermine schlagen wir Ihnen den ... oder den ..., jeweils um ..., in unserem Haus vor.
6 Ihren Wünschen hinsichtlich des von Ihnen vorgeschlagenen Vorstellungstermin entsprechen wir gern.
7 Die Kosten, die Ihnen durch die Vorstellung in unserem Hause entstehen, werden wir gegen Belege übernehmen.

DATE DE CONVOCATION

1 Nous vous prions de bien vouloir vous présenter le ...
2 Veuillez nous faire savoir si la date du ... vous conviendrait pour passer nous voir.
3 La seule date à laquelle vous pourriez vous présenter chez nous serait le ...
4 Nous vous prions de bien vouloir vous en tenir strictement à la date de rendez-vous que nous vous avons proposée.
5 Vous pourriez passer chez nous le ... ou le ..., à ... dans les deux cas.
6 En ce qui concerne la date à laquelle vous désiriez prendre rendez-vous, c'est avec plaisir que nous vous donnons satisfaction.
7 Nous prendrons à notre charge, sur présentation des justificatifs, les frais que vous aurez engagés pour venir vous présenter chez nous.

VERTRETUNGS-VERTRAG

PARTEIEN

1 Zwischen Herrn ... und der Firma ... wird folgender Vertretungsvertrag geschlossen: ...
2 Vertrag zwischen Herrn ... als Vertreter und der Firma ... als Vertretene.
3 Die Firma ... und Herr ... schliessen den folgenden Vertretungsvertrag: ...
4 Vertragspartner des folgenden Vertretungsvertrags sind Herr ... als Vertreter und die Firma ... als Vertretene.
5 Zwischen dem Unterzeichnenden der Firma .. und Herrn ... wird der folgende Vertretungsvertrag geschlossen: ...
6 Vertragliche Regelung der Vertretertätigkeit des Herrn ... für die Firma ....

TÄTIGKEIT

1 Die Vertretertätigkeit des Herrn ... beschränkt sich auf Kundenbesuche und die Entgegennahme von Aufträgen.
2 Herr ... übernimmt die Vertretung für unsere Markenartikel der ...-Branche.
3 Neben der Entgegennahme von Aufträgen umfasst die Vertretertätigkeit des Herrn ... auch die Beratung unserer Kunden.

CONTRAT DE REPRÉSENTATION

LES PARTIES AU CONTRAT

1 Entre Monsieur ... et la maison ..., il est passé le contrat de représentation suivant: ...
2 Contrat de représentation entre Monsieur ..., en tant que représentant, et la maison ..., en tant que maison représentée.
3 La maison ... et Monsieur ... passent le contrat de représentation suivant: ...
4 Les parties contractantes du contrat de représentation ci-après sont Monsieur ..., en tant que représentant, et la maison ..., en tant que maison représentée.
5 Entre le soussigné, agissant au nom de la maison ..., et Monsieur ..., est passé le contrat de représentation suivant: ...
6 Réglementation contractuelle de l'activité de Monsieur ... en tant que représentant de la maison ....

ACTIVITÉ

1 L'activité de représentant de Monsieur ... se limite à visiter les clients et à prendre les commandes.
2 Monsieur ... prend la représentation de nos articles de marque dans le secteur de ...
3 L'activité de représentant de Monsieur ... consistera non seulement à prendre les commandes mais aussi à orienter notre clientèle.

4 Die Vertretertätigkeit des Herrn . . . muss so ausgeführt werden, dass die Interessen unseres Hauses jederzeit gewahrt werden.
5 Geschäftsvermittlungen und -abschlüsse hat der Vertreter sofort an die zuständigen Stellen der Firma weiterzuleiten.
6 Die Tätigkeit des Vertreters umfasst neben den handelsüblichen Tätigkeiten auch den Kundendienst für unsere technischen Artikel.
7 Über die genaue Abgrenzung der Vertretertätigkeit des Herrn . . . wird ein Zusatzvertrag abgeschlossen.
8 Da die Vertretertätigkeit mit Reisen verbunden ist, wird dem Vertreter ein Firmenwagen zur Verfügung gestellt.
9 Die Vertretertätigkeit verlangt den regelmässigen Besuch unserer Kunden im Vertretungsgebiet.
10 Der Vertreter darf ausschliesslich nur für uns arbeiten.
11 Will der Vertreter für andere Firmen tätig sein, bedarf es der Zustimmung der hier vertretenen Firma.
12 Anfragen der Kunden bei der Firma werden an den Vertreter weitergeleitet.
13 Direktfragen leiten wir an den Vertreter weiter.
14 Dem Vertreter wird Gebietsschutz zugesichert.
15 Für Kundenbestellungen, die direkt an uns gehen, wird dem Vertreter eine um . . . % geringere Provision gezahlt.
16 Direktbestellungen werden wie Bestellungen behandelt, die über den Vertreter laufen.

4 Monsieur . . . doit exercer son activité de représentant de façon à sauvegarder à tout moment les intérêts de notre maison.
5 Le représentant doit transmettre aussitôt aux services compétents toutes les affaires où il aura servi d'intermédiaire ou qu'il aura lui-même conclues.
6 L'activité du représentant englobe également, outre l'activité commerciale habituelle, le service après-vente pour nos articles techniques.
7 Un contrat additionnel sera conclu, qui délimitera exactement l'activité de représentation de Monsieur . . .
8 Le travail de représentation nécessitant des déplacements, la maison mettra une voiture à la disposition du représentant.
9 L'exercice du métier de représentant oblige à visiter régulièrement les clients à l'intérieur de la zone de représentation.
10 Le représentant doit travailler exclusivement pour notre maison.
11 Au cas où le représentant voudrait travailler pour d'autres maisons, il devra obtenir l'accord de la maison qu'il représente.
12 Les demandes de renseignements que les clients adressent à la maison seront transmises au représentant.
13 Nous transmettons au représentant les demandes qui nous parviennent directement.
14 L'exclusivité est garantie au représentant pour la région qu'il prospecte.
15 Pour les commandes de clients qui nous parviennent directement, la commission payée au représentant est réduite de . . . %.
16 Les commandes directes sont considérées de la même façon que celles qui passent par le représentant.

VERTRETUNGSGEBIET

1 Dem Vertreter wird ein noch genau zu bezeichnendes Gebiet zugeteilt. Er muss seine Tätigkeit auf dieses Gebiet beschränken.
2 Das Vertretungsgebiet umfasst den gesamten Raum . . .
3 Der Vertreter übernimmt eine Bezirksvertretung in . . .
4 Der Vertreter darf ausschliesslich nur Kunden im Raum . . . aufsuchen.
5 Der Vertretungsvertrag erstreckt sich auf die folgenden Gebiete: . . .
6 Herr . . . ist Alleinvertreter für unsere Produkte in . . .
7 Es ist dem Vertreter nicht erlaubt, über die Grenzen seines Vertretungsgebiets hinweg tätig zu werden.
8 Das Vertretungsgebiet ist vom Vertreter unbedingt einzuhalten.

ZONE DE REPRÉSENTATION

1 Le représentant se verra attribuer un secteur de représentation restant à définir exactement. Il devra limiter son activité à cette région.
2 La zone de représentation comprend toute la région de . . .
3 Le représentant prend une représentation locale à . . .
4 Le représentant doit limiter exclusivement sa prospection aux clients de la région de . . .
5 Le contrat de représentation couvre les secteurs suivants (régions, villes, etc.): . . .
6 Monsieur . . . va prendre notre représentation en . . .
7 Il est interdit au représentant d'aller exercer son activité au-delà des limites de sa zone de représentation.
8 Le représentant doit s'en tenir exclusivement à sa zone de représentation.

9 Innerhalb seines Vertretungsgebiets wird dem Vertreter Gebietsschutz zugesichert.

10 Als unser Alleinvertreter im Raum ... wird Ihnen absoluter Gebietsschutz zugesichert.

9 L'exclusivité est assurée au représentant à l'intérieur de la région qu'il prospecte.

10 Représentant exclusif dans la région de ..., vous aurez une garantie absolue d'exclusivité pour cette région.

VERGÜTUNGEN

GEHALT

1 Der Vertreter bekommt für seine Tätigkeit ein Fixum in Höhe von ... zuzüglich der handelsüblichen Provisionen.

2 Dem Vertreter wird ein Fixum von ... gewährt.

3 Für seine Tätigkeit als Vertreter bekommt Herr ... ein Fixum von ... monatlich im voraus ausgezahlt.

4 Wir garantieren unserem Vertreter ein monatliches Fixum in Höhe von ...

5 Neben Provisionen und handelsüblichen Spesen wird Herrn ... ein Gehalt in Höhe von ... zugesichert.

6 Das monatlich zugesicherte Mindesteinkommen in Form eines Fixums beträgt ...

7 Herr ... erhält ein Gehalt in Höhe von ...

8 Unabhängig von den erzielten Umsätzen erhält Herr ... ein monatliches Fixum in Höhe von ...

RÉMUNÉRATIONS

SALAIRE

1 Le représentant recevra, à titre de rémunération, un fixe s'élevant à ..., en plus des commissions d'usage.

2 Il est accordé au représentant un fixe de ...

3 En rémunération de son activité de représentant, Monsieur ... recevra un fixe mensuel de ..., payable d'avance.

4 Nous garantissons à notre représentant un fixe mensuel d'un montant de ...

5 Outre les commissions et les frais d'usage, il est assuré à Monsieur ... un salaire de ...

6 Le revenu mensuel minimum garanti sous forme de fixe s'élève à ...

7 Monsieur ... touche un salaire d'un montant de ...

8 Monsieur ... reçoit indépendamment du chiffre d'affaires réalisé un fixe mensuel d'un montant de ...

PROVISIONEN

9 Als Provision werden ... % der getätigten Umsätze vergütet.

10 Die anfallenden Provisionsbeträge werden monatlich an den Vertreter überwiesen.

11 Für seine Bemühungen wird dem Vertreter eine Provision in Höhe von ... % des von ihm getätigten Umsatzes vergütet.

12 Wir gewähren weiterhin eine Provision in Höhe von 1% auf die vom Vertreter auf Lager gehaltenen Waren.

13 Provisionen für stornierte Aufträge werden zurückbelastet.

14 Unserem Gebietsvertreter zahlen wir ... % Provision auf die von ihm getätigten Umsätze und ... % Provision auf die aus seinem Vertretungsgebiet direkt eingehenden Aufträge.

15 Die Provisionen betragen ... % auf den getätigten Umsatz und ... % auf die auf Lager gehaltenen Waren.

16 Provisionen werden nur für Waren gewährt, die vom Kunden bereits bezahlt worden sind.

COMMISSIONS

9 Il sera payé une commission de ... % du chiffre d'affaires réalisé.

10 Le montant des commissions à percevoir sera viré chaque mois au représentant.

11 En rémunération de son activité, le représentant recevra une commission s'élevant à ... % du chiffre d'affaires qu'il aura réalisé.

12 Nous consentons (par ailleurs) une commission de 1% sur les marchandises entreposées par le représentant.

13 Les commissions pour les commandes annulées seront retenues.

14 Nous payons à notre représentant régional ... % de commission sur le chiffre d'affaires réalisé par lui et ... % de commission pour les commandes directes en provenance de sa zone de représentation.

15 Les commissions s'élèvent à ... % du chiffre d'affaires réalisé et à ... % des marchandises entreposées.

16 Il ne sera payé de commission que sur les marchandises déjà payées par le client.

SPESEN

17 Nur unbedingt notwendige Übernachtungskosten werden als Spesen anerkannt.
18 Angemessene Reisespesen werden dem Vertreter zurückerstattet.
19 Aufwendungen des Vertreters werden nur bis zu einer Höhe von maximal . . . (pro Monat) rückvergütet.
20 Der Vertreter hat Anspruch auf die handelsüblichen Spesen.
21 Gegen Einreichung der erforderlichen Belege werden dem Vertreter die handelsüblichen Spesen vergütet.
22 Zur Abgeltung der Aufwendungen erhält der Vertreter einen monatlichen Pauschalbetrag von . . .
23 Die Firma behält sich eine genaue Überprüfung der Spesenabrechnungen vor.
24 Spesen können nur bis zur Höhe von . . . monatlich anerkannt werden.
25 Die Spesen werden zusammen mit den Provisionen monatlich an den Vertreter überwiesen.
26 Spesen werden nicht vergütet.
27 Sämtliche anfallenden Spesen hat der Vertreter selbst zu tragen.
28 Mit der Zahlung der Provision sind sämtliche Ansprüche von seiten des Vertreters abgegolten.

FRAIS

17 Il ne sera fait droit qu'aux frais d'hôtel indispensables.
18 Il sera remboursé au représentant des frais de déplacement raisonnables.
19 Les frais du représentant ne seront remboursés que jusqu'à concurrence de . . . au maximum (par mois).
20 Le représentant ne peut faire valoir que les frais d'usage.
21 Les frais d'usage seront remboursés au représentant sur présentation des justificatifs correspondants.
22 En remboursement de ses dépenses, le représentant reçoit une somme fortaitaire mensuelle de . . .
23 La maison se réserve le droit de vérifier en détail les notes de frais.
24 Il ne sera fait droit au remboursement des frais que jusqu'à concurrence de . . . par mois.
25 Les frais sont réglés au représentant par virement mensuel en même temps que les commissions.
26 Les frais ne sont pas remboursés.
27 Tous les frais sont à la charge du représentant.
28 Le paiement de la commission entraîne l'extinction de toute créance de la part du représentant.

ABRECHNUNG

29 Die Gehalts- und Provisionsabrechnungen erfolgen monatlich.
30 Die angefallene Provision wird monatlich an den Vertreter überwiesen.
31 Provisionen und Spesen werden monatlich an Sie überwiesen.
32 Auf Wunsch erfolgt eine Bevorschussung der Provisionen. Die Abrechnung wird vierteljährlich durchgeführt.
33 Die Abrechnung wird Ihnen per Einschreiben zugesandt.
34 Einspruch gegen die Provisionsabrechnung kann nur innerhalb von . . . Tagen erfolgen.
35 Das vertraglich vereinbarte Gehalt wird monatlich auf das Konto des Vertreters überwiesen. Die Abrechnung erfolgt dann vierteljährlich.

RÈGLEMENT DES COMPTES

29 Les salaires et commissions sont réglés mensuellement.
30 Les commissions seront virées mensuellement au représentant.
31 Le montant des commissions et des notes de frais vous sera viré chaque mois.
32 Sur demande, le représentant peut percevoir une avance sur ses commissions. Le règlement se fera tous les trois mois.
33 Vous recevrez votre arrêté de compte par lettre recommandée.
34 Les réclamations concernant le décompte des commissions doivent nous parvenir dans les . . . jours.
35 Le salaire dont il a été convenu par contrat sera viré chaque mois sur le compte du représentant. Le règlement des comptes se fera tous les trois mois.

WERBUNG

UNTERSTÜTZUNG DURCH DIE FIRMA

1 Bei der Werbung wird der Vertreter von der Firma unterstützt.

PUBLICITÉ

SOUTIEN APPORTÉ PAR LA MAISON

1 La maison apporte son soutien publicitaire au représentant.

2 Für Werbezwecke wird dem Vertreter eine Summe von ... jährlich zur Verfügung gestellt.
3 Die Werbung für die vom Vertreter vertretenen Produkte wird je zur Hälfte von beiden Vertragspartnern getragen.
4 Ausgaben des Vertreters für Werbezwecke werden von uns erstattet.
5 Die Werbung für die von Herrn ... vertretenen Markenartikel wird von uns durchgeführt.
6 Wir haben die Werbeagentur ... mit der Werbung für die von Herrn ... vertretenen Produkte beauftragt.
7 Die Werbungskosten des Vertreters werden bis zur Höhe von ... jährlich von uns getragen.
8 Die Werbung wird von uns nach modernsten Methoden durchgeführt.
9 Der Hersteller verpflichtet sich, für seine Markenartikel selbst zu werben.
10 Der jährliche Werbeetat beträgt (mindestens)

2 Une somme annuelle d'un montant de ... est mise à la disposition du représentant à des fins publicitaires.
3 L'un et l'autre contractant prennent à leur charge pour moitié la publicité concernant les articles représentés par le représentant.
4 Nous remboursons les frais de publicité engagés par le représentant.
5 La maison se charge de la publicité des articles de marque représentés par Monsieur ...
6 Nous avons chargé l'agence de publicité ... de la publicité des articles représentés par Monsieur ...
7 Les frais de publicité du représentant sont pris en charge par la maison jusqu'à concurrence d'une somme annuelle de ...
8 La maison fera appel aux toutes dernières méthodes de publicité.
9 Le fabricant s'engage à faire lui-même la publicité de ses articles de marque.
10 Le budget publicitaire annuel se monte à (à un minimum de) ...

ALLEINWERBUNG DES VERTRETERS

11 Der Vertreter hat die Werbung für seine Produkte selbst durchzuführen.
12 Die Firma ist bereit, die dem Vertreter entstehenden Werbungskosten zur Hälfte zu tragen.
13 Die Produktwerbung muss der Vertreter aus eigenen Mitteln bestreiten.
14 Dem Vertreter wird von uns kostenlos Werbematerial zur Verfügung gestellt.
15 Dem Vertreter wird das ihm von der Firma zur Verfügung gestellte Werbematerial berechnet.

PUBLICITÉ PERSONNELLE DU REPRÉSENTANT

11 Le représentant doit se charger lui-même de la publicité de ses articles.
12 La maison accepte de prendre à sa charge la moitié des frais de publicité engagés par le représentant.
13 Le représentant doit financer lui-même la publicité du produit.
14 La firme met gracieusement du matériel publicitaire à la disposition du représentant.
15 Le matériel publicitaire sera fourni par la maison et facturé au représentant.

WETTBEWERBSVERBOT

1 Der Vertreter verpflichtet sich, nach Kündigung dieses Vertrags ... Jahre nicht für Konkurrenzfirmen tätig zu werden.
2 Das Wettbewerbsverbot wird auf ... Jahre festgesetzt.
3 Der Vertreter verpflichtet sich, ausschliesslich für uns zu arbeiten.
4 Der Vertreter darf erst nach ... Jahren ab Kündigung dieses Vertrags für Konkurrenzfirmen tätig werden.
5 Bestandteil dieses Vertretungsvertrags ist ein Wettbewerbsverbot von ... Monaten nach Kündigung.

OBLIGATION DE NON-CONCURRENCE

1 Le représentant s'engage à ne pas travailler pour des maisons concurrentes pendant ... ans après résiliation du présent contrat.
2 L'obligation de non-concurrence est fixée à ... ans.
3 Le représentant s'engage à travailler exclusivement pour la maison.
4 Le représentant ne pourra travailler pour des maisons concurrentes qu'après un délai de ... ans à compter de la date de résiliation du présent contrat.
5 Le présent contrat de représentation comprend également une obligation de non-concurrence de ... mois après résiliation.

VERTRAGSDAUER

1 Dieser Vertretungsvertrag hat eine Gültigkeitsdauer von ... Jahren.
2 Der Vertretungsvertrag wird auf unbestimmte Zeit geschlossen.
3 Der Vertrag wird vorerst für eine Dauer von ... Jahren geschlossen. Wird er innerhalb dieses Zeitraums nicht gekündigt, so verlängert er sich stillschweigend um ein weiteres Jahr.
4 Die Vertragsdauer beträgt ... Jahre.
5 Der zwischen dem Vertreter, Herrn ..., und der Firma geschlossene Vertretungsvertrag ist erstmals frühestens am ... kündbar.
6 Nach Ablauf des Probehalbjahrs ist der Vertretungsvertrag erstmals frühestens zum ... kündbar.
7 Dieser Vertretungsvertrag wird vorerst zur Probe auf ein halbes Jahr abgeschlossen. Nach Ablauf der Probezeit verlängert er sich stillschweigend um ... Jahre.
8 Die Probezeit für die Vertretertätigkeit des Herrn ... beträgt ... Monate.
9 Auf Ende der Probezeit von ... Monaten kann die Vertretung mit sofortiger Wirkung gekündigt werden.

DURÉE DU CONTRAT

1 La durée de validité du présent contrat de représentation est fixée à ... ans.
2 Le contrat de représentation est conclu pour une durée indéterminée.
3 Le contrat est conclu tout d'abord pour une durée de ... ans. Si, ce délai une fois expiré, le contrat n'est pas résilié, sa durée est prorogée tacitement pour une année.
4 La durée du contrat porte sur ... ans.
5 Le contrat de représentation conclu entre le représentant, Monsieur ..., et la maison est résiliable le ... au plus tôt.
6 Passé la période d'essai de six mois, le contrat de représentation est résiliable le ... au plus tôt.
7 Le présent contrat de représentation est conclu tout d'abord à l'essai pour six mois. La période d'essai une fois écoulée, il est prorogé tacitement pour ... ans.
8 L'activité de représentant de Monsieur ... comporte une période d'essai de ... mois.
9 À l'expiration de la période d'essai de ... mois, la représentation peut être résiliée avec effet immédiat.

KÜNDIGUNG

1 Nach einer Mindestvertragsdauer von ... Jahren ist dieser Vertretungsvertrag von beiden Parteien mit ...-monatiger Frist kündbar.
2 Verstösst eine der beiden Parteien gegen diesen Vertrag, kann er fristlos gekündigt werden. Die Kündigung muss per eingeschriebenen Brief erfolgen.
3 Nach ... Jahren ist dieser Vertretungsvertrag jeweils vierteljährlich kündbar.
4 Bei der Kündigung muss von beiden Parteien eine Frist von ... Monaten eingehalten werden.
5 Sollte einer der Vertragspunkte verletzt werden, kann nicht der gesamte Vertrag als nichtig erklärt werden.

RÉSILIATION

1 Passé une durée minimum de ... ans, le présent contrat de représentation est résiliable par l'une et l'autre partie, avec un délai de préavis de ... mois.
2 Si l'une ou l'autre partie contrevient au présent contrat, celui-ci peut être résilié sans préavis. La résiliation doit être faite par lettre recommandée.
3 Après écoulement de ... ans, le présent contrat de représentation est résiliable tous les trois mois.
4 L'une et l'autre partie doivent respecter un délai de préavis de ... mois pour la résiliation du contrat.
5 Si l'un des points du contrat vient à être violé, le contrat ne peut être déclaré nul dans son ensemble.

VERTRAGSÄNDERUNGEN

1 Beide Partner behalten sich Vertragsänderungen vor.
2 Bei einer unvorhergesehenen Veränderung der Wirtschaftslage können einzelne Punkte dieses Vertretungsvertrags in beiderseitigem Einverständnis geändert werden.

MODIFICATIONS DU CONTRAT

1 Les deux parties contractantes se réservent le droit de modifier les termes du contrat.
2 En cas de situation économique imprévue, certains points particuliers du présent contrat de représentation pourront être modifiés avec l'accord de l'une et de l'autre partie.

3 Wir behalten uns eine Änderung des Fixums und der Provision vor.
4 Die Probezeit für den Vertreter, Herrn . . ., kann von uns verlängert bzw. verkürzt werden.
5 Änderung des Vertretervertrags vom . . . zwischen Herrn . . . und der Firma . . .:
6 Die Mindestvertragsdauer wird in beiderseitigem Einverständnis um . . . Jahre verlängert. Danach ist der Vertrag von beiden Seiten mit sofortiger Wirkung kündbar.
7 In Abänderung des Vertrags vom . . . gewähren wir unserem Vertreter, Herrn . . ., ab sofort eine Provision in Höhe von . . . %.
8 Jede Vertragsänderung bedarf zu ihrer Gültigkeit der Schriftform.
9 Mündliche Vertragsänderungen sind nicht gültig.
10 Auf Wunsch des Vertreters, Herrn . . ., wird seine Probezeit um . . . Monate verlängert.
11 Zusatzvertrag zu obigem Vertretungsvertrag:
12 Auf Wunsch des Vertreters, Herrn . . ., wird das Vertretungsgebiet um die Städte . . . und . . . vergrössert.
13 Der Vertreter, Herr . . ., erhält zusätzlich das Alleinvertretungsrecht für unsere Artikel für . . .
14 Der Provisionssatz wird auf . . . % erhöht.
15 Auf Wunsch des Vertreters, Herrn . . ., wird obiger Vertretungsvertrag wie folgt abgeändert: . . .
16 Vertragsänderungen bleiben vorbehalten.
17 Auf Wunsch des Vertreters kann die Probezeit verlängert werden.
18 Durch Änderung einzelner Punkte wird der übrige Vertrag in seiner Gültigkeit nicht beeinträchtigt.

3 Nous nous réservons le droit de modifier le fixe et la commission du représentant.
4 La période d'essai du représentant, Monsieur . . ., peut être prolongée ou écourtée par la maison.
5 Modification au contrat de représentation du . . . entre Monsieur . . . et la maison . . .:
6 La durée minimum du contrat est, avec l'accord de l'une et de l'autre partie, prorogée de . . . ans. Passé ces . . . ans, le contrat est résiliable par l'une et l'autre partie avec effet immédiat.
7 Par modification des termes du contrat du . . ., nous accordons dès maintenant à notre représentant, Monsieur . . ., une commission de . . . %.
8 Pour être valable, toute modification au contrat doit être faite par écrit.
9 Toute modification au contrat faite verbalement est nulle.
10 À la demande du représentant, Monsieur . . ., la période d'essai du présent contrat est prorogée de . . . mois.
11 Convention additionnelle au contrat de représentation ci-dessus:
12 À la demande du représentant, Monsieur . . ., la zone de représentation comprend désormais en plus les villes de . . . et de . . .
13 Le représentant, Monsieur . . ., reçoit en outre la représentation exclusive de nos articles pour . . .
14 Le taux de la commission est porté à . . . %.
15 À la demande du représentant, Monsieur . . ., le contrat de représentation ci-dessus est modifié comme suit: . . .
16 Sous réserve de modifications au contrat.
17 Si le représentant le demande, la période d'essai peut être prolongée.
18 La modification d'un ou de plusieurs points du contrat ne remet pas en question la validité du reste du contrat.

EINFÜHRUNG DES VERTRETERS

1 Wir möchten unserer verehrten Kundschaft in . . . mitteilen, dass ab . . . Herr . . . unsere Firma dort vertreten wird.
2 In Zukunft wird Sie unser neuer Vertreter, Herr . . ., besuchen.
3 Wir würden uns sehr freuen, wenn Sie auch unserem neuen Vertreter, Herrn . . ., Ihr Vertrauen schenkten.

PRÉSENTATION DU REPRÉSENTANT

1 Nous informons notre aimable clientèle de . . . qu'à dater du . . ., notre maison sera représentée par Monsieur . . .
2 C'est notre nouveau représentant, Monsieur . . ., qui vous rendra visite à l'avenir.
3 Nous serions heureux que vous accordiez aussi votre confiance à notre nouveau représentant, Monsieur . . .

4 Wir haben Herrn . . . zum Alleinvertreter unserer Markenartikel im Raum . . . ernannt und sind überzeugt, dass er zu Ihrer vollen Zufriedenheit arbeiten wird.

5 Herr . . . übernimmt ab . . . unsere Vertretung bei Ihnen. Wir hoffen, dass Sie ihm ebensoviel Vertrauen entgegenbringen wie seinem Vorgänger.

6 Unser neuer Vertreter für den Bezirk . . ., Herr . . ., nimmt am . . . seine Tätigkeit auf.

7 Unser neuer Vertreter, Herr . . ., wird sich am . . . bei Ihnen vorstellen. Er wird sich bemühen, zu Ihrer vollen Zufriedenheit zu arbeiten.

8 Herr . . . hat mit Wirkung vom . . . unsere Alleinvertretung in . . . übernommen.

9 Unser neuer Vertreter, Herr . . ., wird in Zukunft die Geschäftsverbindung zwischen Ihnen und unserer Firma pflegen.

10 Bitte teilen Sie uns mit, wann unser neuer Vertreter, Herr . . ., bei Ihnen vorsprechen kann.

4 Nous avons nommé Monsieur . . . représentant exclusif de nos articles dans la région de . . . Nous sommes convaincus qu'il vous donnera entière satisfaction.

5 Monsieur . . . prend à dater du . . . notre représentation dans votre ville (région, pays, etc.). Nous espérons que vous lui accorderez autant de confiance qu'à son prédécesseur.

6 Notre nouveau représentant pour la région de . . ., Monsieur . . ., commence son activité le . . .

7 Notre nouveau représentant, Monsieur . . ., se présentera chez vous le . . . Il s'efforcera de vous donner entière satisfaction.

8 Monsieur . . . a pris, à compter du . . ., notre représentation exclusive à (en) . . .

9 Notre nouveau représentant, Monsieur . . ., établira à l'avenir la liaison entre vous et notre maison.

10 Nous vous prions de nous faire savoir quand notre nouveau représentant, Monsieur . . ., pourra se présenter chez vous.

BERICHT DES VERTRETERS

TÄTIGKEIT

1 Ich habe bereits eine Anzahl von Kunden mit Erfolg besucht.

2 Mit meinem neuen Besuchssystem habe ich gute Erfolge erzielen können.

3 Ich bin zur Zeit im Raum . . . tätig.

4 Der Kraftwagen hat meine Tätigkeit wesentlich erleichtert.

5 Ich habe den Kunden . . . leider nicht angetroffen. Deshalb werde ich bei meiner nächsten Tour wieder bei ihm vorsprechen.

6 Leider muss ich Ihnen mitteilen, dass der neue Artikel nicht ankommt.

7 Meine Tätigkeit im Raum . . . hat vielversprechend begonnen.

8 Mit dem neuen Verkaufsprogramm konnte ich bis jetzt meinen Umsatz um . . . % steigern.

9 Durch die Marktentwicklung haben sich die Absatzchancen Ihrer Produkte beträchtlich verbessert.

SCHWIERIGKEITEN

1 Leider sind bei unseren Verhandlungen mit der Firma (Herrn) . . . Schwierigkeiten aufgetreten.

LE REPRÉSENTANT ÉCRIT À LA MAISON AU SUJET

ACTIVITÉ

1 J'ai déjà visité un certain nombre de clients avec succès.

2 J'ai pu obtenir de bons résultats grâce à mon nouveau système de visites.

3 Je travaille actuellement dans la région de . . .

4 La voiture a considérablement facilité mon travail.

5 Je n'ai malheureusement pas pu atteindre notre client, Monsieur . . . Je lui rendrai visite au cours de ma prochaine tournée.

6 Je dois malheureusement vous annoncer que le nouvel article n'est pas bien accueilli.

7 Mon activité dans la région de . . . a commencé de façon prometteuse.

8 Grâce au nouveau programme de vente, j'ai pu augmenter jusqu'à présent mon chiffre d'affaires de . . . %.

9 L'évolution du marché a amené une augmentation considérable des débouchés pour vos produits.

DIFFICULTÉS

1 Malheureusement, des difficultés ont surgi au cours de nos négociations avec la maison (Monsieur) . . .

2 Auf Grund des weitverzweigten Kundennetzes ergeben sich Besuchsschwierigkeiten.
3 Es ist mit grossen Schwierigkeiten verbunden, den Artikel Nr. . . . zu verkaufen.
4 Die derzeit denkbar ungünstigen Strassenverhältnisse machen es unmöglich, die Kunden fristgerecht aufzusuchen.
5 Unsere Kunden weigern sich, auf die geforderten Zahlungsbedingungen einzugehen.
6 Die neue Kollektion lässt sich nur in Grossstädten und mittelgrossen Städten absetzen.
7 Bei der Vorführung des Artikels ergeben sich Probleme.
8 Schwierigkeiten ergeben sich aus der schlechten Belieferung der Kunden.
9 Bei der Vorführung des Artikels Nr. . . . haben sich technische Probleme ergeben.
10 Wegen verschiedener Schwierigkeiten kann ich die Kunden erst . . . Woche(n) später besuchen.
11 Könnte man den Artikel Nr. . . . nicht in einer einfacher zu handhabenden Ausführung auf den Markt bringen?
12 Mir scheint der Markt für den Artikel Nr. . . . noch nicht aufnahmefähig genug.
13 Das Kundennetz ist derart weit verzweigt, dass ich die von Ihnen vorgeschriebene Tour nicht einhalten kann.
14 Ständig höre ich die Klage unserer Kunden, dass ihre Bestellungen verspätet ausgeliefert werden.

ALLGEMEINE MARKTLAGE

1 Die Marktverhältnisse sind zur Zeit ausgezeichnet.
2 Auf Grund der hervorragenden Marktverhältnisse ist ein bedeutender Mehrverkauf zu erwarten.
3 Zur Zeit herrscht Hochkonjunktur auf unserem Markt. Daher wäre ich für möglichst schnelle Ausführung meiner Aufträge dankbar.
4 Die Marktverhältnisse sind ausgeglichen.
5 Es freut mich, Ihnen mitteilen zu können, dass der Markt für unsere Artikel wieder aufnahmefähig ist.
6 Wegen der angespannten Marktverhältnisse ist es uns leider unmöglich, mehr Ware abzusetzen.
7 Gestatten Sie mir den Hinweis, dass die Marktlage zur Zeit äusserst angespannt ist.
8 Ich möchte Ihnen mitteilen, dass der Markt gesättigt ist. Ich sehe deshalb für die Zukunft keine grossen Verkaufschancen.
9 Durch das Auftreten einer neuen Firma auf unserem Markt haben sich unsere Absatzchancen merklich verschlechtert.
10 Ich glaube, dass der Markt nunmehr ein neues Produkt aufnehmen kann.
11 Es scheint, dass der Markt für Ihre Artikel . . . und . . . gesättigt ist.

2 Les visites sont rendues difficiles par le fait que la clientèle est très dispersée.
3 La vente de l'article n° . . . suscite de grandes difficultés.
4 Il est impossible de visiter la clientèle dans les délais prévus étant donné les très mauvaises conditions de circulation qui règnent actuellement.
5 Notre clientèle refuse d'accepter les modes de paiement proposés.
6 La nouvelle collection ne peut se vendre que dans les villes moyennes et les grandes villes.
7 Des difficultés surgissent à la démonstration de l'article.
8 Le mauvais approvisionnement de la clientèle provoque des difficultés.
9 Des difficultés techniques ont surgi pendant la démonstration de l'article n° . . .
10 Plusieurs difficultés m'empêchent de visiter les clients avant . . . semaine(s).
11 Ne serait-il pas possible de lancer sur le marché une version de l'article n° . . . plus facile à manier.
12 Il ne me semble pas que le marché soit déjà prêt à accueillir l'article n° . . .
13 La clientèle est tellement dispersée qu'il m'est impossible de respecter la tournée que vous avez prévue.
14 Nos clients se plaignent continuellement des retards de livraison de leurs commandes.

SITUATION GÉNÉRALE DU MARCHÉ

1 Les conditions du marché sont actuellement très bonnes.
2 En raison de l'excellente situation du marché, nous pouvons nous attendre à une nette augmentation des ventes.
3 Notre marché connaissant actuellement une période de haute conjoncture, je vous serais reconnaissant d'exécuter mes ordres le plus vite possible.
4 La situation du marché est équilibrée.
5 J'ai le plaisir de vous annoncer que le marché est à nouveau accessible à nos produits.
6 En raison de la situation tendue du marché, il nous est malheureusement impossible de placer plus de marchandises.
7 Permettez-moi de vous faire remarquer que la situation actuelle du marché est très tendue.
8 Je voudrais vous signaler que le marché est actuellement saturé. Je ne vois dès lors pas de grandes possibilités de vente pour l'avenir.
9 L'entrée d'une nouvelle firme sur notre marché a considérablement diminué nos débouchés.
10 Je suis d'avis que le marché peut maintenant accueillir un nouveau produit.
11 Il semble que le marché soit saturé en ce qui concerne vos articles . . . et . . .

KAUFKRAFT

12 Die Kaufkraft des Geldes sinkt rapide.
13 Die Kaufkraft der Kunden lässt nach.
14 Die Kauflust unserer Kunden wird auch durch die wirtschaftliche Unsicherheit nicht beeinträchtigt.
15 Unsere Kunden scheinen wieder kauffreudiger zu werden.
16 Es ist mit einem Anstieg der Kaufkraft zu rechnen.
17 Zunehmende Belebung der Konjunktur lässt ein Ansteigen der Kauflust unserer Kunden erwarten.
18 Beträchtliche Lohnerhöhungen haben die Absatzchancen für Ihre Produkte verbessert.
19 Die Konjunkturentwicklung hat die Kaufkraft weiter gesteigert.
20 Die Kaufkraft hat vor allem in Großstädten beträchtlich zugenommen.

KONKURRENTEN

21 Wir sind auf diesem Markt konkurrenzlos.
22 Die Zahl der Konkurrenten steigt ständig.
23 Ich muss Ihnen leider mitteilen, dass die Zahl der Konkurrenten auf diesem Markt von Jahr zu Jahr zunimmt.
24 Das Anwachsen der Konkurrenten ist auf den steigenden Bedarf an diesen Produkten zurückzuführen.
25 Die Zahl der Konkurrenten ist von . . . auf . . . gestiegen.
26 Die Zahl der Konkurrenten geht zur Zeit etwas zurück.
27 Dank der hervorragenden Qualität unserer Produkte nimmt die Zahl der Konkurrenten ab.
28 Ich freue mich, Ihnen mitteilen zu können, dass wir mit unseren Produkten der Konkurrenz weit überlegen sind.
29 Durch die Fusion der Firmen . . . und . . . ist uns ein nicht zu übersehender neuer Konkurrent entstanden.
30 Die Firma . . . möchte auf unserem Markt tätig werden.
31 Wir können unsere Position nur halten, wenn wir gegen die immer stärker werdende Konkurrenz vorgehen.
32 Unsere Konkurrenz ist noch schwach. Sie wird einen Preiskampf wohl kaum überstehen.
33 Durch den Konkurs der Firma . . . dürfte der Konkurrenzkampf auf unserem Markt beendet sein.
34 Das Verhalten der Konkurrenten ist bedenklich.
35 Bedauerlicherweise gelingt es der Firma . . ., den Markt immer mehr an sich zu reissen.

POUVOIR D'ACHAT

12 Le pouvoir d'achat de l'argent baisse rapidement.
13 Le pouvoir d'achat de la clientèle diminue.
14 Même la situation économique incertaine n'affecte pas le désir d'achat de nos clients.
15 Nos clients semblent de nouveau manifester un désir d'achat accru.
16 Il faut s'attendre à une augmentation du pouvoir d'achat.
17 L'essor croissant de l'économie laisse prévoir une augmentation du désir d'achat de nos clients.
18 Une augmentation considérable des salaires a amélioré les possibilités de vente de vos produits.
19 L'évolution de la conjoncture a entraîné une nouvelle augmentation du pouvoir d'achat.
20 Le pouvoir d'achat a considérablement augmenté, surtout dans les grandes villes.

CONCURRENTS

21 Nous n'avons pas de concurrence sur ce marché.
22 Le nombre des concurrents augmente continuellement.
23 Je dois malheureusement vous signaler que le nombre des concurrents sur ce marché augmente d'année en année.
24 L'augmentation des concurrents est à attribuer à un besoin croissant en ces produits.
25 Le nombre des concurrents est passé de . . . à . . .
26 Le nombre des concurrents diminue un peu actuellement.
27 En raison de la qualité excellente de nos produits, le nombre des concurrents est en diminution.
28 Je suis heureux de pouvoir vous dire que nos produits nous donnent une large supériorité sur la concurrence.
29 La fusion des maisons . . . et . . . crée pour nous une nouvelle concurrence dont il faut tenir compte.
30 La maison . . . voudrait s'introduire sur notre marché.
31 Nous ne pouvons maintenir notre position sur le marché qu'en combattant activement la concurrence toujours plus forte.
32 La concurrence est encore faible. Elle ne résistera sûrement pas à une campagne des prix.
33 La faillite de la maison . . . devrait avoir mis fin à la concurrence régnant sur notre marché.
34 Le comportement des concurrents est inquiétant.
35 Malheureusement, la maison . . . arrive de plus en plus à s'emparer du marché.

36 Die Konkurrenz versucht, den Markt mit unlauteren Mitteln an sich zu reissen.
37 Die Konkurrenz bemüht sich, unsere Kunden abzuwerben.
38 Wiederholt musste ich feststellen, dass Vertreter der Konkurrenz unsere Kunden aufgesucht haben.
39 Leider erobert unsere Konkurrenz mit besserer Qualität den Markt.
40 Durch eine grosse Werbekampagne versucht die Konkurrenz, den Markt an sich zu reissen.
41 Das Verhalten der Konkurrenz ist (nicht) besorgniserregend.
42 Die Konkurrenz versucht mit neuen Artikeln den Markt zu erobern.
43 Die stürmische Expansion unserer Konkurrenzfirma lässt vermuten, dass diese demnächst den Preiskampf aufnehmen wird.
44 In der Firma . . . ist uns ein ernstzunehmender Konkurrent entstanden.

36 La concurrence essaie de s'emparer du marché par des moyens illicites.
37 La concurrence essaie de nous enlever nos clients.
38 J'ai constaté à plusieurs reprises que des représentants de la concurrence avaient rendu visite à nos clients.
39 La concurrence conquiert malheureusement le marché grâce à des produits de meilleure qualité.
40 La concurrence essaie de conquérir le marché par une grande campagne publicitaire.
41 Le comportement de la concurrence est (n'est pas) préoccupant.
42 La concurrence essaie de conquérir le marché avec de nouveaux articles.
43 L'expansion brutale de notre concurrent laisse supposer qu'il entreprendra prochainement une campagne de prix.
44 La maison . . . représente pour nous un concurrent sérieux.

VERBESSERUNGSVORSCHLÄGE

1 Den Anstrengungen der Konkurrenz ist nur mit einer grossen Werbekampagne zu begegnen.
2 Die Konkurrenz muss mit besserer Qualität übertroffen werden.
3 Durch eine Verkürzung der Lieferfristen wären wir der Konkurrenz gegenüber im Vorteil.
4 Um die Konkurrenz bei unseren Kunden auszuschalten, sollten wir bessere Zahlungskonditionen anstreben.
5 Bei besserer Belieferung unserer Kunden wäre es möglich, die Abwerbung durch die Konkurrenz zu vermeiden.
6 Durch gezielte Werbeaktionen könnten wir den Markt erobern und den Konkurrenzkampf beenden.
7 Für eine etwas preiswertere Ausführung Ihres Artikels Nr. . . . wäre der Markt noch aufnahmefähig.
8 Die Verpackung Ihrer Produkte müsste stabiler sein.
9 Die Verpackung Ihrer Waren ist zu schwer. Meiner Meinung nach bietet sich hier Schaumstoff geradezu an.

SUGGESTIONS EN VUE D'OBTENIR UNE AMÉLIORATION

1 Seule une grande campagne publicitaire peut nous permettre de faire face aux efforts de la concurrence.
2 Nous devons vaincre la concurrence en offrant des produits de meilleure qualité.
3 Des délais de livraison réduits nous donneraient un avantage sur la concurrence.
4 Nous devrions offrir des conditions de paiement plus avantageuses pour éliminer la concurrence auprès de nos clients.
5 Un meilleur approvisionnement du marché permettrait d'éviter que la concurrence ne détourne la clientèle.
6 Des campagnes publicitaires efficaces nous permettraient de conquérir le marché et de mettre fin à la concurrence.
7 Une version meilleur marché de l'article n° . . . serait plus facile à écouler sur le marché.
8 L'emballage de vos produits devrait être un peu plus solide.
9 L'emballage de vos marchandises est trop lourd. À mon avis, un emballage en mousse synthétique s'imposerait dans ce cas.

AUFTRÄGE

1 Ich füge die Aufträge der Firma . . . bei.
2 Hiermit überreiche ich Ihnen die hereingeholten Aufträge.
3 Als Anlage erhalten Sie die eingegangenen Aufträge.

COMMANDES

1 Vous trouverez ci-joint les commandes de la maison . . .
2 Je vous adresse ci-joint les commandes qui ont été prises.
3 Vous trouverez en annexe les commandes enregistrées.

4 Die in dieser Woche erhaltenen Aufträge lege ich bei.
5 Die beigefügten Aufträge sind sofort zu bearbeiten.
6 Ich bitte den beiliegenden Auftrag des Kunden, Herrn . . ., bis zum . . . zu bearbeiten.
7 Die Aufträge sind auf Wunsch der Kunden bis Anfang nächsten Monats zurückzustellen.
8 Bitte beachten Sie beim Auftrag der Firma . . . die Sonderwünsche hinsichtlich der Qualität.
9 Die Aufträge der beiden Firmen . . . und . . . konnte ich nur mit der Zusage eines Zahlungszieles von . . . Monaten erhalten.
10 Um den Auftrag der Firma . . . hereinzuholen, musste ich ihr einen Mengenrabatt von . . . % zusichern.
11 Ich habe der Firma . . . zugesagt, dass wir ihr die Lieferung per Express zu unseren Lasten senden werden.
12 Da die Firma . . . mit der Bearbeitung ihres letzten Auftrags unzufrieden war, konnte ich diesmal keinen Abschluss tätigen.

4 Je joins les commandes enregistrées cette semaine.
5 Les commandes ci-jointes sont à exécuter immédiatement.
6 Je vous prie d'exécuter la commande ci-jointe de notre client, Monsieur . . ., avant le . . .
7 Le client demande que l'exécution des commandes soit ajournée jusqu'au début du mois prochain.
8 Pour la commande de la maison . . ., veuillez tenir compte des désirs particuliers relatifs à la qualité.
9 Je n'ai pu obtenir les commandes de la maison . . . et de la maison . . . qu'en accordant un délai de paiement de . . . mois.
10 Pour obtenir la commande de la maison . . ., j'ai dû promettre un rabais de quantité de . . . %.
11 J'ai promis à la maison . . . que nous effectuerions la livraison par express et à notre charge.
12 La maison . . . n'étant pas satisfaite de l'exécution de sa dernière commande, je n'ai pu cette fois obtenir aucun résultat.

FIRMENBERICHT AN DEN VERTRETER

BESTÄTIGUNG DER AUFTRÄGE

1 Hiermit bestätigen wir Ihnen den Eingang der Aufträge vom . . .
2 Am . . . sind Ihre Aufträge bei uns eingegangen. Wir danken Ihnen dafür.
3 Die Aufträge der Kunden . . . sind bei uns eingetroffen. Lieferung erfolgt wie vorgeschrieben (gewünscht).
4 Mit Dank bestätigen wir Ihnen den Eingang Ihrer Aufträge.
5 Wir bedanken uns für Ihre Aufträge. Die Sonderwünsche der Firma . . . werden wir gern erfüllen.
6 Die Aufträge der Firma . . . sind bei uns eingegangen. Bitte teilen Sie Herrn . . . mit, dass sich die Lieferung durch die Sonderwünsche hinsichtlich Farbgebung und Qualität um ca. . . . Tage verzögert.

FORMELLES ZU DEN AUFTRÄGEN

1 Dürfen wir Sie bitten, bei den nächsten Aufträgen deutlicher zu schreiben, da sonst Fehllieferungen nicht ausgeschlossen sind.

RAPPORT DE LA MAISON AU REPRÉSENTANT

CONFIRMATION DES COMMANDES

1 Nous confirmons par la présente les commandes reçues le . . .
2 Vos commandes nous sont parvenues le . . . Nous vous en remercions.
3 Nous avons reçu les commandes de . . . La livraison se fera conformément aux prescriptions (comme souhaité).
4 Nous accusons réception de vos commandes et vous en remercions.
5 Nous vous remercions des commandes envoyées. Nous réaliserons évidemment les désirs particuliers de la maison . . .
6 Les commandes de la maison . . . sont arrivées. Pourriez-vous faire savoir à Monsieur . . . que la livraison sera retardée d'environ . . . jours en raison des désirs spéciaux concernant la couleur et la qualité de l'article.

REMARQUES SUR LA FORME DES COMMANDES

1 Nous nous permettons de vous demander d'écrire plus lisiblement les prochaines commandes. Nous ne pourrions autrement en garantir la bonne exécution.

2 Bitte geben Sie beim nächsten Mal das Ausstellungsdatum an.
3 Wir bitten Sie, die Auftragsnummer des Kunden und die zuständige Abteilung . . . zu vermerken.
4 Wir müssen Sie bitten, genauere Angaben über die Aufträge zu machen. Andernfalls können Ihre Kunden nicht sachgerecht beliefert werden.
5 Wir möchten Sie darauf hinweisen, dass von jetzt an das Original und ein Durchschlag des Auftrags eingesandt werden müssen.
6 Versäumen Sie bitte nicht, den Kunden persönlich unterschreiben zu lassen, da sonst die Gefahr der Annahmeverweigerung bei Eingang der Ware besteht.
7 Sie können in Zukunft derartige Sonderwünsche unserer Kunden keinesfalls akzeptieren.
8 Wir werden der Firma . . . den Restposten des auslaufenden Artikels Nr. . . . zusenden.
9 Wollen Sie Ihre Unterlagen benutzen oder sollen wir Ihnen unsere Formulare zur Verfügung stellen?

2 Nous vous prions de bien indiquer la prochaine fois la date de l'établissement de la commande.
3 Nous vous prions d'indiquer le numéro d'ordre de la commande de . . . ainsi que le service concerné.
4 Nous devons vous prier de donner des indications plus précises sur les commandes. Nous ne pourrions autrement les exécuter de façon satisfaisante.
5 Nous attirons votre attention sur le fait que vous devez désormais envoyer l'original ainsi qu'une copie de la commande.
6 Ne manquez plus de faire signer le client personnellement pour éviter tout risque de refus à la livraison.
7 Nous vous prions de ne plus accepter à l'avenir de tels désirs spéciaux de la part des clients.
8 Nous enverrons à la maison . . . le stock restant de l'article n° . . . qui arrive à épuisement.
9 Voulez-vous utiliser vos formulaires ou devons-nous mettre les nôtres à votre disposition?

MATERIELLES ZU DEN AUFTRÄGEN

1 Sie forderten mit Auftragsnummer . . . für den Kunden . . . einen Artikel Nr. . . . an. Dieser Artikel ist in unserem Katalog nicht enthalten.
2 Den angegebenen Artikel führen wir nicht.
3 Sie führten in Ihrem Auftrag Nr. . . . vom . . . den Artikel Nr. . . . an, den es gar nicht gibt. Bitte berichtigen Sie diesen Irrtum.
4 Wir möchten Sie auf einen Fehler in Ihrem Auftrag Nr. . . . hinweisen: Die Artikelnummer ist nicht . . . , sondern . . .
5 Die Waren aus dem Auftrag des Kunden . . . sind zur vorgesehenen Zeit leider nicht lieferbar.
6 Der Artikel Nr. . . . aus Ihrem Auftrag vom . . . ist nicht mehr lieferbar.
7 Bitte fragen Sie Ihre Kunden, ob wir für den Artikel . . . Ersatz liefern sollen.
8 Sie sind keinesfalls berechtigt, ein Zahlungsziel von . . . Monaten einzuräumen.

REMARQUES SUR LES ARTICLES COMMANDÉS

1 Dans votre commande n° . . ., vous avez demandé pour . . ., l'article n° . . . Cet article n'est pas dans notre catalogue.
2 Nous ne faisons pas l'article mentionné.
3 Vous avez cité l'article n° . . . dans votre commande n° . . . du . . . Cet article ne faisant pas partie de notre programme, nous vous prions de rectifier cette erreur.
4 Nous attirons votre attention sur une erreur qui s'est glissée dans votre commande n° . . .: le numéro de l'article n'est pas . . . mais . . .
5 Les marchandises de la commande de . . . ne peuvent malheureusement pas être livrées dans les délais prévus.
6 L'article n° . . . de votre commande du . . . n'est plus disponible.
7 Veuillez demander à votre client si nous pouvons livrer pour l'article n° . . . un article de remplacement.
8 Vous n'êtes absolument pas compétent pour accorder un délai de paiement de . . . mois.

ANERKENNUNGSSCHREIBEN

1 Für die uns geleisteten Dienste möchten wir Ihnen unsere Anerkennung aussprechen.
2 Für Ihre vorbildliche Arbeit gebührt Ihnen Anerkennung.
3 Es ist uns eine Freude, Ihnen als einem unserer besten Mitarbeiter zu danken und unser Lob auszusprechen.

LA MAISON EXPRIME SA SATISFACTION

1 Nous voudrions vous exprimer notre satisfaction pour le travail que vous avez accompli.
2 Vous méritez beaucoup d'éloges pour les résultats excellents que vous avez obtenus.
3 Nous sommes heureux de pouvoir vous adresser tous nos remerciements, car vous êtes un de nos meilleurs collaborateurs.

4 Wegen Ihrer vorbildlichen Leistung und Ihrer guten Mitarbeit gebührt Ihnen höchste Anerkennung.
5 Wir zollen Ihnen unsere Anerkennung und wünschen Ihnen weiterhin gute Erfolge.
6 In Anerkennung Ihrer ausgezeichneten Leistungen haben wir uns entschlossen, ab sofort Ihre Provision um . . . % zu erhöhen.

4 Vous méritez les plus grands éloges pour votre travail exemplaire et votre excellente collaboration.
5 Nous vous témoignons notre satisfaction et vous souhaitons beaucoup de succès à l'avenir.
6 En reconnaissance des bons résultats que vous avez obtenus, nous avons décidé d'augmenter dès à présent votre commission de . . . %.

ZURECHTWEISUNG DES VERTRETERS

1 Leider können wir Ihre derzeitige Arbeitsmethode nicht dulden.
2 Wir bedauern, Ihnen sagen zu müssen, dass wir mit Ihrer Arbeit nicht zufrieden sind.
3 Wir bitten Sie, in Zukunft sorgfältiger zu arbeiten.
4 Ihre Arbeitsweise befriedigt uns nicht.
5 Wegen wiederholter Fehlleistungen müssen wir Sie leider tadeln.
6 Ihre Umgangsweise mit den Kunden hat häufig zu Beschwerden Anlass gegeben.
7 Leider sind bei uns Beschwerden über Ihre Verhandlungsweise eingegangen. Wir bitten Sie um mehr Höflichkeit den Kunden gegenüber.
8 Ihre Kunden klagen über Unzuverlässigkeit.
9 Wir bitten Sie, Ihre Kunden besser zu betreuen.
10 Wir müssen Sie darauf aufmerksam machen, dass die Zahl der bisher von Ihnen eingegangenen Aufträge zu niedrig ist.

REMONTRANCES FAITES AU REPRÉSENTANT

1 Nous ne pouvons malheureusement tolérer votre méthode de travail actuelle.
2 Nous regrettons de devoir vous dire que nous ne sommes pas satisfaits de votre travail.
3 Nous vous prions d'apporter à l'avenir plus de soin à votre travail.
4 Nous ne sommes pas satisfaits de votre manière de travailler.
5 Nous avons malheureusement à vous reprocher d'avoir manqué plusieurs ventes.
6 Les clients se sont souvent plaints de votre comportement à leur égard.
7 Nous sommes au regret de vous faire savoir que nous avons reçu des plaintes au sujet de votre attitude. Nous vous prions de faire montre de plus de politesse envers la clientèle.
8 Vos clients se plaignent de ne pouvoir compter sur vous.
9 Nous vous prions de mieux soigner votre clientèle.
10 Nous devons attirer votre attention sur le fait que le nombre des commandes que nous avons reçues jusqu'à ce jour de votre part est insuffisant.

PRODUKTIONSAUSWEITUNG

1 Wir haben einen neuen Artikel in unser Programm aufgenommen.
2 Wir möchten Sie darauf hinweisen, dass wir neue Produkte herstellen.
3 Ein neues Produkt von uns ist auf dem Markt. Die Prospekte liegen bei. Bitte werben Sie bei Ihren Kunden für den Artikel.
4 Wir freuen uns, Ihnen mitteilen zu können, dass wir unser Warenangebot wesentlich erweitert haben. Bitte sprechen Sie darauf auch Ihre Kunden an.
5 Wir haben folgende Artikel neu in unser Programm aufgenommen:
6 Wegen der starken Nachfrage haben wir unser Warenangebot im Hinblick auf . . . erweitert. Teilen Sie das bitte Ihrer Kundschaft mit.

ÉLARGISSEMENT DE LA PRODUCTION

1 Nous avons ajouté un nouvel article à notre programme.
2 Nous voudrions vous faire remarquer que nous fabriquons de nouveaux articles.
3 Nous avons un nouveau produit sur le marché. Vous trouverez ci-joint les prospectus. Veuillez faire de la réclame pour cet article auprès de la clientèle.
4 Nous sommes heureux de pouvoir vous signaler que nous avons considérablement élargi notre offre de marchandises. Veuillez attirer l'attention de la clientèle sur ce fait.
5 Nous venons d'ajouter les articles suivants à notre programme:
6 En raison de la forte demande, nous avons élargi notre offre de marchandises en ce qui concerne . . . Veuillez le signaler à votre clientèle.

7 Unser neuestes Modell der Serie . . . ist fertiggestellt. Prospekte haben wir beigefügt.
8 Folgende neue Artikel haben wir anzubieten: . . . Wir hoffen, Sie verkaufen diese mit grossem Erfolg.

7 Notre dernier modèle de la série . . . est achevé. Nous avons joint des prospectus.
8 Comme nouveautés, nous pouvons offrir les articles suivants: . . . Nous espérons que vous les vendrez avec succès.

AUSLAUFENDE ARTIKEL

1 Bitte weisen Sie Ihre Kunden darauf hin, dass wir die Produktion des Artikels Nr. . . . eingestellt haben.
2 Folgende Artikel haben wir aus unserem Verkaufsprogramm gestrichen:
3 Bitte machen Sie bei Ihren nächsten Besuchen Ihre Kunden darauf aufmerksam, dass der Artikel Nr. . . . ausläuft.
4 Wir fertigen folgende Artikelserie nicht mehr: . . . Bitte berücksichtigen Sie dies bei Ihren Verkaufsgesprächen.
5 Die Produktion des Artikels Nr. . . . ist für uns unrentabel geworden. Unterrichten Sie die Kunden in Ihrem Vertretungsgebiet bitte davon, dass wir diesen Artikel nicht mehr fertigen.

DES ARTICLES ARRIVENT À ÉPUISEMENT

1 Veuillez signaler à vos clients que nous avons arrêté la fabrication de l'article n° . . .
2 Nous avons supprimé de notre programme de vente les articles suivants:
3 Lors de votre prochain passage, veuillez attirer l'attention de vos clients sur le fait que l'article n° . . . arrive à épuisement.
4 Nous ne fabriquons plus les séries d'articles suivantes: . . . Veuillez en tenir compte dans vos discussions avec la clientèle.
5 La fabrication de l'article n° . . . a cessé pour nous d'être rentable. Veuillez avertir les clients de votre région que nous ne fabriquons plus cet article.

PREISVERÄNDERUNGEN

1 Infolge ständig steigender Kosten sehen wir uns leider gezwungen, unsere Preise ab . . . um . . . % zu erhöhen.
2 Wir sind sicher, dass unsere Marktposition trotz der notwendigen Preiserhöhung um . . . % ungefährdet ist.
3 Um unseren Marktanteil in Ihrem Land zu erhöhen, reduzieren wir ab sofort unsere Preise um . . . %.

MODIFICATIONS DE PRIX

1 Étant donné l'augmentation constante des coûts, nous nous voyons malheureusement dans l'obligation de majorer nos prix de . . .% à partir du . . .
2 Nous sommes sûrs que la nécessité dans laquelle nous avons été d'augmenter nos prix de . . .% ne mettra pas en cause notre position sur le marché.
3 Nous procédons à une réduction immédiate de nos prix de . . .% pour accroître notre participation au marché de votre pays.

BRIEFWECHSEL ZWISCHEN KUNDE, FIRMA UND VERTRETER

KUNDE AN FIRMA

1 Bitte teilen Sie mir mit, wann ich mit dem Eintreffen der Lieferung rechnen kann.
2 Unterrichten Sie Ihren Vertreter bitte darüber, dass weitere Besuche zwecklos sind.
3 Bei Ihrer letzten Lieferung fehlte der Lieferschein (die Rechnung). Bitte senden Sie ihn (sie) nach.

CORRESPONDANCE ENTRE LA MAISON, LE CLIENT ET LE REPRÉSENTANT

LE CLIENT À LA MAISON

1 Je vous prie de bien vouloir me communiquer quand je peux compter sur la livraison.
2 Veuillez faire savoir à votre représentant que toute nouvelle visite serait inutile.
3 Le bon de livraison (la facture) manquait au dernier envoi. Veuillez le (la) faire suivre.

4 Lassen Sie mir durch Ihren Vertreter bitte Prospekte über Ihr neues Sonderangebot zukommen.
5 Wenn uns Ihr Vertreter die neue Musterkollektion vorlegen könnte, wären wir in der Lage, bis zum . . . zu bestellen.
6 Durch Ihren Vertreter, Herrn . . ., sind wir darüber informiert worden, dass wir bei Bestellung eine . . . %ige Vorauszahlung leisten müssen. Damit sind wir nicht einverstanden.
7 Ihr Vertreter ist in der letzten Woche nicht erschienen; wir senden Ihnen deshalb unseren Auftrag zu.
8 Der jetzige Vertreter ist sehr unhöflich.
9 Wir müssen annehmen, dass unsere Aufträge von Ihrem Vertreter nicht sachgemäss bearbeitet werden.
10 Das Verhalten Ihres Vertreters gibt zu Klagen Anlass.
11 Ihr Vertreter, Herr . . . , ist unzuverlässig.

4 Je vous prie de me faire parvenir les prospectus de votre nouvelle offre spéciale par l'intermédiaire de votre représentant.
5 Si votre représentant pouvait nous présenter votre nouvelle collection d'échantillons, il nous serait possible de passer la commande avant le . . .
6 Votre représentant, Monsieur. . . ., nous a informé que nous avions à verser une avance de . . .% à la commande. Nous ne pouvons accepter une telle chose.
7 Votre représentant n'étant pas passé la semaine dernière, nous vous envoyons directement notre commande.
8 Votre représentant actuel a un comportement intolérable.
9 Tout nous porte à croire que votre représentant ne s'occupe pas correctement de nos commandes.
10 Nous avons lieu de nous plaindre du comportement de votre représentant.
11 Nous ne pouvons pas compter sur votre représentant, Monsieur . . .

FIRMA AN VERTRETER

1 Wie uns der Kunde . . . mitteilte, sind Sie in der letzten Woche nicht bei ihm erschienen. Bitte teilen Sie uns Ihre Gründe mit.
2 Der Kunde . . . schreibt uns, dass ihm die neue Musterkollektion nicht vorgelegt wurde. Bitte holen Sie das Versäumte nach.
3 Der Kunde, Herr . . ., moniert, dass Sie zum vereinbarten Termin nicht bei ihm erschienen sind. Bitte holen Sie den Besuch sofort nach.
4 Uns ist berichtet worden, dass Sie Ihre Aufgaben nicht ordnungsgemäss erfüllen. Nehmen Sie dazu bitte Stellung.
5 Bitte nehmen Sie Stellung zu dem Vorfall vom . . .
6 Die Firma . . . hat sich zum zweitenmal über Sie beschwert. Wir bitten um Ihre Stellungnahme.
7 Hiermit leiten wir eine Beschwerde aus Ihrem Kundenkreis an Sie weiter.
8 Wie kommt es, dass sich unsere Kunden immer wieder über Ihre Unzuverlässigkeit beschweren?

LA MAISON AU REPRÉSENTANT

1 Notre client, Monsieur . . ., nous a signalé que vous n'étiez pas passé chez lui la semaine dernière. Veuillez nous donner les raisons de cette ommission.
2 Le client, Monsieur . . ., nous écrit que vous ne lui avez pas présenté la nouvelle collection d'échantillons. Veuillez réparer immédiatement cette négligence.
3 Le client, Monsieur . . ., se plaint de ce que vous n'êtes pas passé chez lui à la date fixée. Veuillez passer chez lui sans retard.
4 On nous a signalé que vous ne remplissiez pas vos obligations comme il se doit. Veuillez vous justifier.
5 Veuillez vous prononcer sur l'incident du . . .
6 La maison . . . s'est plainte pour la deuxième fois de votre comportement. Veuillez vous justifier.
7 Par la présente, nous vous transmettons une plainte qui provient de votre clientèle.
8 Comment se fait-il que nos clients se plaignent continuellement de ne pouvoir compter sur vous?

VERTRETER AN FIRMA

1 Ich möchte mich für den Vorfall vom . . . entschuldigen.
2 Leider war es mir am . . . nicht mehr möglich, den Kunden . . . aufzusuchen.

LE REPRÉSENTANT À LA MAISON

1 Je vous prie de m'excuser de l'incident survenu le . . .
2 Il ne m'a malheureusement plus été possible, dans la journée du . . ., de passer voir le client, Monsieur . . .

3 Weil ich mich an dem fraglichen Tag nicht wohl fühlte, habe ich meine Tour vorzeitig abbrechen müssen.
4 Ich werde das Versäumte binnen kurzem nachholen.
5 Die Beschwerde des Herrn . . . ist mir unverständlich; ich habe ihn termingerecht aufgesucht.
6 Die Beschuldigungen des Kunden . . . weise ich zurück.
7 Ich war zum verabredeten Zeitpunkt bei Herrn . . . , er war jedoch nicht anzutreffen.
8 Die Firma . . . ist ein sehr schwieriger Kunde. Bitte prüfen Sie die Beschwerden sorgfältig.
9 Ich versichere Ihnen, dass derartige Fehler in Zukunft nicht mehr vorkommen werden.

3 Ne me sentant pas bien le jour en question, j'ai interrompu ma tournée plus tôt que prévu.
4 Je réparerai sous peu ma négligence.
5 La réclamation de Monsieur . . . m'est incompréhensible, car je suis passé le voir à la date prévue.
6 Je ne peux accepter les incriminations de . . .
7 J'étais à l'heure convenue chez Monsieur . . ., mais il n'était pas visible.
8 La maison . . . est un client très difficile. Je vous prie de vérifier soigneusement ses réclamations.
9 Je vous donne l'assurance que des erreurs de ce genre ne se reproduiront plus à l'avenir.

FIRMA AN KUNDE

1 Unser Vertreter ist bevollmächtigt, den Rechnungsbetrag entgegenzunehmen.
2 Die von unserem Vertreter angegebenen Konditionen sind verbindlich.
3 Wir danken Ihnen für Ihre Anfrage. Unser Vertreter, Herr . . ., wird Ihnen demnächst einen Besuch abstatten.
4 Wir hoffen, dass unser neuer Vertreter Ihre Wünsche erfüllen wird.
5 Wir können uns nicht vorstellen, dass unser Vertreter, Herr . . ., zu Klagen Anlass gibt. Unsere Kunden sind ausserordentlich zufrieden mit ihm.
6 Herr . . . konnte Sie wegen Krankheit am . . . leider nicht besuchen.
7 Wir werden in Zukunft nicht mehr Herrn . . ., sondern Herrn . . . beauftragen, mit Ihnen zu verhandeln.
8 Ihre Beschwerde haben wir an unseren Vertreter, Herrn . . ., weitergeleitet.
9 Unser Vertreter, Herr . . ., wird zur Überprüfung der Angelegenheit am . . . zu Ihnen kommen.
10 Bitte sprechen Sie den Vertreter bei seinem nächsten Besuch bei Ihnen auf diesen Vorfall an.

LA MAISON AU CLIENT

1 Notre représentant est habilité à recevoir le montant de la facture.
2 Les conditions indiquées par notre représentant sont des conditions fermes.
3 Nous vous remercions de votre demande; notre représentant, Monsieur . . ., vous rendra visite sous peu.
4 Nous espérons que notre nouveau représentant vous donnera satisfaction.
5 Nous n'arrivons pas à nous imaginer que notre représentant, Monsieur . . ., puisse donner sujet à mécontentement. Nos autres clients sont extrêmement satisfaits de ses services.
6 Monsieur . . . étant souffrant, il n'a malheureusement pas pu passer vous voir le . . .
7 Ce n'est plus Monsieur . . ., mais Monsieur . . . que nous allons charger à l'avenir de traiter avec vous.
8 Nous avons transmis votre réclamation à notre représentant, Monsieur . . .
9 Notre représentant, Monsieur . . ., passera vous voir le . . . afin d'examiner l'affaire.
10 Je vous prie de parler de cet incident à notre représentant lors de son prochain passage.

UNSTIMMIGKEITEN ZWISCHEN FIRMA UND VERTRETER

AUFTRAGSABWICKLUNG
BESCHWERDEN DER FIRMA

1 Mit der Art Ihrer Auftragsabwicklung sind wir nicht einverstanden.
2 Bei Ihren Aufträgen häufen sich die Stornierungen.

POINTS DE DÉSACCORD ENTRE LA MAISON ET LE REPRÉSENTANT

EXÉCUTION DE LA COMMANDE
PLAINTES DE LA MAISON

1 Nous ne sommes pas d'accord avec votre façon de traiter les affaires.
2 Nous recevons sans cesse des annulations de commandes que vous avez prises.

3 Bitte gehen Sie bei der Auftragsabwicklung sorgfältiger vor.
4 Sie sind nicht berechtigt, Kunden Sondervergünstigungen zu gewähren.
5 Wir hoffen, dass Sie sich in Zukunft an Ihre Vorschriften hinsichtlich der Auftragsannahme halten.
6 Bitte nehmen Sie in Zukunft keine so kleinen Aufträge an.
7 Wie können Sie Ihren Kunden eine derart kurze Lieferfrist zusichern?
8 Bei der Zusage von Preisnachlässen überschreiten Sie Ihre Kompetenzen beträchtlich.
9 Die von Ihnen zugesicherte Lieferzeit können wir nicht einhalten.
10 Die von Ihnen zugesicherten Sonderrabatte machen die Aufträge für uns zu einem Verlustgeschäft.
11 Bitte reichen Sie die Aufträge der Kunden schneller bei uns ein.
12 Achten Sie bitte darauf, dass die Aufträge vom Kunden unterschrieben werden.
13 Leider müssen wir feststellen, dass Ihre Umsätze von Monat zu Monat sinken.

3 Veuillez apporter plus de soin à votre façon de traiter les affaires.
4 Vous n'êtes pas habilité à accorder aux clients des avantages particuliers.
5 Nous espérons qu'à l'avenir vous vous conformerez à vos instructions en ce qui concerne la prise des commandes.
6 Veuillez ne plus prendre désormais de commandes aussi minimes.
7 Comment pouvez-vous promettre à vos clients des délais de livraison aussi courts?
8 En accordant des remises de prix, vous outrepassez considérablement vos compétences.
9 Nous ne pouvons respecter le délai de livraison que vous avez consenti.
10 Les remises exceptionnelles que vous avez consenties nous obligent à travailler à perte.
11 Veuillez nous faire parvenir plus rapidement les commandes des clients.
12 Veillez à ce que les commandes soient signées des clients.
13 Nous devons malheureusement vous signaler que votre chiffre d'affaires baisse de mois en mois.

ANTWORT DES VERTRETERS

14 Bitte teilen Sie mir die Gründe für Ihre plötzliche Unzufriedenheit mit meiner Auftragsabwicklung mit.
15 Bisher waren Sie mit meiner Arbeitsweise zufrieden. Lassen Sie mich bitte umgehend Ihre Wünsche im Hinblick auf die Auftragsabwicklung wissen.
16 Um überhaupt Aufträge zu erhalten, muss ich den Kunden immer weiter entgegenkommen.
17 Bei dieser kleinlichen Auftragsabwicklung laufen Sie Gefahr, von der Konkurrenz vom Markt verdrängt zu werden.
18 Ich muss darauf bestehen, dass meine Aufträge schneller und sorgfältiger ausgeführt werden.
19 Ihre Auftragsabwicklung lässt sehr zu wünschen übrig.
20 Die Erledigung der Aufträge entspricht nicht unseren vertraglichen Vereinbarungen.
21 Wenn Sie meine Aufträge weiterhin so unzureichend abwickeln, sehe ich mich leider gezwungen, auf die Vertretung Ihrer Artikel zu verzichten.

RÉPONSE DU REPRÉSENTANT

14 Veuillez me faire connaître les raisons du soudain mécontentement qu'a suscité ma façon de traiter les affaires.
15 Vous étiez jusqu'à présent satisfaits de ma façon de travailler. Veuillez me faire connaître par retour du courrier de quelle façon je dois traiter les affaires.
16 Pour obtenir des commandes, je dois accorder de plus en plus de facilités aux clients.
17 En traitant les affaires d'une façon aussi mesquine, vous courez le risque que vos concurrents vous éliminent du marché.
18 J'insiste pour que les commandes que se transmets soient exécutées plus rapidement et avec plus de soin.
19 Votre façon d'exécuter les commandes laisse beaucoup à désirer.
20 L'exécution des commandes ne correspond pas à ce qui avait été convenu par contrat.
21 Si vous continuez à exécuter mes commandes d'une façon aussi peu satisfaisante, je me verrai malheureusement contraint de renoncer à la représentation de vos articles.

PROVISIONS- UND SPESENABRECHNUNG

AUFSTELLUNG DES VERTRETERS

1 Mit der Durchführung Ihrer Provisionsabrechnung bin ich nicht einverstanden.

RÈGLEMENT DE LA COMMISSION ET DES FRAIS

DÉCOMPTE DU REPRÉSENTANT

1 Je ne suis pas d'accord avec la façon dont se fait le règlement de ma commission.

2 Ich bin nicht bereit, auf meine Provision zu warten, bis der Kunde zahlt. Bitte machen Sie mir einen neuen Abrechnungsvorschlag.
3 Die Provisionszahlung für den letzten Monat steht heute noch aus.
4 Ihre Provisionszahlungen werden von Jahr zu Jahr geringer. Ich bin nicht bereit, bei ständig steigenden Unkosten diese Kürzungen hinzunehmen.
5 Es wurden mir vertraglich ... % Provision zugesichert. Die Kürzungen meiner Provision auf ... % kann ich nicht hinnehmen.
6 In meiner Provisionsabrechnung vom letzten Monat hatten Sie ... Aufträge nicht berücksichtigt. Ich bitte um sofortige Berichtigung und Überweisung des Betrags.
7 Nach meinen Unterlagen müsste sich meine Provision für den letzten Monat auf ... belaufen. Bitte überprüfen Sie die Abrechnung.
8 Bitte überweisen Sie mir unverzüglich meine fällige Provision.
9 Ihre Provisionszahlungen verzögern sich leider von Monat zu Monat.
10 Auch für stornierte Aufträge muss ich auf Zahlung meiner Provision bestehen, weil die Stornierungen durch Ihr Verschulden verursacht wurden.
11 Leider enthalten Ihre Provisionsabrechnungen immer wieder Fehler. Ich bitte Sie nochmals um genaue Berechnung meines Anteils.

2 Je ne suis pas disposé à attendre le paiement de la facture par le client pour toucher ma commission. Veuillez me faire une nouvelle proposition.
3 Ma commission du mois dernier ne m'a pas encore été payée.
4 Les commissions que vous me payez diminuent d'année en année. Je ne suis pas disposé à accepter ces réductions alors que mes frais augmentent.
5 Une commission de ...% m'a été assurée par contrat. Je ne peux donc accepter qu'elle soit ramenée à ...%.
6 Dans le décompte de mes commissions du mois dernier, il y a ... commandes dont vous n'avez pas tenu compte. Je vous prie de rectifier sans retard cette erreur et de me virer la somme.
7 D'après mes dossiers, ma commission du mois dernier devrait s'élever à ... Veuillez vérifier le décompte.
8 Veuillez me virer sans retard la commission qui m'est due.
9 Le paiement de mes commissions se fait malheureusement attendre chaque mois de plus en plus.
10 J'insiste pour que ma commission me soit également payée pour les commandes annulées, car les annulations sont survenues par votre faute.
11 Il y a malheureusement sans cesse des erreurs dans les relevés de commissions que vous m'envoyez. Je vous prie encore une fois d'établir ces relevés avec une grande exactitude.

ANTWORT DER FIRMA

12 Ihre Beschwerde in Sachen Provisionsabrechnung ist unbegründet.
13 In unserer Provisionsabrechnung für den Vormonat können wir keinen Fehler entdecken.
14 Wir bitten den Additionsfehler in unserer letzten Provisionsabrechnung zu entschuldigen.
15 Für diese kleinen Aufträge sind Ihre Provisionsforderungen zu hoch.
16 Ihre Beschwerde in Sachen unserer letzten Provisionsabrechnung ist uns unverständlich.
17 Wir werden den irrtümlich übersehenen Provisionsbetrag bei Ihrer nächsten Abrechnung berücksichtigen.
18 Bitte entschuldigen Sie den Fehler in unserer letzten Provisionsabrechnung.
19 Wir haben bereits am ... unsere Bank beauftragt, die fällige Provision auf Ihr Konto zu überweisen.

RÉPONSE DE LA MAISON

12 Vos réclamations concernant le compte des commissions ne sont pas justifiées.
13 Nous ne découvrons aucune erreur dans notre décompte de commissions du mois dernier.
14 Nous vous prions de bien vouloir nous excuser de l'erreur d'addition qui s'est glissée dans notre dernier décompte de commissions.
15 Vos demandes de commissions sont trop élevées pour les petites commandes obtenues.
16 Les réclamations que vous formulez à l'endroit de notre dernier décompte de commissions nous sont incompréhensibles.
17 Nous tiendrons compte dans notre prochain décompte de commissions du montant qui avait par erreur échappé à notre attention.
18 Veuillez excuser l'erreur qui s'est produite dans votre dernier décompte de commissions.
19 Nous avons dès le ... donné ordre à notre banque de virer à votre compte le montant de la commission qui vous est due.

20 Wir weisen Sie darauf hin, dass laut Vertrag die Provisionen erst nach Eingang der Rechnungsbeträge fällig werden. Ihre Reklamation ist deshalb unbegründet.
21 Die Höhe Ihrer Spesen ist für uns nicht mehr tragbar.
22 Ihre Ausgaben stehen in keinem Verhältnis zu Ihren Erfolgen.
23 Wir sind nicht bereit, Ihre Spesen in voller Höhe zu tragen.
24 Wir sind der Meinung, dass Ihre Spesenabrechnungen zu hoch ausfallen.
25 Wir werden Ihnen die Spesen in Höhe der vorgelegten Quittungen vergüten.
26 Ihre Angaben zur Spesenhöhe stimmen nicht mit der Gesamtsumme der Quittungen überein. Den Differenzbetrag übernehmen wir keinesfalls.

20 Nous attirons votre attention sur le fait qu'aux termes du contrat, les commissions ne sont payables qu'après encaissement des factures. Votre réclamation n'est donc pas justifiée.
21 Le montant actuel de vos frais est inacceptable.
22 Il n'y a aucune commune mesure entre vos dépenses et les résultats obtenus.
23 Nous ne sommes pas disposés à vous rembourser intégralement vos frais.
24 Nous estimons que vos notes de frais sont trop élevées.
25 Nous rembourserons vos frais jusqu'à concurrence des quittances fournies.
26 Le montant que vous indiquez pour vos dépenses ne correspond pas au total des quittances. Nous ne sommes nullement prêts à prendre la différence à notre charge.

STELLUNGNAHME DES VERTRETERS

27 Ihre Spesenabrechnung liegt unter dem vertraglich vereinbarten Betrag.
28 Ich bin nicht bereit, die Spesen selbst zu tragen.
29 Ich werde Ihnen Belege zusenden, die die Höhe meiner Spesenabrechnung rechtfertigen.
30 Eine Diskussion über die Richtigkeit meiner Spesenangaben dürfte sich angesichts der beigefügten Belege wohl erübrigen.
31 Im Hinblick auf meine Aufträge kann es keine Debatte über meine Spesen geben.
32 Wie ich Ihrem Brief entnehme, sind Sie nicht mehr bereit, meine Spesen voll zu tragen. Ich muss deshalb auf einer Provisionserhöhung von . . . % bestehen.

MISE AU POINT DU REPRÉSENTANT

27 Votre décompte de frais est inférieur à la somme fixée par contrat.
28 Je ne suis pas disposé à supporter moi-même les frais qui ne me sont pas remboursés.
29 Je vais vous envoyer les justificatifs de ma note de frais.
30 Les justificatifs ci-joints devraient rendre superflue toute discussion quant au bien-fondé de ma note de frais.
31 Étant donné les ordres que j'ai pris, toute discussion au sujet de mes frais devrait être superflue.
32 Je conclus d'après votre lettre que vous n'êtes plus disposés à l'avenir à me rembourser intégralement mes frais. Je me vois donc dans l'obligation d'exiger une augmentation de . . . % de ma commission.

KÜNDIGUNG DER VERTRETUNG

VERTRAGSGEMÄSSE KÜNDIGUNG DURCH DIE FIRMA

1 Wir weisen Sie darauf hin, dass Ihre Vertretung vertragsgemäss zum Ende dieses Jahres ausläuft.
2 Wir sind an einer Verlängerung Ihrer Vertretertätigkeit nicht interessiert.
3 Wir werden Ihren demnächst auslaufenden Vertrag nicht erneuern.
4 Schon heute teilen wir Ihnen mit, dass wir Ihren Vertretungsvertrag fristgerecht zum Ende dieses Jahres kündigen werden.

RÉSILIATION DU CONTRAT DE REPRÉSENTATION

RÉSILIATION CONFORME AUX STIPULATIONS DU CONTRAT DE LA PART DE LA MAISON

1 Nous vous signalons que, conformément aux stipulations du contrat, votre représentation se termine à la fin de cette année.
2 Nous ne désirons pas prolonger votre activité de représentant.
3 Nous ne renouvellerons pas votre contrat, qui arrive bientôt à expiration.
4 Nous vous signalons dès à présent que nous allons résilier votre contrat de représentation dans les délais prévus à la fin de l'année.

5 Da Sie den Anforderungen, die wir an unsere Vertreter stellen, nicht genügen, sehen wir uns bedauerlicherweise gezwungen, Ihren Vertrag zum . . . termingerecht zu kündigen.
6 Ihr Vertretungsvertrag läuft am . . . aus. Wir sind nicht bereit, diesen Vertrag zu erneuern.

5 Comme vous ne satisfaites pas aux exigences que nous imposons à nos représentants, nous nous voyons dans la regrettable obligation de résilier votre contrat à la date prévue du . . .
6 Votre contrat de représentation arrive à expiration le . . . Nous ne sommes pas disposés à renouveler ce contrat.

VERTRAGSGEMÄSSE KÜNDIGUNG DURCH DEN VERTRETER

1 Da ich eine andere Tätigkeit annehmen werde, kündige ich meinen Vertretungsvertrag fristgerecht zum Ende dieses Jahres.
2 Mein Vertretungsvertrag läuft am . . . aus. An einer Verlängerung bin ich nicht interessiert.
3 Aus persönlichen Gründen kann ich den Vertretungsvertrag leider nicht erneuern.
4 Mein Gesundheitszustand erlaubt es mir nicht, weiterhin als Vertreter tätig zu sein.
5 Da ich meinen Wohnsitz ändern werde, ist es mir leider unmöglich, den Vertretungsvertrag zu erneuern.
6 Eine andere Firma hat mir ein interessanteres Angebot gemacht. Meinen Vertretungsvertrag bei Ihnen werde ich deshalb nicht verlängern.

RÉSILIATION DE LA PART DU REPRÉSENTANT CONFORMÉMENT AU CONTRAT

1 Comme je vais exercer une autre activité, je désire résilier mon contrat de représentation dans les délais prévus, à la fin de l'année.
2 Mon contrat de représentation arrive à expiration le . . . Je ne désire pas qu'il soit reconduit.
3 Des raisons personnelles m'empêchent malheureusement de renouveler le contrat de représentation.
4 Mon état de santé ne me permet pas de poursuivre mon activité de représentant.
5 Devant changer de domicile, il m'est malheureusement impossible de renouveler mon contrat de représentation.
6 Une autre maison m'a fait une proposition plus intéressante. Je ne reconduirai donc pas mon contrat de représentation.

FRISTLOSE KÜNDIGUNG DURCH DIE FIRMA

1 Sie haben unsere vertraglichen Vereinbarungen nicht eingehalten. Ihren Vertretungsvertrag kündigen wir aus diesem Grund mit sofortiger Wirkung.
2 Ihre Vertretertätigkeit für uns endet mit dem heutigen Tage.
3 Ihr Benehmen den Kunden gegenüber ist einfach unmöglich. Wir sind deshalb leider gezwungen, Ihren Vertretungsvertrag fristlos zu kündigen.
4 Da Sie mehrfach gegen Artikel . . . unseres Vertrags verstossen haben, sehen wir uns leider gezwungen, Ihnen die Vertretung fristlos zu kündigen.
5 Wenn Sie nicht bis zum . . . den vertraglich festgelegten Mindestumsatz erreichen, sehen wir uns leider gezwungen, die Vertretung fristlos zu kündigen.

DÉNONCIATION SANS PRÉAVIS DE LA PART DE LA MAISON

1 Vous n'avez pas respecté les stipulations du contrat. Nous résilions donc votre contrat de représentation avec effet immédiat.
2 Votre activité de représentant pour notre maison prend fin ce jour même.
3 Votre attitude à l'égard des clients est tout simplement inadmissible. Nous sommes donc malheureusement contraints de résilier votre contrat de représentation sans préavis.
4 À plusieurs reprises, vous n'avez pas respecté l'article . . . de notre contrat; nous nous voyons donc malheureusement contraints de résilier sans préavis votre contrat de représentation.
5 Si vous ne parvenez pas à réaliser le chiffre d'affaires minimum fixé dans le contrat avant le . . ., nous nous verrons dans la regrettable obligation de résilier sans préavis votre contrat de représentation.

FRISTLOSE KÜNDIGUNG DURCH DEN VERTRETER

1 Da Sie gegen Punkt . . . unseres Vertrags verstossen haben, kündige ich die Vertretung hiermit fristlos.

2 Die von der Firma vertraglich zugesicherte Werbeunterstützung ist bis heute ausgeblieben. Ich sehe mich deshalb gezwungen, den Vertretungsvertrag fristlos zu kündigen.

3 Die Vertretertätigkeit für Sie bietet mir nicht den in Aussicht gestellten Verdienst. Ich muss deshalb mit sofortiger Wirkung vom Vertrag zurücktreten.

4 Da sich Ihre Provisionsabrechnungen immer mehr verzögern, sehe ich mich gezwungen, mit sofortiger Wirkung vom Vertretungsvertrag zurückzutreten.

5 Von Ihrer Seite ist keine Bereitschaft zu erkennen, Ihren Verpflichtungen aus unserem Vertretungsvertrag nachzukommen. Deshalb kündige ich ihn mit sofortiger Wirkung.

DÉNONCIATION SANS PRÉAVIS DE LA PART DU REPRÉSENTANT

1 Comme vous n'avez pas respecté le point . . . de notre contrat, je résilie, par la présente, le contrat de représentation avec effet immédiat.

2 La maison n'a jusqu'à présent pas apporté l'appui publicitaire qu'elle avait promis par contrat. Je me vois donc contraint de résilier sans préavis le contrat de représentation.

3 La représentation de votre maison ne rapporte pas ce que vous aviez fait prévoir. Je résilie donc le contrat avec effet immédiat.

4 Étant donné le retard croissant avec lequel vous me réglez mes commissions, je résilie le contrat de représentation avec effet immédiat.

5 Comme vous ne faites preuve d'aucun empressement à remplir les obligations auxquelles vous vous êtes engagés dans notre contrat de représentation, je résilie le contrat avec effet immédiat.

BRIEFE AUF SPEZIELLEN GEBIETEN
CORRESPONDANCE RELATIVE À DES DOMAINES PARTICULIERS

WERBUNG

1 Seit dem ... haben wir in unser Programm eine Reihe neuer Artikel aufgenommen. Wir erlauben uns, einen Katalog für Sie beizufügen.
2 Als Anlage überreichen wir Ihnen den Katalog für die neue Saison und hoffen, dass für Sie interessante Artikel dabei sind.
3 Wir gestatten uns, Sie auf die bevorstehende ...-Messe aufmerksam zu machen, auf der wir mit zahlreichen Artikeln vertreten sein werden.
4 Als führendes Unternehmen hier in ... würden wir uns freuen, wenn Sie mit uns in Geschäftsverbindung treten würden.
5 Wir erlauben uns, Ihnen mitzuteilen, dass wir auf ... Stück einen Mengenrabatt von ... % gewähren.
6 Dank unseres weitverzweigten Filialennetzes ist es uns möglich, alle Aufträge sofort zu erledigen.
7 Sie können auch bei Spezialaufträgen mit schnellster Abwicklung rechnen.
8 Infolge unserer langjährigen guten Geschäftsbeziehungen ist Ihnen bevorzugte Behandlung jederzeit sicher.
9 Sie dürfen sich darauf verlassen, dass ich mich Ihrer Wünsche persönlich annehmen werde.

RÉCLAME

1 Depuis le ..., nous avons ajouté à notre programme une série de nouveaux articles. Nous nous permettons de vous envoyer ci-joint un catalogue.
2 Nous vous adressons ci-joint le catalogue pour la nouvelle saison et nous espérons que vous y trouverez des articles qui vous intéressent.
3 Nous nous permettons d'attirer votre attention sur la Foire-Exposition de ... qui se tiendra prochainement, et où nous présentons un grand nombre d'articles.
4 En tant que maison importante ici à ..., nous serions heureux que vous entriez en relations d'affaires avec nous.
5 Nous nous permettons de vous faire savoir que nous consentons une remise de ... % pour une commande de ... pièces.
6 Grâce à notre réseau étendu de filiales, il nous est possible d'exécuter de suite tous les ordres.
7 Vous pouvez compter sur une exécution rapide des ordres, même en cas de commande spéciale.
8 Du fait des bonnes relations d'affaires que nous entretenons depuis de longues années avec vous, vous pouvez compter sur nous pour vous accorder un traitement de faveur.
9 Soyez assuré que je me chargerai personnellement de vous satisfaire.

ERINNERUNGSBRIEFE

1 Wir dürfen Sie gewiss an das vor kurzem bei Ihnen eingegangene Angebot erinnern.
2 Wir möchten Sie darauf aufmerksam machen, dass wir für diese Saison noch keinen Musterkatalog von Ihnen erhalten haben.
3 Bei dieser Gelegenheit wollen wir Sie an unser letztes Sonderangebot erinnern.
4 In Anbetracht unserer guten Geschäftsbeziehungen möchten wir Ihnen diese kleine Aufmerksamkeit übersenden.
5 Um Sie auf Ihre Zahlungsrückstände hinzuweisen, schicken wir Ihnen heute nochmals Durchschläge der offenen Rechnungen.

RAPPEL

1 Notre société se permet de vous rappeler l'offre qui vous est récemment parvenue.
2 Nous nous permettons de vous rappeler que nous n'avons, pour cette saison, toujours pas reçu votre catalogue d'échantillons.
3 Je saisis cette occasion pour me permettre de vous rappeler notre dernière offre spéciale.
4 En égard aux bonnes relations d'affaires que nous entretenons, nous nous permettons de vous faire parvenir un petit souvenir.
5 Nous nous permettons de vous rappeler vos paiements en retard et vous envoyons à cet effet une nouvelle copie des factures non encore réglées.

6 Wir möchten Sie an Ihr Schreiben vom ... erinnern, mit dem Sie uns versprachen, einen Ihrer Vertreter zu uns zu schicken.
7 Dürfen wir Sie daran erinnern, dass Sie uns bis zum ... ein preisgünstiges Angebot unterbreiten wollten?
8 Erlauben Sie uns, Sie (nochmals) zu bitten, auf unser Schreiben vom ... zu antworten.
9 Wir warten auf den versprochenen Anruf.
10 Wir warten heute noch auf den Besuch Ihres Herrn ...
11 Wir warten noch immer auf die uns zugesagten Muster.

6 Je me permets de vous rappeler votre lettre du ..., dans laquelle vous nous promettiez de nous envoyer un de vos représentants.
7 Pouvons-nous nous permettre de vous rappeler que vous aviez l'intention de nous soumettre une offre intéressante avant le ...
8 Permettez-nous de vous demander (une fois de plus) de bien vouloir répondre à notre lettre du ...
9 Nous attendons le coup de téléphone promis.
10 Nous attendons toujours la visite de votre collaborateur, Monsieur ...
11 Nous attendons toujours les échantillons annoncés.

WIEDERAUFNAHME DER GESCHÄFTSBEZIEHUNGEN

1 Wir freuen uns, dass Sie wieder mit uns in Geschäftsbeziehung getreten sind und versprechen Ihnen, Ihre Erwartungen nicht zu enttäuschen.
2 Wir möchten uns nochmals für den bedauerlichen Vorfall entschuldigen, der seinerzeit zum Abbruch unserer geschäftlichen Beziehungen führte. Wir freuen uns sehr, dass Sie sich entschlossen haben, wieder mit uns in Verbindung zu treten.
3 Über die Wiederaufnahme der Geschäftsbeziehungen mit Ihrem Haus freuen wir uns aufrichtig.
4 Trotz des bedauerlichen Vorfalls im vergangenen Jahr haben wir uns entschlossen, die Verbindung mit Ihnen wieder aufzunehmen.
5 Unter der Bedingung, dass unsere Aufträge mit äusserster Sorgfalt ausgeführt werden, sind wir bereit, Ihnen neue Bestellungen zugehen zu lassen.
6 Im Vertrauen auf Ihre Zusicherungen haben wir uns entschlossen, wieder in geschäftliche Beziehungen zu Ihnen zu treten.

REPRISE DE RELATIONS D'AFFAIRES

1 Nous sommes heureux que vous ayez renoué vos relations d'affaires avec nous, et nous vous promettons de ne pas décevoir votre attente.
2 Nous vous prions encore une fois de bien vouloir excuser le regrettable incident qui avait entrainé la rupture de nos relations d'affaires. Nous sommes heureux que vous ayez pris la décision de reprendre contact avec nous.
3 Nous nous réjouissons sincèrement de la reprise des relations d'affaires avec votre maison.
4 Malgré le regrettable incident survenu l'an dernier, nous avons pris la décision de reprendre contact avec vous.
5 Nous sommes disposés à vous passer de nouvelles commandes, à la condition toutefois que nos ordres soient exécutés avec le plus grand soin.
6 Nous avons pris la décision de faire confiance aux assurances que vous nous donnez et de reprendre contact avec vous.

AUSKUNFT ÜBER NEUE MITARBEITER

1 Bei seiner (ihrer) Bewerbung hat Herr (Frau, Fräulein) Sie als Referenz genannt.
2 Wir haben gehört, dass Herr ... früher bei Ihnen beschäftigt war.
3 Ihr früherer Mitarbeiter, Herr ..., bemüht sich um eine Anstellung bei uns.
4 Herr ... hat sich auf unser Stellenangebot beworben und benennt Sie als Referenz.
5 Mit welchen Auskünften über Herrn ... können wir rechnen?
6 Bitte teilen Sie uns mit, wie Sie Herrn ... als Mitarbeiter beurteilen.

RENSEIGNEMENTS SUR NOUVEAUX COLLABORATEURS

1 Dans sa demande d'emploi, Monsieur ... (Madame, Mademoiselle) vous a cité comme référence.
2 Nous avons appris que Monsieur ... a auparavant travaillé chez vous.
3 Votre ancien collaborateur, Monsieur ..., sollicite un emploi chez nous.
4 Monsieur ... a répondu à notre offre d'emploi et vous cite comme référence.
5 Quels renseignements pourriez-vous nous communiquer au sujet de Monsieur ...?
6 Nous vous prions de bien vouloir nous faire savoir ce que vous pensez de Monsieur ... en tant que collaborateur?

7 Wie beurteilen Sie die fachliche und menschliche Qualifikation des Herrn . . .?
8 Wir wüssten gern, ob Herr . . ., Ihr ehemaliger . . ., sich in dieser Position bewährt hat.
9 Aus welchen Gründen ist Herr . . . bei Ihnen ausgeschieden?
10 Glauben Sie, Herr . . . ist dieser Aufgabe gewachsen?

7 Que pensez-vous des qualités professionnelles et humaines de Monsieur . . .?
8 Nous aimerions savoir si Monsieur . . ., votre ancien . . ., s'est révélé compétent dans cet emploi.
9 Quels sont les motifs du départ de Monsieur . . . de chez vous?
10 Croyez-vous que Monsieur . . . soit à la hauteur de cette tâche?

EINARBEITUNG

1 Bitte teilen Sie uns mit, wann Herr . . . zur Einarbeitung zu Ihnen ins Werk kommen kann.
2 Wir legen grossen Wert darauf, dass Herr . . . in die Bedienung der Anlagen eingearbeitet wird.
3 Die Einarbeitung sollte so schnell wie möglich erfolgen.
4 Für die Einarbeitung haben wir . . . Tage geplant.
5 Hiermit bestätigen wir Ihnen den gewünschten Termin . . . für die Einarbeitung von Herrn . . .
6 Wir versichern Ihnen, dass wir Herrn . . . zur Einarbeitung einen Platz in unserem nächsten Kurs reservieren werden.
7 Langjährige Erfahrung und erstklassiges Schulungspersonal geben Ihnen die Gewähr, dass die Einarbeitung allen Anforderungen entspricht.

STAGE

1 Veuillez nous faire savoir à quelle date Monsieur . . . pourra suivre un stage dans votre usine.
2 Nous attachons beaucoup d'importance à ce que Monsieur . . . soit mis au courant du fonctionnement et de la commande de l'installation.
3 Il faudrait que la mise au courant soit aussi rapide que possible.
4 Nous avons prévu . . . jours de mise au courant.
5 Nous vous confirmons par la présente que le stage de Monsieur . . . commencera le . . . comme vous l'avez demandé.
6 Nous vous donnons l'assurance que nous réserverons une place dans notre prochain cours à Monsieur . . . pour le mettre au courant.
7 De nombreuses années d'expérience et un personnel enseignant de tout premier ordre vous donnent la garantie que la formation donnée satisfait à toutes les exigences.

ERSATZTEILE

1 Wir bitten Sie um Zusendung folgender Ersatzteile:
2 Die Ersatzteile werden von uns berechnet und sollten innerhalb von . . . bezahlt werden.
3 Nach Kauf unserer Maschinen (Instrumente, Motoren usw.) schlagen wir Ihnen vor, sich folgendes Ersatzteillager zu halten:
4 Am . . . haben wir Ihren Auftrag vom . . . für Ersatzteile ausgeliefert.
5 Wir reklamieren die noch immer ausstehenden Ersatzteile . . .
6 Da wir mehrere Maschinen (Motoren) des Typs . . . in Betrieb haben, würden wir gern von Ihnen erfahren, welche Ersatzteile wir Ihrer Meinung nach auf Lager halten sollten.
7 Wir müssen darauf bestehen, dass Sie gleichzeitig mit der Übernahme unserer Vertretung ein entsprechendes Ersatzteillager einrichten.
8 Wie lange dauert die Lieferung von Ersatzteilen?

PIÈCES DE RECHANGE

1 Nous vous prions de nous envoyer les pièces de rechange suivantes:
2 Nous établirons nous-même la facture des pièces de rechange qui devront être réglées dans les . . .
3 Après l'achat de nos machines (appareils, moteurs, etc.) nous vous conseillons d'avoir en magasin les pièces de rechange suivantes:
4 Nous avons livré le . . . votre ordre du . . . concernant des pièces de rechange.
5 Nous vous réclamons les pièces de rechange . . . qui n'ont pas encore été livrées.
6 Comme nous avons plusieurs machines (moteurs) du type . . . en service, nous vous prions de nous dire quelles sont à votre avis les pièces de rechange nécessaires.
7 Nous tenons absolument à ce que vous ayez un stock de pièces de rechange au moment où vous prendrez notre représentation.
8 Quel est le délai de livraison des pièces de rechange?

9 Gewähren Sie Garantie auf die Ersatzteile, und für welchen Zeitraum?
10 Wir gewähren Ihnen Garantie auf die Ersatzteile für ... nach Beginn des Einsatzes.
11 Senden Sie uns bitte eine Liste von Ersatzteilen, die Sie für die ständige Lagerhaltung vorschlagen.
12 Wir haben heute folgende Ersatzteile mit Lieferschein Nr. ... an Sie abgesandt:
13 Die von uns an Sie expedierten Ersatzteile sollen repariert und zurückgeschickt werden.
14 Es wird bis zum ... dauern, bis wir Ihnen das mit Lieferschein Nr. ... zur Reparatur eingesandte Stück wieder zurückschicken (umtauschen) können.
15 Sollen wir defekte Ersatzteile an Sie zurücksenden (vernichten)?
16 Wir benötigen dringend folgende Ersatzteile für ...: ...
17 Wir haben Ihnen die Ersatzteile, da diese defekt sind, zum Austausch geschickt.

9 Accordez-vous une garantie pour les pièces de rechange et pour combien de temps?
10 Nous vous accordons une garantie de ... sur les pièces de rechange à compter de leur mise en service.
11 Veuillez nous envoyer la liste des pièces de rechange que nous devons avoir en permanence en magasin.
12 Nous vous avons expédié aujourd'hui, avec le bon de livraison n° ... les pièces de rechange suivantes:
13 Les pièces de rechange que nous vous avons expédiées sont à réparer et à nous retourner.
14 Nous ne pourrons pas vous retourner (faire l'échange) de la pièce que vous nous avez envoyée pour réparation avec le bon de livraison n° ... avant le ...
15 Devons-nous vous retourner (détruire) les pièces de rechange défectueuses?
16 Nous avons besoin de toute urgence des pièces de rechange suivantes pour ...: ...
17 Nous avons envoyé pour échange les pièces de rechange défectueuses.

REPARATUREN

1 Teilen Sie uns bitte mit, ob Sie auch Reparaturen ausführen. Wenn Sie die Reparaturen durch Dritte vornehmen lassen, dann werden wir diese bezahlen, so lange unsere Garantie in Kraft ist.
2 Können wir die Reparatur selbst ausführen, ohne die Garantie zu gefährden?
3 Als Anlage überreichen wir Ihnen eine Anweisung für die Ausführung der Reparatur.
4 Bei mutwilliger Beschädigung können wir selbstverständlich keine Garantie übernehmen. In einem solchen Fall gehen die Reparaturkosten voll zu Ihren Lasten.
5 Bitte geben Sie uns genaue Anweisungen, damit wir die Reparatur hier vornehmen können.
6 Bitte schicken Sie uns zur Reparatur der Maschine ... einen Ingenieur (Monteur).
7 Sollen wir beschädigte Ersatzteile an Sie zurücksenden?
8 Wir werden Ihnen die beschädigten Ersatzteile ersetzen.
9 Bitte schicken Sie die Ersatzteile an uns zurück.
10 Sie brauchen die beschädigten Ersatzteile nicht zurückzugeben.
11 Könnten Sie die Ersatzteile eventuell auf unsere Kosten an Ort und Stelle reparieren lassen?
12 Können Sie die Reparatur selbst vornehmen (vornehmen lassen)?

RÉPARATIONS

1 Veuillez nous faire savoir si vous vous chargez de réparations. Si vous faites faire les réparations par un tiers, nous les paierons pendant toute la durée de notre garantie.
2 Pouvons-nous nous charger nous-mêmes des réparations sans porter atteinte à la garantie?
3 Nous vous adressons ci-joint les instructions nécessaires à l'exécution des réparations.
4 En cas de dommages causés à dessein, nous n'accordons aucune garantie. Les frais de réparation sont alors entièrement à votre charge.
5 Veuillez nous donner des indications précises afin que nous puissions procéder ici à la réparation.
6 Veuillez nous envoyer un technicien (monteur) pour réparer la machine ...
7 Devons-nous vous renvoyer les pièces de rechange endommagées?
8 Nous vous remplacerons les pièces de rechange abîmées.
9 Veuillez nous retourner les pièces de rechange.
10 Il n'est pas nécessaire que vous rendiez les pièces de rechange abîmées.
11 Pouvez-vous éventuellement faire réparer les pièces de rechange sur place à nos frais?
12 Pouvez-vous vous charger vous-même de la réparation (de faire effectuer la réparation)?

13 Wäre es, sofern Sie die ... nicht selbst reparieren können, möglich, diese zwecks Einsparung von Kosten und Zeit am Ort reparieren zu lassen?
14 Wir werden, Ihrem Vorschlag gemäss, die Reparatur an ... hier vornehmen lassen. Die Rechnung dafür wird Ihnen dann zur Regulierung vorgelegt.
15 Die Reparaturkosten gehen zu Ihren (unseren) Lasten.
16 Leider müssen wir Ihnen mitteilen, dass die Maschine nicht mehr repariert werden kann.
17 Wir benötigen für die Reparatur ... Tage.
18 Sie können die Reparatur selbst ausführen.
19 Wir nehmen keine Reparaturen vor. Bitte wenden Sie sich an die Firma ...
20 Herr ... wird die Reparatur bei Ihnen ausführen. Bitte gedulden Sie sich noch ein paar Tage.
21 Zur Ausführung der Reparatur der defekten Maschine Nr. ... wird unser Herr ... am ... bei Ihnen eintreffen.

13 Si vous ne pouvez pas réparer vous-même la ..., serait-il possible, afin d'économiser temps et argent, de faire réparer cette ... sur place?
14 Comme vous le conseillez, nous ferons faire ici la réparation de ... et vous présenterons ensuite la facture pour acquittement.
15 Les frais de réparation sont à votre (notre) charge.
16 Nous devons malheureusement vous signaler que la machine ne peut plus être réparée.
17 Nous avons besoin de ... jours pour la réparation.
18 Vous pouvez vous charger vous-même de la réparation.
19 Nous n'effectuons aucune réparation. Veuillez vous adresser à la maison ...
20 Monsieur ... passera chez vous pour effectuer la réparation. Veuillez patienter encore quelques jours.
21 Monsieur ... sera chez vous le ... afin de réparer la machine défectueuse n° ...

BETRIEBSFERIEN

1 Unsere Betriebsferien sind in diesem Jahr vom ... bis einschliesslich zum ...
2 Bitte merken Sie vor: Betriebsferien vom ... bis zum ...
3 Wir machen Betriebsferien. Vom ... bis ... ist unsere Firma geschlossen.
4 Für die Dauer unserer Betriebsferien vom ... bis zum ... haben wir einen Versand-Sonderdienst eingerichtet. Bitte, machen Sie von ihm jedoch nur in Notfällen Gebrauch, da seine Kapazität begrenzt ist.

CLÔTURE ANNUELLE

1 Notre clôture annuelle a lieu cette année du ... au ... inclus.
2 Veuillez noter: clôture annuelle du ... au ...
3 Nous formons pour clôture annuelle du ... au ...
4 Pour la durée de notre clôture annuelle, du ... au ..., nous avons organisé un service spécial d'expédition. Veuillez cependant ne faire appel à lui qu'en cas de besoin urgent, car ses possibilités sont limitées.

DANKSCHREIBEN

1 Wir bedanken uns für das uns entgegengebrachte Vertrauen.
2 Wir danken Ihnen für den bei uns am ... eingegangenen Auftrag.
3 Für Ihr Verständnis hinsichtlich des Lieferverzugs danken wir Ihnen sehr.
4 Für die uns eingeräumte Zahlungsfrist möchten wir uns bestens bedanken.
5 Wir danken dafür, dass Sie die Mehrlieferung trotzdem abgenommen haben.

LETTRES DE REMERCIEMENT

1 Nous vous remercions de la confiance que vous avez bien voulu nous témoigner.
2 Nous vous remercions de l'ordre reçu le ... et en accusons réception.
3 Nous vous remercions de la compréhension dont vous avez fait preuve pour le retard survenu dans notre livraison.
4 Nous vous remercions du délai de paiement que vous avez bien voulu nous accorder.
5 Nous vous remercions d'avoir bien voulu accepter la livraison supplémentaire qui vous a été faite par erreur.

6 Für die zum Geschäftsjubiläum entgegengebrachten Glückwünsche bedanken wir uns herzlich.
7 Wir danken Ihnen für die uns gewährte längere Lieferfrist. In dieser Zeit war es uns möglich, die Ware zu beschaffen.
8 Besten Dank für den Auftrag. Wir möchten Ihnen gleichzeitig ein Sonderangebot unterbreiten.
9 Wir danken Ihnen für die freundliche Aufnahme unseres Herrn . . . in Ihrem Hause.
10 Herzlichen Dank für Ihre freundliche Vermittlung in der Sache . . .
11 Wir bedanken uns sehr und sind zu Gegenleistungen jederzeit gern bereit.

6 Nous vous remercions chaleureusement des vœux que vous nous avez adressés à l'occasion de l'anniversaire de la fondation de notre maison.
7 Nous vous remercions de nous avoir accordé un délai de livraison supplémentaire. Il nous a été possible entre-temps de nous procurer la marchandise.
8 Nous vous remercions de la commande que vous nous avez passée et nous nous permettons à cette occasion de vous proposer une offre spéciale.
9 Nous vous remercions d'avoir si aimablement accepté de prendre chez vous notre collaborateur, Monsieur . . .
10 Nous vous remercions d'être si aimablement intervenu à l'occasion de . . .
11 Nous vous remercions des services que vous nous avez rendus et nous sommes prêts à tous moments à vous rendre service à notre tour.

BRIEFE ZU BESONDEREN ANLÄSSEN

LETTRES POUR OCCASIONS PARTICULIÈRES

GESCHÄFTSJUBILÄUM

1 Zu Ihrem . . .jährigen Geschäftsjubiläum möchten wir Ihnen unsere herzlichsten Glückwünsche aussprechen.
2 Bei dieser Gelegenheit gratulieren wir zu Ihrem Geschäftsjubiläum herzlich.
3 Wir erlauben uns, Ihnen zu Ihrem Geschäftsjubiläum zu gratulieren und hoffen auf weitere gute Zusammenarbeit.

ANNIVERSAIRE DE LA FONDATION D'UNE MAISON DE COMMERCE

1 Nous vous adressons nos vœux les plus chaleureux à l'occasion du . . . anniversaire de votre maison.
2 Nous saisissons cette occasion pour vous adresser toutes nos félicitations pour l'anniversaire de la fondation de votre maison.
3 Notre société se permet de vous féliciter à l'occasion de l'anniversaire de la fondation de votre maison, et espère continuer d'entretenir avec vous de bonnes relations d'affaires.

WEIHNACHTEN UND NEUJAHR

1 Die besten Glückwünsche zum Weihnachtsfest und Jahreswechsel!
2 Wir wünschen Ihnen schöne Feiertage und alles Gute im neuen Jahr.
3 Ein frohes Weihnachtsfest und ein gesundes neues Jahr wünschen wir Ihnen allen.
4 Wir gestatten uns, Ihnen und Ihren Mitarbeitern ein frohes Fest und ein erfolgreiches neues Jahr zu wünschen.
5 Schöne Feiertage und ein gesundes, erfolgreiches neues Jahr wünscht Ihnen . . .

NOËL ET NOUVEL AN

1 Nos meilleurs vœux à l'occasion de Noël et du Nouvel An!
2 Nous vous souhaitons de joyeuses fêtes et une bonne nouvelle année.
3 Nous vous souhaitons à tous de joyeuses fêtes de Noël et une bonne santé pour la nouvelle année.
4 Notre société se permet de vous souhaiter, à vous-même et à vos collaborateurs, de joyeuses fêtes et une nouvelle année fructueuse.
5 Joyeuses fêtes, bonne santé et beaucoup de succès pour la nouvelle année, de la part de . . .

6 Auch für das neue Jahr hoffen wir auf eine gute Zusammenarbeit und wünschen Ihnen alles Gute.
7 Wir gestatten uns, Ihnen die besten Grüsse und Wünsche für das neue Jahr zu übermitteln.

6 Nous espérons continuer d'entretenir avec vous de bonnes relations d'affaires pendant l'année qui vient, et nous vous adressons tous nos meilleurs vœux.
7 Notre société se permet de vous adresser ses meilleurs vœux à l'occasion de la nouvelle année.

GESCHÄFTSERÖFFNUNG

1 Zur Geschäftseröffnung wünschen wir Ihnen viel Erfolg.
2 Wir hoffen, dass Sie mit Ihrem neuen Geschäft schöne Erfolge haben werden.
3 Wir gestatten uns, Ihnen zu Ihrer Geschäftseröffnung zu gratulieren und hoffen auf eine gute Zusammenarbeit.
4 Wir erlauben uns, zu Ihrer Geschäftseröffnung am . . . herzlich zu gratulieren.
5 Beste Wünsche zur Eröffnung Ihrer Zweigniederlassung! Bei dieser Gelegenheit möchten wir Sie auf unser Sonderangebot hinweisen.
6 Wir gratulieren Ihnen zu Ihrer Geschäftseröffnung und hoffen, dass wir bald zusammenarbeiten werden.
7 Wir beglückwünschen Sie zu Ihrer Geschäftserweiterung und hoffen zuversichtlich, Sie jederzeit zufriedenstellen zu können.

OUVERTURE D'UNE MAISON DE COMMERCE

1 À l'occasion de l'ouverture de votre maison, nous vous adressons tous nos vœux de succès.
2 Nous espérons que votre nouvelle maison vous apportera beaucoup de succès.
3 Nous nous permettons de vous adresser toutes nos félicitations à l'occasion de l'ouverture de votre maison et espérons entretenir avec vous de bonnes relations d'affaires.
4 Nous nous permettons de vous adresser nos félicitations les plus chaleureuses à l'occasion de l'ouverture de votre maison, le . . .
5 Nous vous adressons nos meilleurs vœux à l'occasion de l'ouverture de votre succursale et nous nous permettons en même temps de vous proposer notre offre spéciale.
6 Nous nous permettons de vous adresser toutes nos félicitations à l'occasion de l'ouverture de votre maison et nous espérons voir notre collaboration s'établir au plus vite.
7 Notre société se permet de vous adresser tous ses vœux de succès à l'occasion de l'agrandissement de votre commerce et espère pouvoir toujours vous satisfaire.

VERMÄHLUNG, GEBURTSTAG

1 Wir möchten Ihnen anlässlich der Vermählung Ihres Sohnes (Ihrer Tochter) unsere herzlichen Glückwünsche übermitteln.
2 Zum . . . Geburtstag senden wir Ihnen herzliche Glückwünsche.
3 Anlässlich der Geburt Ihres Sohnes (Ihrer Tochter) möchten wir Ihnen unsere herzlichsten Glückwünsche übermitteln.

MARIAGE, ANNIVERSAIRE

1 À l'occasion du mariage de votre fils (votre fille), nous voudrions vous transmettre tous nos meilleurs vœux.
2 Nous vous envoyons nos meilleurs vœux pour votre . . . anniversaire.
3 À l'occasion de la naissance de votre fils (fille), nous voudrions vous transmettre nos félicitations les plus cordiales.

KONDOLENZBRIEFE

1 Wir möchten Sie unseres tiefen Bedauerns über das Hinscheiden Ihres Aufsichtsratsvorsitzenden (-mitglieds), Herrn . . ., versichern.
2 Es ist uns ein Bedürfnis, Ihnen zum Ableben Ihres Herrn . . . unser aufrichtiges Beileid auszudrücken.

LETTRES DE CONDOLÉANCES

1 Nous vous prions de bien vouloir trouver ici l'expression de notre profonde tristesse à l'annonce de décès du président (membre) de votre conseil de surveillance, Monsieur . . .
2 Nous tenons à vous exprimer nos sincères condoléances à l'occasion du décès de Monsieur . . .

3 Wir alle bedauern den plötzlichen, unerwarteten Heimgang Ihres hochverdienten Vorstandsmitglieds, Herrn . . .
4 Zutiefst bedauern wir das plötzliche Ableben Ihres hochgeschätzten Mitarbeiters, Herrn . . .
5 Die Belegschaft unserer Firma bedauert aufrichtig das unerwartete Ableben Ihres Betriebsleiters, Herrn . . .
6 Über das unerwartete Ableben Ihrer verehrten Frau Gemahlin sind wir zutiefst erschüttert. Gestatten Sie uns, Ihnen unsere aufrichtige Anteilnahme zu bekunden.
7 Wir versichern Sie unserer aufrichtigen Anteilnahme.
8 Wir müssen Ihnen das Ableben unseres Herrn . . . mitteilen.

3 Nous sommes tous profondément attristés par le décès inattendu de Monsieur . . ., membre de votre conseil d'administration et dont les mérites sont bien connus.
4 Nous sommes profondément affligés par le décès soudain de votre collaborateur, Monsieur . . ., dont la valeur nous est bien connue.
5 Le personnel de notre société vous adresse ses sincères condoléances à l'occasion du décès de votre directeur, Monsieur . . .
6 Nous avons été bouleversés par le décès inattendu de Madame votre épouse. Permettez-nous de vous exprimer nos sincères condoléances.
7 Soyez sûr que nous prenons sincèrement part au malheur qui vous frappe.
8 Nous avons le regret de vous informer du décès de notre collaborateur, Monsieur . . .

ANZEIGE DER GESCHÄFTS-ERÖFFNUNG

1 Wir teilen Ihnen mit, dass wir am . . . in . . . ein neues Geschäft eröffnen werden.
2 Bei dieser Gelegenheit möchten wir Ihnen mitteilen, dass wir in . . . ein neues Geschäft eröffnet haben.
3 Am . . . werden wir ein neues Geschäft in . . . eröffnen.
4 Wir gestatten uns, Ihnen mitzuteilen, dass wir in . . . ein neues Geschäft eröffnet haben und hoffen, Ihnen schon in Kürze ein günstiges Angebot unterbreiten zu können.
5 In . . ., . . .strasse . . ., haben wir ein neues Geschäft eröffnet. Wir hoffen, Sie werden sich bald mit uns in Verbindung setzen.
6 Wir erlauben uns, Ihnen die Eröffnung unseres neuen Geschäfts in der . . .strasse Nr. . . . bekanntzugeben.
7 Es ist uns eine Freude, Sie heute über die Eröffnung unseres neuen Geschäfts in . . . informieren zu können.
8 Die Eröffnung unseres neuen Geschäfts erfolgt am . . .
9 Wir versichern Ihnen, dass unser neues Geschäft in . . . Ihre Aufträge zu Ihrer vollen Zufriedenheit ausführen wird.

ANZEIGE DER ERÖFFNUNG VON ZWEIGNIEDERLASSUNGEN

1 Es ist uns eine Freude, Ihnen mitteilen zu können, dass wir jetzt auch in Ihrer Stadt eine Filiale eröffnet haben.

OUVERTURE D'UN ÉTABLISSEMENT COMMERCIAL

1 Nous vous informons que nous allons ouvrir un nouveau magasin (nouvel établissement, une nouvelle maison) à . . . le . . .
2 À cette occasion, nous voudrions vous annoncer que nous avons ouvert un nouveau magasin à . . .
3 Nous allons ouvrir un nouvel établissement à . . . le . . .
4 Nous nous permettons de vous annoncer que nous avons ouvert une nouvelle maison à . . . Nous espérons pouvoir vous soumettre bientôt une offre très avantageuse.
5 Nous avons ouvert une nouvelle maison à . . ., rue . . . Nous espérons que vous entrerez bientôt en contact avec nous.
6 Nous nous permettons de vous annoncer l'ouverture d'un nouveau magasin dans la rue . . ., n° . . .
7 Nous avons le plaisir de vous annoncer l'ouverture de notre nouveau magasin à . . .
8 L'ouverture de notre nouveau magasin se fera le . . .
9 Nous pouvons vous assurer que notre nouvel établissement à . . . exécutera vos commandes à votre plus grande satisfaction.

AVIS D'OUVERTURE DE SUCCURSALES

1 Nous avons le plaisir de pouvoir vous annoncer que nous venons, dans votre ville aussi, d'ouvrir une succursale.

2 Wir möchten Ihnen mitteilen, dass es seit neuestem ganz in Ihrer Nähe eine Zweigniederlassung unserer Firma gibt.
3 Wir geben Ihnen heute die Eröffnung unserer Zweigstelle in ... bekannt.
4 In Kürze wird an Ihrem Ort die Eröffnung einer Filiale erfolgen.
5 Wir möchten Sie davon in Kenntnis setzen, dass am ... eine für Sie verkehrstechnisch günstig gelegene Filiale in ... eröffnet wird.
6 Die Eröffnung einer Filiale in ... wird unsere Geschäftsbeziehungen gewiss vereinfachen.
7 Die Zweigstelle befindet sich in ... in der ...strasse ... im ... Stock. Sie umfasst Büro, Lager und Verkauf. Wenden Sie sich dort bitte an ...
8 Die Adresse der Filiale ist ...
9 Unsere Zweigniederlassung wird von Herrn ... geführt.
10 Bitte wenden Sie sich mit Ihren Wünschen an Herrn ...
11 Die neue Zweigniederlassung führt sämtliche Artikel unserer Produktion.
12 Die neue Zweigniederlassung hat die Telefonnummer ...
13 Wir möchten Sie darauf hinweisen, dass unserer Zweigniederlassung ein Auslieferungslager angegliedert ist.
14 Unsere Zweigniederlassung ist mit einer modernen Datenverarbeitungsanlage ausgestattet.
15 Über eine Fernschreibanlage steht unsere neue Zweigniederlassung in ständigem direktem Kontakt mit der Zentrale. Der Anschluss: ...

2 Nous voudrions vous faire savoir qu'il existe maintenant dans votre voisinage immédiat une succursale de notre maison.
3 Notre maison se permet de vous annoncer l'ouverture de sa succursale à ...
4 Nous ouvrirons très prochainement une succursale dans votre localité.
5 Nous voudrions porter à votre connaissance que nous ouvrons le ... une succursale à ..., succursale qu'il vous sera très facile de visiter étant donné son emplacement.
6 L'ouverture d'une succursale à ... facilitera certainement nos relations commerciales.
7 La succursale se trouve à ..., rue ... n° ..., ... étage. Elle comprend bureaux, entrepôt et vente. Veuillez vous adresser à ...
8 L'adresse de la succursale est: ...
9 Notre succursale est dirigée par Monsieur ...
10 Veuillez vous adresser à partir de maintenant à Monsieur ...
11 Notre nouvelle succursale tient la gamme complète de nos articles.
12 Le numéro de téléphone de notre nouvelle succursale est ...
13 Nous voudrions attirer votre attention sur le fait qu'un dépôt de vente est annexé à notre nouvelle succursale.
14 Notre nouvelle succursale est équipée d'un ordinateur très moderne.
15 Notre succursale est reliée directement à la maison centrale par télex. Le numéro est: ...

ÄNDERUNG DES FIRMENNAMENS

1 Wir möchten Ihnen mitteilen, dass wir unseren Firmennamen geändert haben. Ab sofort heisst unsere Firma: ...
2 Nach erfolgtem Ausscheiden unseres Gesellschafters, Herrn ..., heisst unsere Firma in Zukunft: ...
3 Wir teilen Ihnen mit, dass wir unsere Firma in eine KG umgewandelt haben.
4 Nach dem Zusammenschluss unseres Hauses mit ... möchten wir Ihnen die Firmenänderung bekanntgeben. Der neue Name der Firma lautet: ...
5 Wegen der häufigen Verwechslung des Namens unserer Firma mit dem eines anderen Unternehmens haben wir uns zur Umbenennung unserer Firma entschlossen.
6 Laut Gesellschafterbeschluss vom ... führen wir ab ... den Namen ...
7 Ich teile Ihnen mit, dass ich mein Einzelunternehmen in eine ...gesellschaft umgewandelt habe.

CHANGEMENT DE RAISON SOCIALE

1 Nous désirons vous signaler que nous avons changé notre raison sociale. À partir d'aujourd'hui, nous signons ...
2 Le départ de notre sociétaire, Monsieur ..., nous oblige à changer de raison sociale. Nous signerons à l'avenir ...
3 Nous vous signalons par la présente que notre maison est devenue une société en commandite.
4 Nous vous signalons que nous avons fusionné avec la maison ... La nouvelle raison sociale de la firme est ...
5 On confond fréquemment notre raison sociale avec le nom d'une autre entreprise, aussi avons-nous pris la décision de changer de nom.
6 Conformément à la décision prise par tous les associés le ..., nous prenons, à dater du ..., le nom de ...
7 Je vous signale par la présente que l'entreprise dont j'étais le propriétaire unique est devenue une société ...

ÄNDERUNG DER FIRMENANSCHRIFT

1 Wir teilen Ihnen mit, dass unsere Adresse ab ... wie folgt lautet: ...
2 Unsere neue Anschrift ist: ...
3 Wir sind umgezogen. Unsere neue Anschrift ist: ...
4 Bei dieser Gelegenheit möchten wir Ihnen mitteilen, dass sich unsere Adresse geändert hat. Bitte richten Sie Ihre Angebote in Zukunft an folgende Anschrift: ...
5 Die bisherige ungünstige Verkehrslage veranlasste uns, in die ...strasse Nr. ... umzuziehen.
6 Ab ... haben wir eine neue Anschrift. Wir sind in ... zu erreichen.
7 Unsere Firma hat den Sitz gewechselt. Wenden Sie sich bitte künftig an folgende Adresse: ...
8 Die erhebliche Expansion unseres Unternehmens hat uns dazu bewogen, einen neuen Standort zu wählen. Unser neues Fabrikgelände ist in ...

CHANGEMENT D'ADRESSE DE LA MAISON

1 Nous vous signalons par le présente qu'à dater du ..., l'intitulé de notre adresse sera: ...
2 Voici notre nouvelle adresse: ...
3 Nous avons déménagé. Voici notre nouvelle adresse: ...
4 Nous vous signalons à cette occasion que nous avons changé d'adresse. Veuillez adresser à l'avenir vos offres à l'adresse suivante: ...
5 L'emplacement que nous avions étant d'accès peu facile, nous nous sommes installés dans la rue ..., n° ...
6 À dater du ..., vous pourrez nous joindre à notre nouvelle adresse: ...
7 Le siège de notre maison a changé. Veuillez désormais faire parvenir vos demandes à l'adresse suivante: ...
8 L'expansion considérable de notre entreprise nous a amenés à choisir un nouvel emplacement. Notre fabrique se trouve maintenant à ...

ÄNDERUNG DER TELEFONNUMMER

1 Unser Telefonanschluss hat sich geändert. Die neue Nummer lautet: ...
2 Bitte notieren Sie unsere neue Telefonnummer: ...
3 Wir haben eine zusätzliche Amtsleitung erhalten. Ab sofort sind wir neben unserer bisherigen Nummer ... auch unter ... zu erreichen.
4 Bitte wählen Sie nach ... Uhr die Nummer ...

CHANGEMENT DE NUMÉRO DE TÉLÉPHONE

1 Nous avons changé de numéro de téléphone. Notre nouvel indicatif téléphonique est ...
2 Veuillez noter notre nouveau numéro de téléphone: ...
3 Nous avons obtenu une ligne téléphonique supplémentaire. Vous pouvez dès maintenant nous joindre sous notre numéro habituel ... ou en composant le numéro ...
4 Après ... heures, veuillez composer le numéro

TELEXANKÜNDIGUNG UND -ÄNDERUNG

1 Bitte notieren Sie unsere neue Telexnummer. Sie lautet: ...
2 Wir haben einen Telexanschluss bekommen. Unsere Nummer ist: ...
3 Unser neuer Telexanschluss (Nr. ...) macht es Ihnen möglich, uns Ihre Bestellungen nunmehr auch auf diesem Weg zu übermitteln.

AVIS D'INSTALLATION DE TÉLEX AVIS DE CHANGEMENT DU NUMÉRO DE TÉLEX

1 Veuillez noter notre nouvel indicatif télex: ...
2 Nous sommes maintenant reliés au réseau télex. Notre numéro est ...
3 Notre nouvelle liaison télex (n° ...) vous permet désormais de nous communiquer aussi vos commandes par cette voie.

ÄNDERUNG DER BETEILIGUNGSVERHÄLTNISSE

1 Bei dieser Gelegenheit möchten wir Ihnen mitteilen, dass die Firma ... inzwischen ... % unseres Aktienkapitals besitzt.
2 Die ...-Bank hat ein grösseres Aktienpaket unseres Unternehmens erworben.

CHANGEMENTS CONCERNANT LES PARTICIPATIONS

1 Nous profitons de l'occasion pour vous signaler que la maison ... détient maintenant ... % de notre capital social.
2 La banque ... a acquis un gros paquet d'actions de notre entreprise.

3 Wir haben die Kapitalbasis unserer Firma um ... verbreitert.
4 Der Kapitalanteil unseres verstorbenen Gesellschafters, Herrn ..., ist auf Herrn ... übergegangen.
5 Herr ... und ich besitzen jetzt je ... % des Geschäftskapitals.
6 Im Zuge der Umwandlung unserer Gesellschaft in eine GmbH haben wir die Kapitalanteile verändert.
7 Ich habe den Kapitalanteil unseres ausgetretenen Gesellschafters, Herrn ..., übernommen.

3 Nous avons procédé à une augmentation de capital de ...
4 À la suite du décès de notre sociétaire, Monsieur ..., la part de capital qu'il détenait est passée à Monsieur ...
5 Monsieur ... et moi-même possédons maintenant ... % chacun du capital social.
6 Le changement de notre société en S.A.R.L. a modifié la répartition des parts de capital.
7 À la suite du retrait de notre sociétaire, Monsieur ..., j'ai repris la part de capital qu'il détenait.

AUSTRITT EINES GESELLSCHAFTERS

1 Wegen des Austritts des Gesellschafters, Herrn ..., bin ich seit dem ... alleiniger Inhaber der Firma ...
2 Herr ... ist aus unserer Gesellschaft ausgetreten.
3 Hiermit möchte ich Ihnen den Austritt meines Gesellschafters, Herrn ..., bekanntgeben.
4 Ich habe die traurige Pflicht, Sie vom plötzlichen Ableben unseres Gesellschafters, Herrn ..., zu unterrichten.
5 Der Gesellschaftsanteil unseres ausgeschiedenen Prokuristen, Herrn ..., wurde zu gleichen Teilen von den Herren ... und ... übernommen.
6 Wir sind sicher, dass sich der Austritt unseres Gesellschafters, Herrn ..., nicht nachteilig auf unsere Geschäftsbeziehungen auswirken wird.
7 Mein Teilhaber, Herr ..., ist aus der Firma ausgeschieden.
8 Ich habe den Gesellschaftsanteil meines verstorbenen Teilhabers übernommen.

RETRAIT D'UN SOCIÉTAIRE

1 Par suite du retrait de mon associé, Monsieur ..., je me trouve, depuis le ..., propriétaire unique de la maison ...
2 Monsieur ... s'est retiré de notre société.
3 Je vous avise par la présente du retrait de mon associé, Monsieur ...
4 J'ai le pénible devoir de vous faire part du décès subit de notre sociétaire, Monsieur ...
5 Notre fondé de pouvoir, Monsieur ..., s'étant retiré, sa part sociale a été reprise à parts égales, par Monsieur ... et par Monsieur ...
6 Nous sommes sûrs que le retrait de notre associé, Monsieur ..., ne nuira pas à nos relations d'affaires.
7 Mon associé, Monsieur ..., s'est retiré de la firme.
8 Mon associé étant décédé, j'ai repris la part sociale qu'il détenait.

AUFNAHME EINES GESELLSCHAFTERS

1 Herr ... ist mit Wirkung vom .... als beschränkt haftender Gesellschafter in unsere Firma eingetreten.
2 Wir haben Herrn ... als Komplementär in unsere Firma aufgenommen.
3 Wir möchten Ihnen mitteilen, dass Herr ... am ... als Gesellschafter in unsere Firma eingetreten ist.
4 Durch die Aufnahme von Herrn ... als Gesellschafter haben wir unsere Kapitalbasis beträchtlich verbreitern können.
5 Herr ... ist mit einer Kapitaleinlage von ... in unsere Gesellschaft eingetreten.
6 Herr ... ist als neuer Gesellschafter unserer Firma mit der Geschäftsführung betraut worden.

ADMISSION D'UN SOCIÉTAIRE

1 Monsieur ... est entré dans notre maison en qualité de commanditaire avec effet au ...
2 Monsieur ... est entré dans notre maison en qualité de commandité.
3 Nous vous faisons savoir que Monsieur ... est entré dans notre maison le ... en qualité de sociétaire.
4 L'admission de Monsieur ... en qualité de sociétaire a permis d'augmenter considérablement notre capital social.
5 Monsieur ... est entré dans notre société en faisant un apport de capital de ...
6 La direction commerciale de notre maison a été confiée à notre nouveau sociétaire, Monsieur ...

7 In Zukunft wird unser neuer Gesellschafter, Herr . . . , unsere Firma leiten.
8 Unser Gesellschaftskapital hat sich durch die Aufnahme von Herrn . . . als neuem Gesellschafter auf . . . erhöht.

7 À l'avenir, c'est notre nouveau sociétaire, Monsieur . . ., qui dirigera notre maison.
8 L'admission de notre nouveau sociétaire, Monsieur . . ., a porté notre capital social à . . .

ERNENNUNGEN

1 Mit sofortiger Wirkung wurde unser derzeitiger Prokurist, Herr . . . , zum Direktor ernannt.
2 Auf Grund seiner besonderen Leistungen erteilen wir Herrn . . . Prokura.
3 Wir freuen uns, Ihnen die Wahl des Herrn . . . zu unserem neuen Direktor bekanntgeben zu dürfen.
4 Wir möchten Sie davon in Kenntnis setzen, dass seit dem . . . die Leitung unseres Unternehmens bei Herrn . . . liegt.
5 Mit Wirkung vom . . . wurde Herr . . . zum Geschäftsführer unserer Filiale in . . . ernannt.
6 Die Leitung unseres Geschäfts in der . . .-strasse obliegt seit dem . . . Herrn . . .
7 Die Firmenleitung gibt bekannt, dass Herr . . . zum Prokuristen ernannt wurde.

NOMINATIONS

1 Notre fondé de pouvoir actuel, Monsieur . . ., a été nommé directeur avec effet immédiat.
2 En raison de ses compétences particulières, nous avons donné procuration à Monsieur . . .
3 Nous avons le plaisir de vous annoncer que Monsieur . . . est devenu notre nouveau directeur.
4 Nous nous permettons de vous signaler que, depuis le . . ., la direction de la maison relève de Monsieur . . .
5 Avec effet au . . ., Monsieur . . . a été nommé gérant de notre filiale de . . .
6 La direction de notre magasin de la rue . . . a été confiée depuis le . . . à Monsieur . . .
7 La direction fait savoir par la présente que Monsieur . . . a été nommé fondé de pouvoir.

ABBERUFUNGEN

1 Herr . . . , Direktor unseres Unternehmens, tritt mit Wirkung vom . . . in den Ruhestand.
2 Wir möchten Ihnen mitteilen, dass der Geschäftsführer unserer Filiale in . . . aus der Firma ausscheidet.
3 Zu unserem grossen Bedauern müssen wir Ihnen mitteilen, dass unser langjähriger Prokurist, Herr . . , mit Wirkung vom . . . in den Ruhestand tritt.
4 Wir müssen Ihnen leider mitteilen, dass unser Geschäftsführer, Herr . . ., in eine andere Filiale versetzt wird. An seine Stelle wird Herr . . . treten.
5 Am . . . verlässt uns unser langjähriger Geschäftsführer, Herr . . .
6 Aus gesundheitlichen Gründen ist unser Direktor, Herr . . ., vorzeitig in den Ruhestand getreten.
7 Wir möchten Sie darüber informieren, dass Herr . . . nicht mehr als Vertreter für uns tätig ist. Bitte wenden Sie sich in Zukunft direkt an die Firmenzentrale.

RÉVOCATIONS

1 Le directeur de notre entreprise, Monsieur . . ., prend sa retraite à dater du . . .
2 Nous vous signalons le gérant de notre filiale de . . . quitte notre société.
3 Nous avons le grand regret de vous signaler que Monsieur . . . prend sa retraite à dater du . . ., après avoir été pendant de longues années notre fondé de pouvoir.
4 Nous regrettons de devoir vous signaler que notre gérant, Monsieur . . ., est muté dans une autre filiale. Il sera remplacé par Monsieur . . .
5 Monsieur . . ., notre gérant de longue date, quitte notre société à dater du . . .
6 Pour des raisons de santé, notre directeur, Monsieur . . ., a pris sa retraite anticipée.
7 Nous vous signalons par la présente que notre représentant, Monsieur . . ., ne travaille plus pour notre maison. Nous vous prions de vous adresser, à l'avenir, directement à notre maison centrale.

BESUCHSANZEIGE

1 Unser Vertreter wird sich erlauben, Sie am . . . zu besuchen.
2 Wir möchten Ihnen den Besuch unseres Rechtsanwalts, Herrn . . . , ankündigen.

ANNONCE DE PASSAGE

1 Notre représentant se permet de vous annoncer sa visite pour le . . .
2 Nous désirons vous annoncer que notre avocat, Monsieur . . ., vous rendra visite.

3 Unser Anwalt wird Sie demnächst in der Angelegenheit . . . aufsuchen.
4 Wegen der Verhandlung über . . . wird Sie in Kürze unser Geschäftsführer aufsuchen.
5 Wegen unvorhergesehener Terminschwierigkeiten müssen wir unseren Besuch bei Ihnen leider auf den . . . verschieben.
6 Bei der derzeitigen Lage ist es uns unmöglich, den vorgesehenen Besuchstermin einzuhalten. Wir bitten deshalb um einen späteren Termin.
7 Leider kann unser Vertreter erst . . . Tage später als verabredet zu Ihnen kommen.

3 Notre avocat vous rendra visite dans les prochains jours aux sujet de l'affaire . . .
4 Notre gérant vous rendra visite dans les prochains jours au sujet des négociations concernant . . .
5 Des contretemps imprévisibles nous obligent malheureusement à repousser au . . . la visite que nous voulons vous faire.
6 Nous nous trouvons dans l'impossibilité de vous rendre visite à la date prévue. Nous vous prions donc de bien vouloir nous fixer rendez-vous à une date ultérieure.
7 Notre représentant ne pourra malheureusement se présenter chez vous qu'avec trois jours de retard sur la date prévue.

BITTE UM EMPFANG

1 Wir bitten Sie, unseren Vertreter am . . . zu empfangen.
2 Es wäre sehr freundlich von Ihnen, wenn Sie Herrn . . . am . . . empfangen könnten.
3 Wir hoffen, Sie empfangen Herrn . . . zu dem vorgeschlagenen Termin.
4 Wir würden uns freuen, wenn Sie unseren Geschäftsführer noch in dieser Woche empfangen könnten.
5 Unser . . .-Experte wird am . . . bei Ihnen eintreffen. Es wäre sehr freundlich, wenn Sie ihn zu diesem Zeitpunkt empfangen könnten.
6 Es wäre uns angenehm, wenn Sie uns am . . . empfangen würden.
7 Da sich unser Vertreter zur Zeit in Ihrer Stadt aufhält, würden wir uns freuen, wenn Sie ihm einen Gesprächstermin geben könnten.

DEMANDE POUR QU'ON REÇOIVE UN REPRÉSENTANT DE LA MAISON

1 Nous vous prions de bien vouloir recevoir notre représentant le . . .
2 Ce serait très aimable de votre part si vous pouviez recevoir notre collaborateur, Monsieur . . ., le . . .
3 Nous espérons que vous voudrez bien recevoir Monsieur . . . à la date proposée.
4 Nous serions heureux que vous puissiez recevoir notre gérant avant la fin de cette semaine.
5 Notre spécialiste en . . . se présentera chez vous le . . . Ce serait très aimable de votre part si vous pouviez le recevoir à cette date.
6 Pourriez-vous avoir l'obligeance de nous recevoir le . . .?
7 Notre représentant se trouve actuellement dans votre ville, et nous serions très heureux que vous puissiez lui accorder un rendez-vous.

BITTE UM ZIMMERBESTELLUNG UND -ABBESTELLUNG

1 Wir bitten Sie, für Herrn . . . anlässlich seines Besuches in Ihrem Haus vom . . . bis . . . ein Zimmer zu bestellen.
2 Bitte bestellen Sie für uns im Hotel . . . vom . . . bis zum . . . ein Doppelzimmer mit Bad.
3 Können Sie für Herrn . . . eine geeignete Unterkunft besorgen?
4 Bitte annullieren Sie unsere Zimmerbestellung im Hotel . . .

RÉSERVATION DE CHAMBRE ET ANNULATION DE RÉSERVATION

1 Nous vous prions de retenir une chambre pour notre collaborateur, Monsieur . . ., pour la durée de la visite qu'il vous fera du . . . au . . .
2 Veuillez nous retenir à l'hôtel . . . une chambre pour deux personnes avec salle de bains du . . . au . . .
3 Pourriez-vous vous charger de trouver pour Monsieur . . . une chambre convenable?
4 Veuillez avoir l'amabilité d'annuler notre réservation de chambre à l'hôtel . . .

TREFFPUNKT, BITTE UM ABHOLUNG

1 Wir treffen uns am . . . um . . . Uhr im Hotel . . . Bitte melden Sie sich am Empfang.

RENDEZ-VOUS, DEMANDE QUE L'ON VIENNE CHERCHER LE VISITEUR

1 Rendez-vous le . . . à . . . heure(s), à l'hôtel . . . Veuillez vous annoncer à la réception.

2 Bitte begeben Sie sich nach Ihrer Ankunft zum Schalter . . . im Bahnhofsgebäude. Sie werden dort von Herrn . . . erwartet.
3 Können Sie uns vom Flugplatz abholen lassen?
4 Da wir die örtlichen Verkehrsverhältnisse nicht kennen, bitten wir um Abholung vom Flugplatz (Bahnhof).
5 Unser Herr . . . kommt am . . . Flug (Zug) . . . um . . . in . . . an. Wir würden es dankbar begrüssen, wenn Sie dafür sorgen könnten, dass er dort abgeholt wird.

2 Veuillez vous rendre à votre arrivée au guichet . . . de la gare. Monsieur . . . vous y attendra.
3 Pouvez-vous envoyer quelqu'un nous chercher à l'aéroport?
4 Comme nous ignorons comment les transports sont organisés là-bas, nous vous demandons de venir nous chercher à l'aéroport (à la gare).
5 Notre collaborateur, Monsieur . . ., arrivera à l'aéroport de . . . (à la gare de) le . . . à . . . heure(s). Nous vous serions reconnaissants de faire en sorte que quelqu'un l'attende à son arrivée.

BESUCHSABSAGE

1 Leider müssen wir unseren Besuch am . . . bei Ihnen absagen.
2 Wir bedauern, unseren Besuchstermin nicht wahrnehmen zu können.
3 Bitte bestellen Sie unsere Zimmer im Hotel . . . ab, da wir den vereinbarten Termin leider nicht wahrnehmen können.

VISITE ANNULÉE

1 Nous devons malheureusement annuler la visite que nous devions vous faire le . . .
2 Nous regrettons de ne pouvoir maintenir la date prévue pour notre visite.
3 Veuillez annuler la chambre que nous avions retenue à l'hôtel . . ., car nous ne pouvons malheureusement pas venir à la date convenue.

AUSSTELLUNGEN

BEKANNTGABE DER AUSSTELLUNG

1 Gestatten Sie uns, Sie auf unsere Ausstellung in . . . hinzuweisen.
2 Bei dieser Gelegenheit erlauben wir uns, Sie zu unserer Ausstellung in . . . einzuladen.
3 In unserem neuen Ausstellungsgelände findet in der Zeit vom . . . bis zum . . . eine Fachmesse für . . . statt.
4 Auf der Messe in . . . sind wir mit einem eigenen Stand vertreten.
5 Wir freuen uns, Ihnen bekanntgeben zu können, dass am . . . eine Ausstellung unserer Erzeugnisse in . . . stattfinden wird.
6 Vom . . . bis zum . . . ist in . . . eine Ausstellung. Wir sind dort mit unseren Sommerartikeln vertreten. Unser Stand befindet sich in Halle Nr. . . .
7 Die Firmen . . . und . . . geben bekannt, dass sie am . . . eine gemeinsame Ausstellung in . . . veranstalten.
8 Die Ausstellung unserer Firma dauert vom . . . bis zum . . .
9 In den Messehallen der Stadt findet zur Zeit die . . .-Ausstellung statt. Wir sind dort mit zwei Ständen vertreten.
10 Bitte entnehmen Sie die Lage unserer Stände dem Ausstellungskatalog.
11 Im Rückgebäude unseres Hauses findet vom . . . bis zum . . . eine kleine Ausstellung statt, in der alle unsere Artikel gezeigt werden.

EXPOSITIONS

ANNONCE DE L'EXPOSITION

1 Permettez-nous de vous signaler que nous exposons à . . .
2 Nous nous permettons à cette occasion de vous inviter à notre exposition qui a lieu à . . .
3 Une foire spécialisée du (de la, des) . . . a lieu du . . . au . . . sur l'emplacement de notre nouveau terrain d'exposition.
4 Nous avons un stand à la foire de . . .
5 Nous sommes heureux de vous annoncer qu'une exposition de nos articles va avoir lieu le . . . à . . .
6 Une exposition a lieu du . . . au . . . à . . . Nous y présentons nos articles d'été. Notre stand se trouvera dans le hall n° . . .
7 Les maisons . . . et . . . annoncent qu'elles organisent une exposition commune le . . . à . . .
8 Notre maison expose du . . . au . . .
9 Une exposition de . . . a lieu actuellement au Parc des Expositions de notre ville. Notre maison y est représentée par deux stands.
10 Veuillez consulter le catalogue de l'exposition pour savoir où se trouvent nos stands.
11 Une petite exposition a lieu du . . . au . . . dans les dépendances de notre établissement. Tous nos articles y seront montrés.

EINLADUNG ZUM BESUCH EINER AUSSTELLUNG

1 Bitte beehren Sie uns mit Ihrem Besuch auf der . . .-Messe.
2 Wir freuen uns auf Ihren Besuch unseres Standes während der . . .-Messe.
3 Wir würden uns sehr freuen, wenn Sie uns auf der Ausstellung besuchen könnten.
4 Wir erlauben uns, Sie zur Eröffnung der . . .-Messe herzlich einzuladen.
5 Vielleicht können Sie es ermöglichen, am . . . an unserem kleinen Empfang zur Eröffnung der Ausstellung teilzunehmen. Er beginnt am . . . um . . . in . . .
6 Zu unserer Ausstellung laden wir Sie herzlich ein und hoffen zuversichtlich, dass unser dort gezeigtes Sortiment von Interesse für Sie sein wird.
7 Unsere Musterausstellung beginnt am . . . Wir gestatten uns, Sie herzlich dazu einzuladen.
8 Die Geschäftsleitung erlaubt sich, Sie zur Eröffnung unserer Frühjahrsausstellung am . . . um . . . einzuladen.
9 Die Ausstellung beginnt am . . . Wir bitten Sie sehr, unseren Stand zu besuchen. Seine Lage erfahren Sie am Informationsschalter.

INVITATION À UNE EXPOSITION

1 Nous espérons que vous nous ferez l'honneur de votre visite à la foire de . . .
2 Nous espérons que vous nous rendrez visite à notre stand à la foire de . . .
3 Nous serions heureux de vous voir à l'occasion de l'exposition.
4 Nous nous permettons de vous inviter cordialement à l'ouverture de la foire de . . .
5 Il vous serait peut-être possible de participer le . . . à la petite réception que nous donnons pour l'ouverture de l'exposition. Cette réception aura lieu le . . . à . . . heures à . . .
6 Nous vous invitons chaleureusement à notre exposition et nous espérons fermement que vous serez intéressés par notre assortiment.
7 Notre exposition d'échantillons commence le . . . Nous nous permettons de vous y inviter chaleureusement.
8 La direction se permet de vous inviter à l'ouverture de notre exposition de printemps. L'exposition dure du . . . au . . .
9 L'exposition commence le . . . Nous vous prions de bien vouloir nous rendre visite à notre stand. Vous pourrez apprendre au service d'informations où il se trouve.

ORGANISATION DER AUSSTELLUNG

1 Hiermit bestellen wir gemäss Ausstellungskatalog für die Zeit vom . . . bis zum . . . den Stand Nr. . . . in Halle . . .
2 Bitte reservieren Sie uns für die . . .-Ausstellung den Stand Nr. . . . im Freigelände.
3 Wir benötigen auf unserem Stand zwei elektrische Anschlüsse.
4 Bitte tragen Sie dafür Sorge, dass unser Stand mit Strom- und Wasseranschluss ausgestattet ist.
5 Können Sie uns für die Dauer der Ausstellung einen Dolmetscher vermitteln?
6 Wir benötigen für die Ausstellung vom . . . bis zum . . . zwei Dolmetscher für . . . Könnten Sie uns bei der Suche behilflich sein?
7 Hiermit bestätigen wir Ihre Standbestellung vom . . . für die . . .-Ausstellung.
8 Entsprechend Ihrer Bitte haben wir den von Ihnen bestellten Stand mit Strom- und Wasseranschluss versehen.
9 Bei der Suche nach Dolmetschern für die Dauer der Ausstellung können wir Ihnen (leider nicht) behilflich sein.
10 Wir haben für Sie gemäss Ihrem Schreiben vom . . . . . . Dolmetscher engagiert. Sie stehen Ihnen für die Dauer der Ausstellung gegen eine Vergütung von . . . pro Tag voll zur Verfügung.

ORGANISATION DE L'EXPOSITION

1 Nous nous référons à votre catalogue et retenons par la présente pour la période du . . . au . . . le stand n° . . . dans le hall . . .
2 Veuillez nous réserver pour l'exposition de . . . le stand n° . . . du parc non couvert.
3 Nous avons besoin à notre stand de deux prises de courant électrique.
4 Veuillez faire le nécessaire pour qu'une prise de courant électrique et une prise d'eau soient installées à notre stand.
5 Pouvez-vous nous procurer un interprète pour la durée de l'exposition?
6 Nous avons besoin pour l'exposition, du . . . au . . ., de deux interprètes . . . (langues). Pourriez-vous nous aider à les trouver?
7 Nous confirmons par la présente votre demande de location de stand du . . . pour l'exposition de . . .
8 Comme vous l'aviez demandé, nous avons installé une prise de courant électrique et une prise d'eau au stand que vous avez retenu.
9 Nous pouvons vous aider (Nous ne pouvons malheureusement pas vous aider) à trouver des interprètes pour la durée de l'exposition.
10 Comme vous nous le demandiez dans votre lettre du . . ., nous avons engagé pour vous . . . interprètes. Ils seront à votre entière disposition pour la durée de l'exposition contre paiement d'une rémunération de . . . par jour.

KOMMISSIONS- UND PROVISIONS-GESCHÄFTE

ANBIETEN EINES KOMMISSIONSGESCHÄFTS: EINKAUF

1 Wie wir gehört haben, übernehmen Sie Einkaufskommissionen im Raum ... Bitte teilen Sie uns mit, ob Sie auch für uns tätig werden können.
2 Wir würden Sie gern mit unserer Einkaufskommission in ... betrauen.
3 Könnten Sie in Ihrem Namen und für unsere Rechnung in ... Einkäufe tätigen?
4 Für die Beschaffung unserer Rohstoffe in ... suchen wir einen Kommissionär. Wären Sie bereit, diese Aufgabe zu übernehmen?
5 Sie wurden uns von der Firma ... als Einkaufskommissionär empfohlen.
6 Sollten Sie bereit sein, für uns in ... eine Einkaufskommission zu übernehmen, so teilen Sie uns bitte Ihre Bedingungen mit.
7 Unser Einkaufskommissionär in ... steht leider nicht mehr zu unserer Verfügung. Könnten Sie seine Geschäfte für uns übernehmen?
8 Wir sind ein mittleres Unternehmen der ...-Branche und würden Sie gern mit unserer Einkaufskommission in ... betrauen.
9 Um uns von Zulieferern unabhängig zu machen, möchten wir im Raum ... eine Einkaufskommission errichten. Wären Sie bereit, diese Aufgabe zu übernehmen?
10 Wir sichern Ihnen überdurchschnittliche Provisionen zu.

ANTWORT DES KOMMISSIONÄRS

1 Aus zeitlichen Gründen ist es mir leider nicht möglich, eine Einkaufskommission für Sie zu übernehmen.
2 Bedauerlicherweise kann ich nicht für Sie als Einkaufskommissionär tätig werden.
3 Gegen eine gute Provision bin ich bereit, Ihre Einkaufskommission zu übernehmen.
4 Es ist mir eine grosse Freude, Ihre Firma als Einkaufskommissionär zu vertreten.
5 Ich bin bereit, ab Anfang des nächsten Jahres auf Kommissionsbasis für Sie als Einkäufer tätig zu werden.
6 Zu meinem Bedauern bin ich nicht in der Lage eine Einkaufskommission zu übernehmen. Ich kann Ihnen aber die Firma ... empfehlen.

AFFAIRES EN COMMISSION ET RÉTRIBUTION

OFFRES D'AFFAIRES EN COMMISSION: ACHATS

1 Nous avons appris que vous vous chargez d'achats en commission dans la région de ... Veuillez nous faire savoir si vous pouvez également travailler pour notre maison.
2 Nous aimerions vous confier nos achats en commission à (en, au) ...
3 Pourriez-vous effectuer à (en, au) ... des achats en votre nom et pour notre compte?
4 Pour nous procurer à (en, au) ... les matières premières dont nous avons besoin, nous recherchons un commissionnaire. Pourriez-vous vous charger de ce travail?
5 Vous nous avez été recommandé par la maison ... comme commissionnaire d'achat.
6 Au cas où vous seriez disposé à prendre en commission nos achats en ..., veuillez nous faire connaître vos conditions.
7 Notre commissionnaire d'achat en ... n'est malheureusement plus à notre disposition. Pourriez-vous vous charger des affaires qu'il traitait pour nous?
8 Nous sommes une moyenne entreprise de la branche ... et nous aimerions vous confier en commission nos achats en ...
9 Pour ne plus être dépendants de nos fournisseurs, nous aimerions avoir un commissionnaire d'achat dans la région de ... Seriez-vous prêt à vous charger de ce travail?
10 Nous vous garantissons des commissions supérieures à la moyenne.

RÉPONSE DU COMMISSIONNAIRE

1 Je dispose malheureusement de trop peu de temps pour pouvoir me charger d'achats en commission pour votre compte.
2 Je ne peux malheureusement pas travailler pour vous comme commissionnaire d'achat.
3 Je suis disposé à accepter votre commission d'achat contre paiement d'une commission intéressante.
4 C'est un grand honneur pour moi de représenter une maison aussi connue que la vôtre en qualité de commissionnaire d'achat.
5 Je suis disposé, à partir du début de l'année prochaine, à travailler pour vous comme commissionnaire d'achat.
6 Il m'est malheureusement impossible d'accepter votre commission d'achat. Mais je peux toutefois vous recommander la maison ...

7 Da ich mein Geschäft in Kürze aufgeben werde, muss ich Ihr Angebot, als Einkaufskommissionär für Sie tätig zu werden, leider ablehnen.
8 Ich bin bereit, als Kommissionär für Sie tätig zu werden. Bitte teilen Sie mir Ihre Provisionssätze mit.
9 Wenn Sie gewillt sind, neben einer angemessenen Provision auch für meine Spesen und Lagerkosten aufzukommen, bin ich bereit, Ihre Einkaufskommission zu übernehmen.
10 Ich bin bereit, für Sie auf Kommissionsbasis einzukaufen. Bitte senden Sie mir eine Liste über Art, Menge und Qualität der gewünschten Waren.
11 Aus organisatorischen Gründen kann ich eine Einkaufskommission für Sie leider nicht übernehmen.
12 Ich teile Ihnen mit, dass ich grundsätzlich bereit bin, für Sie als Einkaufskommissionär tätig zu werden und schlage vor, alle weiteren Fragen bei einem persönlichen Gespräch zu erörtern.

7 Comme je vais d'ici peu cesser mon activité, je me vois dans l'obligation de refuser l'offre que vous m'avez faite de travailler pour vous comme commissionnaire d'achat.
8 J'accepte de travailler pour vous comme commissionnaire. Veuillez m'indiquer vos taux de commission.
9 Si, en plus du paiement d'une commission acceptable, vous êtes également disposés à me dédommager de mes frais, y compris des frais d'entrepôt, je suis de mon côté disposé à me charger de votre commission d'achat.
10 Je suis disposé à acheter pour vous en commission. Veuillez m'envoyer une liste indiquant la nature, la quantité et la qualité des marchandises désirées.
11 Pour des raisons d'organisation, je ne suis malheureusement pas en mesure de me charger de vos achats en commission.
12 Je vous avise par la présente que je suis en principe disposé à travailler pour vous comme commissionnaire d'achat. Je propose toutefois que nous ayons un entretien personnel pour discuter de toutes les questions pouvant se poser.

ANBIETEN EINES KOMMISSIONSGESCHÄFTES: VERKAUF

1 Wir suchen für den Raum . . . ein Handelsunternehmen, das unsere Produkte in Kommission vertreibt.
2 Wären Sie bereit, unsere Produkte auf Kommissionsbasis zu verkaufen?
3 Wie wir erfahren haben, haben Sie in . . . noch freie Lagerkapazitäten. Würden Sie für uns als Verkaufskommissionär tätig werden?
4 Sie wurden mir von meinem Geschäftspartner, Herrn . . . , empfohlen. Wären Sie gewillt, auch für unsere Rechnung zu verkaufen?
5 Unser bisheriger Verkaufskommissionär in . . . hat sein Geschäft aufgegeben. Könnten Sie den Verkauf unserer Produkte übernehmen?
6 Der Markt ist für unsere Waren aufnahmefähig. Die Übernahme unserer Verkaufskommission in . . . wäre sicher lohnend für Sie.
7 Bitte teilen Sie uns Ihre Konditionen für die Übernahme einer Verkaufskommission in . . . mit.
8 Bitte teilen Sie uns mit, ob Sie für uns als Verkaufskommissionär tätig werden können.

OFFRES D'AFFAIRES EN COMMISSION: VENTES

1 Nous recherchons pour la région de . . . une entreprise commerciale qui vende nos articles en commission.
2 Seriez-vous disposé à vous charger de la vente en commission de nos articles?
3 Nous avons appris que la capacité de votre entrepôt à . . . n'est pas encore utilisée à plein. Accepteriez-vous de travailler pour nous comme commissionnaire de vente?
4 Vous nous avez été recommandé par notre correspondant, Monsieur . . . Accepteriez-vous également d'effectuer des ventes pour notre compte?
5 Le commissionnaire de vente qui travaillait jusqu'à présent pour nous à . . . a cessé son activité. Pourriez-vous vous charger de la vente de nos articles?
6 Le marché n'est pas encore saturé pour nos marchandises. Il serait certainement très profitable pour vous de vous charger de nos ventes en commission en . . .
7 Veuillez nous faire savoir à quelles conditions vous accepteriez de vous charger de nos ventes en commission en . . .
8 Veuillez nous faire savoir si vous pourriez travailler pour notre maison comme commissionnaire de vente.

9 Wir haben in . . . eine Verkaufskommission zu vergeben. Wären Sie daran interessiert, für unsere Rechnung tätig zu werden?

10 Wir versuchen, unser Verkaufsnetz weiter auszubauen. Könnten Sie in . . . unsere Produkte auf Kommissionsbasis vertreiben?

11 Eine monatliche Provisionsgarantie in Höhe von . . . sichern wir Ihnen zu, wenn Sie unsere Verkaufskommission für . . . übernehmen.

12 Die Absatzchancen für unsere neuen Produkte sind ausserordentlich gut. Wären Sie gegen eine angemessene Provision bereit, unsere Waren zu vertreiben?

9 Nous voulons commissionner quelqu'un pour nos ventes à . . . Seriez-vous prêt à travailler pour notre compte?

10 Nous cherchons à élargir notre réseau de distribution. Pourriez-vous prendre nos articles en commission pour la vente à . . .?

11 Nous vous garantissons une commission mensuelle de . . . au cas où vous prendriez nos articles en commission pour les vendre en . . .

12 Les perspectives du marché pour nos nouveaux articles sont particulièrement favorables. Seriez-vous disposé à distribuer nos produits contre paiement d'une commission équitable?

ANTWORT DES KOMMISSIONÄRS

1 Ich bin gern bereit, hier in . . . Ihre Verkaufskommission zu übernehmen.

2 Ich nehme Ihr Angebot zur Errichtung einer Verkaufskommission gern an.

3 Obwohl ich mich auf Einkaufskommission spezialisiert habe, übernehme ich Ihre Verkaufskommission sehr gern.

4 Gegen eine angemessene Provision bin ich bereit, Ihre Produkte auf Kommissionsbasis zu vertreiben.

5 Da ich geschäftlich überlastet bin, muss ich Ihr Kommissionsangebot leider ablehnen.

6 Es ist mir bedauerlicherweise nicht möglich, als Verkaufskommissionär für Sie tätig zu werden.

7 Leider muss ich Ihr Kommissionsangebot ablehnen. Ich kann Ihnen aber die Firma . . . empfehlen.

8 Da ich mich vertraglich an die Firma . . . gebunden habe, kann ich für Sie nicht als Verkaufskommissionär tätig werden.

9 Ich habe Ihr Angebot hinsichtlich der Übernahme einer Verkaufskommission an die Firma . . . weitergeleitet und hoffe, damit in Ihrem Sinne gehandelt zu haben.

10 Nach Lage der Dinge ist es mir nicht möglich, Ihr Angebot anzunehmen. Die mir gut bekannte Firma . . . wäre bereit, an meiner Stelle für Sie als Verkaufskommissionär tätig zu werden.

11 Leider ist es mir aus organisatorischen Gründen unmöglich, Ihr Kommissionsangebot anzunehmen.

12 Da ich mich mit dem Gedanken trage, mein Geschäft aufzugeben, muss ich Ihr Angebot leider ablehnen.

RÉPONSE DU COMMISSIONNAIRE

1 J'accepte volontiers de me charger, ici à . . ., de vos ventes en commission.

2 J'accepte volontiers votre offre d'organiser la vente de vos articles en commission.

3 Bien qu'étant spécialisé dans l'achat en commission, je suis cependant disposé à me charger de vos ventes en commission.

4 Contre paiement d'une commission convenable, je suis disposé à vendre vos articles en commission.

5 Mes affaires m'accaparent malheureusement trop pour que je puisse accepter votre offre de commission.

6 Il m'est malheureusement impossible de travailler pour vous comme commissionnaire de vente.

7 Je me vois malheureusement dans l'obligation de refuser votre offre de commission. Mais je peux toutefois vous recommander la maison . . .

8 Comme je suis lié par contrat à la maison . . ., il m'est impossible de travailler pour vous comme commissionnaire de vente.

9 J'ai transmis votre offre de vente en commission à la maison . . . et j'espère ainsi avoir agi au mieux de vos intérêts.

10 Étant donné les circonstances, je ne peux pas accepter votre offre. La maison . . ., que je connais bien, est disposée à travailler pour vous à ma place comme commissionnaire de vente.

11 Des raison d'organisation m'empêchent malheureusement d'accepter votre offre de commission.

12 Comme j'envisage de cesser mon activité, il m'est malheureusement impossible d'accepter votre offre.

KOMMISSIONÄR ERSUCHT UM EINKAUFSKOMMISSION

1 Könnten Sie mir Ihre Einkaufskommission für . . . übertragen?

DEMANDE D'ACHAT EN COMMISSION

1 Pourriez-vous me confier vos achats en commission pour . . .?

2 Wie ich gehört habe, suchen Sie einen Einkaufskommissionär für den Raum ... Ich wäre bereit, für Sie tätig zu werden.
3 Ich habe mich auf den Einkauf von ... spezialisiert. Könnte ich auch für Sie als Einkaufskommissionär tätig werden?
4 Als Einkaufskommissionär für ... geniesse ich einen guten Ruf. Darf ich auch Ihnen meine Dienste anbieten?
5 Es wäre mir eine grosse Freude, im Raum ... als Einkaufskommissionär für Sie tätig zu werden.
6 Ich habe gute Beziehungen nach Übersee. Darf ich Ihnen meine Dienste als Einkaufskommissionär anbieten?

2 J'ai appris que vous cherchiez un commissionnaire d'achat pour la région de ... Je serais disposé à travailler pour vous.
3 Je me suis spécialisé dans l'achat de ... Me serait-il possible de travailler aussi pour votre maison comme commissionnaire d'achat?
4 Je jouis d'une excellente réputation comme commissionnaire d'achat pour ... Puis-je me permettre de vous offrir également mes services?
5 Ce serait un grand honneur pour moi de travailler dans la région de ... comme commissionnaire d'achat pour votre maison.
6 Je possède de bonnes relations outre-mer. Puis-je me permettre de vous offrir également mes services comme commissionnaire d'achat?

ANTWORT DES KOMMITTENTEN

1 In Beantwortung Ihres Schreibens vom ... möchten wir Ihnen mitteilen, dass wir gern bereit sind, Ihnen unsere Einkaufskommission in ... zu übertragen.
2 Bitte besuchen Sie uns am ... zur vertraglichen Fixierung unserer Abmachungen.
3 Wir sind bereit, Ihnen eine Einkaufskommission zu übertragen.
4 Da Ihre Referenzen uns sehr befriedigen, übertragen wir Ihnen unseren Einkauf auf Kommissionsbasis für den Raum ... Wir hoffen auf gute Zusammenarbeit.
5 Wir freuen uns über Ihr Angebot zur Übernahme einer Einkaufskommission.
6 Unser Geschäftsführer, Herr ..., wird Sie in den nächsten Tagen aufsuchen. Bei diesem Besuch können alle Fragen bezüglich der Qualitäten, Preise, Provisionen, Spesenvergütung usw. besprochen werden.
7 Ihr Angebot in Sachen der kommissionsweisen Übernahme unseres Einkaufs in ... hat uns sehr gefreut. Wir sind gern bereit, Sie mit dieser Aufgabe zu betrauen.
8 Da wir in Kürze in ... eine Filiale errichten werden, müssen wir Ihr Angebot, unseren Einkauf auf Kommissionsbasis zu übernehmen, leider ablehnen.
9 Nach Lage der Dinge ist es uns nicht möglich, Sie mit einer Einkaufskommission im Raum ... zu betrauen.
10 Unsere Einkaufskommission für den Raum ... haben wir bereits vergeben. Wir bedauern sehr, Ihnen eine abschlägige Antwort erteilen zu müssen.
11 Leider ist es uns nicht möglich, Sie auf Kommissionsbasis mit dem Einkauf unserer Rohstoffe zu betrauen.

RÉPONSE DU COMMETTANT

1 En réponse à votre lettre du ..., nous vous faisons savoir que nous acceptons volontiers de vous charger de nos achats en commission à ...
2 Veuillez passer nous voir le ... pour que nous puissions fixer les termes du contrat.
3 Nous sommes disposés à vous confier nos achats en commission.
4 Comme vos références nous donnent entière satisfaction, nous vous confions nos achats en commission pour la région de ... Nous comptons sur une bonne collaboration.
5 C'est avec plaisir que nous prenons connaissance de l'offre que vous nous faites de vous charger de nos achats en commission.
6 Notre gérant, Monsieur ..., vous rendra visite dans les prochains jours. Toutes les questions concernant la qualité, les prix, les commissions, le remboursement des frais, etc., pourront être discutées à l'occasion de cette visite.
7 Nous sommes flattés de l'offre que vous nous faites de vous charger de nos achats en commission à ... Nous sommes tout à fait disposés à vous confier ce travail.
8 Comme nous allons bientôt ouvrir une filiale à ..., nous ne pouvons malheureusement donner suite à l'offre que vous nous faites de vous charger de nos achats en commission.
9 Il ne nous est malheureusement pas possible de vous confier nos achats en commission pour la région de ...
10 Nous avons déjà un commissionnaire d'achat pour la région de ... Nous regrettons beaucoup de devoir vous opposer une fin de non-recevoir.
11 Il ne nous est malheureusement pas possible de vous confier l'achat en commission de nos matières premières.

12 Aus organisatorischen Gründen müssen wir Ihr Angebot, eine Einkaufskommission für uns zu übernehmen, bedauerlicherweise ablehnen.

13 Obwohl Ihre Referenzen hervorragend sind, können wir Ihnen den kommissionsweisen Einkauf unserer Rohstoffe nicht übertragen. Die Gründe für diese Entscheidung sind ausschliesslich innerbetrieblicher Natur.

14 Wir können Ihr Angebot, Einkäufe in Ihrem Namen und für unsere Rechnung zu tätigen, nicht akzeptieren, haben Sie jedoch unserem Geschäftspartner, der Firma . . . empfohlen. Bitte richten Sie Ihre Bewerbung dort an Herrn . . .

12 Des raisons d'organisation nous obligent malheureusement à refuser l'offre que vous nous faites de vous charger de nos achats en commission.

13 Bien que vos références soient de premier ordre, nous ne pouvons cependant pas vous charger de l'achat en commission de nos matières premières. Notre décision a été prise pour des raisons purement internes.

14 Nous ne pouvons malheureusement pas donner suite à votre offre d'effectuer des achats à votre nom et pour notre compte. Nous vous avons cependant recommandé à notre correspondant, la maison . . . Veuillez adresser votre candidature à cette maison, à l'attention de Monsieur . . .

KOMMISSIONÄR ERSUCHT UM VERKAUFSKOMMISSION

1 Es wäre für mich eine grosse Freude, Ihre Produkte auf Kommissionsbasis vertreiben zu können.

2 Könnten Sie mir den kommissionsweisen Verkauf Ihrer Waren in . . . übertragen?

3 Ich bin auf den Verkauf von . . . spezialisiert. Darf ich als Kommissionär auch für Sie tätig werden?

4 Als Verkaufskommissionär geniesse ich einen guten Ruf. Darf ich auch Ihnen meine Dienste anbieten?

5 Ihr Warensortiment ist in . . . sehr beliebt. Darf ich mich deshalb für das hiesige Gebiet als Verkaufskommissionär empfehlen?

6 Die Absatzchancen Ihrer Produkte halte ich für gut. Es würde mich freuen, wenn ich für Sie als Verkaufskommissionär tätig werden könnte.

7 Da ich nicht voll ausgelastet bin, würde ich gern Ihre Verkaufskommission übernehmen.

DEMANDE DE VENTE EN COMMISSION

1 Ce serait pour moi un grand honneur de vendre en commission vos articles.

2 Pourriez-vous me charger de la vente en commission de vos articles à . . .?

3 Je suis spécialisé dans la vente de . . . Puis-je également travailler comme commissionnaire pour votre maison?

4 Je jouis d'une excellente réputation comme commissionnaire de vente. Puis-je vous offrir à vous aussi mes services?

5 Votre gamme d'article est très appréciée à . . ., aussi permettez-moi de me proposer comme commissionnaire de vente pour cette région.

6 J'estime que les possibilités de vente de vos produits sont bonnes. Je serais heureux de pouvoir travailler pour vous comme commissionnaire de vente.

7 Mes affaires ne m'accaparent pas entièrement, aussi me chargerai-je volontiers de la vente en commission de vos articles.

ANTWORT DES KOMMITTENTEN

1 Leider müssen wir Ihr Angebot bezüglich der Übernahme einer Verkaufskommission ablehnen.

2 Da es uns aus organisatorischen Gründen nicht möglich ist, unsere Waren auf Kommissionsbasis zu vertreiben, können wir Ihr Angebot zu unserem Bedauern nicht annehmen. Dürfen wir Ihr Angebot an unseren Geschäftspartner, die Firma . . . in . . ., weiterleiten?

3 Wir eröffnen in . . . eine Geschäftsstelle. Es ist uns deshalb nicht möglich, Ihnen den kommissionsweisen Verkauf unserer Waren zu übertragen.

RÉPONSE DU COMMETTANT

1 Nous ne pouvons malheureusement pas donner suite à l'offre que vous nous faites de vous charger de nos ventes en commission.

2 Des raisons d'organisation nous empêchent de vendre nos marchandises en commission, aussi ne pouvons-nous malheureusement pas donner suite à votre offre. Pouvons-nous transmettre votre offre à notre correspondant, la maison . . . à . . .?

3 Nous ouvrons une agence à . . . Il ne nous est donc pas possible de vous confier la vente en commission de nos articles.

4 Ihr Angebot wegen kommissionsweiser Übernahme des Verkaufs in . . . ist für uns von grossem Interesse. Wir sind gern bereit, Sie mit dieser Aufgabe zu betrauen.

5 Zur vertraglichen Fixierung unserer Geschäftsbedingungen wird unser Geschäftsführer, Herr . . ., am . . . bei Ihnen vorsprechen.

6 Wir nehmen Ihr Angebot, unsere Produkte auf Kommissionsbasis zu vertreiben, gern an.

7 Wir sind bereit, Ihnen eine Verkaufskommission in . . . zu übertragen.

8 Mit der Regelung der Geschäftsbedingungen haben wir unseren Prokuristen, Herrn . . ., beauftragt. Bitte teilen Sie uns einen Termin für seinen Besuch mit.

9 Wir freuen uns, Sie mit dem kommissionsweisen Verkauf unserer Produkte betrauen zu können.

4 Votre offre de vous charger de la vente en commission à . . . est pour nous du plus grand intérêt. Nous sommes tout à fait disposés à vous confier ce travail.

5 Notre gérant, Monsieur . . ., passera vous voir le . . . afin de fixer par contrat nos conditions de vente.

6 Nous acceptons volontiers votre offre de vous charger de la vente de nos articles en commission.

7 Nous sommes prêts à vous confier nos ventes en commission.

8 Nous avons chargé notre fondé de pouvoir, Monsieur . . ., de régler avec vous les conditions de vente. Veuillez nous indiquer à quelle date il pourra vous rendre visite.

9 Nous sommes heureux de pouvoir vous confier la vente en commission de nos articles.

UNSTIMMIGKEITEN ZWISCHEN KOMMITTENTEN UND KOMMISSIONÄR

SCHREIBEN DES KOMMITTENTEN

1 Ihre Spesenabrechnung erscheint uns zu hoch. Bitte überprüfen Sie Ihre Angaben.

2 Mit der Höhe Ihrer Spesenabrechnung sind wir nicht einverstanden.

3 Sollten sich Ihre Spesenforderungen nicht verringern, sähen wir uns gezwungen, Ihnen unsere Kommissionsgeschäfte zu entziehen.

4 Bei derartig hohen Spesen ist der kommissionsweise Verkauf unserer Waren ein glattes Verlustgeschäft für uns.

5 In Ihrer Spesenabrechnung vom letzten Monat ist Ihnen ein Rechenfehler in Höhe von . . . zu Ihren Gunsten unterlaufen.

6 Ihre Spesenforderungen sind uns zu hoch. Wir werden eine andere Firma mit dem kommissionsweisen Verkauf unserer Produkte beauftragen.

7 Wir hatten eine Provision in Höhe von . . . % des Rechnungsbetrags vereinbart. Deshalb können wir nicht zulassen, dass Sie uns neuerdings eine Provision von . . . % in Rechnung stellen.

8 Ihre letzte Provisionsabrechnung ist um . . . zu hoch ausgefallen. Wir bitten Sie deshalb, Ihre nächste Abrechnung um diesen Betrag zu kürzen.

9 Wir werden Ihre Provisionsabrechnungen künftig genauer überprüfen müssen.

10 Die von Ihnen für unsere Kommissionswaren berechnete Lagermiete ist unbegreiflich hoch.

DIFFÉRENCES ENTRE LE COMMETTANT ET LE COMMISSIONNAIRE

LETTRE DU COMMETTANT

1 Le décompte de vos frais nous semble trop élevé. Veuillez en revérifier le détail.

2 Nous ne pouvons accepter le montant de votre note de frais.

3 Si vos notes de frais ne diminuent pas, nous nous verrons contraints de vous retirer notre commission.

4 Avec des frais aussi élevés, la vente en commission de nos marchandises équivaut tout simplement pour nous à une opération à perte.

5 Dans votre décompte de frais du mois dernier, une erreur de calcul de . . . à votre profit vous a échappé.

6 Vos notes de frais sont trop élevées. Nous allons confier à une autre maison la vente en commission de nos articles.

7 Nous avions convenu d'une commission de . . . % du montant de la facture. Nous ne pouvons donc admettre que vous nous comptiez depuis peu une commission de . . . %.

8 Vous avez compté . . . en trop dans le dernier décompte de vos commissions. Nous vous prions donc de déduire cette somme de votre prochain décompte.

9 Nous devons, à l'avenir, vérifier plus en détail les décomptes de vos provisions.

10 Les frais d'entrepôt que vous comptez pour nos marchandises en commission sont anormalement élevés.

11 Im letzten Monat haben Sie für uns keine Einkäufe getätigt. Ihre Lagergeldforderung in Höhe von . . . ist uns deshalb unverständlich. Wir bitten Sie, sich in Zukunft an die üblichen Lagermieten zu halten.
12 Ihre Lagergeldabrechnungen werden von Monat zu Monat höher.

11 Le mois dernier, vous n'avez effectué pour nous aucun achat. La somme de . . . que vous nous réclamez pour frais d'entrepôt nous est donc incompréhensible. Nous vous prions de vous en tenir à l'avenir aux frais d'entrepôt en usage.
12 Vos décomptes de frais d'entrepôt augmentent de mois en mois.

ANTWORT DES KOMMISSIONÄRS

1 Da meine Spesenabrechnung nach bestem Wissen und Gewissen erfolgte, ist mir Ihre Beschwerde wegen deren Höhe unverständlich.
2 Den Additionsfehler in meiner Spesenabrechnung vom . . . bitte ich zu entschuldigen.
3 Als Anlagen überreiche ich Ihnen die Originalbelege, damit Sie sich von der Richtigkeit meiner Spesenabrechnung überzeugen können.
4 Die Spesen, die ich Ihnen in Rechnung stellte, sind mir tatsächlich entstanden. Als Beweis für meine Korrektheit überreiche ich Ihnen als Anlagen die betreffenden Originalbelege.
5 Ich kann in meiner Spesenabrechnung keinen Fehler entdecken.
6 Bei der Berechnung meiner Provision habe ich mich korrekt an unseren Kommissionsvertrag gehalten. Deshalb weise ich Ihre Beschwerde mit Nachdruck zurück.
7 Bitte entschuldigen Sie den Fehler in meiner Provisionsabrechnung vom . . .
8 Ihre Beschwerde wegen meiner Provisionsabrechnung ist mir unverständlich. Ich habe genau . . . % des Rechnungsbetrags als Provision berechnet.
9 Ich habe meine Provisionsabrechnung nochmals geprüft und keinen Fehler entdecken können. Deshalb bitte ich Sie, Ihre Kommissionskonten zu überprüfen.
10 Bitte entschuldigen Sie den Additionsfehler in meiner letzten Provisionsabrechnung.
11 Der Fehler in meiner letzten Provisionsabrechnung ist durch die Stornierung eines Auftrags entstanden.
12 Für Ihre Kommissionswaren habe ich Ihnen die übliche Lagermiete berechnet. Ihre Beschwerde wegen der Höhe des Lagergelds ist mir daher unverständlich.
13 Für meinen Fehler bei der Berechnung des Lagergelds für Ihre Kommissionswaren bitte ich um Entschuldigung. Ich werde den Betrag in Höhe von . . . bei meiner nächsten Abrechnung berücksichtigen.
14 Das Lagergeld für Ihre Kommissionswaren habe ich nach bestem Wissen berechnet.

RÉPONSE DU COMMISSIONNAIRE

1 Comme j'ai établi le décompte de mes frais en toute bonne foi, votre réclamation concernant le montant de mes frais m'est incompréhensible.
2 Je vous prie d'excuser l'erreur de calcul qui s'est glissée dans mon décompte de frais du . . .
3 Je vous adresse ci-joint mes justificatifs de frais pour que vous puissiez vous convaincre de l'exactitude de ma note de frais.
4 J'ai effectivement déboursé les frais que je vous facture. Comme preuve de ma bonne foi, je vous adresse ci-joint les justificatifs correspondants.
5 Je ne découvre aucune erreur dans le décompte de mes frais.
6 En calculant ma commission, je m'en suis tenu exactement aux termes de notre contrat de commission. Je rejette donc fermement votre réclamation.
7 Veuillez excuser l'erreur qui s'est glissée dans mon décompte de commissions du . . .
8 Votre réclamation concernant le calcul de ma commission m'est incompréhensible. J'ai compté comme commission exactement . . . % du montant de la facture.
9 J'ai vérifié une nouvelle fois le calcul de ma commission et n'ai pu découvrir aucune erreur. Je vous prie donc de vérifier vos comptes de commission.
10 Veuillez excuser l'erreur d'addition de mon dernier décompte de commission.
11 L'erreur de mon dernier décompte de commissions résulte de l'annulation d'un ordre.
12 Je vous ai compté les frais d'entrepôt habituels pour vos marchandises en commission. Votre réclamation concernant le montant des frais d'entrepôt m'est donc incompréhensible.
13 Je vous prie d'excuser l'erreur que j'ai commise dans le calcul des frais d'entrepôt de vos marchandises en commission. Je déduirai la somme de . . . de mon prochain décompte.
14 C'est en toute conscience que je vous ai compté les frais d'entrepôt pour vos marchandises en commission.

BEENDIGUNG DES KOMMISSIONSGESCHÄFTS

KÜNDIGUNG DURCH DEN KOMMITTENTEN

1 Da Sie unsere Vorstellungen von der Qualität der von Ihnen einzukaufenden Waren wiederholt nicht berücksichtigt haben, sehen wir keine Grundlage mehr für eine weitere Zusammenarbeit. Wir sind deshalb gezwungen, unseren Einkaufskommissionsvertrag mit sofortiger Wirkung zu kündigen.
2 Da Sie unsere Interessen nicht nachhaltig genug vertreten, sehen wir keine Basis mehr für eine weitere Zusammenarbeit.
3 Bitte betrachten Sie unsere Geschäftsverbindung auf Kommissionsbasis als beendet.
4 Aus organisatorischen Gründen müssen wir unser Kommissionsgeschäft leider beenden.
5 Ihre Spesen- und Lagergeldforderungen sind uns zu hoch geworden. Wir müssen deshalb unser Kommissionsgeschäft mit Wirkung vom ... beenden.
6 Wie wir erfuhren, haben Sie gleichzeitig für unsere Konkurrenz eine Verkaufskommission übernommen. Wir sehen uns daher gezwungen, unsere Interessen in ... künftig selbst wahrzunehmen. Unsere Geschäftsverbindung ist beendet.
7 Bitte stellen Sie Ihre Einkäufe für unsere Rechnung sofort ein.

KÜNDIGUNG DURCH DEN KOMMISSIONÄR

1 Da Sie mit meiner Arbeitsweise unzufrieden sind, werde ich für Sie leider nicht länger tätig sein können.
2 Ihre Beschwerden wegen meiner Lagergeldabrechnungen veranlassen mich, unser Kommissionsgeschäft als beendet zu betrachten.
3 Da ich am ... mein Geschäft aufgeben werde, kann ich in Zukunft leider nicht mehr als Ihr Einkaufskommissionär tätig sein.
4 Meine Geschäftsaufgabe zwingt mich, unseren Kommissionsvertrag mit sofortiger Wirkung zu kündigen. Die noch auf Lager befindliche Ware werde ich umgehend zurücksenden (sofern Sie keine anderen Anweisungen haben).
5 Ihre ständigen Beschwerden lassen mich vermuten, dass ich Ihre Interessen nicht zu Ihrer Zufriedenheit vertreten habe. Ich sehe mich deshalb veranlasst, von unserem Kommissionsgeschäft zurückzutreten.

FIN DU CONTRAT DE COMMISSION

RÉSILIATION DE LA PART DU COMMETTANT

1 Comme vous avez, à plusieurs reprises, omis de tenir compte de la qualité des marchandises achetées par vous, nous ne voyons aucun motif de poursuivre notre collaboration et sommes donc contraints de résilier notre contrat de commission avec effet immédiat.
2 Comme vous ne défendez pas nos intérêts avec suffisamment d'énergie, nous ne voyons aucune raison de poursuivre notre collaboration.
3 Veuillez considérer nos relations d'affaires en commission comme terminées.
4 Des raisons d'organisation nous obligent malheureusement à mettre un terme à nos affaires en commission.
5 Les frais, y compris les frais d'entrepôt, que vous réclamez sont maintenant trop élevés pour nous. Nous devons donc mettre un terme à nos affaires en commission avec effet à partir du ...
6 Nous avons appris que vous aviez accepté en même temps une commission de vente pour notre concurrent. Nous nous voyons donc contraints de défendre nous-mêmes nos intérêts à ... Veuillez considérer nos relations d'affaires comme terminées.
7 Veuillez cesser immédiatement d'effectuer des achats pour notre compte.

RÉSILIATION DE LA PART DU COMMISSIONNAIRE

1 Puisque vous n'êtes pas satisfaits de ma façon de travailler, je ne pourrai malheureusement pas continuer plus longtemps à travailler pour vous.
2 Vos réclamations au sujet du décompte de mes frais d'entrepôt font que je considère notre contrat de commission comme terminé.
3 Je cesse mon commerce le ..., aussi ne pourrai-je plus à l'avenir travailler pour vous comme commissionnaire d'achat.
4 Mes obligations professionnelles m'obligent à résilier notre contrat de commission avec effet immédiat. Je vais vous retourner immédiatement les marchandises qui se trouvent encore en entrepôt (à moins que vous n'ayez d'autres directives).
5 Vos réclamations continuelles me font supposer que la façon dont je représente vos intérêts ne vous satisfait pas. Je me vois donc amené à renoncer à notre affaire en commission.

6 Da Sie mit der Zahlung des Lagergelds schon . . . Monate in Verzug sind, muss ich unsere Geschäftsverbindung abbrechen.

7 Weil Sie nicht bereit sind, meine Spesenforderungen anzuerkennen, trete ich mit sofortiger Wirkung von unserem Kommissionsvertrag zurück.

8 Ihre Konkurrenz hat mir ein besseres Angebot gemacht, deshalb beende ich meine Tätigkeit als Ihr Verkaufskommissionär.

9 Die Absatzchancen Ihrer Produkte sind derart schlecht, dass ich gezwungen bin, von unserem Kommissionsvertrag zurückzutreten.

10 Da ich mein Lager anderweitig benötige, muss ich meine Tätigkeit als Ihr Verkaufskommissionär leider mit Wirkung vom . . . beenden.

6 Comme vous êtes déjà en retard de . . . mois pour le paiement des frais d'entrepôt, je me vois dans l'obligation de rompre nos relations d'affaires.

7 Puisque vous n'acceptez pas de reconnaître mes notes de frais, je renonce à notre affaire en commission avec effet immédiat.

8 Votre concurrent m'a fait une offre plus intéressante, c'est pourquoi je cesse de travailler pour vous comme commissionnaire d'achat.

9 Les débouchés pour vos articles sont si mauvais que je me vois contraint de résilier notre contrat de commission.

10 J'ai besoin de mon entrepôt pour une autre utilisation et dois donc malheureusement cesser de travailler pour vous comme commissionnaire d'achat avec effet à partir du . . .

BRIEFWECHSEL AUSSERHALB DER BRANCHE

CORRESPONDANCE EN DEHORS DE LA BRANCHE

HOTELKORRESPONDENZ
CORRESPONDANCE AVEC LES HÔTELS

ALLGEMEINES

1 *Zimmerarten:*
Einzel- bzw. Einbettzimmer
Doppel- bzw. Zweibettzimmer (getrennte Betten)
Doppel- bzw. Doppelbettzimmer (nebeneinanderstehende Betten)
Doppelzimmer mit französischem Bett (breites Bett für zwei Personen)
Dreier- bzw. Dreibettzimmer
Klappbett
Extrabett
Kinderbett
Couch

2 *Einrichtungen:*
Bad bzw. Dusche
Etagenbad
Bidet und Toilette
Etagentoilette
fliessend heisses und kaltes Wasser im Zimmer
Telefon
Rundfunkempfänger und Fernsehapparat
Kühlschrank
Stahltresor
Schreibtisch
Sitzgruppe
Küche, Kochnische
Garderobenschrank, Garderobenzimmer
Salon, Aufenthaltsraum
Balkon, Veranda, Terrasse, Garten

3 *Lage:*
Himmelsrichtung
Morgensonne, Abendsonne
Blick auf . . .
Hauptgebäude, Neubau, Anbau, Nebengebäude

4 *Preise:*
Zimmer mit Frühstück
Halbpension (Zimmer, Frühstück und eine Mahlzeit)
Vollpension (Zimmer, Frühstück, Mittag- und Abendessen)
Pauschal (mit Erklärung, was inbegriffen)
Bedienung (Service), Taxen, Heizung, inbegriffen/zusätzliche Berechnung

INDICATIONS D'ORDRE GÉNÉRAL

1 *Catégories de chambres:*
chambre individuelle ou chambre à 1 lit
chambre pour 2 personnes ou chambre à 2 lits (lits séparés)
chambre pour 2 personnes ou chambre à 2 lits (lits jumeaux)
chambre à 1 grand lit pour 2 personnes
chambre à 3 lits ou pour 3 personnes
lit pliant
lit supplémentaire
lis d'enfant
divan

2 *Ameublement:*
salle de bain ou douche
salle de bain à l'étage
bidet et W.C.
W.C. à l'étage
eau courante, chaude et froide, dans la chambre
téléphone
radio et appareil de télévision
réfrigérateur
coffre-fort
bureau
sièges
cuisine, kitchenette
armoire-penderie, pièce-penderie
salon, salle de séjour, salle de réception
balcon, véranda, terrasse, jardin

3 *Situation:*
au nord, au sud, à l'est, à l'ouest
soleil le matin, soleil l'après-midi
vue sur . . .
dans le bâtiment principal, dans une construction neuve, dans l'annexe, dans les dépendances.

4 *Prix:*
chambre et petit déjeuner
demi-pension (chambre, petit déjeuner et 1 repas)
pension complète (chambre, petit déjeuner, déjeuner et dîner)
forfait (avec indication de ce qui est inclus)
service, taxes, chauffage compris/facturés à part

5 *Benützung von:*
Tennisplatz, Skilift, Schwimmbad, Freibad, Hallenbad, Bad geheizt/ungeheizt
Golfplatz, Strand, Ruderboot, Segelschiff, Motorboot
Hat Ihr Hotel ein eigenes Schwimmbad?
Ist die Benützung der Tennisplätze im Zimmerpreis inbegriffen?
Steht ein Tennistrainer zur Verfügung?

6 *Transporte:*
Was kostet der Hotelwagen vom Bahnhof/Flughafen bis zum Hotel?
Wie lange braucht ein Taxi vom Hauptbahnhof bis zu Ihrem Hotel?
Wie oft fährt die Seilbahn?
Wie weit ist es bis zur Drahtseilbahn?

SONDERWÜNSCHE

TRANSPORT

1 *Hotelwagen:*
Wir bitten Sie, uns mit Ihrem Hotelwagen am Bahnhof abzuholen.

2 *Flugzeug/Eisenbahn:*
Unser Flug Nr. . . ./Zug Nr. . . . von . . . kommt um . . . Uhr an.
(Wichtig! Immer den Abfahrtsort, die Ankunftszeit und die Flug- bzw. Zugnummer angeben. Der Hotelwagen kann Sie dann auch bei Flug- bzw. Zugverspätungen abholen.)

3 *Mietwagen:*
Wir bitten Sie, uns einen Mietwagen (möglichst einen . . .) an den Flughafen zu schicken.

RESERVIERUNGEN

1 *Essen:*
Bitte reservieren Sie uns für . . ., . . . Uhr, einen Fenstertisch für . . . Personen in Ihrem Restaurant . . .

2 *Theaterkarten:*
Bitte bestellen Sie für . . . im Schauspielhaus . . . Karten, möglichst I. Rang Mitte.
Bitte bestellen Sie für einen der Abende . . . Opernkarten für . . .

5 *Utilisation de:*
du court de tennis, du remonte-pente, de la piscine (couverte/en plein air) (chauffée/non chauffée)
du terrain de golf, de la plage, des barques, des bateaux à voile/à moteur
Y a-t-il une piscine dans l'hôtel?
L'utilisation du court de tennis est-elle comprise dans le prix de la chambre?
Y a-t-il un entraîneur de tennis à notre disposition?

6 *Transports:*
Que coûte le trajet de la gare (de l'aéroport) à l'hôtel avec la voiture de l'hôtel?
Quelle est la durée du trajet en taxi de la gare à l'hôtel?
Tous les combien part le téléphérique?
À quelle distance se trouve le téléphérique?

DEMANDES SPÉCIALES

TRANSPORT

1 *Voiture de l'hôtel:*
Nous vous prions d'envoyer la voiture de l'hôtel nous prendre à la gare.

2 *Avion/Chemin de fer:*
Notre avion, vol n° . . ./train n° . . . en provenance de . . . arrive à . . . heures.
(Il est essentiel de toujours indiquer le lieu de provenance, l'heure d'arrivée et le numéro du vol ou du train. La voiture de l'hôtel peut ainsi venir vous chercher même si le train ou l'avion ont du retard.)

3 *Voiture de location:*
Nous vous prions d'envoyer une voiture de location à l'aéroport (une . . . si possible).

RÉSERVATIONS

1 *Repas:*
Veuillez nous réserver pour . . ., . . . heures, dans votre restaurant «. . », une table de . . . personnes, coin-fenêtre.

2 *Billets de théâtre:*
Veuillez retenir pour . . ., . . . places de théâtre, si possible 1er rang de face.
Veuillez retenir pour une des soirées . . . billets d'opéra pour la «. . .».

3 *Stadtrundfahrt:*
Bitte melden Sie uns für eine Stadtrundfahrt am Vormittag des ... an.

4 *Ausflug:*
Bitte organisieren Sie für uns einen Ausflug nach ...
Bitte bestellen Sie uns einen Führer für die ... Tour.

5 *Dolmetscher:*
Bitte bestellen Sie uns einen Dolmetscher .../... für ... von ... bis ca. ... Uhr.

6 *Sekretärin:*
Bitte besorgen Sie mir eine Sekretärin für Geschäftskorrespondenz für ..., ... Uhr.

7 *Material:*
Für unsere Konferenz benötigen wir Schreibmaterial, Wandtafeln, Leinwand, 16-mm-Filmprojektor Lichtton mit Vorführer, Diaprojektor 24 × 36 mm.

3 *Visite de la ville:*
Veuillez nous retenir des places pour une visite de la ville le matin du ...

4 *Excursion:*
Veuillez nous organiser une excursion au (à) ...
Veuillez nous retenir un guide pour une randonnée sur le ...

5 *Interprète:*
Veuillez nous retenir un interprète .../... pour ... de ... à ... heures environ.

6 *Secrétaire:*
Veuillez nous procurer une secrétaire pour de la correspondance commerciale en ..., pour ..., ... heures.

7 *Matériel:*
Pour la conférence, veuillez mettre à notre disposition de quoi écrire, un tableau mural, un écran, un projecteur 16 mm avec présentateur, un projecteur pour diapositives 24 × 36.

RECHNUNGSSTELLUNG

1 *Zahlungsweise:*
Wir bitten Sie, die Rechnungen der Herren ... und ... uns zur Regulierung zu übersenden.

2 *Rechnung:*
Wir bitten Sie, uns die Rechnung für Zimmer und Frühstück zu schicken. Die übrigen Extras werden von Herrn ... direkt beglichen.

3 *Bank:*
Wir haben unsere Bank beauftragt, den Betrag von ... auf Ihr Konto zu überweisen.

4 *Scheck:*
Als Anlage überreichen wir Ihnen unseren Scheck Nr. ... über ... zur Begleichung der Rechnung für Herrn ... vom ...

5 *Kreditkarte:*
Bitte teilen Sie uns mit, ob Sie die ...-Kreditkarte akzeptieren.

6 *Anzahlung:*
Gern leisten wir für obige Reservierung eine Anzahlung in Höhe von ...

7 *Vorauszahlung:*
Als Anlage erhalten Sie unseren Scheck Nr. ... über ... Diesen Betrag wollen Sie bitte als Anzahlung für den Aufenthalt von Herrn ... betrachten.

FACTURATION

1 *Mode de paiement:*
Nous vous prions d'adresser à notre maison les notes de Messieurs ... et ...

2 *Note d'hôtel:*
Veuillez nous faire parvenir la note pour la chambre et le petit déjeuner. Les autres suppléments seront réglés directement par Monsieur ...

3 *Banque:*
Nous avons donné l'ordre à notre banque de virer à votre compte la somme de ...

4 *Chèque:*
Nous vous adressons ci-joint le chèque banvaire n° ... d'un montant de ... en règlement de la note de Monsieur ... du ...

5 *Carte de crédit:*
Veuillez nous faire savoir si vous acceptez la carte de crédit de ...

6 *Arrhes:*
Nous vous adressons ... d'arrhes pour la réservation ci-dessus.

7 *Paiement d'avance:*
Nous vous adressons ci-joint le chèque n° ... d'un montant de ...
Veuillez porter cette somme comme avance à valoir sur le montant du séjour de Monsieur ...

8 *Auskunft:*
Auf der Hotelrechnung finden wir unter «Rest» den Betrag von ... Wir bitten Sie, uns diesen Betrag aufzuschlüsseln.
In Ihrer Rechnung sind ... für Wäsche aufgeführt. Herr ... hat jedoch während seines Aufenthalts keine Wäsche weggegeben. Wir bitten Sie, bei seinem nächsten Besuch in Ihrem Hause obigen Betrag zu verrechnen.

8 *Demande de renseignement:*
Dans la note d'hôtel, nous trouvons la somme de ... sous la désignation «reste». Veuillez avoir l'obligeance de nous donner le détail de cette somme.
Dans votre note, nous trouvons ... pour le linge. Monsieur ... n'a cependant donné aucun linge à laver pendant son séjour. Nous vous prions de déduire cette somme à l'occasion de notre prochain séjour dans votre hôtel.

ANFORDERUNG VON UNTERLAGEN

1 *Menüvorschläge:*
Wir beabsichtigen, am ... mit etwa ... Personen in Ihrem Hotel das Mittagessen einzunehmen. Deshalb bitten wir Sie, uns Menüvorschläge sowie eine Weinkarte zukommen zu lassen.

2 *Prospekte:*
Für eine zwei- bis dreitägige Tagung in ... suchen wir geeignete Übernachtungsmöglichkeiten sowie ein Sitzungszimmer für ca. ... Personen. Bitte schicken Sie uns Ihren Prospekt mit Preisangaben.

DEMANDE DE DOCUMENTATION

1 *Proposition de menu:*
Nous avons l'intention de déjeuner dans votre hôtel le ..., avec ... personnes environ. Nous vous prions de nous faire parvenir vos propositions de menus ainsi qu'une carte des vins.

2 *Prospectus:*
Nous recherchons pour un congrès de 2 à 3 jours qui doit se tenir à ... des possibilités de logement adéquates ainsi qu'une salle pour ... personnes environ. Veuillez nous envoyer le prospectus de votre hôtel et nous indiquer vos prix.

FUNDGEGENSTÄNDE

Seit seinem letzten Aufenthalt vom ... bis zum ... August in Ihrem Haus vermisst unser Herr ... einen seiner Manschettenknöpfe. Als Anlage schicken wir Ihnen eine Beschreibung des verlorenen Knopfes. Für Ihre Bemühungen danken wir Ihnen im voraus bestens.

OBJETS TROUVÉS

Depuis son dernier séjour dans votre hôtel du ... au ..., notre collaborateur, Monsieur ..., ne retrouve plus un de ses boutons de manchette. Nous vous envoyons ci-joint une description du bouton perdu. Nous vous remercions vivement à l'avance pour votre dérangement.

CHECKLISTS

BUCHUNGEN

Klare, übersichtliche Buchung.
Zusätzlich zum Wochentag Datum angeben.
Ungefähre Ankunftszeit angeben. (Vielfach werden Reservierungen nur bis 18.00 Uhr aufrechterhalten.)
Bei Abholung Flug- oder Zugnummer angeben.
Bei Rechnungsstellung an Firma festhalten, wer was bezahlt.

CHECKLISTS

RÉSERVATIONS

Réservation claire et bien disposée. En plus du jour de la semaine, indiquer la date. Indiquer l'heure approximative d'arrivée (souvent les réservations ne sont valables que jusqu'à 18 heures).
S'il faut aller chercher le client, indiquer le numéro du vol ou du train.
Si la note est adressée à la maison, bien faire le décompte de ce que chacun doit payer.

FORMULARVORSCHLAG

Firmen mit viel Hotelkorrespondenz verwenden zweckmässig einen vorgedruckten dreifachen Formularbrief: Original + Durchschlag 1 an Hotel, Durchschlag 1 mit Reservierungsbestätigung des Hotels an Firma zurück, Durchschlag 2 bleibt bei der Firma.

Formularbrief enthält:
1. Name des Gastes
2. Ankunftsdatum mit Wochentag
3. Abreisedatum mit Wochentag
4. Zimmerart
5. Ankunftszeit, Abholwünsche
6. Rechnungsstellung
7. Besondere Wünsche
8. Platz für Reservierungsbestätigung durch das Hotel

LETTRE-TYPE

Les maisons qui correspondent souvent avec des hôtels ont intérêt à utiliser une lettre-type dont les formules sont imprimées à l'avance:
la maison envoie l'original et la copie 1 à l'hôtel, qui lui retourne la copie 1 en confirmant la réservation; la maison conserve la copie 2.

La lettre-type contient:
1. le nom du client
2. la date et le jour d'arrivée
3. la date et le jour du départ
4. le genre de chambre désiré
5. l'heure d'arrivée, en indiquant s'il faut aller chercher le client
6. la façon dont la note doit être établie
7. les demandes particulières
8. un emplacement laissé en blanc pour que l'hôtel confirme la réservation.

TELEFON – TELEGRAMM – TELEX

Telefon (für Nahverkehr):
Vorteil: rasche Bestätigung.
Nachteil: Fehlerquellen.
Telefongespräche nach Möglichkeit schriftlich bestätigen!

Telegramm (für Fernverkehr):
Vorteil: prompte Bestellung.
Nachteil: sofern nicht mit bezahlter Rückantwort, keine Bestätigung.
Telegrammabkürzungen laut «International Hotel Guide».

Telex (für Nah- und Fernverkehr):
Vorteil: Bestellung mit sofortiger Bestätigung.
Verschiedene Fluggesellschaften und Hotelketten bieten heute die Möglichkeit, über Reservierungssysteme Zimmerbestellungen vorzunehmen.

TÉLÉPHONE – TÉLÉGRAMME – TÉLEX

Téléphone:
(pour les communications à courte distance)
avantage: confirmation rapide
désavantage: source d'erreurs.
Confirmer dans la mesure du possible par écrit les conversations téléphoniques!

Télégramme:
(pour les communications à grande distance)
avantage: réservation rapide
désavantage: pas de confirmation si la réponse n'est pas payée.
Abréviations télégraphiques comme indiqué dans le «International Hotel Guide».

Télex:
(pour les communications à courte et à grande distance)
avantage: réservation avec confirmation immédiate.
Diverses compagnies aériennes et chaînes d'hôtel offrent aujourd'hui la possibilité de retenir des chambres d'après un système de réservation.

ZIMMER, WERT- UND FUNDGEGENSTÄNDE

Zimmerbezug:
laut Bestätigung (normal ab 14.00/15.00 Uhr).

CHAMBRES, OBJETS DE VALEUR ET OBJETS TROUVÉS

Occupation de la chambre:
La chambre peut être occupée à partir de l'heure indiquée dans la confirmation (normalement à partir de 14/15 heures).

Zimmeraufgabe:
laut Hotelanweisung (normal zwischen 12.00 und 14.00 Uhr).

Wertgegenstände:
Das Hotel ist für Wertgegenstände nur verantwortlich, wenn diese dem Hotelier gegen schriftliche Quittung übergeben wurden.

Fundgegenstände:
Fundgegenstände werden dem Gast nicht automatisch nachgeschickt. Fragen Sie schriftlich im Hotel nach verlorenen Gegenständen nach, damit gründliche Nachforschung gewährleistet ist.

Libération de la chambre:
La chambre doit être libérée à l'heure indiquée par l'hôtel (normalement entre 12 et 14 heures).

Objets de valeur:
L'hôtel n'est responsable que pour les objets remis à l'hôtelier contre reçu écrit.

Objets trouvés:
Les objets trouvés ne sont pas renvoyés automatiquement au client; écrire à l'hôtel pour signaler quels objets ont été perdus, afin que des recherches approfondies soient faites.

BANKKORRESPONDENZ
CORRESPONDANCE AVEC LES BANQUES

KONTOERÖFFNUNG

1 Wir möchten mit Ihnen in Geschäftsverbindung treten und bitten Sie deshalb, für uns ein Konto in laufender Rechnung unter der Bezeichnung . . . zu eröffnen.
2 Wir beantragen bei Ihnen, für uns ein Konto in laufender Rechnung auf den Namen . . . zu eröffnen.
3 Wir bitten Sie, für uns ein Konto in laufender Rechnung zu eröffnen.
4 Zeichnungsberechtigt sind, und zwar auch, soweit für uns Verpflichtungen entstehen:
1. . . . .
(Name)   (Unterschrift)
2. . . . .
3. . . . .
4. . . . .
5. . . . .
Nr. . . . bis Nr. . . . jeder für sich
Nr. . . . bis Nr. . . . je zwei gemeinschaftlich.
5 Der Schriftverkehr ist mit . . . zu führen.
6 Die Kontenauszüge sind täglich/wöchentlich/monatlich/zum Jahresende durch die Post zuzustellen/werden abgeholt.
7 Zahlungseingänge von dritter Seite sollen sofort durch die Post zugestellt/wie die Kontenauszüge behandelt werden.

OUVERTURE D'UN COMPTE

1 Nous désirons entrer en relations d'affaires avec vous et nous vous prions de nous ouvrir un compte courant sous l'intitulé suivant: . . .
2 Nous vous demandons de nous ouvrir un compte courant au nom de . . .
3 Nous vous demandons de nous ouvrir un compte courant.
4 Les personnes dont les noms suivent sont autorisées à signer, même s'il en résulte pour nous des obligations:
1. . . . .
(Nom)   (Signature)
2. . . . .
3. . . . .
4. . . . .
5. . . . .
N° . . . à n° . . ., chacun individuellement
N° . . . à n° . . ., par deux, conjointement.
5 La correspondance doit être adressée à . . .
6 Vous nous ferez parvenir par la poste des relevés de compte journaliers/hebdomadaires/mensuels/de fin d'année.
7 Les paiements effectués par des tiers doivent nous être immédiatement envoyés par la poste/doivent nous être envoyés en même temps que les relevés de compte.

KREDITAUFNAHME

1 Wir bitten Sie, uns Ihre Bedingungen mitzuteilen, unter denen Sie sich zur Gewährung
– eines Kredits in laufender Rechnung
– einer Kontoüberziehung
– eines langfristigen Darlehens
– eines Wechseldiskontkredits
in Höhe von . . . bereiterklären würden.
2 Um die Weiterentwicklung unserer Geschäftsbeziehungen mit . . . und anderen Ländern finanzieren zu können, möchten wir uns nach den Kreditmöglichkeiten in Ihrem Land erkundigen.

EMPRUNT

1 Nous vous prions de nous faire connaître les conditions auxquelles vous seriez disposés à nous accorder
– un crédit en compte courant
– une avance sur compte
– un prêt à long terme
– un crédit sur effets escomptés
pour un montant de . . .
2 Nos affaires avec le (la, les) . . . et d'autres pays continuent à se développer. Nous avons besoin de ce fait de capitaux et voudrions nous renseigner sur les possibilités de crédit existant dans votre pays.

3 Wir bitten Sie, uns darüber zu informieren, in welcher Weise Sie uns bei der Finanzierung unseres Aussenhandels behilflich sein können.

4 Im Hinblick auf das ständig wachsende Geschäft benötigen wir mehr Kreditmittel in Ihrem Land.

5 Wir planen, eine Filiale in ... zu eröffnen und möchten deshalb anfragen, ob wir mit einer Kreditgewährung durch Sie rechnen können.

6 Welches Kreditlimit können Sie uns einräumen?

7 Wir benötigen den Kredit
- nur für kurze Zeit
- von Zeit zu Zeit
- zur Überbrückung bis zum Zahlungseingang
- zur Finanzierung von Rohmaterialkäufen.

8 Wir sind interessiert an
- kurzfristigen Krediten (bis zu zwei Jahren)
- mittelfristigen Krediten (zwei bis vier Jahre)
- langfristigen Krediten (über vier Jahre)

9 Bis zu welcher Höhe können Sie uns den Kredit auf ungedeckter Basis gewähren?

10 In Anbetracht unserer bisherigen guten Geschäftsbeziehungen und im Hinblick auf die Höhe des benötigten Kredits nehmen wir an, dass Sie von einer Sicherstellung absehen werden.

11 Als Sicherheit(en) können wir Ihnen anbieten:
- Abtretung unserer gesamten Aussenstände
- Abtretung unserer Aussenstände gegen unsere Kunden mit den Anfangsbuchstaben von ... bis ...
- Abtretung unserer Forderung(en) gegen die Firma .../gegen Herrn ...
- Selbstschuldnerische Bürgschaft der Firma .../des Herrn ...
- Bürgschaft der Firma .../des Herrn ...
- Verpfändung von Wertpapieren
- Verpfändung von ... (Immobilien)
- unser Warenlager
- das Warenlager unserer Filiale in ...
- unsere Geschäftseinrichtung
- die Geschäftseinrichtung unserer Filiale in ...
- unsern Fuhrpark
- unser Kraftfahrzeug ...
- Bestellung einer Grundschuld/Hypothek an unserem Grundbesitz in ...

12 Die Exportversicherung deckt 80% des wirtschaftlichen und 85% des polititischen Risikos.

13 Unser Aktienkapital wird in den nächsten Monaten um ... auf ... erhöht, was Ihnen zusätzliche Sicherheiten bieten wird.

14 Sofern Sie zusätzliche Sicherheiten wünschen, könnten wir sie Ihnen stellen.

3 Nous vous prions de nous faire savoir de quelle façon vous pourriez nous aider à financer nos affaires avec l'étranger.

4 Les affaires ne cessent de se développer, aussi avons-nous besoin de moyens financiers plus importants dans votre pays.

5 Nous projetons d'ouvrir une filiale à ... et voudrions pour cette raison vous demander si nous pouvons compter sur un octroi de crédit de votre part.

6 Quel crédit maximum pouvez-vous nous accorder?

7 Nous avons besoin d'un crédit
- à court terme
- de temps à autre
- intérimaire jusqu'à nos encaissements
- pour financer nos achats de matières premières.

8 Les crédits qui nous intéressent sont
- les crédits à court terme (inférieurs ou égaux à 2 ans)
- les crédits à moyen terme (2 à 4 ans)
- les crédits à long terme (supérieurs à 4 ans).

9 Jusqu'à quel montant pouvez-vous nous accorder un crédit sans garantie?

10 Étant donné les bonnes relations d'affaires que nous avons entretenues jusqu'à maintenant et le montant du crédit dont nous avons besoin, nous supposons que vous nous dispenserez de fournir une garantie.

11 Nous pouvons vous proposer la (les) garantie(s) suivante(s):
- cession de toutes nos créances à recouvrer
- cession de nos créances sur les clients dont les noms commencent par les lettres ... à ...
- cession de notre créance (vos créances) sur la maison .../Monsieur ...
- caution solidaire de la maison .../Monsieur
- caution de la maison .../Monsieur ...
- nantissement sur titres
- nantissement sur biens mobiliers
- notre entrepôt de marchandises
- l'entrepôt de marchandises de notre filiale de ...
- notre équipement commercial
- l'équipement commercial de notre filiale de ...
- notre parc automobile
- notre voiture ...
- constitution d'une dette foncière/d'une hypothèque sur notre propriété foncière de ...

12 L'assurance exportation couvre 80% du risque commercial et 85% du risque politique.

13 Notre capital social va être augmenté dans les prochains mois de ... et porté ainsi à ..., ce qui vous donnera des garanties supplémentaires.

14 Si vous voulez davantage de garanties, nous pouvons vous les fournir.

15 Wir sind seit fünf Jahren Ihr Kunde; Sie hatten daher Gelegenheit, sich von unserer Kreditwürdigkeit zu überzeugen.
16 Als Anlage fügen wir unsere Bilanzen der letzten drei Jahre bei.
17 Mit Bedauern nehmen wir zur Kenntnis, dass Sie den uns eingeräumten Kredit gekündigt haben. Wir wären Ihnen sehr dankbar, wenn Sie die Angelegenheit nochmals überprüften.
18 Wir bitten Sie, die Angelegenheit nochmals zu überprüfen.
19 Die vorgekommenen Unregelmässigkeiten werden sich nicht wiederholen.

15 Depuis cinq ans que nous sommes votre client, vous avez déjà eu l'occasion de vous convaincre de notre solvabilité.
16 Nous vous adressons ci-joint nos bilans des trois dernières années.
17 C'est avec regret que nous avons appris que vous dénonciez le contrat de crédit que vous nous aviez accordé. Nous vous serions très reconnaissants de bien vouloir vérifier de nouveau cette affaire.
18 Nous vous prions de bien vouloir revérifier cette affaire.
19 Les irrégularités survenues ne se reproduiront plus.

WERTPAPIER-, EFFEKTEN- UND BÖRSENGESCHÄFTE

1 Wir bitten Sie, für uns folgende Wertpapiere zu kaufen: . . .
2 Wir bitten Sie, für uns zu Lasten unseres Kontos Nr. . . . folgende Wertpapiere zu kaufen:
. . . Stück . . . Aktien
. . . Stück . . . Investmentzertifikate
Limit: . . .
Gültig bis: . . .
3 Die . . . Aktien/Zertifikate
– sind in unser Depot/Sammeldepot/Sonderdepot/Streifbanddepot Nr. . . . zur Verwahrung zu übernehmen
– werden abgeholt
– sollen uns übersandt werden.
4 Den Gegenwert
– bitten wir, unserem Konto Nr. . . . zu belasten
– werden wir bereitstellen.
5 Wir ersuchen Sie, für unsere Rechnung nachstehende Wertpapiere zu verkaufen:
Limit: . . .
gültig bis: . . .
6 Die Stücke
– sind unserem Depot/Sammeldepot/Sonderdepot/Streifbanddepot Nr. . . . zu entnehmen
– fügen wir als Anlage bei
– werden übersandt.
7 Den Verkaufserlös bitten wir
– unserem Konto Nr. . . . gutzuschreiben
– uns zur Verfügung zu stellen.

OPÉRATIONS SUR TITRES ET OPÉRATIONS BOURSIÈRES

1 Nous vous prions d'acheter pour nous les valeurs mobilières suivantes: . . .
2 Nous vous prions d'acheter pour nous les valeurs mobilières suivantes et de porter l'opération au débit de notre compte n° . . .:
. . . actions . . .
. . . certificats d'investissement . . .
limite: . . .
valable jusqu'à . . .
3 – Les actions/certificats . . . sont à garder dans notre dépôt/dépôt collectif/dépôt de titres à l'identique/dépôt cacheté n° . . .
– On passera retirer les actions.
– Vous voudrez bien nous faire parvenir les actions.
4 – Vous voudrez bien porter la contre-valeur des titres au débit de notre compte n° . . .
– Nous mettrons à votre disposition la contre-valeur des titres.
5 Nous vous demandons de vendre pour notre compte les valeurs mobilières suivantes:
limite: . . .
valable jusqu'à . . .
6 Les titres sont à prendre sur notre dépôt/dépôt collectif/dépôt de titres à l'identique/dépôt cacheté n° . . .
– Vous trouverez ci-joint les titres.
– Nous vous ferons parvenir les titres.
7 – Nous vous prions de porter le produit de la vente au crédit de notre compte n° . . .
– Vous voudrez bien tenir le produit de la vente à notre disposition.

REKLAMATIONEN

1 Am ... haben Sie unserem Konto Nr. ... einen Betrag in Höhe von ... belastet/gutgeschrieben.
2 Laut Buchungsaufgabe vom ... haben Sie unser Konto mit ... belastet.
3 Laut Buchungsaufgabe vom ... haben Sie unserem Konto Nr. ... einen Betrag in Höhe von ... gutgeschrieben.
4 Wie sich aus der dem Kontoauszug beigefügten Buchungsaufgabe ergibt, ist diese Belastung/Gutschrift nicht für uns bestimmt.
5 Als Anlage geben wir die Buchungsaufgabe zurück und ersuchen Sie um Wiedergutschrift/Richtigstellung.
6 Nach unseren Unterlagen lautet der von uns akzeptierte und bei Ihnen zahlbar gestellte Wechsel über ...
7 Nach unseren Unterlagen lautet der von uns ausgestellte Scheck über ...
8 Die Anlage zu Ihrem Tagesauszug vom ... über die «laut Anlage» vorgenommene Buchung über ... war dem Auszug nicht beigefügt.
9 Die Tagesauszüge für unser Konto Nr. ...
– vom ... bis zum ...
– von Nr. ... bis Nr. ...
sind bei uns leider nicht eingegangen/haben wir leider nicht erhalten.
10 Wir ersuchen um deren Übersendung.
11 Die Tagesauszüge/Kontoauszüge für unser Konto Nr. ...
vom ... bis zum ...
von Nr. ... bis Nr. ...
sind leider verlorengegangen. Wir bitten Sie um Erstellung von Duplikat-Auszügen.
12 Nach Überprüfung Ihrer Zins-/Provisions-/Gebührenbelastung für die Zeit von ... bis ... können wir Ihrer Berechnung leider nicht zustimmen.
13 Mit Ihrer Zins-/Provisions-/Gebührenberechnung für die Zeit vom ... bis zum ... stimmen wir nicht überein.
14 Nach unseren Berechnungen ist Ihre Zins-/Provisions-/Gebührenberechnung für die Zeit von ... bis ... zu hoch.
15 Wir ersuchen Sie um Überprüfung.
16 Wir nehmen an, dass es sich hierbei um ein Versehen handelt und bitten Sie um Überprüfung der Angelegenheit.

RÉCLAMATIONS

1 À la date du ..., vous avez débité/crédité notre compte n° ... d'une somme de ...
2 Votre pièce comptable du ... fait apparaître que vous avez débité notre compte de ...
3 Votre pièce comptable du ... fait apparaître que vous avez crédité notre compte n° ... d'une somme de ...
4 Comme il ressort de la pièce comptable jointe au relevé de compte, ce débit/crédit ne nous concerne pas.
5 Nous vous retournons ci-joint la pièce comptable en vous demandant de rectifier l'avoir de notre compte/de rectifier les écritures.
6 D'après nos pièces comptables, la traite payable à votre ordre et que nous avons acceptée porte sur la somme de ...
7 D'après nos documents comptables, le chèque que nous avons établi s'élève à ...
8 La «pièce jointe» à votre releve journalier du ... concernant l'écriture passée «conformément à la pièce jointe» pour une somme de ... n'était pas jointe au relevé.
9 Les relevés journaliers
– du ... au ...
– du n° ... au n° ...
pour notre compte n° ... ne nous sont malheureusement pas parvenus/nous n'avons malheureusement pas reçu
10 Nous vous demandons de nous les envoyer.
11 Les relevés journaliers/les rel de compte
– du ... au ...
– du n° ... au n° ... pour notre compte n° ...
ont malheureusement été égarés/perdus.
Nous vous prions de nous établir les doubl correspondants.
12 Nous avons vérifié les intérêts/les commissions/les frais dont vous nous débitez pour la période du ... au ..., et nous ne sommes malheureusement pas d'accord avec votre décompte.
13 Nous ne sommes pas d'accord avec le décompte que vous avez fait des intérêts/commissions/frais pour la période du ... au ...
14 D'après nos calculs, le décompte de vos intérêts, commissions, frais pour la période du ... au ... est trop élevé.
15 Nous vous demandons de procéder à une vérification.
16 Nous présumons qu'il s'agit d'une inadvertance et vous prions donc de vérifier cette affaire.

BEENDIGUNG DER GESCHÄFTS-BEZIEHUNGEN

1 Da wir das bei Ihnen geführte Konto Nr. . . . nicht mehr benötigen, ersuchen wir Sie um dessen Abrechnung und Auflösung.

2 Auf Grund der aufgetretenen Unstimmigkeiten sehen wir uns veranlasst, die Geschäftsbeziehungen mit Ihnen zu beenden. Wir ersuchen Sie, das Konto Nr. . . . umgehend abzurechnen und aufzulösen.

3 Das Restguthaben bitten wir zu Gunsten unseres Kontos bei der . . .-Bank in . . . zu überweisen.

4 Den Restschuldsaldo einschliesslich noch zu Ihren Gunsten entstandene Zins- und Provisionsansprüche werden wir nach Erhalt Ihrer Abrechnung umgehend ausgleichen.

CESSATION DES RELATIONS D'AFFAIRES

1 Nous n'avons plus besoin du compte n° . . . que nous avions chez vous. Nous vous demandons donc de liquider et de fermer ce compte.

2 Étant donné les erreurs qui se sont produites, nous nous voyons dans l'obligation de cesser nos relations d'affaires avec vous. Nous vous demandons donc de liquider et de fermer immédiatement le compte n° . . .

3 Vous voudrez bien virer le solde créditeur à notre compte à la banque . . . à . . .

4 Nous réglerons le solde débiteur, y compris les intérêts et commissions qui vous sont encore dus, immédiatement après avoir reçu votre décompte.

RECHTSFRAGEN
QUESTIONS JURIDIQUES

ANFRAGEN

1 Wir benötigen die Dienste eines Anwalts (Notars) in ... Können Sie uns eine Kanzlei empfehlen?
2 Wir haben Ihre Adresse von ... erhalten und würden es begrüssen, wenn Sie uns in ... vertreten könnten.
3 Es handelt sich um einen Anspruch, den wir gegen die Firma ... haben. Wir bitten Sie, unsere Forderungen einzutreiben. Welche Massnahmen empfehlen Sie?
4 Leider müssen wir in ... gegen ... Klage erheben. Wir bitten Sie, unsere Vertretung zu übernehmen und uns mitzuteilen, wie hoch sich die Kosten dafür belaufen.
5 Stellen Sie uns eine Rechnung, oder muss der Beklagte die Kosten tragen?
6 Wie hoch sind Ihre Kosten?
7 Sollten Sie nicht in der Lage sein, diesen Fall zu übernehmen, bitten wir Sie, uns freundlicherweise eine andere Anwaltskanzlei zu nennen, mit der wir uns in Verbindung setzen können.
8 In Sachen unserer Forderung gegen ... überlassen wir es ganz Ihnen, wie Sie vorgehen. Was empfehlen Sie?
9 Wir verfügen über das Eigentumsrecht an den noch nicht voll bezahlten Waren, die die Firma ... bei uns gekauft hat. Wie können wir dieses Recht geltend machen?

DEMANDES

1 Nous avons besoin des services d'un avocat (notaire) à ... Pouvez-vous nous en recommander un?
2 Votre adresse nous a été communiquée par ... et nous serions heureux que vous nous représentiez à ...
3 Il s'agit d'une créance que nous avons sur la maison ... Nous vous prions de la recouvrer. Quelles mesures conseillez-vous de prendre?
4 Nous sommes malheureusement contraints d'intenter à ... une action contre ... Nous vous prions de nous représenter et de nous faire savoir quels frais cela représentera.
5 Nous établissez-vous une facture ou bien les dépens sont-ils à la charge du défendeur?
6 À combien s'élèvent vos honoraires?
7 Si vous n'étiez pas en mesure de vous charger de cette affaire, voudriez-vous avoir l'amabilité de nous indiquer un autre avocat avec lequel nous puissions prendre contact.
8 Dans l'affaire de notre créance contre ..., nous nous en remettons entièrement à vous de la marche de l'affaire. Que conseillez-vous?
9 Nous détenons le droit de propriété sur les articles que la maison ... a achetés chez nous et qui ne sont pas encore entièrement payés. Comment pouvons-nous faire valoir ce droit?

ANTWORTEN

1 Wir möchten Ihnen die Anwaltskanzlei ... in ... empfehlen. Gewiss werden Sie mit ihr zufrieden sein.
2 Ich wäre gern bereit, Sie in ... zu vertreten. Bitte teilen Sie mir mit, wie ich Ihnen dienlich sein kann.
3 Gemäss beigefügter Kopie habe ich heute die Firma ... angeschrieben und sie zur Zahlung Ihrer Rechnung aufgefordert. Sofern die Angelegenheit keine zufriedenstellende Regelung erfährt, erhebe ich in Ihrem Namen Klage. Ich werde Sie über die Entwicklung auf dem laufenden halten.

RÉPONSES

1 Nous vous recommandons le cabinet ... à ... Vous en serez certainement satisfaits.
2 Je suis volontiers prêt à vous représenter à ... Veuillez me faire savoir en quoi je peux vous être utile.
3 Vous trouverez ci-joint copie de la lettre que j'ai adressée aujourd'hui à la maison ... pour lui réclamer le paiement de votre facture. Si l'affaire n'aboutit pas à un règlement satisfaisant, j'intenterai en votre nom une action en paiement. Je vous tiendrai au courant du développement de l'affaire.

4 Ich übernehme Ihre Vertretung in der Sache gegen . . . Die Kosten belaufen sich auf ca. . . . Nach Abschluss erhalten Sie eine Rechnung.

5 Ob Sie oder der Beklagte die Kosten tragen, hängt vom Ausgang des Verfahrens ab. Auf alle Fälle muss ich zunächst Sie für die Kosten meiner Tätigkeit haftbar machen.

6 Die Ihnen entstehenden Kosten kann ich zum gegenwärtigen Zeitpunkt noch nicht präzisieren. Sie werden weitgehend davon abhängig sein, wie intensiv ich mich mit dieser Angelegenheit befassen muss.

7 Es tut mir leid, Ihnen nicht dienlich sein zu können. Ich möchte Ihnen jedoch die Anwaltskanzlei . . . nennen, die bereit sein dürfte, die Sache zu übernehmen.

8 Ich danke Ihnen für Ihr Vertrauen und werde Ihre Interessen gern wahrnehmen.

4 J'accepte de vous représenter dans l'affaire contre . . . Les frais s'élèvent à . . . environ. Après règlement, vous recevrez une facture.

5 La question de savoir si les frais sont à votre charge ou à celle du défendeur dépend de l'issue de la procédure. En tout cas, c'est tout d'abord à vous qu'incombe la rémunération de mes services.

6 Je ne peux pas encore préciser actuellement quel sera le montant de vos frais. Ils dépendront essentiellement du temps qu'il me faudra consacrer à cette affaire.

7 Je regrette de ne pouvoir vous être utile. Je tiens cependant à vous signaler que le cabinet . . . accepterait certainement de se charger de cette affaire.

8 Je vous remercie de votre confiance et veillerai volontiers à la défense de vos intérêts.

MARKETING
MARKETING

ANFRAGEN

1 Wir sind sehr daran interessiert, die Absatzmöglichkeiten der von uns hergestellten Waren ermitteln zu lassen.

2 Könnten Sie uns eine oder mehrere Agenturen nennen, die sich in ... mit Marktforschung beschäftigen? Welche von diesen Firmen empfehlen Sie?

3 Wir danken Ihnen für Ihr Schreiben vom ..., mit dem Sie sich bereit erklären, für uns eine Marktuntersuchung in ... zu übernehmen. Natürlich hätten wir gern gewusst, wie hoch die Kosten für uns sein werden.

4 Können Sie auch eine entsprechende Untersuchung im benachbarten ... übernehmen?

5 Bitte teilen Sie uns mit, für welche international bekannten Firmen Sie bereits Marktuntersuchungen in ... durchgeführt haben.

6 Wir sind vor allem daran interessiert zu erfahren, mit welcher Konkurrenz wir zu rechnen haben.

7 Könnten Sie Ihren Bericht in ... Sprache vorlegen?

8 Wie lange benötigen Sie, um einen vollständigen Bericht zu erarbeiten?

9 Als Anlage überreichen wir Ihnen eine Liste von Ländern, mit denen wir in erfolgreicher Geschäftsbeziehung stehen.

RÉPONSES

1 Nous serions très désireux d'étudier les possibilités de débouchés pour les marchandises que nous fabriquons.

2 Pourriez-vous nous indiquer un ou plusieurs bureaux spécialisés dans les études de marché en ... Lequel d'entre eux nous recommandez-vous?

3 Nous vous remercions de votre lettre du ..., dans laquelle vous vous déclarez prêts à effectuer pour nous une étude de marché en ... Nous aimerions bien sûr savoir à combien s'élèveront les frais.

4 Pouvez-vous aussi vous charger d'une étude correspondante en ..., pays voisin?

5 Veuillez nous faire savoir pour quelles maisons internationalement connues vous avez déjà effectué des études de marché en ...

6 Nous aimerions savoir avant tout à quelle concurrence nous devons nous attendre.

7 Pourriez-vous présenter votre rapport en ... (langue)?

8 Combien de temps vous faut-il pour établir un rapport complet?

9 Nous vous adressons ci-joint la liste des pays avec lesquels nous entretenons des relations commerciales fructueuses.

ANTWORTEN

1 Wir senden Ihnen heute eine Liste von Unternehmen, die für Sie Marktforschung in ... betreiben können.

2 Die Agentur ... ist uns bekannt; wir können sie Ihnen bestens empfehlen.

3 Wir sind bereit, die Marktuntersuchung in ... durchzuführen und wären Ihnen für Ihren Auftrag dankbar. Die Kosten werden annährend ... betragen.

4 Wir bedanken uns für Ihren Auftrag und werden diesen schnellstens und, wie wir hoffen, zu Ihrer vollen Zufriedenheit ausführen.

5 Wenn keine besonderen Schwierigkeiten auftreten, betragen die Kosten ...

DEMANDES

1 Nous vous envoyons ce jour une liste d'établissements en mesure d'effectuer l'étude du marché en ... que vous demandez.

2 Le bureau ... nous est connu; nous pouvons vous le recommander vivement.

3 Nous sommes prêts à effectuer l'étude de marché en ... et serions heureux de recevoir votre ordre à ce sujet. Les frais s'élèveront à environ ...

4 Nous vous remercions de l'étude que vous nous avez confiée; nous l'effectuerons dans les meilleurs délais et, nous l'espérons, à votre entière satisfaction.

5 Si aucune difficulté particulière ne se présente, les frais s'élèveront à ...

6 Wir bedauern, Ihnen mitteilen zu müssen, dass wir zu dem benachbarten . . . keine Beziehungen haben.

7 In . . . empfehlen wir Ihnen die Firma . . ., deren Arbeit uns bekannt ist.

8 Wir teilen Ihnen mit, dass wir bis heute folgende international anerkannte Firmen zu unseren Kunden zählen:

9 Wir sind gern bereit, den Bericht in . . . Sprache vorzulegen.

10 Leider sind wir nicht in der Lage, den Bericht in . . . Sprache vorzulegen, wir können ihn nur in . . . Sprache abfassen.

11 Um Ihnen einen gründlichen Bericht zu liefern, benötigen wir . . . Wir erwarten Ihre Nachricht baldigst und danken Ihnen schon heute dafür.

6 Nous regrettons de devoir vous signaler que nous ne sommes pas en relation avec le (la) . . .

7 En . . ., nous vous recommandons la maison . . . dont nous connaissons le travail.

8 Nous vous signalons que, jusqu'à ce jour, nous comptons au nombre de nos clients les maisons internationalement connues dont les noms suivent:

9 Nous acceptons volontiers de présenter notre rapport en . . . (langue).

10 Nous ne sommes malheureusement pas en mesure de présenter le rapport en . . . (langue), nous ne pouvons le rédiger qu'en . . . (langue).

11 Afin de pouvoir vous remettre un rapport précis, nous avons besoin de . . . Nous espérons recevoir rapidement votre réponse et vous en remercions à l'avance.

KORRESPONDENZ MIT OFFIZIELLEN STELLEN

CORRESPONDANCE AVEC LES SERVICES OFFICIELS

ANSCHREIBEN OFFIZIELLER STELLEN

1 An die Handelskammer in . . .

2 An die . . .-. . . Handelskammer in . . .

3 Betr.: Informationen über Fachmessen auf dem Gebiet . . .

4 Wir bitten Sie um Mitteilung, ob und wann in . . . eine . . .-Messe stattfindet.

5 Würden Sie uns bitte mitteilen, an wen wir uns wegen eines Ausstellungsstands zu wenden haben?

6 Bitte teilen Sie uns mit, wann die . . .-Messe stattfindet.

7 Können Sie uns bei Hotelreservierungen behilflich sein?

8 Haben sie irgendwelche Beziehungen zu einem Unternehmen der . . .-Branche? Bitte teilen Sie uns dessen Adresse mit, damit wir uns mit der Firma in Verbindung setzen können.

9 Können Sie uns eine in . . . angesehene Vertreterfirma nennen? Wir sind auf der Suche nach einer guten Vertretung in Ihrem Land.

10 Würden Sie uns bitte mit einer Grossistenfirma in Verbindung bringen, die uns in . . . den Vertrieb aufbauen kann?

11 Brauchen wir für den Import von . . . nach . . . eine spezielle Einfuhrgenehmigung? Wie können wir diese erhalten?

12 Sollten irgendwelche Kosten entstehen, dann würden wir Ihnen diese selbstverständlich ersetzen. Auskunft über uns erteilt jederzeit die . . .-Bank in . . .

13 Können Sie uns einen Fabrikanten nennen, der Waren in unser Land exportieren möchte und hier noch nicht vertreten ist?

14 Können Sie uns Prospekte über bevorstehende Fachausstellungen in Ihrem Land senden?
uns dessen Adresse mit, damit wir uns mit der Firma in Verbindung setzen können.

COURRIER ADRESSÉ À DES SERVICES OFFICIELS

1 À la Chambre de commerce de . . .

2 À la Chambre de commerce . . . – . . . de . . .

3 Objet: Renseignement sur les foires techniques dans le secteur de . . .

4 Veuillez nous faire savoir si une foire de . . . va avoir lieu à . . . et quand.

5 Voudriez-vous nous faire savoir à qui nous devons nous adresser pour un stand d'exposition.

6 Veuillez nous dire quand l'exposition de . . . va avoir lieu.

7 Pouvez-vous nous rendre service pour retenir des chambres d'hôtel?

8 Seriez-vous en relation avec un entrepreneur de . . .? Veuillez nous communiquer son adresse afin que nous puissions prendre contact avec cette maison.

9 Pouvez-vous nous indiquer une maison de représentation bien considérée en . . .? Nous sommes à la recherche d'une bonne représentation dans votre pays.

10 Pourriez-vous nous mettre en rapport avec une maison de gros qui puisse organiser la vente de nos articles en . . .?

11 Avons-nous besoin d'un permis spécial d'importer pour l'importation de . . . en . . .? Comment pouvons-nous l'obtenir?

12 Nous vous rembourserons bien entendu tous les frais que vous pourriez avoir. La banque . . . de . . . vous renseignera à notre sujet quand vous le voudrez.

13 Pouvez-vous nous indiquer un fabricant qui voudrait exporter de la marchandise dans notre pays et qui n'est pas encore représenté ici?

14 Pouvez-vous nous envoyer des prospectus sur les prochaines foires-expositions ayant lieu dans votre pays?

ANTWORTEN OFFIZIELLER STELLEN

1 Wir teilen Ihnen mit, dass die nächste . . .-Messe vom . . . bis zum . . . in . . . stattfindet.

2 Wegen eines Ausstellungsstands für die . . .-Messe müssen Sie sich an die . . . wenden. Wir haben diese veranlasst, Ihnen Formulare zu schicken, die Sie bitte ausgefüllt zurücksenden wollen.

3 Die . . .-Messe findet vom . . . bis zum . . . statt.

4 Wir sind gern bereit, Ihnen bei Hotel-Reservierungen behilflich zu sein, wenn Sie uns Ihre Wünsche frühzeitig wissen lassen.

5 Bitte teilen Sie uns Ihre speziellen Wünsche mit.

6 Hotels in . . . kosten pro Nacht zwischen . . . und . . . Rechtzeitige Zimmerbestellung ist zwingend notwendig.

7 Wir schicken Ihnen als Anlage eine Hotelliste für . . ., anhand deren Sie Ihre Reservierungen selbst vornehmen können.

8 Wir nennen Ihnen die Firma . . . der . . .-Branche, die wir bestens empfehlen können.

9 Wir schlagen Ihnen vor, sich mit folgenden Firmen in Verbindung zu setzen:

10 Wir kennen eine Grossistenfirma, die den Vertrieb solcher Art Artikel in . . . hat und mit der Sie Kontakt aufnehmen sollten.

11 Sie brauchen für den Import von . . .-Artikeln eine Einfuhrbewilligung, die Sie beim zuständigen Konsulat in Ihrem Land beantragen müssen.

12 Beigefügte Rechnung betrifft die Kosten, die bei der Erledigung Ihrer Aufträge angefallen sind; wir bitten um Begleichung.

13 Folgende Firmen sind am Import/Export Ihrer Artikel nach . . . interessiert: . . . Wir haben diesen Unternehmen Ihre Adresse mitgeteilt, und sie werden sich mit Ihnen in Verbindung setzen.

RÉPONSES DE SERVICES OFFICIELS

1 Nous portons à votre connaissance que la prochaine foire de . . . aura lieu du . . . au . . . à . . .

2 Pour retenir un stand pour la foire de . . ., il faut que vous vous adressiez à . . . Nous lui avons demandé de vous envoyer des formules que vous voudrez bien renvoyer après les avoir remplies.

3 La foire de . . . a lieu du . . . au . . .

4 Nous vous aiderons volontiers à réserver vos chambres d'hôtel si vous nous faites savoir à temps ce que vous voulez.

5 Veuillez nous faire savoir exactement ce que vous désirez.

6 À . . ., les hôtels coûtent de . . . à . . . par jour. Il est absolument indispensable que vous réserviez vos chambres suffisamment à l'avance.

7 Nous vous envoyons ci-joint une liste d'hôtels pour . . ., avec laquelle vous pourrez faire vous-mêmes vos réservations.

8 Comme entreprise de . . ., nous vous recommandons vivement la maison . . .

9 Nous vous conseillons de prendre contact avec les maisons suivantes:

10 Nous connaissons une maison de gros qui distribue ce genre d'articles en . . . et avec laquelle vous devriez prendre contact.

11 Pour l'importation d'articles de . . ., vous avez besoin d'un permis d'importer dont vous devez faire la demande auprès du consulat intéressé dans votre pays.

12 La facture ci-jointe concerne les frais encourus lors de l'exécution de vos ordres. Nous vous prions de bien vouloir la régler.

13 L'exportation de vos articles en . . . intéresse les maisons suivantes: . . . Nous avons communiqué votre adresse à ces entreprises qui vont prendre contact avec vous.

AUSTAUSCHSÄTZE FÜR DAS TRANSPORTWESEN

PHRASES INTERCHANGEABLES POUR LE SERVICE DES TRANSPORTS

LUFTFRACHT
TRANSPORT AÉRIEN

ANFRAGE AN DIE SPEDITION

1 Ihre Adresse ist uns von Ihrer Botschaft (Konsulat, Industrie- und Handelskammer usw.) genannt worden.
2 Sind Sie in der Lage, Luftfrachttransporte für uns durchzuführen, und zu welchen Bedingungen? Bitte geben Sie uns einen kurzen Bescheid.
3 Würden Sie uns bitte die Rechtsvorschriften für den Luftfrachtverkehr zukommen lassen?
4 Ihre Anschrift entnahmen wir der Fachzeitschrift «. . .».
5 Künftig werden wir unsere Waren – es handelt sich um normale Handelsware – verpackt in Kartons mit den Einzelabmessungen pro Sendung 34 × 34 × 50 cm, durchschnittliches Einzelgewicht 35 kg, per Luftfracht nach Buenos Aires, London, Paris, Madrid, Lissabon und München abfertigen. Wir bitten Sie, uns mitzuteilen, welche Kosten pro Sendung ab Fabrik bis Empfangsflughafen entstehen.
6 Bitte geben Sie uns die Kosten auf, die bei Charterung eines Flugzeugs für die Verfrachtung von . . . entstehen.
7 Unser wöchentliches Frachtaufkommen nach . . . beträgt . . . t. Wir bitten Sie, mit der Luftfahrtgesellschaft . . . eine Spezialrate für uns zu vereinbaren.
8 Besteht die Möglichkeit, eine Maschine (unverpackt auf Bohlen, mit den Massen . . .) mit Nur-Frachter nach . . . – und unter welchen Bedingungen – zu versenden?
9 Bitte überprüfen Sie, ob unsere Erzeugnisse (siehe beigefügten Prospekt) Beförderungsbeschränkungen im Luftfrachtverkehr unterliegen.
10 Wann wird die Warenwert-Nachnahme, die Sie mit AWB-Nr. . . . erhoben haben, an uns überwiesen?
11 Können Sie eine Sendung von . . . kg mit der . . . (Fluggesellschaft) nach . . . verfrachten?
12 Aus der vorliegenden Korrespondenz ist nicht ersichtlich, ob Sie IATA-Agent sind. Da dies für uns von besonderer Wichtigkeit ist, bitten wir Sie um einen entsprechenden Bescheid.
13 Wir legen Wert darauf, dass Sie die IATA-Konzession besitzen.
14 Es spielt für uns eine untergeordnete Rolle, ob Sie IATA-Agent sind. Entscheidend ist allein Ihre Leistungsfähigkeit.

DEMANDE DE RENSEIGNEMENTS AUX ENTREPRISES DE TRANSPORT

1 Votre adresse nous a été communiquée par votre ambassade (consulat, chambre de commerce et d'industrie, etc.).
2 Êtes-vous en mesure d'effectuer pour nous des expéditions de marchandises par voie aérienne et, si oui, à quelles conditions? Veuillez avoir l'amabilité de nous faire connaître votre réponse.
3 Pourriez-vous avoir l'obligeance de nous faire parvenir les lois et règlements pour le trafic de marchandises par voie aérienne?
4 Nous avons trouvé votre adresse dans la revue professionnelle «. . .».
5 À l'avenir, nous allons expédier nos marchandises à destination de Buenos Aires, Londres, Paris, Madrid, Lisbonne, Munich par voie aérienne; il s'agit de marchandises ordinaires, emballées en cartons; les dimensions de chaque colis sont 34 × 34 × 50 cm, le poids unitaire moyen de 35 kg. Nous vous prions de nous indiquer quels sont les frais depart usine jusqu'a l'aéroport de destination.
6 Veuillez nous indiquer ce que coûterait l'affrètement d'un avion pour le transport de . . .
7 Nous expédions à destination de . . . . . . tonnes de fret par semaine. Nous vous demandons donc d'obtenir pour nous un tarif spécial de la compagnie aérienne . . .
8 Nous serait-il possible d'expédier une machine (non emballée sur madriers, dimensions . . .) à . . . par avion-cargo et à quelles conditions?
9 Veuillez vérifier si nos articles (voir prospectus ci-joint) sont soumis à des conditions restrictives pour le transport par voie aérienne.
10 Quand nous virerez-vous le montant de la somme que vous avez encaissée sur présentation de la lettre de transport AWB n° . . . pour la marchandise livrée contre remboursement?
11 Pouvez-vous expédier un envoi de . . . kg à . . . par la . . . (nom de la compagnie aérienne)?
12 La correspondance que nous avons entre les mains ne laisse malheureusement pas apparaître si vous êtes agent IATA. Ceci est pour nous particulièrement important, aussi vous prions-nous de nous éclaircir sur ce point.
13 Il est important pour nous que vous soyez agréé par l'IATA.
14 Que vous soyez agent IATA ne joue qu'un rôle secondaire; ce qui est déterminant, c'est votre efficacité.

ANTWORT DES SPEDITEURS

1 Auf Grund Ihrer Anfrage vom ... geben wir Ihnen folgende Einzelheiten bekannt:

2 Ihre Ware tarifiert unter der Nr. ...

3 Die Frachtkosten ab Flughafen ... bis Eingangsflughafen ... betragen pro kg ...

4 Die Abholung von Ihrem Werk, die Behandlung am Flughafen (Erstellung des AWB, zollamtliche Abfertigung usw.) richtet sich nach dem Luftfracht-Nebengebührentarif, den wir Ihnen als Anlage überreichen.

5 Sollten sich noch Fragen ergeben, beantworten wir sie Ihnen gern.

6 Wunschgemäss erhalten Sie als Anlage die angeforderten Rechtsvorschriften für den Luftfrachtverkehr.

7 Soweit wir feststellen können, unterliegen Ihre Waren (keinen) Beförderungsbeschränkungen.

8 Die Charterung eines kompletten Flugzeugs für die Beförderung von ... von ... nach ... würde sich auf ... stellen.

9 Eine Teilcharterung über ... m^3 von ... nach ... würde ... kosten.

10 Eine Verfrachtung Ihrer Maschine in einem Nur-Frachter setzt voraus, dass Sie uns mindestens ... Tage vor Abflugdatum einen verbindlichen Ladetermin nennen.

11 Um bei den einzelnen Luftfrachtgesellschaften eine Spezialrate zu erreichen, müssen täglich mindestens ... kg verfrachtet werden.

12 Der Flughafen ... wird zur Zeit nur von der Fluggesellschaft ... angeflogen. Eine Verladung mit der ... ist deshalb nicht möglich.

13 Unsere IATA-Konzession haben wir erst seit dem ..., deshalb ist diese Tatsache aus unseren alten Briefbögen noch nicht ersichtlich.

14 Wir sind bereits seit ... IATA-Agent und bringen somit alle Voraussetzungen für die fachgerechte Abwicklung Ihrer Luftfrachtsendungen mit.

15 Obwohl wir keine IATA-Konzession besitzen, sind wir seit vielen Jahren auf dem Luftfrachtsektor tätig.
Wir bieten Ihnen einen einwandfreien Service.

RÉPONSE DU COMMISSIONNAIRE DE TRANSPORT

1 En réponse à votre demande de renseignements du ..., nous vous communiquons les détails suivants:

2 C'est le tarif n° ... qui s'applique à vos articles.

3 Les frais de transport de l'aéroport de départ de ... jusqu'à l'aéroport de destination de ... s'élèvent à ... par kilo.

4 L'enlèvement des marchandises à votre usine, l'accomplissement des formalités à l'aéroport (établissement de la lettre de transport, règlement des formalités douanières, etc.) relèvent du tarif des frais accessoires pour le transport aérien que nous vous adressons ci-joint.

5 Si des questions complémentaires venaient à se poser, nous sommes tout prêts à vous venir en aide.

6 Comme vous le désirez, nous vous faisons parvenir ci-joint la réglementation demandée pour le transport du fret aérien.

7 Pour autant que nous puissions le déterminer, le transport de vos marchandises est soumis à des conditions restrictives (n'est soumis aucune condition restrictive).

8 L'affrètement d'un avion entier pour l'expédition de ... de ... à ... s'élèverait à ...

9 Un affrètement partiel de ... m^3 de ... à ... coûterait ...

10 Pour que nous expédions votre machine par avion-cargo, il faut que vous nous fixiez une date ferme de chargement ... jours au moins avant la date de départ.

11 Pour obtenir un tarif spécial sur chacune des sociétés de messageries aériennes, il faut que les expéditions atteignent au moins ... kg par jour.

12 L'aéroport de ... n'est actuellement desservi que par la compagnie aérienne ..., il n'est donc pas possible d'effectuer l'envoi par la ...

13 Nous n'avons notre licence IATA que depuis ..., c'est pourquoi l'en-tête de notre ancien papier à lettres ne mentionnait pas que nous étions agents IATA.

14 Nous sommes déjà agents IATA depuis ... et remplissons donc toutes les conditions pour que vos expéditions de fret aérien se déroulent parfaitement.

15 Bien que n'ayant pas de licence IATA, nous travaillons depuis plusieurs années dans le secteur du transport aérien. Les services que nous vous offrons vous donneront toujours satisfaction.

16 Wir erhielten Ihre Anfrage und dürfen Ihnen mitteilen, dass wir selbstverständlich auch auf dem Gebiet der Luftfracht tätig sind. Sobald Sie uns nähere Angaben gemacht haben, werden wir Ihnen ein detailliertes Angebot zukommen lassen.

17 Wir unterhalten am Flughafen ... ein eigenes Büro, das sich ausschliesslich mit ein- und ausgehender Luftfracht befasst.

18 Das am Flughafen ... vorhandene Büro bietet die beste Gewähr für eine schnelle Abfertigung Ihrer Luftfracht-Sendungen.

19 Das im Flughafenbüro beschäftigte Personal setzt sich aus Experten des Welthandels zusammen. Ihre Sendungen werden jederzeit fachmännisch behandelt.

20 Unser geschultes Fachpersonal im Flughafenbüro bietet Ihnen die Gewähr für eine reibungslose Abwicklung Ihrer ein- und ausgehenden Sendungen.

16 Votre lettre nous est bien parvenue et nous vous signalons que nous nous occupons bien entendu aussi de transport aérien. Dès que nous aurons reçu de vous des indications plus précises, nous vous ferons parvenir une offre détaillée.

17 Nous avons, à l'aéroport de ..., notre propre bureau qui s'occupe exclusivement des frets aériens à l'arrivée et au départ.

18 Le bureau de l'aéroport de ... offre la meilleure garantie d'expédition rapide de vos envois.

19 Le personnel employé au bureau de l'aéroport se compose de spécialistes de l'importation et de l'exportation, aussi vos expéditions sont-elles traitées à tout moment de façon compétente.

20 Notre personnel spécialisé du bureau de l'aéroport vous offre la garantie que l'expédition de vos frets aériens se déroulera sans incidents au départ comme à l'arrivée.

AUFTRAGSERTEILUNG

1 Auf Grund Ihrer Bewerbung bitten wir Sie, alle für uns eintreffenden Sendungen bei den einzelnen Fluggesellschaften zu übernehmen.

2 Sämtliche Lieferanten, die an uns Luftfracht-Sendungen abfertigen, werden wir davon in Kenntnis setzen, dass Sie für uns ab sofort als Empfangsspediteur fungieren. Wir erwarten von Ihnen einen exzellenten Service!

ORDRE

1 En réponse à votre offre de services, nous vous prions de vous charger auprès de chacune des compagnies d'aviation de toutes les expéditions qui nous sont destinées.

2 Nous allons aviser tous les fournisseurs qui nous font des envois de marchandises par voie aérienne que vous travaillez maintenant pour nous comme commissionnaire de transport réceptionnaire. Nous attendons de vous que vos services nous donnent entière satisfaction.

DIVERSES

1 Wir kommen heute auf Ihr Angebot vom ... zurück und erteilen Ihnen hiermit den Auftrag, am ... folgende Sendungen zu übernehmen und per Luftfracht unverzüglich abzufertigen:
... Kartons = ... kg nach ...
... Kisten = ... kg nach ...
... Collies = ... kg nach ...
Sämtliche Kosten bis zum jeweiligen Eingangsflughafen gehen zu unseren Lasten. Nach Abfertigung erwarten wir umgehend die Zusendung von je zwei Kopien der AWB.

2 Übernehmen Sie bitte am ... in unserem Werk ...... Kartons ... und versenden Sie diese gemäss beigefügtem Versandauftrag per Luftfracht nach ...

DIVERS

1 Nous reprenons votre offre du ... et vous passons l'ordre de vous charger des envois dont la liste suit et de les expédier par voie aérienne le ...
... cartons = ... kg à destination de ...
... caisses = ... kg à destination de ...
... colis = ... kg à destination de ...
Tous les frais jusqu'à l'aéroport de destination sont à notre charge.
L'expédition terminée, vous nous ferez immédiatement parvenir deux copies de chacune des lettres de transport aérien.

2 Veuillez enlever le ... à notre usine de ...... cartons de ... et les expédier par voie aérienne à ..., comme indiqué dans l'ordre d'expédition ci-joint.

3 Bei der Firma ... sind am ... insgesamt ... Kisten Ersatzteile zu übernehmen, die Sie bitte unverzüglich per Luftfracht an nachstehende Adresse expedieren wollen:

4 Die Firma ... wird Ihnen am ... in Ihrem Flughafenbüro ... anliefern, die Sie bitte mit der nächsten Maschine nach ... ausfliegen wollen.

5 Die bei Ihnen lagernde Sendung ist nunmehr per Luftfracht nach ... zu versenden.

6 Genaue Versandinstruktionen entnehmen Sie, bitte, der beigefügten Fotokopie des Akkreditivs.

7 Wir beauftragen Sie hiermit, für den ... ein Charterflugzeug nach ... zum Preis von ... zu bestellen.

8 Die Sendung nach ... ist mit einer Warenwert-Nachnahme in Höhe von ... zu belasten.

9 Sofern eine Warenwert-Nachnahme möglich ist, bitten wir Sie, den Betrag von ... zu erheben.

10 Sollte eine Warenwert-Nachnahme nicht statthaft sein, so schicken Sie bitte das Gut ohne Belastung ab. Dann wären lediglich Ihre Manipulationsgebühren einzuziehen.

11 Beachten Sie bitte, dass als Notadresse jeweils die Firma ... einzusetzen ist.

12 Wir legen besonderen Wert darauf, dass Sie offizieller IATA-Agent sind.

13 Wir haben vom Warenempfänger die Order erhalten, mit der Verfrachtung nur IATA-Agenten zu beauftragen.

14 Der Empfänger wünscht ausdrücklich die Einschaltung der Speditionsfirma ...

15 Da uns der Empfänger einen bestimmten Spediteur vorschreibt, können wir von Ihrem Angebot leider keinen Gebrauch machen.

16 Der Empfänger wünscht die Einschaltung Ihrer Firma nicht, deshalb können wir Ihre Offerte nicht in Anspruch nehmen.

3 Des caisses de pièces de rechange, soit ... au total, sont à prendre à la maison ... le ...; vous les expédierez immédiatement par voie aérienne à l'adresse suivante:

4 Le ..., la maison ... remettra à votre bureau de l'aéroport ... que vous voudrez bien acheminer sur ... par le premier avion.

5 L'envoi entreposé chez vous est maintenant à expédier par voie aérienne à ...

6 Veuillez trouver le détail des instructions concernant l'expédition dans la photocopie ci-jointe de l'accréditif.

7 Nous vous chargeons par la présente d'affréter pour nous pour le ... un avion à destination de ... au prix de ...

8 Pour l'envoi à destination de ..., le document comptable pour la livraison contre remboursement est à établir pour une valeur de ...

9 S'il est possible d'effectuer une livraison contre remboursement, veuillez percevoir la somme de ...

10 Au cas où une livraison contre remboursement ne serait pas admise, veuillez envoyer la marchandise sans débit. Vous n'auriez alors à encaisser que le montant de vos frais de manutention.

11 Veuillez noter que l'adresse à utiliser au besoin est dans tous les cas celle de la maison ...

12 Nous attachons beaucoup d'importance au fait que vous soyez agent IATA.

13 Nous avons reçu du destinataire de la marchandise l'ordre de ne confier l'expédition qu'à des agents IATA.

14 Le destinataire a expressément demandé que l'on fasse appel aux services des messageries ...

15 Le destinataire nous impose un expéditeur, aussi ne pouvons-nous donner suite à votre offre.

16 Le destinataire a expressément demandé que nous ne passions pas par l'intermédiaire de votre maison, aussi ne pouvons-nous donner suite à votre offre.

AUFTRAGS-BESTÄTIGUNG

1 Wir danken Ihnen für Ihre generelle Auftragserteilung, alle einkommenden Luftfrachtsendungen durch uns abfertigen zu lassen. Das in uns gesetzte Vertrauen werden wir stets zu rechtfertigen wissen.

2 Auftragsgemäss werden wir die am ... zur Verladung bereitstehenden Güter übernehmen und per Luftfracht nach ... versenden.

CONFIRMATION D'ORDRE

1 Nous vous remercions de l'ordre général que vous nous avez passé de nous charger de toutes les arrivées de fret aérien qui vous sont destinées. Nous ferons en sorte de toujours justifier la confiance que vous nous témoignez.

2 Conformément à votre ordre, nous prendrons en charge le ... les marchandises prêtes à être enlevées et nous les enverrons par voie aérienne à ...

3 Am . . . werden wir in Ihrem Auftrag bei der Firma . . . die avisierten Güter übernehmen und per Luftfracht weiterverladen.

4 Sobald die avisierten Waren in unserem Flughafenbüro angeliefert sind, werden wir die Abfertigung vornehmen.

5 Der Versand des Guts erfolgt genau nach Ihren Instruktionen.

6 Absprachegemäss haben wir in Ihrem Auftrag für den . . . ein Charterflugzeug mit einer Nutzlast von . . . t bei der . . . bestellt. Die Maschine wird pünktlich bereitstehen.

3 Sur votre ordre, nous prendrons en charge le . . . à la maison . . . les marchandises annoncées et nous les réexpédierons par voie aérienne.

4 Dès que les marchandises annoncées se trouveront à notre bureau de l'aéroport, nous procéderons immédiatement à leur expédition.

5 L'expédition de la marchandise se fera exactement selon vos instructions.

6 Comme convenu, nous avons affrété pour vous pour le . . . un avion de la compagnie . . . avec une charge utile de . . . tonnes. L'appareil sera prêt en temps voulu.

SEEFRACHT
TRANSPORT MARITIME

ANGEBOTS-ANFORDERUNGEN

1 Wir haben . . . Kisten . . . (Abmessungen: . . ., Gesamtgewicht: . . .), die f.o.b. . . . nach . . . zu liefern sind und bitten Sie, uns die günstigste Offerte vorzulegen.
2 Welche Kosten fallen bei Verfrachtung von . . . Ballen . . . (Masse: . . ., Bruttogewicht: . . .) ab beladenem Schiff . . . nach . . . an?
3 Laut uns vorliegender Seefrachttabelle unterliegt unser Gut (. . .) keiner Tariffracht. Können Sie uns demzufolge eine «offene Rate» anbieten?

DEMANDES D'OFFRE

1 Nous avons . . . caisses de . . . (dimensions: . . ., poids total: . . .) à livrer f.o.b. . . . à . . . Veuillez nous soumettre votre offre la plus avantageuse.
2 Quels sont les frais de transport pour . . . balles de . . . (volume . . ., poids brut . . .), départ . . . navire chargé à destination de . . .?
3 D'après le barème des frets maritimes, aucun tarif ne s'applique à notre marchandise (. . .). Pouvez-vous donc nous consentir un taux de fret hors-tarif (open rates)?

ALLGEMEINE ANFRAGEN AN DIE SPEDITION

1 Ihre Anschrift ist uns von der hiesigen Interessenvertretung Ihres Landes genannt worden.
2 Teilen Sie uns bitte mit, welche Reedereien Sie vertreten.
3 Sind die von Ihnen zu befrachtenden Schiffe ohne Ausnahme im Lloyd-Register verzeichnet?
4 Welche Angaben in bezug auf das zu verladende Gut benötigen Sie?
5 Würden Sie unsere Stückgutpartien mit Konferenz-Schiffen oder mit Outsidern verladen?
6 Übermitteln Sie uns bitte Informationsmaterial über Bulk-Carrier.
7 Wie wirkt sich das Lash-Verfahren in der Praxis aus?
8 Klären Sie uns bitte über die Begriffe «Konferenzlinien» und «Outsider» auf.

DEMANDES GÉNÉRALES À L'ENTREPRISE DE TRANSPORT

1 Votre adresse nous a été indiquée par l'agence locale chargée de représenter les intérêts de votre pays.
2 Veuillez nous faire savoir quelles compagnies d'armement vous représentez.
3 Les navires que vous affrétez sont-ils sans exception inscrits au Lloyd's Register?
4 De quelles données avez-vous besoin en ce qui concerne la marchandise à embarquer?
5 Chargeriez-vous nos expéditions de détail sur des navires de l'entente ou sur des outsiders?
6 Veuillez nous communiquer toute la documentation concernant les cargos de transport en vrac.
7 Comment fonctionne dans la pratique le système de transport «lash»?
8 Veuillez nous expliquer ce que signifient les termes de «lignes de l'entente» et de «outsider».

ANFORDERUNG VON SCHIFFSLISTEN

1 Senden Sie uns bitte die derzeitigen Segellisten für Abfahrten nach . . . zu.
2 Geben Sie uns bitte in Zukunft unaufgefordert die neuerschienenen Schiffsabfahrtslisten herein.
3 Teilen Sie uns bitte die nächsten Abfahrten nach . . . mit.

DEMANDE DE CALENDRIERS DES APPAREILLAGES

1 Veuillez nous envoyer les calendriers des partances à destination de . . .
2 Veuillez à l'avenir nous faire parvenir directement les derniers calendriers des partances parus.
3 Veuillez nous indiquer les prochaines partances à destination de . . .

CHARTERAUFTRÄGE

1 Welche Verbindungen haben Sie zu Reedereien, die eine Vollcharter durchführen können? Wir benötigen ein Schiff mit ca. . . . BRT.
2 Haben Sie Beziehungen zu Reedereien, die in Form von Jahresverträgen, leere (Bareboat charter) Schiffe vermieten? Wir suchen Seeschiffe in einer Grössenordnung von rund . . . BRT, deren Baujahr nach 19. . liegen muss.
3 Wir möchten über Sie eine Teilcharter für eine Ladung nach . . . abschliessen.
4 Seitens des Auftraggebers erhielten wir die Auflage, dass ein Schiff unter . . . Flagge zu verwenden ist.
5 Zu welchen Bedingungen können Tanker gemietet werden?
6 Können Sie uns einen bestimmten Schiffstyp empfehlen, der sich für die Verladung von Schüttgütern eignet?

ORDRES D'AFFRÈTEMENT

1 Êtes-vous en relation avec des compagnies d'armement qui pratiquent l'affrètement total? Nous avons besoin d'un navire d'environ . . . tonneaux de jauge brute.
2 Êtes-vous en relation avec des compagnies d'armenent qui louent des navires coque nue par contrats à l'année? Nous cherchons des navires de . . . tonneaux de jauge brute environ et dont l'année de construction ne soit pas antérieure à . . .
3 Nous voudrions conclure par votre intermédiaire une convention d'affrètement partiel pour une cargaison à destination de . . .
4 Nous avons reçu de notre client l'instruction d'utiliser un navire battant pavillon . . .
5 Quelles sont les conditions d'affrètement de navires-citernes?
6 Pouvez-vous nous conseiller un type particulier de navire qui convienne tout spécialement au chargement de marchandises en vrac?

SCHIFFSAUSRÜSTUNG

1 Haben die im Getreidetransport eingesetzten Schiffe eigene Absaugvorrichtungen?
2 Überprüfen Sie bitte, ob das am . . . ausgelaufene Schiff mit eigenem Ladegeschirr ausgerüstet ist.
3 Handelt es sich bei dem MS «. . .» um ein Schiff, das mit einer Kühleinrichtung versehen ist?

ÉQUIPEMENT DE NAVIRE

1 Les navires utilisés pour le transport des céréales sont-ils équipés de leurs propres installations d'aspiration?
2 Veuillez nous faire savoir si le vapeur appareillé le . . . possède son propre matériel de chargement.
3 Le vapeur «. . .» est-il équipé d'installations frigorifiques?

LADEMÖGLICHKEIT

1 Bitte, prüfen Sie, ob für das Schiff . . ., das am . . . auslaufen soll, noch die Möglichkeit besteht, . . . t . . ., verpackt in Kunststoffsäcken, mit den Abmessungen . . ., als Unterdeckladung fest zu übernehmen.
2 Kann für das am . . . auslaufende Schiff . . . noch eine Raumbuchung über . . . m³ entgegengenommen werden?
3 Stellen Sie bitte fest, ob das Schiff . . . unsere Sendung als Optionspartie übernehmen kann. Welche zusätzlichen Kosten entstehen dadurch?

POSSIBILITÉS DE CHARGEMENT

1 Veuillez vérifier si le «. . .» qui doit appareiller le . . . aurait encore la possibilité d'embarquer . . . tonnes de . . ., emballés dans des sacs en plastique (dimensions . . .) comme chargement de premier pont.
2 Le cargo qui doit appareiller le . . . peut-il encore prendre . . . m³ de fret?
3 Veuillez vérifier si le navire «. . .» peut prendre notre envoi comme marchandises à option. Quels frais supplémentaires cela nous occasionne-t-il?

TRANSPORTWEG

1 Wann besteht «offenes Wasser» nach ...? Wir hätten ca. ... t ..., verpackt in ... Kisten, Abmessungen jeweils ..., zu verladen.

2 Bitte geben Sie uns bekannt, wann «offenes Wasser» nach ... besteht, da wir Ihnen dann umgehend den Verschiffungsauftrag erteilen werden.

3 Ist der ... inzwischen eisfrei? Wann besteht die nächste direkte Verlademöglichkeit?

4 Können Sie uns kurzfristig mitteilen, welche Zwischenhäfen bei Verladung unseres Stückguts mit SS ... angelaufen werden?

ITINÉRAIRE

1 Quand les eaux sont-elles libres à destination de ...? Nous aurions environ ... tonnes de ... (emballage dans caisses en ..., dimensions: ...) à embarquer.

2 Veuillez nous faire savoir immédiatement quand les eaux sont libres à destination de ..., pour que nous vous passions ensuite par retour du courrier l'ordre d'embarquement.

3 Le ... est-il entre-temps libre de glace? Quelle est la prochaine possibilité de chargement direct?

4 Pouvez-vous nous faire savoir très rapidement dans quels ports fait escale le vapeur «...» qui doit embarquer notre fret de détail.

VERLADEN, LÖSCHEN, VERFRACHTEN

1 Teilen Sie uns bitte mit, ob unsere Sendung im Laderaum oder auf Deck verladen wird.

2 Besteht die Möglichkeit, uns beim Verladen unseres Guts den Stauplan zur Verfügung zu stellen?

3 Geben Sie uns bitte bekannt, ob die nach ... zu verladenden Güter direkt verfrachtet werden oder ob die Ware umgeladen werden muss.

4 Wann beginnt die Entladung von SS «...», die laut Schiffsliste am ... eintreffen soll?

5 Ist das Schiff schon eingelaufen?

6 Sind die mit MS «...» eingetroffenen Güter bereits entladen? Sofern nein – wann kann mit der Entladung gerechnet werden?

7 Bitte, sorgen Sie dafür, dass die mit SS «...» am ... eintreffenden Waren sofort auf ein Binnenschiff zur Weiterleitung nach ... umgeladen werden.

8 Können Sie die am Schuppen ... liegenden Waren zu günstigen Bedingungen übernehmen und per LKW nach ... verfrachten?

9 Gibt es ab Schuppen ... eine direkte Verlademöglichkeit per Bahn, oder ist eine Umfuhr erforderlich?

10 Können Sie für uns die Verzollung im Hafen vornehmen und anschliessend die Sendung auf dem schnellsten Weg nach ... weiterleiten?

11 Die am ... eingetroffenen Waren sind mit einer Warenwert-Nachnahme in Höhe von ... belastet. Bitte senden Sie das Gut sofort unter Nachnahme aller bisher entstandenen Kosten an ...

CHARGEMENT, DÉCHARGEMENT, AFFRÈTEMENT

1 Veuillez nous faire savoir si notre marchandise sera chargée en cale ou sur le pont.

2 Nous est-il possible de recevoir le plan d'arrimage pour le chargement de nos marchandises?

3 Veuillez nous faire savoir si les marchandises à charger à destination de ... seront expédiées par cargo direct, ou bien si elles devront éventuellement être transbordées.

4 Quand commence le déchargement du vapeur «...» qui, d'après le calendrier des appareillages, doit arriver le ...?

5 Le navire est-il déjà arrivé?

6 Les matériaux arrivés par le «...» sont-ils déjà déchargés? Sinon, quand peut-on compter que le déchargement aura lieu?

7 Veillez à ce que les marchandises qui doivent arriver le ... par le vapeur «...» soient immédiatement transbordées sur chaland et dirigées sur ...

8 Pouvez-vous prendre en charge à des conditions avantageuses les marchandises qui se trouvent à l'entrepôt ... et les expédier par camion à ...?

9 Le hangar ... permet-il le chargement direct sur wagon ou bien faut-il faire transporter la marchandise?

10 Pouvez-vous vous charger pour nous du dédouanement et diriger ensuite l'envoi sur ... par les voies les plus rapides?

11 La valeur des marchandises expédiées contre remboursement et arrivées le ... s'élève à ... Veuillez les envoyer immédiatement contre remboursement de tous les frais encourus jusqu'à ce jour à l'adresse suivante: ...

12 Bevor nicht mit dem Absender die Frage der Warenwert-Nachnahme geklärt ist, werden wir die Erzeugnisse auf keinen Fall übernehmen.
13 Können Sie auch in Zukunft die eintreffenden Stückgutsendungen unter ähnlich günstigen Bedingungen für ... Tage im Freihafen zwischenlagern und nach unseren Instruktionen Teilverzollungen durchführen?
14 Können Sie in unserem Auftrag mit Teilbarkonnossementen Lieferungen nach ... vornehmen?
15 Ermitteln Sie bitte, ob das Konnossement rein gezeichnet ist. Sollte eine Einschränkung erfolgt sein, müssten wir umgehend per Telex davon unterrichtet werden.
16 Hat das Ihnen vorliegende Konnossement einen Mängelvermerk?

12 Nous ne prendrons en aucun cas les articles en charge tant que l'expéditeur n'aura pas éclairci la question du remboursement de la valeur de la marchandise.
13 Pouvez-vous continuer d'entreposer pour nous ... jours en port franc, aux mêmes conditions avantageuses, les expéditions de détail qui arrivent pour les dédouaner ensuite au fur et à mesure selon nos instructions?
14 Pouvez-vous vous charger pour nous de livraisons à destination de ... avec des connaissements divisibles?
15 Veuillez nous faire savoir si le connaissement est vierge de toutes clauses. Au cas où il comporterait une clause restrictive, veuillez nous en informer immédiatement par télex.
16 Le connaissement comporte-t-il une clause de vice caché?

CONTAINER

1 Wir beabsichtigen, eine Sendung ... per Container nach ... zu verfrachten. Können Sie ein Durchfracht-Konnossement erstellen?
2 Läuft das nächste Container-Schiff nach ... tatsächlich erst am ... aus?
3 Gibt es eine direkte Container-Verlademöglichkeit nach ...?
4 Wann kann ein Container nach ... verladen werden?
5 Wie müssen die Waren im Container verpackt sein?
6 Müssen wir bei Verwendung eines Containers Leihgebühren bezahlen?
7 Muss für einen Container eine bestimmte Pauschalfracht (Lump sum) bezahlt werden?
8 Fallen bei der Rückführung des Containers zusätzliche Kosten an?
9 Welche Möglichkeiten haben Sie, den Container, der mit MS «...» am ... eintrifft, nach ... zu verfrachten?
10 Mit welcher Laufzeit müssen wir ab Eingangshafen, Container-Terminal, nach der Empfangsstation ... rechnen?
11 Da der Container c.i.f. ... läuft, der Empfänger der Ware seinen Geschäftssitz jedoch in ... hat und von uns frei Haus beliefert werden will, müssen Sie uns alle ab Eingangshafen entstehenden Kosten berechnen. Sofern Sie eine Vorauszahlung wünschen, bitten wir Sie, uns per Telex zu informieren.

CONTAINER

1 Nous avons l'intention d'expédier par container un envoi de ... à ... Pouvez-vous nous établir un connaissement direct?
2 Le prochain navire-container à destination de ... n'appareille-t-il effectivement que le ...?
3 Existe-t-il une possibilité d'embarquer directement un envoi par container à destination de ...?
4 Quand peut-on charger un container à destination de ...?
5 Comment les marchandises doivent-elles être emballées à l'intérieur du container?
6 En cas d'utilisation d'un container, avons-nous des taxes particulières de location à payer?
7 Faut-il payer un fret forfaitaire particulier pour un container (lump sum)?
8 Avons-nous des frais supplémentaires à débourser pour le retour du container?
9 Quelles possibilités avez-vous d'expédier à ... le container qui arrive le ... par le «...»?
10 Quel délai faut-il compter de la gare des containers du port d'arrivée à la gare de destination de ...?
11 Le container est expédié c.a.f. ..., mais le destinataire de la marchandise est établi à ... et désire que nous lui envoyions les articles franco domicile. Nous vous demandons donc de nous facturer tous les frais dus à partir du port d'arrivée. Si vous désirez recevoir un acompte, veuillez nous en aviser par télex.

TRANSPORT-VERSICHERUNG

1 Für den Abschluss einer Transportversicherung benötigen wir Angaben über die Seetüchtigkeit und Güte des Schiffes (Schiffsklassifikation), das Sie zur Verladung unserer Güter vorgesehen haben.

2 Liegt die am . . . eingetroffene Ware unbeschädigt im Schuppen? Sollten irgendwelche Beschädigungen/Beraubungen festgestellt worden sein, würden wir zur Vorlage bei unseren Transportversicherern unbedingt das Schadensattest eines vereidigten Sachverständigen benötigen.

3 Haben Sie die Bordbescheinigung (board-receipt) bereits an uns abgesandt? Das Dokument wird von unseren Transportversicherern verlangt.

4 Liegt eine separate Gewichtsbescheinigung für die mit MS «. . .» eingetroffene Sendung vor? Eine solche Bescheinigung wird soeben von der Transportversicherung bei uns angefordert.

5 Teilen Sie uns bitte mit, ob unser Erzeugnis (durchschnittlicher Wert per kg . . .) frachttechnisch unter den Begriff «ad valorem» fällt.

ASSURANCE-TRANSPORT

1 Pour la conclusion d'un contrat d'assurance-transport, nous avons besoin de renseignements concernant la navigabilité et le bon état du navire (classification du navire) sur lequel vous avez prévu d'embarquer nos marchandises.

2 Les marchandises arrivées le . . . et qui se trouvent en entrepôt sont-elles en bon état? Si des avaries/manquants venaient à être constatés, nous aurions absolument besoin d'un certificat d'avarie établi par un expert agréé pour le présenter à nos assureurs.

3 Nous avez-vous déjà envoyé l'attestation d'embarquement? Ce document nous est réclamé par nos assureurs.

4 Y a-t-il un certificat de poids séparé pour l'envoi arrivé par le «. . .»? L'assurance vient de nous réclamer un tel certificat.

5 Veuillez nous faire savoir si nos articles (valeur moyenne . . . par kg) relèvent, du point de vue fret maritime, de la taxation «ad valorem».

GEBÜHREN

1 In welchen Währungen können die Charterkosten bezahlt werden?

2 Ist in die vorgesehenen Zeit-Charterverträge auch eine Klausel aufgenommen worden (breakdown clause), die bestimmt, wann die Mietzahlung infolge Maschinenschadens, Kollision oder ungenügender Besatzung unterbrochen wird?

3 Fällt bei einem Charter eine zusätzliche Vergütung für schnellere Beladung oder Entlöschung (dispatch-money) an?

4 Müssen wir ausser den bereits aufgegebenen Ganz(Teil)chartergebühren zusätzlich noch Deklarationskosten übernehmen?

5 Wann müssen die Chartergebühren beglichen werden?

6 Besteht Vorauszahlungszwang und gegebenenfalls in welcher Höhe?

7 Besteht für den Hafen . . . nach wie vor eine Surcharge in Höhe von . . . %?

8 Kann in absehbarer Zeit mit einer ermässigten Surcharge gerechnet werden?

9 Können Sie uns mitteilen, wann mit dem Wegfall der Surcharge zu rechnen ist, bzw. ob in nächster Zeit eine Reduzierung erfolgt?

TAXES ET DROITS

1 En quelles monnaies les taxes d'affrètement peuvent-elles être réglées?

2 Le contrat d'affrètement à temps prévu comporte-t-il une clause qui détermine quand le paiement de la location se trouve interrompu à la suite d'avaries de machines, de collision ou d'équipage insuffisant (breakdown clause)?

3 Une charte-partie prévoit-elle le versement d'une prime supplémentaire pour tout temps gagné à l'embarquement ou au débarquement (dispatch money)?

4 En plus des taxes déjà versées pour l'affrètement total (partiel), devons-nous encore payer des droits de passeport à l'entrée (à la sortie)?

5 À quel moment les taxes d'affrètement doivent-elles être réglées?

6 Devons-nous verser une avance sur fret, et si oui, de combien?

7 Existe-t-il toujours une taxe supplémentaire de . . .% pour le port de . . .?

8 Peut-on compter dans un avenir proche sur une diminution de la surtaxe?

9 Pouvez-vous nous dire si l'on peut compter sur la suppression de la surtaxe ou si une diminution aura lieu dans un avenir proche?

10 Informieren Sie uns bitte über Konferenzraten in bezug auf Primagen und Rabatte für die nach ... zu verladenden Güter.

11 Welche Vergünstigungen erhalten wir bei Zeichnung von Kontrakten?

12 Ab wann werden Winterzuschläge für Sendungen nach ... erhoben?

13 In welcher Höhe werden Winterzuschläge anfallen?

14 Die eingegangenen Waren sollen im Freihafen auf unbestimmte Zeit zu unseren Lasten gelagert werden. Teilen Sie uns die hier anfallenden Kosten bitte schnellstens mit.

15 Welche Preisdifferenz besteht bei Verladung von ... t ..., Masse ..., mit Schiffen der Konferenzlinien gegenüber Outsider-Verladung?

16 Geben Sie uns bitte sofort per Telex die anfallenden Gebühren für die Löschung unserer ... gemäss der Ihnen vorliegenden Mass- und Gewichtsliste auf.

17 Wird bei Verladung von ... in Fässern nach wie vor eine Franchise von ...% berücksichtigt?

18 Wir bitten Sie, uns aufzugeben, welche Seefrachtkosten ab ... c.i.f. ... für folgende Sendungen entstehen: ... Für postwendende Angebotsabgabe bedanken wir uns schon jetzt.

19 Müssen wir ausser der uns bekannten normalen Seefracht zusätzliche Maklergebühren übernehmen?

20 Nach welcher Gebührenordnung richten sich die Maklerprovisionen?

21 Übermitteln Sie uns bitte die Lösch-, Lagerungs- und Auslieferungsgebühren, die im Freihafen anfallen.

10 Veuillez nous renseigner au sujet des barèmes de l'entente au point de vue primages et remises pour le chargement des marchandises à destination de ...

11 Quels avantages nous apporte la signature de contrats?

12 À partir de quelle date des surtaxes d'hiver pour les envois à destination de ... seront-elles perçues?

13 Quel montant atteindront les surtaxes d'hiver?

14 L'arrivage de marchandises est à entreposer en port franc pour une durée indéterminée et à nos frais. Veuillez nous indiquer au plus tôt les frais à payer.

15 Quelle est la différence de prix entre le chargement de ... tonnes de ..., dimensions ..., sur navires des compagnies de l'entente et le chargement sur outsiders?

16 Veuillez nous indiquer immédiatement par télex les frais à payer pour le déchargement de nos ... d'après les barèmes de poids et mesures que vous possédez.

17 Tient-on toujours compte d'une franchise de ...% pour le chargement de ... en fûts?

18 Nous vous prions de nous indiquer le fret maritime à payer départ ... c.a.f. ... pour les envois suivants: ... Nous vous remercions à l'avance de l'offre que vous voudrez bien nous faire parvenir par retour du courrier.

19 Devons-nous payer des droits de courtage supplémentaires en plus du fret habituel?

20 Sur la base de quel tarif sont calculées les commissions de courtage?

21 Veuillez nous communiquer les droits perçus en port franc pour le chargement, l'entrepôt et la livraison?

AUFTRÄGE

1 Auf Grund Ihres Angebots vom ... übertragen wir Ihnen die f.o.b.-Verschiffung für die Sendung von ... Kisten ... im Gesamtgewicht von ... nach ...

2 Ihr Angebot in Sachen des Transports von ... Ballen ... von ... nach ... akzeptieren wir und erteilen Ihnen hiermit den Auftrag.

3 Wir beauftragen Sie, für das am ... auslaufende Schiff «...» eine Raumbuchung über ... m³ vorzunehmen.

4 Buchen Sie bitte auf dem Schiff «...» unsere Partie ... als Unterdeckladung.

5 Gemäss Ihrer Zusage bitten wir Sie, unsere Partie ... als Optionssendung mit MS «...» zu verfrachten.

ORDRES

1 À la suite de votre offre du ..., nous vous chargeons de l'embarquement f.o.b. de ... caisses de ... d'un poids total de ..., à destination de ...

2 L'offre que vous nous avez faite concernant l'expédition de ... balles de ... départ ... via ... nous convient et nous vous passons par la présente l'ordre de vous charger du transport.

3 Nous vous chargeons par la présente de procéder à un affrètement partiel de ... m³ sur le navire «...» qui appareille le ...

4 Veuillez faire le nécessaire pour que notre chargement de ... soit embarqué sur le vapeur «...» comme chargement de premier pont.

5 Suite à votre acceptation, nous vous prions de faire embarquer notre chargement de ... par le ... comme envoi à option.

ALLGEMEINE ANTWORTEN

1 Wir sind ein leistungsfähiger Seehafenspediteur und bieten Ihnen die Dienste unseres Unternehmens an.

2 Als renommiertes Seehafenhaus haben wir weltweite Verbindungen. Unsere ausgezeichneten Verbindungen in fast allen Ländern der Erde geben Ihnen die Gewähr, dass Ihre Erzeugnisse wohlbehalten die Empfänger erreichen.

3 Als altbekanntes internationales Speditionshaus bewerben wir uns um Ihre Schiffssendungen nach allen Kontinenten.

RÉPONSES DE CARACTÈRE GÉNÉRAL

1 Nous sommes commissionnaires de transport maritime et serions heureux de mettre l'efficacité de nos services à votre disposition.

2 Notre maison de transports maritimes est très connue et a des correspondants dans le monde entier. Nous entretenons d'excellentes relations avec les correspondants que nous avons dans presque tous les pays du monde, ce qui est pour vous la garantie que vos marchandises parviendront en excellent état à leur destinataire.

3 Notre maison de transports internationaux est connue depuis longtemps. Nous vous offrons nos services pour l'embarquement de vos expéditions à destination de tous les continents.

SPEZIELLE ANTWORTEN

1 In sofortiger Erledigung Ihrer Anfrage teilen wir Ihnen mit, dass sich die f.o.b.-Kosten für Ihre . . . Kisten . . ., Gesamtgewicht . . . kg, auf . . . belaufen.

2 Die Kosten für die Verfrachtung von . . . Ballen . . . ab beladenem Schiff «. . .» nach . . . gliedern sich wie folgt auf: Seefrachtkosten bis . . . kg . . ., Versicherungsgebühr vom Warenwert . . ., Kaigebühren pro 100 kg . . .

3 An Hand der Zusammensetzung Ihrer Erzeugnisse stellen wir fest, dass sie Ware unter . . . tarifiert.

4 Wir können Ihnen mitteilen, dass es nach . . . eine direkte Verschiffungsmöglichkeit gibt.

5 Ihre Güter fallen auf Grund der Wertklausel unter den Begriff «ad valorem».

6 Auf Ihre Anfrage teilen wir Ihnen mit, dass für das am . . . auslaufende Schiff «. . .» Ihre Raumbuchung noch entgegengenommen werden kann.

7 Es ist nicht üblich, bei Stückgutpartien mit Stauplänen zu arbeiten.

8 Folgende Zwischenhäfen werden von SS «. . .» angelaufen:

9 Eine Rückfrage bei der Reederei ergab, dass Ihre angebotene Partie . . . vom MS «. . .» als Unterdeckladung übernommen werden kann.

RÉPONSES À DES QUESTIONS PARTICULIÈRES

1 Répondant immédiatement à votre demande de renseignements, nous vous signalons que les frais f.o.b. pour vos . . . caisses de . . ., d'un poids total de . . . kg, s'élèvent à . . .

2 Les frais de transport pour . . . balles de . . . départ . . . navire chargé à destination de . . . se répartissent comme suit: Fret maritime jusqu'à . . . kg . . . Frais d'assurance calculés d'après la valeur de la marchandise . . . Droits de quai au quintal . . .

3 D'après la composition de vos articles, nous pouvons vous dire que c'est le tarif . . . qui s'applique à vos marchandises.

4 Nous sommes en mesure de vous annoncer qu'il existe une possibilité d'embarquement direct à destination de . . .

5 Du fait de la clause de la valeur, vos marchandises sont taxées «ad valorem».

6 En réponse à votre demande, nous vous faisons savoir que le cargo «. . .» qui appareille le . . . peut encore accepter votre chargement.

7 Il n'est malheureusement pas dans les usages de communiquer le plan d'arrimage pour les chargements au tonnage.

8 Le vapeur «. . .» fait escale dans les ports suivants:

9 La compagnie d'armement, à laquelle nous avons demandé des précisions, nous a donné l'assurance que le vapeur «. . .» peut encore embarquer votre chargement de . . . comme chargement de premier pont.

10 Wir sind selbstverständlich gern bereit, auch alle künftig für Sie eintreffenden Stückgutsendungen preisgünstig abzuwickeln.
11 Seitens der Reederei wird soeben bekanntgegeben, dass Ihre Partie nach . . . noch als Optionssendung verbucht werden kann.
12 Zusätzliche Kosten fallen in Höhe von . . . an.
13 Laut Auskunft der Reederei wird Ihre Ware auf Deck (im Laderaum) verladen.
14 Zu Ihrer Anfrage dürfen wir Ihnen mitteilen, dass nach . . . ab ca. . . . «offenes Wasser» sein wird.
15 Unsere Verbindungen zu allen namhaften Reedereien erlauben uns, Ihnen jederzeit Ganzcharter für Schiffe von etwa 8000 BRT zu vermitteln.
16 Selbstverständlich unterhalten wir auch Beziehungen zu Reedereien, die in Form von Jahresverträgen leere (bareboat charter) Schiffe vermieten.
17 Für den Abschluss einer Teilcharter benötigen wir folgende Angaben: Gesamtgewicht der zu verladenden Güter, Raummasse der Einzelkolli, deren Gewichte, unter Umständen Besonderheiten der Ware.
18 Die handelsüblichen Bedingungen enthalten selbstverständlich auch die «Breakdown clause».
19 Zusätzliche Vergütungen für schnellere Beladung oder Entlöschung von Charterschiffen werden von unserer Gesellschaft gewährt (nicht gewährt).
20 Deklarationskosten fallen bei einer Ganz(Teil)-charter an, und zwar in Höhe von . . .% des Gesamt-Charterbetrags (fallen nicht an).
21 Die Chartergebühren sind sofort bei Auftragserteilung mit . . .% fällig, der Rest bei Übergabe der Ware im Empfangshafen.
22 Es besteht Vorauszahlungszwang in Höhe von . . .%.
23 Die Charter-Kosten sind in . . . zu bezahlen.
24 In Beantwortung Ihrer Anfrage teilen wir Ihnen mit, dass wir für Ihre Sendung nach . . . ein (kein) Durchfracht-Konnossement erstellen können.
25 Das nächste Container-Schiff läuft voraussichtlich am . . . aus.
26 Es trifft zu, dass das Container-Schiff «. . .» erst am . . . in See geht.
27 Nach . . . besteht derzeit keine direkte Container-Verlademöglichkeit.

10 Vous pouvez naturellement compter sur nous pour continuer de prendre en charge aux mêmes conditions avantageuses vos arrivages de fret au tonnage.
11 La compagnie d'armement vient de nous aviser que votre chargement à destination de . . . peut encore être inscrit comme envoi à option.
12 Les frais supplémentaires s'élèvent à . . .
13 D'après les renseignements communiqués par la compagnie d'armement, vos marchandises seront chargées sur le pont (en cale).
14 En réponse à votre demande, nous vous signalons que les eaux à destination de . . . seront libres à dater du . . . environ.
15 Les relations que nous entretenons avec toutes les compagnies d'armement connues nous permettent de vous servir d'intermédiaire pour l'affrètement d'un navire de 8.000 tonneaux de jauge brute.
16 Nous sommes bien entendu également en relations avec des compagnies d'armement qui louent des navires coque nue à l'année.
17 Pour la conclusion d'une convention d'affrètement partiel, nous avons besoin des indications suivantes: poids total des marchandises à embarquer, dimensions de chaque colis, poids de chaque colis, éventuellement particularités de la marchandise.
18 Les conditions habituelles d'affrètement comportent bien entendu la clause dite «breakdown clause».
19 Notre compagnie accorde des primes supplémentaires (n'accorde pas de primes supplémentaires) pour tout temps gagné au chargement ou au déchargement des navires affrétés.
20 En cas d'affrètement total (partiel), les droits de passeport à l'entrée (à la sortie), s'élèvent à . . .% du montant total de la convention d'affrètement (il n'y a pas de droits de passeport à verser).
21 Les taxes d'affrètement doivent être payées dès passation de l'ordre, jusqu'à concurrence de . . . %. Le reste à la délivrance de la cargaison au port de destination.
22 Une avance sur fret de . . . % est obligatoire.
23 Les taxes d'affrètement sont à régler en . . .
24 Nous référant à votre demande, nous nous permettons de vous signaler que nous sommes en mesure d'établir un connaissement direct pour votre envoi à destination de . . . (que nous ne sommes pas en mesure d'établir de connaissement direct pour votre envoi à destination de . . .).
25 Le prochain appareillage de navire-container est prévu pour le . . .
26 Il est exact que le navire-container «. . .» n'appareille que le . . .
27 Il n'existe encore aucune possibilité de chargement direct par container à destination de . . .

28 In Containern können alle handelsüblich verpackten Güter verstaut werden.

29 Über die Mietgebühren eines Containers unterrichtet Sie die Beilage.

30 Bei Verwendung eines Containers müssen bestimmte Mindestfrachten bezahlt werden, die jedoch frei ausgehandelt werden können.

31 Für die Rückführung eines Containers fallen (keine) folgende Frachtkosten an:

32 Die Weiterleitung eines Containers ab Hafen ... nach ... wird von der uns angeschlossenen Speditionsfirma ... vorgenommen.

33 Die Laufzeit Ihres Containers ab Terminal ... nach Empfangsstation ... beträgt ca. ... Tage.

34 Durch die Umdisposition des Containers entstehen folgende Kosten: ..., die Sie bitte umgehend auf unser Konto bei der ...-Bank überweisen wollen.

35 Auf Ihre Anfrage teilen wir Ihnen mit, dass MS «...» mit eigenem Ladegeschirr ausgerüstet ist.

36 Wunschgemäss überreichen wir Ihnen Informationsmaterial für Bulk-Carrier-Transporte.

37 Über die Praxis des Lash-Verfahrens gibt Ihnen unsere beigefügte Broschüre «...» Auskunft.

38 MS «...» ist mit einer Kühleinrichtung versehen.

39 Über die Bedingungen von Tankeranmietungen gibt Ihnen die beigefügte Informationsschrift Auskunft.

40 Für die Verfrachtung von Schüttgütern empfehlen wir den Schiffstyp ...

41 Die im Getreidetransport eingesetzten Schiffe haben grundsätzlich eine eigene Absaugvorrichtung.

42 Für den Hafen ... besteht bis auf weiteres eine Surcharge in Höhe von ...%.

43 Dank der allgemeinen Verbesserung der Hafenverhältnisse kann in naher Zukunft mit einer ermässigten Surcharge gerechnet werden.

44 Die Ihnen als Anlage zugehende Druckschrift informiert Sie über Primagen und Rabatte. Ausserdem werden die Vorteile einer Kontraktzeichnung erläutert.

45 Die Winterzuschläge richten sich nach den jeweiligen zeitbedingten Behinderungen.

46 Der ... ist inzwischen eisfrei. Die nächste Verlademöglichkeit besteht mit SS «...» am ...

47 Maklergebühren fallen nur in bestimmten Fällen an.

48 Die Maklerprovision richtet sich nach der jeweiligen Gebührenordnung.

28 Toutes les marchandises sous emballage en usage dans le commerce peuvent être arrimées en container.

29 Notre annexe vous renseigne sur les taxes de location d'un container.

30 La location du container est assortie du paiement de taxes d'affrètement minimum, qui peuvent cependant être librement débattues.

31 Le retour d'un container est gratuit (entraîne le paiement des taxes suivantes: ...).

32 L'acheminement du container du port de ... à ... sera pris en charge par la maison d'expédition ... qui nous est rattachée.

33 Il faut compter environ ... jours pour que votre container parvienne du port d'arrivée de ... à la gare de destination de ...

34 Les changements apportés en ce qui concerne le container entraînent les frais suivants: ... Vous voudrez bien virer cette somme par retour du courrier à notre compte à la banque ...

35 En réponse à votre demande, nous vous avisons que le vapeur «...» est équipé de son propre matériel d'embarquement.

36 Comme vous l'avez demandé, nous nous permettons de vous adresser une documentation complète sur les chargeurs de marchandises en vrac.

37 Vous trouverez dans la brochure ci-jointe tous les renseignements concernant le système de transport «lash».

38 Le «...» est un navire équipé d'installations frigorifiques.

39 La documentation suivante vous renseigne sur l'affrètement de navires-citernes.

40 Pour le chargement de marchandises en vrac, nous vous conseillons le type de navire ...

41 Les navires utilisés pour le transport des céréales sont systématiquement équipés d'installations d'aspiration.

42 Pour le port de ..., il continue jusqu'à nouvel ordre d'être perçu une surtaxe de ... %.

43 Du fait de l'amélioration générale des installations portuaires, il est permis d'espérer une diminution de la surtaxe dans un avenir proche.

44 L'imprimé que nous vous adressons ci-joint vous renseigne sur les primages et remises. Vous y trouverez en outre tous les avantages qu'offre la signature d'un contrat.

45 Les taxes supplémentaires d'hiver sont calculées chaque fois en fonction des difficultés dues à la saison.

46 Le ... se trouve entre-temps libre de glace. La prochaine possibilité d'embarquement est par le vapeur ..., le ...

47 Il n'est perçu de frais de courtage que dans certains cas déterminés.

48 La commission de courtage est calculée en fonction du tarif appliqué.

49 Die von der Hafenverwaltung festgelegte Gebührenordnung überreichen wir Ihnen als Anlage.

50 Die Preisdifferenz zwischen Konferenz- und Outsider-Frachten beträgt etwa . . .%.

51 Die Löschungskosten gemäss der uns vorliegenden Mass- und Gewichtsliste betragen insgesamt . . .

52 Die Entladung des Schiffs erfolgt sofort nach Eintreffen am Kai . . .

53 Das Schiff liegt bereits am Schuppen Nr. . . . Die Entladung beginnt voraussichtlich heute gegen . . . Uhr.

54 Auftragsgemäss werden wir die mit MS «. . .» eintreffenden Waren zum Zweck des Weitertransports nach . . . sofort auf ein Binnenschiff umladen.

55 Selbstverständlich können wir jederzeit die am Schuppen . . . liegenden Erzeugnisse per LKW verfrachten.

56 Der Schuppen . . . hat ein eigenes Anschlussgleis; wir empfehlen daher die Weiterverfrachtung per Bahn.

57 Wir sind auf Verzollungen im Hafen spezialisiert und verfügen über gut organisierte Sammeltransporte nach allen grösseren Städten des Kontinents.

58 Ihrem Auftrag zufolge werden wir unter Nachnahme aller Kosten die Sendung an Ihre Adresse expedieren.

59 Wir haben davon Kenntnis genommen, dass Sie bis zur Klärung der Warenwert-Nachnahme die Güter nicht zu übernehmen beabsichtigen.

60 Lieferungen nach . . . können mit Teilbarkonnossementen vorgenommen werden.

61 Die Klassifikation des Schiffs «. . .» entnehmen Sie bitte beigefügter Liste.

62 Die von uns zu befrachtenden Schiffe sind ausnahmslos im Lloyd-Register verzeichnet.

63 Die am . . . eingetroffene Ware liegt laut Konnossement unbeschädigt am Schuppen.

64 Das Konnossement weist einen Schadensvermerk auf. Mit der Besichtigung der Ware haben wir das Havariebüro . . . beauftragt.

65 Das vorliegende Konnossement ist rein gezeichnet.

66 Eine eigene Gewichtsbescheinigung für die mit MS «. . .» am . . . eingetroffenen Güter liegt (nicht) vor.

67 Die Franchise bei Verladung von . . . in Fässern ist Bestandteil unserer Konnossementsbedingungen.

68 Die Bordbescheinigung ist am . . . per Einschreiben an Sie abgesandt worden.

49 Nous vous adressons à toutes fins utiles le tarif fixé par l'administration portuaire.

50 La différence de prix entre les frets de l'entente et les frets des outsiders est de l'ordre de . . .%.

51 D'après nos barèmes de poids et mesures, les frais de déchargement s'élèvent au total à . . .

52 Il sera procédé au déchargement du vapeur dès son arrivée au quai . . .

53 Le navire est déjà ancré au hangar n° . . . Le déchargement est prévu pour aujourd'hui, vers . . . heures.

54 Conformément à votre ordre, nous procéderons immédiatement au transbordement sur chaland des marchandises arrivées par le vapeur . . . afin de les réexpédier à . . .

55 Nous pouvons bien entendu expédier à tout moment par camion les articles qui se trouvent au hangar . . .

56 Le hangar . . . a une voie directe de raccordement, aussi conseillons-nous la réexpédition par chemin de fer.

57 Nous sommes spécialistes du dédouanement dans les ports et disposons de transports de groupage ayant fait leurs preuves à destination de toutes les villes importantes du continent.

58 Conformément à votre ordre, nous expédierons l'envoi à votre adresse contre remboursement de tous les frais.

59 Nous avons pris bonne note que vous ne prendrez pas les marchandises en charge tant que la question du remboursement de la valeur de la marchandise ne sera pas éclaircie.

60 Il est possible de faire des expéditions à destination de . . . avec des connaissements divisibles.

61 Pour connaître la classification du navire «. . .» veuillez consulter la liste ci-jointe.

62 Tous les navires que nous affrétons sont inscrits sans exception au Lloyd's Register.

63 Les marchandises, en parfait état selon le connaissement, sont arrivées le . . . et se trouvent à l'entrepôt.

64 Le connaissement comporte une clause d'avarie, aussi avons-nous chargé le bureau des avaries . . . de vérifier la marchandise.

65 Le présent connaissement est vierge de toute clause.

66 Il y a (il n'y a pas) de certificat de poids séparé pour les marchandises arrivées le . . . par le «. . .».

67 La franchise pour le chargement de . . . en fûts fait toujours partie intégrante de nos conditions de connaissement.

68 L'attestation d'embarquement vous a été adressée par lettre recommandée le . . .

AUFTRAGSERTEILUNG

1 Ihre Referenzen haben uns so überzeugt, dass wir Ihnen hiermit den generellen Auftrag erteilen, sämtliche ein- und ausgehenden Seefrachten für uns abzuwickeln.
2 Die uns vorliegenden Prospekte lassen Ihre Leistungsfähigkeit erkennen. Wir übertragen Ihnen hiermit – vorerst zeitlich begrenzt – unsere ausgehenden f.o.b.-Lieferungen.
3 Der Besuch Ihres Herrn . . . gab den Ausschlag für unsere Entscheidung, Ihnen probeweise für die nächsten . . . Monate unsere Seefrachten zur Abwicklung zu übergeben.
4 Bei der persönlichen Vorsprache Ihres Herrn . . . kamen wir zu der Überzeugung, dass Sie unsere Seefrachtsendung mit der gebührenden Aufmerksamkeit behandeln werden.

PASSATION D'ORDRE

1 Les références que vous nous avez citées nous ont si bien convaincus que nous vous donnons par la présente mandat général de régler tous nos frets maritimes à l'arrivée et au départ.
2 Les prospectus publicitaires que nous avons sous les yeux donnent l'efficacité de vos services. Nous vous chargeons donc par la présente – tout d'abord pour une période limitée – de faire partir toutes nos expéditions f.o.b.
3 La visite de votre collaborateur, Monsieur . . ., nous a finalement décidés à vous charger du règlement de nos frets maritimes pour les . . . prochains mois à titre d'essai.
4 La visite personnelle que nous a rendue votre collaborateur, Monsieur . . ., nous a convaincus que vous vous chargeriez de l'expédition de nos frets maritimes avec tout le soin nécessaire.

AUFTRAGSERTEILUNG MIT VORBEHALTEN

1 Bevor wir Ihnen endgültig den Auftrag zum Chartern eines 8000 BRT grossen Schiffs geben, bitten wir Sie, uns die genauen Kosten per Telex mitzuteilen.
2 Wir erteilen Ihnen den Auftrag, eine Teilcharter von . . . nach . . . für uns durchzuführen.
3 Da Sie Refaktien für schnellere Beladung oder Entlöschung gewähren, erteilen wir Ihnen den Auftrag, ein Charterschiff für uns zu bestellen. Das Schiff soll zum Transport von . . . auf der Strecke . . .-. . . eingesetzt werden.
4 Die Ganz(Teil)charter bitten wir nur zu vergeben, wenn für uns keine Deklarationskosten entstehen.
5 Da Sie gemäss Ihrem Angebot vom . . . ein Durchfracht-Konnossement nach . . . erstellen können, übertragen wir Ihnen hiermit den Transport.
6 Wir bitten Sie, die bereits im Hafen liegende Sendung mit dem nächsten Container-Schiff nach . . . zu verladen.
7 Da keine direkte Container-Verlademöglichkeit nach . . . besteht, ist die Ware ohne Container zu verfrachten.
8 Wir beauftragen Sie, unsere Sendung . . . mit MS «. . .» zu verfrachten, da dieses Schiff eine Kühleinrichtung besitzt.
9 Chartern Sie für uns bitte für eine Fahrt von . . . nach . . . ein Schiff, das für den Getreidetransport eingerichtet ist.

PASSATION D'ORDRE SOUS RÉSERVES

1 Avant que nous ne vous donnions définitivement l'ordre d'affréter un navire de 8.000 tonneaux de jauge brute, veuillez nous indiquer par télex le montant exact des frais.
2 Nous vous passons par la présente l'ordre de procéder pour nous à un affrètement partiel de . . . à destination de . . .
3 Sachant que votre maison accorde des primes pour tout temps gagné à l'embarquement et au débarquement, nous vous passons l'ordre d'affréter pour nous un navire. Le navire sera affecté au transport de . . . sur le trajet . . .
4 Veuillez ne nous attribuer l'affrètement total (partiel) que si cela n'entraîne pour nous aucuns droits de passeport à l'entrée et à la sortie.
5 Votre offre du . . . nous donnant l'assurance que vous pouvez établir un connaissement direct à destination de . . ., nous vous passons par la présente l'ordre de vous charger du transport.
6 Nous vous prions d'embarquer l'envoi qui se trouve déjà au port sur le premier navire-container en partance pour . . .
7 Puisqu'il n'existe aucune possibilité d'embarquement direct par container à destination de . . ., la marchandise est à charger sans container.
8 Nous vous chargeons par la présente d'embarquer notre envoi de . . . sur le «. . .», car ce vapeur possède des installations frigorifiques.
9 Veuillez affréter pour nous pour un transport de . . . à . . . un navire spécialement équipé pour le transport des céréales.

10 Setzen Sie sich bitte mit der Firma ... in ... in Verbindung und vereinbaren Sie mit ihr einen Übernahmetermin.
11 Sobald die Surcharge für den Hafen ... aufgehoben ist, verfrachten Sie bitte die Sendung.
12 Da der ... nunmehr eisfrei ist, haben wir heute unsere Sendung ... per LKW an Sie expediert. Bitte verladen Sie diese mit SS «...».
13 Da zwischen Konferenz- und Outsiderfrachten eine erhebliche Spanne liegt, verlangen wir generell die Verfrachtung unserer Erzeugnisse mit Outsidern.
14 Sofern Sie uns ...% Sofortrabatt einräumen könnten, würden wir Ihnen den Verschiffungsauftrag erteilen.
15 Sobald Sie uns den bereits längst fälligen Zeitrabatt überwiesen haben, werden wir Ihnen neue Verschiffungsaufträge zukommen lassen.
16 Wir werden auf Grund der preislichen Vorteile umgehend eine Kontraktzeichnung vornehmen.
17 Sobald MS «...» unsere Ware gemäß B/L entladen hat, bitten wir Sie, das Gut an nachstehende Adresse frei (unfrei/frei Haus) weiterzuleiten: ...
18 Wir haben Ihnen bereits mitgeteilt, dass die mit SS «...» eintreffende Ware ohne Zwischenlagerung sofort mit einem Binnenschiff nach ... zu verfrachten ist.
19 Die am Schuppen ... liegenden ... Kisten sind – unter Nachnahme aller bisher entstandenen Kosten – per LKW (Bahn) an ... zu versenden.
20 Die im Freihafen unter Einlagerungs-Nr. ... liegenden ... Ballen sind zu verzollen und anschliessend an ... frei Haus zu expedieren.
21 Der Absender teilt uns soeben telegrafisch mit, dass das Gut ohne Warenwert-Nachnahme auszuliefern ist.
22 Nehmen Sie bitte mittels Teilbarkonnossements folgende Lieferung vor:
23 Auf Grund der Klassifikation des Schiffs müssen wir eine höhere Transportversicherungsprämie bezahlen. Können Sie auf ein anderes Schiff ausweichen?
24 Wie Sie uns bekanntgeben, liegt die Ware unbeschädigt am Schuppen, so dass die Weiterbehandlung nunmehr erfolgen kann.
25 Sobald ein Havariekommissar die beschädigte Ware besichtigt hat, bitten wir, eine Freischreibung der Güter zu erwirken.
26 Die Gewichtsbescheinigung senden Sie bitte direkt an ...
27 Das Havariezertifikat ist neben einer Ausfertigung des B/L unter Bezugnahme auf die Schadens-Nr. ... an unseren Transportversicherer zu leiten.

10 Veuillez prendre contact avec la maison ... à ... afin de convenir d'une date de prise en charge.
11 Veuillez embarquer l'envoi dès que la surtaxe pour le port de ... sera supprimée.
12 Le ... étant maintenant libre de glaces, nous avons expédié aujourd'hui notre envoi de ... par camion à votre adresse. Veuillez charger cet envoi sur le vapeur «...».
13 Comme il y a une différence sensible entre les frets de l'entente et ceux des outsiders, nous demandons à ce que, d'une façon générale, l'embarquement de nos articles se fasse par outsiders.
14 Si vous nous consentez un escompte pour paiement comptant de ... %, nous vous passerons l'ordre de chargement.
15 Dès que vous nous aurez viré le montant de la prime de fidélité qui nous est due depuis longtemps déjà, nous vous ferons parvenir de nouveaux ordres de chargement.
16 Étant donné les avantages de prix, nous allons immédiatement signer un contrat.
17 Dès que le vapeur «...» aura déchargé notre marchandise conformément au connaissement, veuillez expédier la marchandise franco (en port dû/franco domicile) à l'adresse suivante:
18 Nous vous avons déjà fait savoir que la marchandise arrivant par le vapeur «...» est à expédier immédiatement, sans mise en magasin provisoire, par bateau fluvial à ...
19 Les ... caisses qui se trouvent au hangar ... sont à expédier par camion (par rail) à ... contre remboursement de tous les frais assumés jusqu'à ce jour.
20 Les ... balles qui se trouvent en port franc entreposées sous le n° ... sont à dédouaner et à expédier ensuite franco domicile à ...
21 L'expéditeur vient de nous aviser par télégramme que la marchandise est à livrer sans réclamation de remboursement.
22 Veuillez procéder, avec un connaissement divisible, à la livraison suivante:
23 La catégorie de votre navire nous oblige à payer une prime d'assurance-transport plus élevée. Ne pourriez-vous pas changer pour un autre bateau?
24 Comme vous nous en avisez, la marchandise est entreposée en bon état et l'on peut donc procéder maintenant aux opérations suivantes.
25 Dès qu'un commissaire d'avarie aura vu la marchandise avariée, veuillez faire le nécessaire pour obtenir l'admission définitive en douane.
26 Veuillez adresser directement le certificat de poids à ...
27 L'attestation d'avarie, accompagnée d'un exemplaire du connaissement avec mention du numéro de sinistre est à envoyer à nos assureurs.

AUFTRAGS-BESTÄTIGUNG

1 Wir haben mit besonderer Freude zur Kenntnis genommen, dass Sie uns Ihre gesamten Verschiffungen zu übertragen beabsichtigen. Sie dürfen versichert sein, dass wir uns stets für Ihre Belange einsetzen werden.

2 Mit Genugtuung nehmen wir zur Kenntnis, dass Sie uns ab sofort alle f.o.b.- und c.i.f.-Sendungen zur Weiterbehandlung übergeben.

3 Unser Inlandsbüro teilt uns soeben mit, dass wir ab heute alle aus- und eingehenden Schiffssendungen für Sie abfertigen dürfen. Wir freuen uns sehr darüber.

4 Das Maklerbüro . . . erteilte uns den Auftrag, Ihnen zu bestätigen, dass die Raumbuchung auf SS «. . .» in Ordnung geht.

5 Wie Sie aus beigefügter B/L ersehen, ist die Sendung von . . . Kisten . . . am . . . mit MS «. . .» ordnungsgemäss verschifft worden.

6 Dem Manifest entnehmen wir, dass Ihre Sendung von . . . Ballen . . . aus . . . am . . . bei uns eintrifft.

7 Wir bestätigen Ihnen, dass Ihre Partie . . . als Unterdeckladung auf SS «. . .» verfrachtet wurde.

8 Das am . . . von Ihnen bestellte Charterschiff für eine Fahrt von . . . nach . . . liegt am . . . im Hafen . . ., Liegeplatz Nr. . . ., zur Beladung bereit.

9 Ihre Sendung vom . . . ist mit Container auftragsgemäss nach . . . versandt worden.

10 Die Reederei . . . hat uns soeben zugesagt, dass am . . . das Schiff «. . .» für eine Getreideladung zur Verfügung gestellt wird.

11 Wir haben heute im Kühlraum des Schiffs «. . .» Ihre Sendung von . . . verladen.

12 Da die Surcharge für den Hafen . . . aufgehoben wurde, haben wir am . . . Ihre Sendung weisungsgemäss verladen.

13 Ihre Sendung von . . . ist Ihrem Wunsch entsprechend mit dem Outsider «. . .» verschifft worden.

14 Wir können Ihnen . . .% Sofortrabatt einräumen. Ihre im Schuppen lagernde Sendung werden wir noch heute verschiffen.

15 Da Sie die Kontrakte in der Zwischenzeit gezeichnet haben, werden wir sämtliche für Sie im Freihafen lagernden Sendungen schnellstens verschiffen.

CONFIRMATION D'ORDRE

1 Nous avons été particulièrement heureux d'apprendre que vous nous chargiez à l'avenir de l'ensemble de vos expéditions par voie maritime. Vous pouvez être assurés que nous mettrons toujours tout en œuvre pour défendre vos intérêts.

2 Nous apprenons avec plaisir que vous nous chargez dès maintenant de toutes vos expéditions f.o.b. et c.a.f.

3 Notre bureau central vient de nous aviser que nous devons nous charger à partir d'aujourd'hui pour votre compte de toutes les formalités au départ et à l'arrivée. Nous tenons à vous exprimer à ce sujet notre très grande satisfaction.

4 Le bureau de courtage . . . nous a chargés de vous confirmer que tout était en règle au sujet de l'affrètement du vapeur «. . .».

5 Comme vous pouvez le constater d'après le connaissement ci-joint, l'envoi de . . . caisses de . . . a bien été embarqué comme prévu le . . . sur le vapeur «. . .».

6 Nous voyons d'après le manifeste que votre envoi de . . . balles de . . . en provenance de . . . arrive le . . .

7 Nous vous confirmons par la présente que votre cargaison de . . . a été embarquée sur le vapeur «. . .» comme chargement de premier pont.

8 Le navire que vous nous avez chargés d'affréter le . . . pour un trajet de . . . à . . . sera ancré le . . . au port de . . ., mouillage n° . . ., prêt à être chargé.

9 Conformément à votre ordre, votre envoi du . . . a été expédié par container à destination de . . .

10 La compagnie d'armement . . . vient de nous aviser qu'elle acceptait de mettre le navire «. . .» à votre disposition le . . . pour un chargement de céréales.

11 Nous avons chargé aujourd'hui votre envoi de . . . dans la chambre frigorifique du navire «. . .».

12 La surtaxe pour le port de . . . venant d'être supprimée, nous avons chargé votre envoi le . . . suivant vos instructions.

13 Comme vous l'avez demandé, votre envoi de . . . a été chargé sur l'outsider «. . .».

14 Nous sommes en mesure de vous accorder un escompte de . . . % pour paiement comptant. Nous chargeons aujourd'hui même les marchandises entreposées.

15 Comme vous avez signé entre-temps les contrats, nous allons expédier dans les plus brefs délais tous les envois actuellement entreposés pour vous en port franc.

16 Die mit MS «. . .» eingetroffene Ware ist sofort auf das Binnenschiff «. . .» umgeladen worden.

17 Die am Schuppen . . . liegenden . . . sind heute weisungsgemäss unter Nachnahme aller Kosten an . . . versandt worden.

18 Wir haben heute Ihre Sendung . . . verzollt und sofort frei Haus an Sie abgesandt.

19 Das Havariezertifikat ist gemäss Ihrem Schreiben direkt an . . . geschickt worden.

20 Die Gewichtsbescheinigung wurde am . . . an . . . versandt.

21 Die beschädigte Ware ist nach der Besichtigung durch einen vereidigten Sachverständigen freigegeben worden.

16 La marchandise arrivée par le vapeur «. . .» a été immédiatement transbordée sur le chaland «. . .».

17 Les . . . entreposé(e)s dans le hangar . . . ont été expédié(e)s aujourd'hui à . . . suivant vos instructions, contre remboursement de tous les frais.

18 Nous avons dédouané aujourd'hui votre envoi de . . . et vous l'avons expédié aussitôt franco domicile.

19 L'attestation d'avarie a été directement adressée à . . . comme indiqué dans votre lettre.

20 Le certificat de poids a été envoyé le . . . à . . .

21 La marchandise avariée a été libérée après vérification par un expert agréé.

BINNENSCHIFFAHRTSFRACHT

TRANSPORT PAR CANAUX ET RIVIÈRES

ANFRAGEN AN DIE SPEDITION

1 Würden Sie uns bitte Ihre Konnossementsbedingungen zukommen lassen?

2 Sind Sie an der Übernahme von regelmässigen Binnenschiffstransporten von . . . nach . . . interessiert?

3 Sofern Sie selbst keine derartigen Transporte übernehmen können, geben Sie uns doch bitte ein Ihnen gut bekanntes Unternehmen an, das solche Verfrachtungen vornimmt.

4 Wir würden es begrüssen, wenn Sie uns für Ihre Leistungsfähigkeit bei Binnenschiffstransporten Referenzen nennen könnten.

5 Wir befassen uns damit, unsere laufenden Binnenschiffstransporte von . . . nach . . . neu zu vergeben. Sollten Sie daran interessiert sein, setzen Sie sich bitte mit unserer Verkehrsabteilung in Verbindung.

6 Wir vergeben ab . . . regelmässige Binnenschiffstransporte von . . . nach . . . Wenn Sie glauben, unseren Wünschen gerecht werden zu können, geben Sie uns bitte Bescheid.

7 Können Sie ab längsseits Seeschiff Eingangshafen . . . eine Stückgutpartie . . ., Gewicht . . ., Masse . . ., nach . . . übernehmen?

8 Haben Sie unsere Stückgutsendung, die Ihnen am . . . als Optionspartie übergeben wurde, gemäss erteiltem Auftrag verladen?

9 Teilen Sie uns bitte mit, wann die genannte Sendung im Binnenhafen . . . eintreffen wird.

10 Können Sie in eigener Regie die Weiterleitung der Ware nach . . . vornehmen? Voraussetzung wäre allerdings eine preiswerte Verfrachtung.

11 Prüfen Sie bitte, ob behördlicherseits für die Verfrachtung von Giftstoffen via . . . (Kanal) besondere Auflagen bestehen. Muss vom Hersteller für derartige Transporte eine Begleitperson zur Verfügung gestellt werden?

12 Besteht eine Verlademöglichkeit per Binnenschiff ohne Umladung von . . . nach . . .?

13 Wir benötigen ein Binnenschiff von etwa 2000 BRT, das den Transport von . . . in loser Schüttung ab Seehafen . . . nach . . . übernehmen kann.

14 Trifft es zu, dass wegen Niedrigwassers der Hafen . . . an durchschnittlich . . . Tagen des Jahres nicht angelaufen werden kann?

DEMANDES DE RENSEIGNEMENTS À L'ENTREPRISE DE TRANSPORT

1 Pourriez-vous nous faire connaître vos conditions de connaissement.

2 Le transport régulier de marchandises par voie d'eau intérieure de . . . à . . . vous intéresserait-il?

3 Si vous ne pouvez vous charger vous-mêmes de ce genre de transport, veuillez nous indiquer une maison qui vous soit bien connue et qui accepte de tels affrètements.

4 Nous aimerions que vous nous donniez des références en ce qui concerne vos possibilités pour les transports par voie d'eau intérieure.

5 Nous nous occupons actuellement de trouver une nouvelle entreprise pour le transport régulier de nos marchandises par voie d'eau intérieure de . . . à . . . Si vous êtes intéressés, veuillez vous mettre en rapport avec notre service des transports.

6 Nous aurons à partir du . . . des transports réguliers par voie d'eau intérieure de . . . à . . . Veuillez nous faire savoir si vous êtes en mesure de satisfaire nos exigences.

7 Pouvez-vous prendre en charge le long du navire, au port de débarquement de . . ., un chargement au tonnage de . . . poids . . ., dimensions . . ., à destination de . . .

8 Avez-vous effectivement chargé, conformément à notre ordre, l'expédition de détail que nous vous avions confiée comme chargement à option le . . .

9 Veuillez nous faire savoir quand les marchandises en question doivent arriver au port fluvial de . . .

10 Pouvez-vous vous charger vous-mêmes de réexpédier directement la marchandise à . . .? Il faudrait toutefois que le chargement se fasse à des conditions de prix avantageuses.

11 Veuillez vous renseigner pour savoir si l'administration perçoit des taxes spéciales pour le transport de produits toxiques via le canal de . . . Ce genre de transport doit-il être accompagné d'un représentant du fabricant?

12 Existe-t-il une possibilité d'expédition par voie d'eau intérieure sans transbordement de . . . à . . .?

13 Nous avons besoin d'un chaland d'environ 2.000 tonneaux de jauge brute qui puisse effectuer le transport de . . . en vrac depuis le port maritime de . . . jusqu'à . . .

14 Est-il exact que la profondeur d'eau insuffisante du port de . . . empêche le mouillage des bateaux . . . jours par an en moyenne?

15 Können Sie uns ein Tankschiff in der Grössenordnung von 1000 BRT für laufenden Einsatz von . . . nach . . . vermitteln?
16 Wie hoch würden die Kosten pro Transport liegen?
17 Wie hoch beläuft sich die Binnenschiffsfracht bei Charterung eines 800 BRT grossen MS von . . . nach . . .?
18 In welcher Höhe fallen Kosten an für eine Schleppleistung von . . . nach . . .?
19 Beinhaltet Ihr allgemeines Frachtangebot auch die anfallenden Schleusengelder?
20 Mit welchen Fahrzeiten müssen wir für ein Binnenschiff von . . . nach . . . rechnen?
21 Geben Sie uns bitte per Telex auf, ab wann Ladebereitschaft für das Binnenschiff «. . .» besteht.
22 Teilen Sie uns bitte die Höhe des Liegegelds für das Schubschiff «. . .» mit.
23 Wo befindet sich der genaue Liegeplatz des Binnenschiffs «. . .»? Wir möchten bei der Verladung unserer Maschinenanlage dabei sein.
24 Geben Sie bitte sofort nach Bekanntwerden den genauen Löschplatz des MS «. . .» in . . . an.
25 Ist der Kanal . . . für Schiffe in der Grössenordnung von . . . BRT passierbar?
26 Wie hoch liegen derzeit auf dem . . .-Kanal die Winterzuschläge?
27 Wird der Binnenschiffsweg von . . . nach . . . während des ganzen Jahres eisfrei gehalten?

15 Pouvez-vous nous servir d'intermédiaire pour l'affrètement d'un bateau-citerne d'environ 1.000 tonneaux de jauge brute pour un transport régulier de . . . à . . .
16 À combien s'élèveraient les frais par transport?
17 À combien s'élèvent les taxes d'affrètement d'un chaland automoteur de 800 tonneaux de jauge brute pour un transport de . . . à . . .?
18 Quel serait le montant des frais de remorquage de . . . à . . .?
19 Votre offre de fret générale comprend-elle aussi les droits d'éclusage?
20 Quelle durée devons-nous prévoir pour un transport par chaland de . . . à . . .?
21 Veuillez nous faire savoir par télex quand la péniche «. . .» sera prête à charger.
22 Veuillez nous indiquer le montant des frais d'estarie pour le pousseur «. . .».
23 Où se trouve exactement le lieu de mouillage de la péniche «. . .»? Nous désirons assister au chargement de nos machines.
24 Dès qu'il sera connu, veuillez nous communiquer le lieu de déchargement exact du «. . .» à . . .
25 Le canal de . . . est-il navigable pour les bateaux d'un ordre de grandeur de . . . tonneaux de jauge brute?
26 À combien s'élèvent actuellement les suppléments d'hiver sur le canal de . . .?
27 La voie d'eau intérieure joignant . . . et . . . est-elle maintenue libre de glaces pendant toute l'année?

ALLGEMEINE ANGEBOTE

1 Da wir uns hauptsächlich mit Binnenschiffstransporten beschäftigen, erlauben wir uns, Ihnen unsere Dienste anzubieten.
2 Sie dürfen versichert sein, dass wir Ihre Aufträge stets zu Ihrer vollen Zufriedenheit ausführen werden.
3 Als bekanntes Speditionsunternehmen, das in der Binnenschiffahrt einen ausgezeichneten Ruf hat, glauben wir allen Ihren Anforderungen gewachsen zu sein.
4 Unser Unternehmen steht neuen Verkehrsleistungen besonders aufgeschlossen gegenüber.
5 Wir dürfen Sie bei dieser Gelegenheit darauf hinweisen, dass wir bei der Entwicklung des Lash-Verfahrens Pionierarbeit geleistet haben.

OFFRES GÉNÉRALES

1 Nous nous occupons essentiellement de transports par voie d'eau intérieure et nous nous permettons pour cette raison de vous offrir nos services.
2 Nous pouvons vous assurer que vos ordres seront toujours exécutés à votre entière satisfaction.
3 Nous sommes une entreprise d'expédition connue et jouissant d'une excellente réputation dans le domaine de la navigation intérieure; nous croyons de ce fait être parfaitement en mesure de vous donner entière satisfaction.
4 Notre entreprise est toujours très intéressée par la mise sur pied de nouvelles modalités de transport.
5 Nous nous permettons à cette occasion de vous signaler que nous avons été parmi les pionniers pour la mise au point du système «lash».

6 Als Anlagen erhalten Sie die Konnossementsbedingungen nach dem neuesten Stand.
7 Ihre Anfrage beantworten wir dahingehend, dass wir uns mit Binnenschiffstransporten nicht beschäftigen. Wir empfehlen Ihnen, sich mit der Firma . . . in Verbindung zu setzen.
8 An der Übernahme von Binnenschiffstransporten sind wir sehr interessiert.
9 Wir stellen unsere Dienstleistungen namhaften in- und ausländischen Unternehmen zur Verfügung, so etwa der Firma . . .
10 Da wir Ihre Binnenschiffstransporte nach den von Ihnen angegebenen Orten gern durchführen würden, werden wir uns mit Ihrer Verkehrsabteilung in Verbindung setzen.
11 Wir beschäftigen uns ausschliesslich mit Binnenschiffstransporten und glauben deshalb, Ihren Anforderungen jederzeit gerecht werden zu können.

6 Veuillez trouver ci-joint nos nouvelles conditions de connaissement.
7 En réponse à votre demande, nous vous signalons que nous ne nous occupons pas de transport par voie d'eau intérieure. Nous vous conseillons de vous mettre en rapport avec la maison . . .
8 La prise en charge de transports par voie d'eau intérieure nous intéresse vivement.
9 Des maisons connues du marché intérieur et de l'étranger utilisent nos services, comme par exemple la maison . . .
10 Nous serions heureux de nous charger de vos transports par voie d'eau intérieure et allons donc prendre contact avec votre service d'expédition.
11 Nous nous occupons exclusivement de transports par voie d'eau intérieure et pensons donc pouvoir toujours vous donner entière satisfaction.

SPEZIELLE ANGEBOTE

1 Wir sind in der Lage, die Stückgutpartie . . . nach . . . zu übernehmen.
2 Die Sendung . . . trifft voraussichtlich am . . . im Binnenhafen . . . ein.
3 Die Ware kann von uns unter günstigen Bedingungen in eigener Regie nach . . . weitergeleitet werden.
4 Unsere Erkundigungen ergeben, dass seitens der Behörden keine Auflagen für eine Beförderung der Giftstoffe via . . . -Kanal bestehen. Eine Begleitperson für derartige Transporte ist nicht erforderlich.
5 Es ist möglich, die Ware ohne Umladung von . . . nach . . . zu befördern.
6 Das von Ihnen benötigte Binnenschiff von ca. 2000 BRT für die Verladung von . . . in loser Schüttung ab Seehafen . . . kann am . . . zur Übernahme bereitgestellt werden.
7 Eine Verladung Ihrer Partie . . . von . . . nach dem Binnenhafen . . . ist zur Zeit nicht möglich, weil der Fluss Niedrigwasser führt.
8 Ihre Anfrage wegen der Wassertiefe im Binnenhafen . . . ist insofern überholt, als dieser in der Zwischenzeit so ausgebaut wurde, dass ganzjährig eine Mindestwassertiefe von . . . m erreicht wird.
9 Es ist uns möglich, das Tankschiff in der Grössenordnung von etwa 1000 BRT für den laufenden Einsatz von . . . nach . . . für Sie freizustellen.
10 Die Beförderungskosten betragen pro Transport . . .

OFFRES SPÉCIALES

1 Nous sommes en mesure de prendre votre chargement au tonnage de . . ., à destination de . . .
2 L'arrivée de l'envoi de . . . au port fluvial de . . . est prévue pour le . . .
3 Nous pouvons nous charger nous-mêmes de réexpédier la marchandise à . . . à des conditions de fret avantageuses.
4 D'après les renseignements que nous avons obtenus, l'administration ne perçoit aucun droit pour l'expédition de produits toxiques via le canal de . . . Ce genre de transport n'a pas besoin d'être accompagné.
5 Il est possible d'expédier la marchandise sans transbordement de . . . à . . .
6 Le chaland de 2.000 tonneaux de jauge brute dont vous avez besoin pour le transport de . . . en vrac à partir du port maritime de . . . peut être mis à votre disposition le . . .
7 Le transport de votre chargement de . . . depuis . . . jusqu'au port fluvial de . . . n'est pas possible actuellement car les eaux du fleuve sont basses.
8 Votre demande de renseignements concernant la profondeur d'eau dans le port fluvial de . . . n'est plus justifiée, celui-ci ayant été entretemps réaménagé de telle sorte qu'on est assuré toute l'année d'une profondeur d'eau minimum de . . . m.
9 Il nous est possible de mettre à votre disposition le bateau-citerne d'environ 1.000 tonneaux de jauge brute que vous voulez affecter au service régulier de . . . à . . .
10 Les frais de transport s'élèvent, pour chaque expédition, à . . .

11 Bei der Charterung des 800 BRT grossen MS «...» belaufen sich die Binnenschiffsfrachten von ... nach ... auf ...
12 In der Fracht sind Schleppkosten in Höhe von ... bereits enthalten.
13 In den allgemeinen Frachtangeboten sind in der Regel die Schleusengelder (nicht) enthalten.
14 Die Fahrzeit von ... nach ... beträgt ca. ... Stunden.
15 Die Ladebereitschaft für das Binnenschiff «...» beginnt am ...
16 Das Liegegeld für das Schubschiff «...» beträgt pro Tag ...
17 Der Liegeplatz des Binnenschiffs ist das Becken ... Es besteht die Möglichkeit, die Verladung Ihrer ...-Anlage im Beisein eines Ihrer Herren vorzunehmen.
18 Der Löschort des Binnenschiffs ist das Becken ...
19 Der Kanal ... ist für Schiffe in der Grössenordnung von ... BRT jederzeit passierbar.
20 Die Winterzuschläge werden mit ...% auf die Normalfracht berechnet.
21 Es ist nicht möglich, den Binnenschiffsweg von ... nach ... während des Winters eisfrei zu halten.
22 Wir sind leider nicht in der Lage, den Transport zu der von Ihnen gewünschten Frachtrate durchzuführen.
23 Da momentan kein Liegeplatz frei ist, kann das Binnenschiff «...» mit Ihrer Ladung ... nicht in ... gelöscht werden.
24 Ein Binnenschiff in der Grössenordnung von ... BRT können wir zur Zeit nicht stellen.
25 Es kann heute noch nicht verbindlich zugesagt werden, ab wann die Möglichkeit besteht, Ihnen ein Tankschiff für den laufenden Einsatz zur Verfügung zu stellen.

11 Pour l'affrètement du chaland automoteur de 800 tonneaux de jauge brute «...», le fret fluvial de ... à ... s'élève à ...
12 ... de frais de remorquage sont déjà compris dans le fret fluvial.
13 En règle générale, les droits d'éclusage sont (ne sont pas) compris dans les offres de fret ordinaires.
14 La durée du trajet entre ... et ... est d'environ ... heures.
15 La péniche «...» peut être présentée au chargement à partir du ...
16 Les frais d'estarie du pousseur «...» s'élèvent à ... par jour.
17 La péniche mouille dans le bassin ..., et il est possible à un représentant de votre maison d'assister au chargement de vos machines.
18 La péniche décharge dans le bassin ...
19 Le canal ... est toujours ouvert aux bateaux d'un ordre de grandeur de ... tonneaux de jauge brute.
20 Les taxes supplémentaires d'hiver s'élèvent à ...% du fret normal.
21 Il n'est pas possible de maintenir libre de glace pendant toute l'année la voie fluviale qui joint ... à ...
22 Nous ne sommes malheureusement pas en mesure d'assurer le transport aux taux de fret que vous demandez.
23 Aucun mouillage n'étant libre actuellement, le bateau «...» transportant votre chargement de ... ne peut être déchargé à ...
24 Aucun chaland d'un ordre de grandeur de ... tonneaux de jauge brute n'est disponible actuellement.
25 Nous ne pouvons pas encore dire de façon définitive à partir de quelle date un bateau-citerne pourra être mis à votre disposition pour un service régulier.

ALLGEMEINE AUFTRAGSERTEILUNG

1 Wir haben uns dazu entschlossen, Sie als namhaftes Binnenschiffahrts-Unternehmen mit der Abwicklung unserer Transporte zu beauftragen.
2 Wir beauftragen Sie hiermit, alle für uns im Binnenhafen ... eingehenden Sendungen in unserem Namen und Auftrag nach ... weiterzuverfrachten.
3 Ihr Leistungsangebot überzeugt uns; wir übertragen Ihnen daher unsere gesamten Binnenschiffstransporte.
4 Beim Besuch Ihres Herrn ... gewannen wir den Eindruck, dass Sie eine breite Leistungsbasis im Binnenschiffsgewerbe haben. Wir übertragen Ihnen heute folgende Transporte:

ORDRES GÉNÉRAUX

1 Votre maison est une entreprise connue de transport par voie d'eau intérieure et nous avons décidé de vous confier toutes nos expéditions.
2 Nous vous chargeons par la présente de réexpédier à ... tous les envois qui arrivent pour nous au port fluvial de ...
3 Votre offre de services nous convainc et nous vous confions donc toutes nos expéditions par voie d'eau intérieure.
4 La visite de votre collaborateur, Monsieur ..., nous ayant permis de nous rendre compte que les services que vous offrez dans le domaine de la navigation intérieure reposent sur une base solide, nous vous chargeons des expéditions suivantes:

SPEZIELLE AUFTRAGSERTEILUNG

1 Wir bitten Sie, die Partie . . ., Gewicht . . ., frachtgünstigst von . . . nach . . . zu expedieren.

2 Sobald die Sendung . . . im Binnenhafen . . . eingetroffen ist, wollen Sie diese unverzüglich an die Firma . . . weiterleiten.

3 Nachdem – wie Sie uns zusichern – behördlicherseits für die Beförderung von Giftstoffen via . . . -Kanal keine besonderen Auflagen bestehen, erteilen wir Ihnen hiermit den Auftrag, bei . . . insgesamt . . . Sack zu übernehmen und diese nach . . . zu verfrachten.

4 Sie haben uns bestätigt, dass eine Direktverfrachtung per Binnenschiff von . . . nach . . . möglich ist. Bitte übernehmen Sie bei der Firma . . . folgende Sendung und verfrachten Sie diese umgehend: . . .

5 Auf Grund Ihrer Zusage erteilen wir Ihnen den Auftrag, das Binnenschiff mit 2000 BRT zur Übernahme von . . . in loser Schüttung am . . . im Seehafen . . ., Becken . . ., bereitzustellen.

6 Sobald Normalwasserstand vorhanden ist, bitten wir Sie, uns eine Nachricht zukommen zu lassen, damit wir Ihnen unseren Beförderungsauftrag erteilen können.

7 Wie Sie uns bestätigen, können Sie ein Tankschiff in der Grössenordnung von 1000 BRT für den laufenden Einsatz von . . . nach . . . abstellen. Deshalb erteilen wir Ihnen hiermit den Zuschlag.

8 Mit den angegebenen Beförderungskosten sind wir einverstanden.

9 Der Charterpreis entspricht unseren Vorstellungen; die Transportdaten entnehmen Sie bitte beigefügter Aufstellung.

10 Wir bitten Sie, das Binnenschiff mit unserer Ladung . . . nach . . . umzudirigieren.

11 Sobald Sie ein Binnenschiff in der Grössenordnung von . . . BRT frei haben, bitten wir Sie, uns per Telex zu unterrichten.

12 Sollte wider Erwarten vorzeitig ein Tankschiff frei werden, verständigen Sie uns bitte sofort.

ORDRES SPÉCIAUX

1 Nous vous prions d'expédier le chargement de . . . d'un poids de . . ., de . . . à . . . à un taux de fret avantageux.

2 Dès que l'envoi de . . . sera arrivé au port fluvial de . . ., nous vous demandons de le réexpédier sans retard à la maison . . .

3 Puisque – comme vous nous l'assurez – l'administration ne perçoit aucune taxe spéciale pour le transport de produits toxiques par le canal de . . ., nous vous passons par la présente l'ordre d'enlever à la maison . . . . . . sacs au total et de les expédier à . . .

4 Puisque vous nous confirmez qu'il est possible de faire une expédition directe par bateau fluvial de . . . à . . ., nous vous demandons d'enlever à la maison . . . et de réexpédier de suite l'envoi suivant: . . .

5 À la suite de votre acceptation, nous vous passons l'ordre de présenter au chargement le chaland de 2.000 tonneaux de jauge brute pour l'embarquement de . . . en vrac le . . . au port maritime de . . ., bassin . . .

6 Dès que les eaux auront atteint leur cote normale, veuillez nous prévenir afin que nous puissions vous passer l'ordre d'expédition.

7 Comme vous nous le confirmez, vous pouvez nous fournir un bateau-citerne d'un ordre de grandeur de 1.000 tonneaux de jauge brute pour un service régulier de . . . à . . . Nous vous passons donc ordre par la présente de mettre un tel bateau à notre disposition.

8 Nous sommes d'accord pour les frais d'expédition indiqués.

9 Le prix de location correspond à ce que nous envisageons; pour les dates exactes d'expédition, veuillez consulter le tableau ci-joint.

10 Contrairement à ce qui était prévu, nous vous prions de diriger le bateau transportant notre chargement de . . . sur . . .

11 Dès que vous disposerez d'un chaland d'environ . . . tonneaux de jauge brute, veuillez nous en avertir par télex.

12 Si un bateau-citerne se trouvait disponible avant la date prévue, veuillez nous le faire savoir sans retard.

AUFTRAGS-BESTÄTIGUNG

1 Auftragsgemäss ist Ihre Partie . . . am . . . mit MS «. . .» nach . . . verladen worden. Die Sendung wird voraussichtlich am . . . im Binnenhafen . . . eintreffen.

CONFIRMATION D'ORDRE

1 Conformément à votre ordre, votre chargement de . . . a été embarqué le . . . sur le «. . .» à destination de . . . L'envoi doit arriver le . . . au port fluvial de . . .

2 Ihre Sendung ... traf soeben im Hafen ein und wird gemäss Ihrem Auftrag vom ... sofort nach ... weitergeleitet.
3 Die Verfrachtung Ihrer Sendung von ... Sack Giftstoffen nach ... ist heute per MS «...» erfolgt.
4 Wir haben gestern bei der Firma ... gemäss Ihrer Abholanweisung die betreffenden Güter übernommen und werden diese weisungsgemäss per Binnenschiff nach ... verfrachten.
5 Wir danken Ihnen für Ihre Auftragserteilung und werden das Binnenschiff «...» zur Übernahme einer ...-ladung am ... im Seehafen «...» bereitstellen.

2 Votre envoi de ... vient d'arriver au port et va conformément à votre ordre du ... être immédiatement réexpédié à ...
3 Votre envoi de ... sacs de produits toxiques à destination de ... a été embarqué aujourd'hui sur le «...».
4 Conformément à votre ordre, nous avons enlevé hier à la maison ... les diverses marchandises et allons les expédier selon vos instructions par voie d'eau intérieure à ...
5 Nous vous remercions de votre ordre et mettrons à votre disposition le ... au port maritime de ... le chaland «...» pour un chargement de ...

STRASSENTRANSPORT

TRANSPORT ROUTIER

ALLGEMEINE ANFRAGEN

1 Die Ausweitung unseres internationalen Verkaufsnetzes hat es mit sich gebracht, dass wir in Ihrem Bereich einen versierten Spediteur benötigen, der unsere Waren sorgfältig behandelt und pünktlich an unsere Abnehmer liefert. Sind Sie an einer Zusammenarbeit mit uns interessiert?
2 Um unserer Kundschaft einen noch besseren Service bieten zu können, möchten wir mit leistungsstarken Speditionsfirmen zusammenarbeiten.
3 Um gegenüber unserer Konkurrenz bestehen zu können, sehen wir uns veranlasst, andere, verbesserte Verkehrsverbindungen zu wählen.
4 Reichen Sie uns bitte Werbematerial über Ihre Spezialverkehre ein.
5 Übermitteln Sie uns bitte eine Leistungsübersicht über die einzelnen Sparten Ihrer Firma.
6 Da wir uns einen Überblick über die Leistungsfähigkeit Ihres Unternehmens verschaffen wollen, bitten wir Sie, uns Ihr Prospektmaterial zu senden.
7 Wir benötigen einen 20-t-LKW für eine Sonderfahrt von . . . nach . . . Können Sie einen Sattelaufleger mit 12 m Ladelänge stellen?
8 Wir benötigen ein Fahrzeug mit Palettenbreite und . . . t Nutzlast für eine Fahrt von . . . nach . . .
9 Haben Sie eigene LKW im Einsatz?
10 Verwenden Sie für die Verfrachtungen Subunternehmer?
11 Bedienen Sie nur bestimmte Verbindungen mit eigenen Fahrzeugen?
12 Übernehmen Sie auch Gelegenheitstransporte?
13 Führen Sie Fahrten im Nahverkehrsbereich aus?
14 Zu welchen Bedingungen können Sie Güternahverkehrstransporte durchführen?
15 Wie sind Ihre Geschäftsbedingungen?

DEMANDES GÉNÉRALES

1 L'extension de notre réseau de vente international nous amène à rechercher dans votre secteur un commissionnaire de transport compétent qui s'occupe de nos marchandises avec le plus grand soin et livre nos clients dans les délais prescrits. Seriez-vous prêt à travailler avec nous?
2 Pour être à même d'améliorer encore les services que nous offrons à notre clientèle, nous tenons à travailler avec des maisons d'expéditions connues pour leur efficacité.
3 Pour pouvoir soutenir la concurrence avec succès, nous nous voyons dans l'obligation de choisir d'autres moyens de transport plus efficaces.
4 Veuillez nous faire parvenir une documentation publicitaire concernant vos transports spéciaux.
5 Veuillez nous communiquer les renseignements nécessaires pour que nous puissions nous faire une idée des possibilités de chacun des services de votre maison.
6 Nous voudrions nous faire une idée d'ensemble des possibilités de votre maison et nous vous prions donc de nous envoyer votre documentation.
7 Nous avons besoin d'un camion de 20 tonnes pour un transport spécial de . . . à . . . Pouvez-vous fournir une semi-remorque de 12 m de longueur de chargement?
8 Nous avons besoin d'un camion de la largeur d'une palette et de . . . tonnes de charge utile pour un transport de . . . à . . .
9 Exploitez-vous vos propres camions?
10 Faites-vous appel pour vos transports à des sous-entrepreneurs?
11 N'exploitez-vous vos propres camions que sur certaines liaisons?
12 Acceptez-vous aussi de faire des transports occasionnels?
13 Faites-vous aussi du transport à petite distance?
14 Quelles sont vos conditions pour les transports à petite distance?
15 Quelles sont vos conditions commerciales?

SPEZIELLE ANFRAGEN

1 Sind Sie in der Lage, einen LKW zu stellen, der unter Zollverschluss eine Partie . . . von . . . nach . . . befördern kann?
2 Haben Sie in Ihrem Fahrzeugpark auch Silo-LKW?

DEMANDES SPÉCIALES

1 Êtes-vous en mesure de fournir un camion qui puisse transporter par transit sous plomb un chargement de (d') . . . de . . . à . . .?
2 Avez-vous également des camions-silos dans votre parc de véhicules?

3 Wir vergeben regelmässig Transporte von ... nach ... Sind Sie an der Übernahme derartiger Ladungen interessiert, und zu welchen Konditionen? Voraussetzung ist allerdings, dass die Verfrachtung mit Isotherm-Fahrzeugen durchgeführt wird.

4 Ab Seehafen ... verladen wir laufend 20-t-Partien und benötigen dafür Tankfahrzeuge der Güteklasse ... Können Sie LKW dieser Art stellen?

5 Haben Sie Erfahrungen im Transport von ...

6 Unterhalten Sie ein Fahrzeug mit einer entsprechenden Hängevorrichtung?

7 Haben Sie in Ihrem Fuhrpark Wechselpritschen im Einsatz?

8 Sind bei Ihnen die technischen Voraussetzungen gegeben, Container umzuschlagen?

9 Haben Sie entsprechende Betriebseinheiten?

10 Beschäftigen Sie sich auch mit Tiefladertransporten? Wir hätten eine Maschine, Gewicht ..., Masse ..., von ... nach ... zu transportieren.

11 Einer Zeitungsanzeige entnehmen wir, dass Sie Autokräne auch stundenweise vermieten. Bitte übermitteln Sie uns Ihr Angebot.

12 Haben Sie Spezialfahrzeuge, die für den Möbeltransport geeignet sind?

13 Für regelmässige Langeisentransporte suchen wir mehrere Unternehmer, die zu annehmbaren Tarifen entsprechende LKW bereitstellen können.

3 Nous faisons régulièrement des expéditions de ... à ... Ce genre de chargement vous intéresse-t-il et à quelles conditions? Nous vous signalons comme condition préalable que le transport doit s'effectuer par camion isotherme.

4 Au départ du port maritime de ..., nous expédions régulièrement des chargements de 20 tonnes pour lesquels nous avons besoin de camions-citernes de catégorie ... Pouvez-vous nous fournir ces camions?

5 Avez-vous l'expérience du transport d'articles de (d') ...?

6 Possédez-vous un camion équipé d'un dispositif pour suspendre les vêtements?

7 Disposez-vous dans votre parc roulant de camions à plateaux interchangeables?

8 Les conditions techniques pour la manutention des containers sont-elles chez vous remplies?

9 Avez-vous les installations nécessaires?

10 Vous occupez-vous aussi de transport par camions à plate-forme de chargement surbaissée? Nous avons une machine (poids ..., dimensions ...) à transporter de ... à ...

11 Nous lisons dans une annonce de journal que vous louez aussi à l'heure des camions-grues. Veuillez nous soumettre une offre.

12 Disposez-vous de camions spéciaux pour le transport de meubles?

13 Nous recherchons pour des transports réguliers de tiges de fer plusieurs entrepreneurs qui puissent fournir les camions nécessaires à un tarif acceptable.

BITTE UM KONDITIONEN

1 Geben Sie uns bitte die Frachtkosten für ... Kisten ..., Gewicht ..., von ... nach ... bekannt.

2 Zu welchem Frachtsatz werden von Ihnen ... von ... nach ... befördert? Bitte teilen Sie uns die Frachtkosten für 5-/10-/15- und 20-t-Partien mit.

3 Übernehmen Sie die Verladung des Guts in eigener Regie, oder müssen wir Verladepersonal stellen?

4 Gliedern Sie uns bitte die beweglichen Kosten für einen 5-t-LKW auf.

5 Welchen monatlichen Mindestumsatz fordern Sie bei einer durchschnittlichen Tagesleistung von ... für Fahrzeuge, die im Nahverkehrsbereich eingesetzt werden?

6 In welchem Verhältnis müssen Last- zu Leerkilometern stehen?

DEMANDE DE RENSEIGNEMENTS SUR LES CONDITIONS

1 Veuillez nous faire connaître le montant des frais de transport pour ... caisses de ..., poids ..., de ... à ...

2 Quel est votre tarif pour le transport de ... de ... à ...? Veuillez nous indiquer en outre le détail des frais pour des chargements de 5/10/15 et 20 tonnes.

3 Vous occupez-vous vous-mêmes du chargement ou bien devons-nous fournir le personnel nécessaire?

4 Veuillez nous indiquer comment se répartissent les frais variables pour un camion de 5 tonnes.

5 Quel chiffre d'affaires mensuel minimum exigez-vous pour une moyenne journalière de ... pour les véhicules affectés au transport à courte distance?

6 Dans quelle proportion doivent se répartir les kilomètres en charge et les kilomètres à vide?

7 Kommen bei Anforderung von Spezialfahrzeugen zu den üblichen Frachtsätzen noch Zuschläge?
8 Können wir unsere Waren mit einer Warenwert-Nachnahme belasten, die Sie bei Auslieferung des Guts vom Empfänger kassieren?
9 Wann wird uns die von Ihnen kassierte Warenwert-Nachnahme gutgebracht?
10 Welche Gebühren erheben Sie für die Einziehung einer Warenwert-Nachnahme?
11 Welche Kosten entstehen, wenn wir mit Ihnen verkürzte Lieferfristen vereinbaren?
12 Können Sie uns für Sendungen nach . . . Sonderfrachtsätze einräumen?
13 In welcher Höhe sind Sie in der Lage, uns Sondertarife einzuräumen?
14 Zu welchen Konditionen würden Sie Sendungen berechnen, die Ihren Sammelgutverkehren beigeladen werden?

7 Comptez-vous des suppléments en plus du tarif habituel pour le transport par camions spéciaux?
8 Pouvez-vous vous charger du transport d'envois contre remboursement?
9 Quand serons-nous crédités du montant perçu par vous à la livraison des marchandises contre remboursement?
10 Quelles taxes percevez-vous pour le recouvrement d'un remboursement?
11 Quels sont les frais en cas de délais de livraison plus courts?
12 Pourriez-vous nous consentir un taux de fret spécial pour des envois à destination de . . .?
13 Dans quelle mesure pouvez-vous nous consentir un tarif spécial?
14 Quel tarif appliqueriez-vous pour des envois joints à vos transports groupés?

VERPACKUNGSMATERIAL

1 Können Sie uns Ihre eigenen Verpackungsmittel (Behälter, Paletten, Collicos usw.) stellen?
2 Werden die Verpackungsmittel kostenfrei gestellt?
3 Verlangen Sie für Ihre speditionseigenen Behältnisse bestimmte Gebühren?
4 Werden bei Verwendung Ihrer Behälter (Paletten) Mindestfrachten erhoben?
5 Wie gestalten sich Ihre Tarife?
6 Müssen für die Rückführung der Verpackungsmittel zusätzliche Kosten übernommen werden?
7 Könnten Sie uns Einwegbehälter zur Verfügung stellen?
8 Wie hoch wäre der Preis für eine Verpackungseinheit?

EMBALLAGES

1 Pouvez-vous nous fournir vos propres emballages (réservoirs, palettes, collicos, etc.)?
2 Les emballages sont-ils fournis gratuitement?
3 Comptez-vous certains frais pour l'utilisation de vos propres emballages et récipients?
4 Comptez-vous un taux de fret minimum pour l'utilisation de vos containers (palettes)?
5 Quels sont vos tarifs dans ce cas?
6 Le retour de l'emballage fait-il l'objet de frais supplémentaires?
7 Pourriez-vous nous fournir des emballages perdus?
8 Quel serait le prix par unité d'emballage?

BRANCHENÜBLICHE AUSDRÜCKE

1 Erläutern Sie uns bitte die wichtigsten Frankaturbestimmungen. Uns würde vor allen Dingen eine genaue Definition des Begriffs «Frei Haus» interessieren.
2 Haben bestimmte Frankaturvermerke internationale Gültigkeit?
3 Können Sie uns gegen Bezahlung eine Ausgabe der «Incoterms» zukommen lassen?
4 Sofern Sie eine Broschüre über die «Tradeterms» vorliegen haben sollten, erbäten wir gleichfalls die Zusendung eines Exemplars.

TERMES EMPLOYÉS DANS LA BRANCHE

1 Veuillez nous expliquer les principales conditions de port et nous préciser surtout ce que vous entendez exactement par «franco domicile».
2 Certaines mentions d'affranchissement ont-elles valeur internationale?
3 Pouvez-vous nous faire parvenir contre remboursement un exemplaire des «Incoterms»?
4 Si vous possédez une brochure concernant les Termes Commerciaux, veuillez nous en faire parvenir également un exemplaire.

TRANSPORT-KOMBINATIONEN

1 Erläutern Sie uns bitte den Begriff «Kombinierte Verkehre».
2 Unterhalten Sie kombinierte Verkehre?
3 Wenn Ihre Firma solche Spezialverkehre nicht unterhält, können Sie uns dann mitteilen, an wen wir uns wenden sollen?
4 Welche Vorteile bringt der kombinierte Verkehr?
5 Bestehen für den kombinierten Verkehr besondere Auflagen?
6 Können wir uns gemeinsam mit Ihnen am kombinierten Verkehr beteiligen?
7 Welche Güter sind vom Transport im kombinierten Verkehr ausgeschlossen?
8 Müssen wir eine bestimmte Anzahl von Sattelaufliegern (Wechselpritschen/Containern) in einen Pool einbringen?
9 Unterliegen die im kombinierten Verkehr eingesetzten Fahrzeuge bestimmten Höchst- oder Mindestmassen?
10 Liegen genormte Paletten (Behälter) frachtmässig günstiger?
11 Erhält man bei Aufgabe eines bestimmten monatlichen Kontingents Refaktien?
12 Nach welchen Gesichtspunkten werden Refaktien gewährt?
13 Wie gestaltet sich die Rückvergütung?
14 Sind damit zeitliche Auflagen verbunden?
15 Können im kombinierten Verkehr auch Sonderfahrzeuge wie etwa Silo-LKW eingesetzt werden?
16 Muss für die Rückführung leerer Ladeeinheiten ebenfalls Fracht bezahlt werden?
17 Gibt es einen Sondertarif für die Rückführung von leeren Sattelauflegern?
18 Muss für eine Ladeeinheit eine bestimmte Fracht bezahlt werden, oder richtet sich diese nach dem geladenen Gewicht?

COMBINAISONS DE TRANSPORTS

1 Veuillez nous expliquer ce que signifie l'expression «transport combiné»?
2 Faites-vous les transports combinés?
3 Si votre maison ne s'occupe pas de ce genre de transports spéciaux, veuillez nous indiquer à qui nous devons nous adresser.
4 Quels sont les avantages du transport combiné?
5 Le transport combiné entraîne-t-il des frais particuliers?
6 Pourrions-nous collaborer avec vous dans le domaine du transport combiné?
7 Quelles marchandises sont exclues du transport combiné?
8 Devons-nous mettre en commun un nombre déterminé de remorques (de camoins à plateaux interchangeables/de containers)?
9 Y a-t-il certaines dimensions maximales/minimales pour les véhicules affectés au transport combiné?
10 Le fret est-il plus avantageux pour les palettes normalisées (containers normalisés)?
11 Certaines remises sont-elles accordées pour l'expédition d'un certain contingent mensuel de marchandises?
12 D'après quel critères les remises sont-elles accordées?
13 Sous quelle forme se présente la remise?
14 Cela dépend-il de taxes calculées en fonction du temps?
15 Peut-on aussi affecter au transport combiné des véhicules spéciaux, comme par exemple des camions-silos?
16 Faut-il également payer du fret pour le retour des unités de chargement?
17 Existe-t-il un tarif spécial pour le retour des remorques vides?
18 Le fret se calcule-t-il par unité de chargement ou d'après le poids chargé?

BEFÖRDERUNGS-PAPIERE

1 Müssen die Beförderungspapiere vom Absender erstellt werden?
2 Innerhalb welchen Zeitraums können wir nachträgliche Verfügungen vornehmen?
3 Es ist allgemein üblich, dem Spediteur bei Abholung eines Guts die Begleitpapiere zu übergeben.
4 Eine nachträgliche Verfügung ist immer dann möglich, wenn die Ware noch nicht an den ursprünglichen Empfänger ausgeliefert worden ist.

DOCUMENTS D'EXPÉDITION

1 Les documents d'expédition doivent-ils être établis par l'expéditeur?
2 De quel délai disposons-nous pour passer des ordres supplémentaires?
3 Il est d'usage courant de remettre les documents d'expédition à l'expéditeur au moment où il charge la marchandise.
4 Il n'est possible de passer des ordres après coup que tant que la marchandise n'a pas été livrée au destinataire initial.

ALLGEMEINE ANGEBOTE

1 Als renommiertes Unternehmen, das in allen Sparten des Speditionsgewerbes tätig ist, erlauben wir uns, Ihnen unsere Dienste anzubieten.
2 Wir versichern Sie einer stets prompten und zuverlässigen Bedienung.
3 Wir sind ein alteingesessenes Speditionsunternehmen, das einen guten Ruf geniesst.
4 Es spricht für unsere Leistungsfähigkeit, dass wir das erste Haus am Platze sind und die hiesige Industrie immer wieder auf unsere Dienste zurückgreift.

OFFRES GÉNÉRALES

1 Maison d'expédition connue et dont l'activité s'étend à toutes les branches de la profession, nous nous permettons de vous offrir les services de notre entreprise.
2 Nous vous garantissons à tout moment une exécution rapide et sûre de vos ordres.
3 Notre entreprise de transport est établie depuis longtemps et jouit d'une excellente réputation.
4 La meilleure preuve de notre efficacité est que nous sommes la première maison sur la place et que l'industrie locale a sans cesse recours à nos services.

SPEZIELLE ANGEBOTE

1 Wir sind jederzeit in der Lage, einen 20-t-LKW für Sonderfahrten von . . . nach . . . für Sie abzustellen.
2 Die Gestellung eines Sattelauflegers mit 12 m Ladelänge ist nach vorheriger Abstimmung möglich.
3 Fahrzeuge mit Palettenbreite müssen ca. . . . Tage vor Transportbeginn angefordert werden.
4 Unser Unternehmen setzt ausschliesslich eigene Fahrzeuge ein.
5 Für bestimmte Verbindungen bedienen wir uns verschiedener Subunternehmer.
6 Es trifft zu, dass wir nach den Städten . . . eigene LKW im Einsatz haben.
7 Gelegenheitsfahrten werden nur nach vorheriger Abstimmung durchgeführt.
8 Selbstverständlich führen wir auch Fahrten im Nahverkehrsbereich aus.
9 Unsere Geschäftsbedingungen bitten wir Sie, der Rückseite unseres Briefbogens zu entnehmen.
10 Da wir in erster Linie Auslandstransporte durchführen, besitzt ein Grossteil unserer LKW Zollverschluss, so dass sich keine Schwierigkeiten bei der Verfrachtung Ihrer Ware von . . . nach . . . ergeben.
11 Unser Unternehmen unterhält eine separate Silo-Abteilung, die Ihnen günstige Frachtangebote unterbreiten kann.
12 In unserem Unternehmensverband laufen auch Isotherm-Fahrzeuge. Wir würden Ihnen immer mit guten Angeboten entgegenkommen können.

OFFRES SPÉCIALES

1 Notre maison est en mesure, à tout moment, de vous fournir un camion de 20 tonnes pour un transport spécial de . . . à . . .
2 Il nous est possibles, après accord préalable, de fournir une semi-remorque de 12m de longueur de charge.
3 Pour les véhicules ayant la largeur des palettes, il faut passer l'ordre . . . jours environ avant le début du transport.
4 Notre entreprise utilise exclusivement ses propres véhicules.
5 Pour certaines liaisons, nous faisons appel à divers sous-entrepreneurs.
6 Il est exact que pour les villes de . . ., ce sont nos propres camions qui sont en service.
7 Nous ne nous chargeons de transports occasionnels qu'après accord préalable.
8 Nous faisons aussi, bien sûr, du transport routier à petite distance.
9 Nos conditions sont imprimées au verso de notre lettre.
10 Comme nous nous occupons essentiellement de transports internationaux, un grand nombre de nos camions sont équipés pour le transit sous plomb. Le transport de vos marchandise de . . . à . . . ne présente donc aucune difficulté.
11 Notre entreprise possède un service spécial pour les silos qui est à même de vous faire des offres de fret avantageuses.
12 Nous avons aussi des véhicules isothermes dans notre association d'entreprises et serions toujours en mesure de vous faire des offres intéressantes.

13 Die bei uns im Einsatz befindlichen Tankfahrzeuge haben die Güteklasse . . ., und wir sind ab Seehafen . . . aufnahmefähig.
14 Unsere jahrelange Tätigkeit auf dem Sektor Bekleidungstransporte brachte es mit sich, dass wir etliche Fahrzeuge mit Hängevorrichtungen versehen haben.
15 Bei uns ist nur eine beschränkte Anzahl von Wechselpritschen im Einsatz.
16 Für den Containerumschlag sind wir bestens ausgerüstet.
17 Selbstverständlich stehen uns alle technischen Hilfsmittel zur Verfügung.
18 Tiefladertransporte können wir leider nicht ausführen. Wenden Sie sich doch bitte an die Firma . . .
19 Als Anlage erlauben wir uns, Ihnen eine Tabelle zu überreichen, der Sie alle Kosten entnehmen können.
20 Wir haben leider keine Möbeltransporter. Setzen Sie sich bitte mit der Firma . . . in Verbindung.
21 An regelmässigen Transporten sind wir sehr interessiert, da unser Fuhrpark insgesamt . . . Spezial-LKW aufweist. Wir können Transporte zu günstigen Frachten abwickeln.

13 Les camions-citernes que nous avons actuellement en service appartiennent à la catégorie . . ., et nous pouvons encore accepter des ordres au départ du port maritime de . . .
14 Nous travaillons depuis de nombreuses années dans le secteur du transport d'articles de confection, ce qui nous a amenés à équiper quelquesuns de nos véhicules d'un dispositif pour suspendre les vêtements.
15 Dans notre maison, il n'y a qu'un nombre restreint de camions à plateaux interchangeables en service.
16 Nous sommes très bien équipés pour la manutention des containers.
17 Nous disposons bien entendu de toutes les installations techniques nécessaires.
18 Nous ne sommes malheureusement pas en mesure de nous charger de transports par camions à plate-forme de chargement surbaissée. Veuillez vous adresser à la maison . . .
19 Nous nous permettons de vous adresser ci-joint un barème qu'il vous suffit de consulter pour connaître les frais qui vous seront comptés.
20 Nous sommes très intéressés à des transmions pour le transport des meubles. Veuillez prendre contact avec la maison . . .
21 Nous sommes très intéressés à des transports réguliers, étant donné que notre parc de véhicules comprend au total . . . camions spéciaux. Nous pouvons effectuer des transports à des taux de fret intéressants.

KOSTENSTELLUNG

1 Die Frachtkosten für . . . Kisten . . ., Gewicht . . ., von . . . nach . . . betragen . . .
2 Der Frachtsatz für . . . von . . . nach . . . beträgt
für 5-t-Partien pro kg . . .
für 10-t-Partien pro kg . . .
für 15-t-Partien pro kg . . .
für 20-t-Partien pro kg . . .
3 Die Verladung des Guts muss durch den Absender vorgenommen werden.
4 Gern geben wir Ihnen die variablen Kosten für einen 5-t-LKW auf:
5 Der monatliche Mindestumsatz muss bei einer durchschnittlichen täglichen Leistung von . . . mit . . ., im Nahverkehrsbereich mit . . . angesetzt werden.
6 Die Last- und Leerkilometer sollten in einem Verhältnis von . . . stehen.

CALCUL DES FRAIS

1 Les frais pour le transport de . . . caisses de . . ., d'un poids de . . . kg, de . . . à . . . s'élèvent à . . .
2 Le taux de fret pour le transport de . . . de . . . à . . . s'élève
à . . . par kg pour un chargement de 5 tonnes
à . . . par kg pour un chargement de 10 tonnes
à . . . par kg pour un chargement de 15 tonnes
à . . . par kg pour un chargement de 20 tonnes
3 C'est l'expéditeur qui doit procéder au chargement de la marchandise.
4 Nous vous indiquons ci-après les frais variables pour un camion de 5 tonnes:
5 Le chiffre d'affaires mensuel minimum pour un service quotidien moyen de . . . km doit se monter à . . . et à . . . pour le camionnage local.
6 Le rapport du nombre de kilomètres en charge au nombre de kilomètres à vide doit être de . . .

7 Für Spezialfahrzeuge gibt es Sondertarife, die alle Zuschläge bereits beinhalten.

8 Wir können Warenwert-Nachnahmen bei Zustellung erheben; der Nachnahmebetrag wird ausserhalb des Kontokorrent-Verfahrens umgehend an Sie überwiesen.

9 Für die Einziehung der Nachnahme erheben wir . . .% vom Warenwert.

10 Für verkürzte Lieferfristen wird ein Zuschlag von . . .% berechnet.

11 Bei einem entsprechenden Frachtumsatz räumen wir Ihnen für Sendungen nach . . . eine Refaktie in Höhe von . . .% ein.

12 Sendungen, die Sie unseren Sammeltransporten beiladen, werden nach der Preistabelle Nr. . . . abgerechnet.

7 Pour les véhicules spéciaux, il y a des tarifs spéciaux comprenant déjà les suppléments de fret.

8 Nous pouvons encaisser le montant du remboursement de la marchandise au moment de la livraison; le montant du remboursement vous sera immédiatement viré en dehors du procédé du compte courant.

9 Pour l'encaissement du remboursement de la marchandise, nous prélevons . . . % de la valeur de la marchandise.

10 Pour les délais de livraison plus rapides, nous comptons un supplément de fret de . . . %.

11 En cas de chiffre de fret suffisant, nous vous consentons une remise de . . . % pour les envois à destination de . . .

12 C'est le barème n° . . . qui s'applique aux envois que vous joignez à nos transports groupés.

KOSTEN FÜR VERPACKUNGSMITTEL

1 Unsere firmeneigenen Verpackungsmittel können wir Ihnen jederzeit stellen.

2 Die Gebühren richten sich nach unserer internen Preisaufstellung; eine kostenfreie Überlassung ist leider nicht möglich.

3 Bei Verwendung unserer speditionseigenen Verpackungsmittel müssen entsprechende Mindestfrachten berechnet werden, die sich nach Grössenordnung staffeln.

4 Für die Rückführung unserer Verpackungseinheiten fallen (keine) folgende Gebühren an: . . .

5 Einwegbehälter in den Formaten . . . können Ihnen gegen Kostenerstattung zur Verfügung gestellt werden.

6 Die Preise entnehmen Sie bitte der beigefügten Aufstellung.

FRAIS D'EMBALLAGE

1 Nous pouvons à tout moment vous fournir nos propres emballages.

2 Les frais sont calculés d'après nos prix intérieurs; les emballages ne peuvent être fournis gratuitement.

3 En cas d'utilisation de notre matériel d'emballage, nous fixons des frets minimums calculés en fonction de la taille.

4 Pour le retour de nos emballages, il est perçu les frais (il n'est perçu aucuns frais) suivants:

5 Des emballages perdus peuvent être mis à votre disposition contre remboursement des frais dans les formats suivants: . . .

6 Pour connaître les prix, veuillez consulter le tarif ci-joint.

BRANCHENÜBLICHE AUSDRÜCKE

1 Da aus unserem Kundenkreis immer wieder Fragen wegen der Auslegung der Frankaturbestimmungen gestellt werden, haben wir eine entsprechende Broschüre herausgegeben.

2 Die Erläuterung des Frankaturbegriffs «Frei Haus» finden Sie auf Seite . . .

3 Die international üblichen Frankaturen sind in den «Incoterms» festgelegt.

TERMES EMPLOYÉS DANS LA BRANCHE

1 Notre clientèle nous pose sans cesse des questions au sujet des conditions de port, aussi avons-nous rédigé une brochure donnant tous les renseignements souhaités.

2 L'explication du terme «franco domicile» se trouve à la page . . . de la brochure.

3 Les conditions de port habituelles dans le commerce international sont fixées dans les «Incoterms».

4 Es ist jedem international tätigen Kaufmann zu empfehlen, sich eingehend mit den «Incoterms» zu befassen.
5 Wir betrachten es als Dienst am Kunden, wenn wir Ihnen neben einer Ausgabe der «Incoterms» auch ein Exemplar der «Tradeterms» zukommen lassen.

4 Il est conseillé à tous ceux qui travaillent dans le secteur du commerce international d'étudier à fond les «Incoterms».
5 Nous considérons comme service à client de vous faire parvenir, en plus d'un exemplaire des «Incoterms», un exemplaire des termes commerciaux.

TRANSPORT-KOMBINATIONEN

1 Beim «Kombinierten Verkehr» handelt es sich um eine Beförderungsart, bei der der LKW-Unternehmer gemeinsam mit der Bahn Leistungen erbringt.
2 Wir unterhalten «Kombinierte Verkehre» nach folgenden Orten:
3 Neben seiner allgemeinen volkswirtschaftlichen Bedeutung bringt der «Kombinierte Verkehr» für den einzelnen Transportunternehmer erhebliche Kosteneinsparungen vor allen Dingen im Personalbereich mit sich.
4 Eine Zusammenarbeit ist (leider nicht) möglich.
5 Folgende Güter können wegen der einschlägigen Bedingungen nicht im «Kombinierten Verkehr» befördert werden:
6 Die Einbringung einer bestimmten Anzahl von Sattelauflegern (Wechselpritschen/Containern) in einem Pool ist gegenwärtig nicht erforderlich.
7 Die im «Kombinierten Verkehr» eingesetzten Fahrzeuge unterliegen bestimmten Höchstmassen und einer begrenzten Gesamtlast.
8 Die Beförderung von Paletten (Behältern) liegt frachtmässig (nicht) günstiger.
9 Refaktien werden bei einer bestimmten Mindestaufgabe gewährt. Die Bedingungen entnehmen Sie bitte beiliegendem Merkblatt.
10 Im «Kombinierten Verkehr» können auch Silo-Fahrzeuge eingesetzt werden, sofern sie die zulässigen Höchstmasse und -gewichte nicht überschreiten.
11 Bei der Rückführung von leeren Sattelauflegern usw. fallen selbstverständlich Kosten an, die sich nach der jeweiligen Frachtentabelle richten.
12 Die Fracht wird zurzeit pro Ladeeinheit berechnet.

COMBINAISONS DE TRANSPORTS

1 Le «transport combiné» est un mode de transport où l'entrepreneur de camionnage et les chemins de fer réalisent ensemble un service de transport.
2 Nous faisons du transport combiné à destination des localités suivantes:
3 Outre sa signification générale au point de vue de l'économie nationale, le «transport combiné» permet à l'entrepreneur de transport de réaliser des économies appréciables, surtout au point de vue du personnel.
4 Il est (n'est malheureusement pas) possible de travailler en coopération.
5 En raison des conditions relatives au transport combiné, les marchandises suivantes ne peuvent être expédiées de cette façon:
6 La mise en commun d'un nombre déterminé de remorques (de camions à plateaux interchangeables/de containers) n'est pas nécessaire actuellement.
7 Il existe des dimensions maximales ainsi qu'un poids total limite pour les véhicules affectés au transport combiné.
8 Le fret est (n'est pas) plus avantageux pour l'expédition de palettes (containers).
9 Des remises sont accordées pour les ordres atteignant une certaine importance minimum. Pour connaître les conditions, veuillez consulter l'aide-mémoire ci-joint.
10 Des camions-silos peuvent également être affectés au transport combiné dans la mesure où ils ne dépassent pas les dimensions et le poids maximums admis.
11 Il faut bien entendu payer du fret pour le retour des remorques vides; le taux de fret est calculé d'après les barèmes en vigueur.
12 Actuellement, le fret se calcule par unité de chargement.

ALLGEMEINE AUFTRAGSERTEILUNG

1 Ihren Brief haben wir erhalten und möchten – zunächst probeweise – Ihre Dienste in Anspruch nehmen.

PASSATION D'ORDRES GÉNÉRAUX

1 Nous avons reçu votre lettre et désirons faire appel à vos services tout d'abord à titre d'essai.

2 Wir gehen davon aus, dass Sie alle unsere Beförderungsaufträge äusserst sorgfältig ausführen werden.

3 Die uns vorliegenden Prospekte lassen die Leistungsfähigkeit Ihrer Firma erkennen. Deshalb übertragen wir Ihnen bis auf weiteres unsere gesamten Verladungen.

4 Ihr Prospektmaterial lässt erkennen, dass Sie gutorganisierte Verkehrsverbindungen unterhalten; wir übergeben Ihnen daher unser Frachtaufkommen zur Beförderung.

5 Bei dem Besuch Ihres Herrn . . . ist vor allen Dingen Ihr Stichverkehr nach . . . herausgestellt worden. In dieser Verbindung übergeben wir Ihnen unser gesamtes Frachtaufkommen.

2 Nous comptons sur vous pour apporter à tous nos ordres d'expédition votre entière attention.

3 Les prospectus publicitaires que nous avons entre les mains montrent l'efficacité de votre maison, aussi vous confions-nous jusqu'à nouvel ordre l'ensemble de nos expéditions.

4 Vos prospectus publicitaires montrent que les liaisons que vous assurez fonctionnent bien, aussi vous confions-nous nos expéditions.

5 Lors de la visite de votre collaborateur, Monsieur . . ., c'est surtout votre service de jonction à destination de . . . qui a retenu notre attention, aussi vous confions-nous l'ensemble de nos expéditions sur ce trajet.

SPEZIELLE AUFTRAGSERTEILUNG

1 Wir beziehen uns auf Ihre Offerte vom . . . und übertragen Ihnen die Durchführung des Transports per Sonderfahrt am . . . von . . . nach . . .

2 Bitte stellen Sie uns am . . . einen Sattelaufleger von . . . m Ladelänge.

3 Für den . . . benötigen wir ein Fahrzeug, das Palettenbreite hat.

4 Da Sie nach . . . eigene Fahrzeuge einsetzen, erteilen wir Ihnen hiermit den Auftrag, folgende Sendung zu übernehmen: . . .

5 Wir erteilen Ihnen die Order, für die Zeit vom . . . bis zum . . . sämtliche Nahverkehrs-Transporte ab Werk . . . nach . . . durchzuführen.

6 Mit Ihren Geschäftsbedingungen erklären wir uns einverstanden.

7 Hiermit erteilen wir Ihnen den Auftrag, am . . . unsere Sendung . . . bei der Firma . . . zu übernehmen und mit einem Fahrzeug mit Zollverschluss nach . . . zu verfrachten.

8 Wir wollen uns erstmals Ihrer Dienste im Silo-Verkehr bedienen und bitten Sie, am . . . gemäss Versandauftrag Nr. . . . folgende Partie zu übernehmen: . . .

9 Zu übernehmen sind mit Isotherm-Fahrzeug am . . . bei Firma . . . insgesamt . . . t . . .

10 Als Probeauftrag sind am Tanklager . . . . . . t gemäss beigefügter Abholbescheinigung zu übernehmen.

11 Am . . . sind bei der Firma . . . . . . abholbereit, die Sie bitte zum genannten Termin übernehmen wollen.

12 Wir haben heute einen Container an Sie abgesandt, der sofort nach Eingang zur Beladung der Firma . . . zugestellt werden muss.

PASSATION D'ORDRES SPÉCIAUX

1 Nous nous référons à votre offre du . . . et nous vous confions par la présente le transport exceptionnel de . . . à . . ., le . . .

2 Veuillez nous fournir le . . . une semi-remorque de . . . m de longueur de chargement.

3 Pour le . . ., nous avons besoin d'un véhicule de la largeur d'une palette.

4 Puisque vos propres véhicules sont affectés au trajet à destination de . . ., nous vous passons par la présente l'ordre de vous charger des envois suivants: . . .

5 Nous vous passons l'ordre, pour la période du . . . au . . ., de vous charger de toutes les expéditions locales depuis l'usine de . . . à destination de . . .

6 Vos conditions commerciales nous conviennent.

7 Nous vous passons par la présente l'ordre de prendre notre envoi de . . . le . . . auprès de la maison . . . et de l'expédier à . . . par camion en transit sous plomb.

8 Nous faisons pour la première fois appel à vos services de transport par camions-silos et vous prions de prendre le . . ., conformément à notre ordre d'expédition n° . . ., le chargement suivant:

9 . . . tonnes de . . . au total sont à enlever le . . . à la maison . . . et à expédier par camions isothermes.

10 Conformément au bon d'enlèvement ci-joint, et à titre d'essai, . . . t sont à enlever à l'entrepôt de citernes de . . .

11 . . . seront prêt(e)s à être enlevé(e)s le . . . à la maison . . .; vous voudrez bien les enlever à la date indiquée.

12 Nous vous avons envoyé aujourd'hui un container qui est à remettre dès réception à la maison . . . pour y être chargé.

13 Bei der Firma ... sind am ... ca. ... t ... abholbereit, die Sie bitte gleich übernehmen wollen.

14 Ihrem Angebot zufolge bitten wir Sie, die Sendung ... am ... bei uns abzuholen und nach ... zu verfrachten.

15 Die uns offerierten Frachtsätze liegen günstig. Wir übertragen Ihnen folgende Transporte:

16 Die von Ihnen verlangten Mindestumsätze werden erreicht, so dass wir Ihnen einen laufenden Vertrag zunächst für die Zeit vom ... bis zum ... erteilen können.

17 Ihre für unser Frachtaufkommen eingeräumte Refaktie entspricht unseren Wünschen; wir lassen Ihnen daher die vorliegenden Versandaufträge zukommen.

13 ... tonnes environ de ... seront prêt(e)s à être enlevé(e)s le ... à la maison ...; vous voudrez bien les charger immédiatement.

14 Suite à votre offre, nous vous prions de passer prendre notre envoi de ... et de l'expédier à ...

15 Les taux de fret de votre offre sont intéressants, aussi vous chargeons-nous des transports suivants:

16 Les chiffres d'affaires minimum que vous demandez seront atteints, aussi vous passons-nous, tout d'abord pour la période du ... au ..., un ordre permanent.

17 La remise de fret que vous nous consentez nous convient, aussi vous faisons-nous parvenir les ordres d'expédition ci-joints.

VERPACKUNGS-MATERIAL

1 Die uns übermittelte Preisaufstellung für speditionseigene Verpackungsbehältnisse veranlasst uns, ab sofort Ihre Umschliessungen zu verwenden.

2 Nachdem für die Rückführung Ihrer speditionseigenen Verpackungsmittel keine Kosten anfallen, haben wir unsere Versandabteilung angewiesen, künftig Ihre Behälter zu verwenden.

3 Stellen Sie uns bitte insgesamt ... Einwegbehälter zum Preis von ... zur Verfügung.

EMBALLAGES

1 La liste de prix des emballages de votre maison d'expédition que vous nous avez communiquée nous décide à utiliser de suite votre matériel d'emballage.

2 Puisqu'il n'y a aucuns frais pour le retour de vos emballages, nous avons donné ordre à notre service d'expéditlon d'utiliser à l'avenir vos containers.

3 Veuillez nous fournir ... emballages perdus au total, au prix de ...

VERSANDANZEIGE

1 Wir danken für den uns erteilten Auftrag und bestätigen Ihnen, dass Ihre Sendung vom ... ordnungsgemäss verfrachtet wurde.

2 Wir werden bemüht sein, auch künftige Transportaufträge stets zu Ihrer vollen Zufriedenheit abzuwickeln.

3 Die uns mit Ihrer Versandanweisung übergebenen Sendungen sind heute an die vorgeschriebenen Empfänger abgesandt worden.

4 Sämtliche Sendungen, die Sie uns am ... übergeben haben, sind noch am selben Tag weiterbehandelt worden.

5 Gemäss Ihren Frachtbriefen wurden die Waren unverzüglich expediert.

6 Laut Ihrer Verladeanweisung vom ... haben wir die Sendung ... am ... mit Eilvermerk nach ... versandt.

AVIS D'EXPÉDITION

1 Nous vous remercions de l'ordre que vous nous avez passé et vous confirmons que votre envoi du ... a bien été expédié conformément à votre ordre.

2 Nous ferons tout notre possible pour exécuter aussi vos ordres de transport à venir à votre entière satisfaction.

3 Les envois qui nous ont été remis en même temps que votre ordre d'expédition ont été expédiés aujourd'hui au destinataire indiqué.

4 Tous les envois dont vous nous avez chargés le ... ont été expédiés le jour même.

5 Conformément à vos lettres de voiture, les marchandises ont été immédiatement expédiées.

6 Conformément à votre avis de chargement du ..., nous avons expédié le ... l'envoi de ... en service accéléré à ...

BAHNFRACHT

TRANSPORTS FERROVIAIRES

ANFRAGEN

DEMANDES

ALLGEMEINE ANFRAGEN

DEMANDES GÉNÉRALES

1 Wir haben täglich Stückgutsendungen zu verfrachten und bitten Sie um Mitteilung, welcher Rollführer für unseren Bezirk zuständig ist.

2 Wir haben uns hier niedergelassen. Da der Ort keinen Bahnhof für Stückgutaufgabe hat, bitten wir Sie, zu veranlassen, dass Ihr Rollführer täglich die bei uns anfallenden Sendungen übernimmt.

3 Wir würden es begrüssen, wenn uns in Kürze ein Beauftragter Ihrer Gesellschaft besuchen könnte, um alle mit der Versendung von Frachtgut zusammenhängenden Fragen zu erörtern.

1 Ayant chaque jour des envois de détail à expédier, nous vous prions de nous indiquer quel est, dans notre région, le service de transport routier accrédité auprès de la compagnie des chemins de fer.

2 Nous nous sommes installés ici. Comme la localité n'a pas de gare pour l'expédition des envois de détail, nous vous prions de faire le nécessaire pour que votre service routier passe tous les jours enlever les envois à expédier.

3 Nous serions heureux qu'un représentant de votre société nous rende visite dans les prochains jours pour que nous puissions discuter tous les problèmes concernant l'expédition de marchandises en régime ordinaire.

ANSCHLUSSGLEIS

1 Wir beabsichtigen die Installierung eines Anschlussgleises für das Werk . . .

2 Der Jahresausstoss unseres Werks beträgt ca. . . . t.

3 Für den Abtransport der Erzeugnisse werden jährlich ca. . . . Waggons benötigt.

4 Würden Sie durch einen Beauftragten Ihrer Gesellschaft die örtlichen Gegebenheiten prüfen lassen?

5 Ist unser Industriegelände in Ihrem Flächenplan bereits berücksichtigt?

6 Gehen die Baukosten des Anschlussgleises zu unseren Lasten?

7 Müssen wir uns an den Baukosten des Anschlussgleises beteiligen?

8 Wie hoch werden die Baukosten des Anschlussgleises liegen?

9 Ist mit der Installierung eines Anschlussgleises ein bestimmter Mindestversand verbunden?

10 Müssen für das Anschlussgleis besondere Unterhaltungsgebühren bezahlt werden?

11 Nach welchen Gesichtspunkten richten sich die Anschlussgleisgebühren?

12 Werden bei Errichtung eines Anschlussgleises die Wünsche des Verladers berücksichtigt?

13 Sofort nach Fertigstellung des Anschlussgleises werden wir unseren gesamten Versand auf Bahn umstellen.

VOIE DE RACCORDEMENT

1 Nous envisageons la construction d'une voie de raccordement pour l'usine de . . .

2 La production annuelle de notre usine atteint environ . . . t.

3 Le transport de nos articles nécessite environ . . . wagons par an.

4 Voudriez-vous faire étudier les conditions locales par un représentant de votre compagnie?

5 Votre carte des zones industrielles tient-elle déjà compte de la nôtre?

6 Les frais de construction de la voie de raccordement sont-ils à notre charge?

7 Devons-nous participer aux frais de construction de la voie de raccordement?

8 À combien s'élèveront les frais de construction de la voie de raccordement?

9 La construction d'une voie de raccordement implique-t-elle un volume d'expédition minimum?

10 Faut-il payer des taxes d'entretien particulières pour la voie de raccordement?

11 D'après quels critères les taxes d'utilisation de la voie de raccordement sont-elles calculées?

12 Est-il tenu compte des désirs du chargeur lors de la construction d'une voie de raccordement?

13 Dès que la construction de la voie de raccordement sera terminée, nous ferons partir toutes nos expéditions par chemin de fer.

TARIF

1 Wie hoch belaufen sich die Kosten für einen kompletten Güterzug mit 50 Waggons von . . . nach . . .?
2 Welche Sonderfrachtsätze können Sie uns anbieten?
3 Senden Sie uns bitte Ihren Gütertarif zu.
4 Aus dem Tarifwerk müssen sowohl der Stückgut-Frachtsatz als auch der Wagenladungstarif ersichtlich sein.
5 Zugleich benötigen wir ein Bahnhofsverzeichnis.
6 Wir wünschen ferner ein Exemplar des Nebengebührentarifs.
7 Im besonderen informieren Sie uns bitte über die Kosten für die Benutzung der bahneigenen Krananlage.
8 Sind diese Kosten pauschal angesetzt, oder muss die stundenweise Überlassung bezahlt werden?

TARIF

1 À combien s'élèvent les frais pour un train de marchandises complet de 50 wagons, de . . . à . . .?
2 Quels barèmes spéciaux pouvez-vous nous offrir?
3 Veuillez nous envoyer votre tarif marchandises.
4 Il faut que le tarif indique les barèmes applicables aux expéditions de détail et aux chargements par wagon entier.
5 Nous avons besoin en même temps d'une nomenclature des gares de chemin de fer.
6 Nous désirons en outre un exemplaire du tarif des frais accessoires.
7 Faites-nous savoir en particulier quelles sont les taxes d'utilisation des grues qui appartiennent à la compagnie de chemin de fer.
8 Les taxes sont-elles fixées d'une façon forfaitaire ou bien faut-il payer l'utilisation à l'heure?

LIEFER- UND BELADEFRISTEN

1 Welche Lieferfristen liegen einem Frachtvertrag zugrunde?
2 Müssen für verkürzte Lieferfristen Sonderzuschläge bezahlt werden?
3 Werden für angeforderte, jedoch nicht benötigte Waggons Abbestellgebühren verlangt?
4 In welcher Höhe fallen derartige Gebühren an?
5 Wie lange darf ein Verladevorgang dauern, bevor Waggonstandgelder bezahlt werden müssen?
6 Welche Beladefristen sind bei Verwendung eines Waggons zu berücksichtigen?
7 Gibt es für die Entladung der Waggons zeitliche Beschränkungen?
8 Können diese verlängert werden, ohne dass zusätzliche Kosten entstehen?
9 Besteht die Möglichkeit der Rückvergütung bereits bezahlter Waggonstandgelder? Sofern ja, unter welchen Bedingungen?
10 Ist eine Erstattung aus Billigkeitsgründen möglich?

DÉLAIS DE LIVRAISON ET DE CHARGEMENT

1 Sur quels délais de livraison repose un contrat de transport?
2 Devons-nous payer des surtaxes si les délais d'acheminement sont écourtés?
3 Y a-t-il des taxes d'annulation à payer pour des wagons demandés mais non utilisés?
4 À combien s'élèvent ces taxes?
5 Quelle est la durée limite de chargement pour ne pas avoir à payer de taxe de stationnement?
6 Quels sont les délais de chargement à respecter en cas d'utilisation d'un wagon?
7 Y a-t-il une durée limite pour le déchargement d'un wagon?
8 Celle-ci peut-elle être prolongée sans frais supplémentaires?
9 Est-il possible d'obtenir le remboursement des taxes de stationnement déjà payées – si oui, à quelles conditions?
10 Est-il possible d'obtenir un remboursement pour des raisons d'équité?

ZAHLUNG

1 Unser Personal muss bei Aufgabe von Stückgut die Frachtkosten sofort bar bezahlen. Besteht die Möglichkeit, bei Ihrer Gesellschaft ein Stundungskonto einzurichten? Welche Voraussetzungen sind dazu zu erfüllen?

PAIEMENT

1 Notre personnel doit payer comptant les taxes d'expédition dès la remise des expéditions de détail. Est-il possible d'ouvrir un compte Grande Maison (compte G.M.) de règlement différé? Quelles conditions préalables faut-il remplir?

2 Sind Vorauszahlungen zu leisten?
3 Ist eine Sicherheitshinterlegung erforderlich?
4 Wie gestaltet sich der Abrechnungsmodus?
5 Erfolgt vierzehntägiger/monatlicher Ausgleich?
6 Muss die Bezahlung bar erfolgen?
7 Kann mittels Scheck reguliert werden?
8 Kann der Betrag bargeldlos überwiesen werden?
9 Fallen bei Eröffnung eines Stundungskontos Bearbeitungsgebühren an?
10 Müssen unter Umständen für die gestundeten Frachten Zinsen bezahlt werden, wenn ja, in welcher Höhe? Werden diese Zinsen im Stundungsverfahren angerechnet?
11 Sind die Zinsen ausserhalb des Stundungsverfahrens in bar fällig?
12 Können auch die Eingangsfrachten im Stundungsverfahren beglichen werden?
13 Sind Waggonfrachten ebenfalls anrechenbar?
14 Wie gestaltet sich die Behandlung einer Warenwert-Nachnahme im Stundungsverfahren?
15 Werden uns Warenwert-Nachnahmen sofort nach Einlösung durch den Empfänger ausbezahlt bzw. gutgebracht?
16 Können Sie uns die Warenwert-Nachnahmen ausserhalb des Stundungsverfahrens überweisen?
17 Sind hierfür Sondergebühren zu entrichten?
18 Werden Sendungen mit Warenwert-Nachnahme, die für uns bestimmt sind, automatisch im Stundungsverfahren aufgerechnet?
19 Erfolgt bei Eingang einer derartigen Sendung vor Belastung im Stundungsverfahren eine Benachrichtigung?
20 Können wir die Annahme einer im Stundungsverfahren bereits belasteten Sendung noch nachträglich verweigern?

2 Faut-il verser des avances?
3 Est-il nécessaire de faire un dépôt de garantie?
4 Comment procède-t-on au décompte des taxes dues?
5 Le règlement a-t-il lieu tous les 15 jours ou tous les mois?
6 Le paiement doit-il être fait en espèces?
7 Peut-on régler par chèque?
8 Le règlement peut-il s'effectuer par virement?
9 L'ouverture d'un compte G.M. entraîne-t-elle des frais de constitution de dossier?
10 Faut-il éventuellement payer des intérêts pour les paiements de fret différés et, si oui, quel en est le taux? Ces intérêts sont-ils portés en compte?
11 Les intérêts dus en dehors du régime G.M. sont-ils payables en espèce?
12 Les taxes sur les arrivées de marchandises peuvent-elles être réglées aussi dans le cadre du régime G.M.?
13 Les taxes pour les wagons peuvent-elles également être portées en compte?
14 Comment fonctionnent les expéditions contre remboursement dans le cadre du régime Grande Maison de règlement différé?
15 Le montant du remboursement nous est-il payé ou est-il porté au crédit de notre compte dès encaissement auprès du destinataire?
16 Pouvez-vous nous virer le montant des sommes encaissées pour les expéditions contre remboursement en dehors du régime Grande Maison?
17 Faut-il pour cela payer des taxes particulières?
18 Les envois contre remboursement qui nous sont destinés sont-ils portés automatiquement au débit de notre compte G.M. de règlement différé?
19 Sommes-nous avisés de l'arrivée d'un envoi de ce genre avant imputation du montant à notre compte?
20 Pouvons-nous refuser un envoi contre remboursement qui a déjà été porté au débit de notre compte de règlement différé?

FRACHTBRIEF

1 Müssen die Frachtbriefe grundsätzlich vom Versender erstellt werden?
2 Sind die Frachtbriefe an bestimmte Normen gebunden?
3 Können die uns vorliegenden Frachtbrief-Formulare für Stückgutsendungen ebenso wie für ganze Wagenladungen verwendet werden?
4 Sind im Frachtbrief Korrekturen erlaubt?

LETTRE DE VOITURE

1 Les lettres de voiture doivent-elles être établies obligatoirement par l'expéditeur?
2 Y a-t-il certaines normes à respecter pour les lettres de voiture?
3 Les formulaires de lettres de voiture que nous avons entre les mains peuvent-ils être utilisés aussi bien pour des expéditions de détail que pour des expéditions par wagon entier?
4 Est-il possible d'effectuer des corrections dans les lettres de voiture?

5 Müssen hierbei Besonderheiten beachtet werden?
6 Dürfen wir im Frachtbrief eine Kurzmitteilung an den Empfänger vermerken?
7 Sind im Frachtbrief die Brutto-/Tara-/Nettogewichte anzugeben?
8 Wird das Bruttogewicht von der Bahn ermittelt?
9 Müssen wir im Frachtbrief neben dem Bruttogewicht auch das Volumen der Sendung angeben?
10 Dürfen dem Frachtbrief Anlagen beigefügt werden?
11 Sind bei Verwendung von Behältern (Paletten) Begleitpapiere vorgeschrieben, die wir anzufertigen haben?
12 Können Frachtbriefe bei Ihnen bestellt werden? Sofern nicht, nennen Sie uns bitte eine Druckerei, von der die Formularsätze bezogen werden können.
13 Geben Sie uns bitte eine detaillierte Aufschlüsselung der Mengenrabatte bei Auftragserteilung über mehr als . . . Stück.

5 À quoi faut-il faire particulièrement attention dans ce cas?
6 Peut-on utiliser la lettre de voiture pour une courte notification au destinataire?
7 Faut-il indiquer le poids brut/net/la tare dans la lettre de voiture?
8 Est-ce la gare qui détermine le poids brut?
9 Faut-il indiquer aussi dans la lettre de voiture, en plus du poids brut, le volume de l'envoi?
10 Peut-on joindre des annexes à la lettre de voiture?
11 En cas d'utilisation de containers (palettes), y a-t-il des papiers d'accompagnement à établir?
12 Pouvez-vous nous fournir des formulaires de lettres de voiture? Sinon, veuillez nous indiquer une imprimerie où nous pouvons nous en procurer.
13 Veuillez nous donner le barème détaillé des rabais de quantité accordés pour les ordres d'expédition supérieurs à . . . pièces.

ÄNDERUNGEN

1 Können wir Frachtverträge nachträglich ändern? Sind hierfür besondere Bestimmungen zu beachten?
2 Kann das Gut auf den Versandbahnhof zurückgegeben werden?
3 Kann die Sendung unterwegs angehalten werden?
4 Kann die Ablieferung des Guts ausgesetzt werden?
5 Kann die Ware an einen anderen Empfänger ausgeliefert werden?
6 Kann die Sendung zu einem anderen Bestimmungsbahnhof umgeleitet werden?
7 Kann eine Nachnahme nachträglich auferlegt (erhöht/herabgesetzt/aufgehoben) werden?
8 Kann das Gut bahnlagernd gestellt werden?
9 Kann die am . . . verschickte Sendung aufgeteilt werden?
10 Sind bei einer nachträglichen Verfügung bestimmte Vordrucke zu verwenden?
11 Muss unter Umständen das Frachtbriefdoppel vorgelegt werden?
12 Sind die Kosten der nachträglichen Verfügung von uns zu übernehmen?
13 Können die Kosten der nachträglichen Verfügung dem Empfänger angelastet werden?
14 Wann erlischt das nachträgliche Verfügungsrecht?

MODIFICATIONS

1 Existe-t-il la possibilité de modifier après coup les contrats de transport? Y a-t-il des dispositions particulières à respecter dans ce cas?
2 La marchandise peut-elle être rendue à la gare d'expédition?
3 L'envoi peut-il être stoppé en cours d'acheminement?
4 La livraison de la marchandise peut-elle être ajournée?
5 La marchandise peut-elle être livrée à un autre destinataire?
6 L'envoi peut-il être détourné sur une autre gare de destination?
7 Le montant du remboursement peut-il être fixé (augmenté/diminué/annulé) après coup?
8 La marchandise peut-elle être déposée en gare restante?
9 L'envoi expédié le . . . peut-il être ventilé en plusieurs parties?
10 En cas de non-remise au destinataire, faut-il utiliser des imprimés déterminés pour la mise à la disposition de l'expéditeur?
11 Faut-il éventuellement présenter le duplicata de la lettre de voiture?
12 Les frais de mise à la disposition de l'expéditeur sont-ils à notre charge?
13 Les frais de mise à la disposition de l'expéditeur peuvent-ils être mis à la charge du destinataire?
14 Quand le droit de disposition de l'expéditeur expire-t-il?

15 Ab welchem Zeitpunkt kann der Empfänger uneingeschränkt über die Ware verfügen?
16 Besteht die Möglichkeit, dass der Empfänger des Guts die Sendung, ohne sie in Besitz zu nehmen, sofort an einen Dritten ausliefern lässt?

15 À partir de quel moment la marchandise est-elle mise sans restriction à la disposition du destinataire?
16 Le destinataire a-t-il la possibilité de faire livrer immédiatement la marchandise à un tiers sans en prendre possession?

HAFTUNG DER BAHN

1 Geben Sie uns bitte Erläuterungen zum Thema Haftung der Bahn.
2 Kann die Bahn für gänzlichen oder teilweisen Verlust haftbar gemacht werden?
3 Haftet die Bahn – sofern ja, in welchem Umfang – für die Beschädigung einer Ware?
4 Wann beginnt die Bahn zu haften? Wann endet ihre Haftung?
5 Bestehen seitens der Bahn generelle Haftungsausschlüsse?
6 Wie haben wir uns bei Eintritt eines Schadensfalls zu verhalten? Sind hier Besonderheiten zu beachten?
7 Bestehen seitens der Bahn Haftungsbeschränkungen?
8 Nach welcher Zeit muss mit dem Verlust eines Guts gerechnet werden?
9 Bei wem können Ansprüche geltend gemacht werden?
10 Welche Unterlagen sind bei Geltendmachung von Ansprüchen erforderlich?
11 Sind Abtretungserklärungen erforderlich?
12 Nach welchen Werten richtet sich die Schadensersatzleistung?
13 Wann erlöschen die Ansprüche aus einem Frachtvertrag?
14 Sind bestimmte Verjährungsfristen zu berücksichtigen?

RESPONSABILITÉ DE LA COMPAGNIE DE CHEMIN DE FER

1 Veuillez nous donner des éclaircissements au sujet de la responsabilité de la compagnie de chemin de fer.
2 Peut-on rendre la compagnie de chemin de fer responsable en cas de perte totale ou partielle?
3 La compagnie de chemin de fer est-elle responsable – si oui, dans quelle mesure – quand la marchandise est endommagée?
4 Quand commence la responsabilité de la compagnie de chemin de fer? Quand prend-elle fin?
5 Existe-t-il, de la part de la compagnie de chemin de fer, des exclusions générales de garantie.
6 Que devons-nous faire en cas d'avarie? À quoi faut-il faire spécialement attention?
7 Existe-t-il, de la part de la compagnie, des restrictions à la garantie?
8 Au bout de combien de temps l'envoi doit-il être considéré comme perdu?
9 À qui les demandes de dommages-intérêts doivent-elles être adressées?
10 Quelles pièces sont nécessaires pour faire valoir les droits à dommages-intérêts?
11 Est-il nécessaire de faire une déclaration de cession?
12 Sur quelle base les dommages-intérêts sont-ils évalués?
13 Quand le droit à indemnité expire-t-il dans un contrat de transport?
14 Y a-t-il certains délais de prescription à observer?

ZUFÜHRUNG AM BESTIMMUNGSBAHNHOF

1 Geben Sie uns bitte bekannt, wer die Zustellung unserer Sendungen vornimmt.
2 Hat der Bestimmungsbahnhof . . . einen bahnamtlichen Rollführer?

LIVRAISON À PARTIR DE LA GARE DE DESTINATION

1 Veuillez nous faire savoir qui effectue la livraison à domicile de nos envois?
2 La gare destinataire de . . . a-t-elle un service routier auxiliaire de livraison à domicile?

3 Wird die Auslieferung des Guts durch einen bevollmächtigten Spediteur durchgeführt?
4 Übernimmt der ortsansässige Spediteur auch eine eventuell erforderlich werdende Behandlung?
5 Gibt es für die Rollführleistung besondere Tarife?
6 Handelt es sich bei diesen Tarifen um Festpreise?
7 Müssen die Zustellungskosten in allen Fällen vom Empfänger getragen werden?

3 La livraison à domicile de la marchandise est-elle effectuée par une maison d'expédition accréditée?
4 La maison d'expédition locale se charge-t-elle aussi des opérations éventuellement nécessaires?
5 Y a-t-il des tarifs spéciaux pour le service de livraison à domicile?
6 S'agit-il, dans ces tarifs, de prix fermes?
7 Les frais de livraison à domicile sont-ils dans tous les cas à la charge du destinataire?

DIVERSES

1 Teilen Sie uns bitte mit, wie lange eine Sendung per Express von . . . nach . . . braucht.
2 Kann eine Expressgutsendung nach . . . mit einer Warenwert-Nachnahme belegt werden? Bis zu welcher Höhe?
3 Können Speditionsleistungen als Barvorschuss per Nachnahme eingezogen werden? Besteht der Höhe nach eine Beschränkung?
4 Wird eine Expressgutsendung grundsätzlich vor Zustellung dem Empfänger avisiert?
5 Kann der Empfänger die Ware selbst am Bestimmungsbahnhof abholen?
6 Besteht unter bestimmten Voraussetzungen ein Zustellungszwang durch den bahnamtlichen Rollführer?
7 Können Behälter als Expressgut verfrachtet werden?
8 Sind hierbei bestimmte Höchstgewichte zu beachten?
9 Können Sie uns für den Transport unserer Erzeugnisse Spezialwaggons vom Typ . . . zur Verfügung stellen? Wir benötigen hiervon täglich ca. . . . Stück.
10 Sind bei Ihrer Gesellschaft Waggons im Einsatz, die sich bevorzugt für Schüttgut eignen?
11 Können Sie für den Abtransport einer grossen Maschinenanlage Tiefladewaggons bereitstellen?
Wann müssen wir diese spätestens bei Ihnen bestellen?
12 Hat der Bestimmungsbahnhof . . . eine Krananlage, mit der die Maschinenteile entladen werden können?
13 Besteht am Bestimmungsbahnhof . . . die Möglichkeit, die Waggons per Strassenroller zum Empfänger zu überführen?
14 Übermitteln Sie uns bitte ein Verzeichnis der im Einsatz befindlichen Waggontypen. Wissenswert ist für uns im besonderen die Aufgliederung nach der zulässigen Achs- und Meterlast.

DIVERS

1 Veuillez nous faire savoir combien dure l'acheminement d'un envoi par express de . . . à . . .
2 Peut-on envoyer contre remboursement un envoi par express à destination de . . .? Jusqu'à quel montant?
3 Le remboursement des débours exposés au moment de l'expédition peut-il être encaissé comme avance en espèces et, si oui, jusqu'à quel montant?
4 En règle générale, le destinataire est-il avisé de la livraison à domicile d'un envoi par express?
5 Le destinataire peut-il enlever lui-même l'envoi à la gare de destination?
6 Y a-t-il dans certains cas camionnage d'office par un service agréé auprès des chemins de fer?
7 Est-il possible d'expédier des containers par express?
8 Y a-t-il dans ce cas certains poids limites à ne pas dépasser?
9 Pouvez-vous mettre à notre disposition des wagons spéciaux du type . . . pour le transport de nos marchandises? Nous avons besoin d'environ . . . wagons par jour.
10 Votre compagnie exploite-t-elle des wagons spéciaux pour les marchandises en vrac?
11 Pouvez-vous mettre à notre disposition des wagons à plate-forme surbaissée pour le transport de grosses machines industrielles. Avant quelle date limite faut-il que nous en fassions la demande?
12 La gare destinataire de . . . est-elle équipée de grues pour le déchargement des pièces de machines?
13 Est-il possible à la gare destinataire de . . . de faire amener les wagons au destinataire par remorque routière?
14 Veuillez nous faire parvenir une nomenclature des types de wagons en exploitation. Il faudrait en particulier que nous sachions la limite de poids d'essieu et le poids limite au mètre.

15 Wichtig ist für uns eine Aufstellung der Lademasse.
16 Können Sie uns für den Transport von ... täglich ... Waggons mit Selbstentladeeinrichtung stellen?
17 Sind Sie in der Lage, kurzfristig Kühlwagen für uns bereitzustellen?
18 Werden die Kühlwagen während des Transports von Ihnen nachbeeist?
19 Gibt es für den Transport von Gütern in Kühlwagen einen Sonderfahrplan?

15 Il est important pour nous que vous nous indiquiez les gabarits de chargement.
16 Pouvez-vous nous fournir ... wagons auto-déchargeurs par jour pour le transport de ...?
17 Êtes-vous en mesure de nous fournir rapidement des wagons frigorifiques?
18 Renouvelez-vous la glace des wagons frigorifiques au cours du transport?
19 Y a-t-il un horaire spécial pour le transport de marchandises par wagons frigorifiques?

ANTWORTEN

RÉPONSES

SPEZIELLE AUSKÜNFTE

1 Der für Sie zuständige Rollführer ist die Firma ..., die Sie unter der Telefon-Nr. ... erreichen können.
2 Wir bitten Sie, sich bei künftigen Verfrachtungen mit diesem Unternehmen in Verbindung zu setzen.
3 Wir bitten Sie, sich wegen der Abholung Ihrer Stückgutsendungen an die Firma ... zu wenden.
4 Die Übernahme Ihres Frachtguts erfolgt durch die Firma ...
5 Nehmen Sie bitte wegen der termingemässen Übernahme Ihres Stückguts sofort mit der Firma ... Verbindung auf. Genannter Rollführunternehmer sorgt für prompte Abholung.
6 Für die Betreuung Ihres Bezirks ist der Rollführer ... zuständig.

RENSEIGNEMENTS SPÉCIAUX

1 Pour vous, le service auxiliaire de camionnage est assuré par la maison ..., maison que vous pouvez joindre par téléphone au numéro ...
2 Nous vous prions de prendre contact pour vos expéditions à venir avec cette entreprise.
3 Nous vous prions de vous adresser à la maison ... pour l'enlèvement de vos expéditions de détail.
4 C'est la maison ... qui assure l'enlèvement de votre fret.
5 Veuillez prendre immédiatement contact avec la maison ... pour que votre expédition de détail soit enlevée en temps voulu. L'entreprise de camionnage ci-dessus mentionnée assure l'enlèvement rapide des marchandises à expédier.
6 Le service de camionnage est assuré pour votre région par la maison ...

ANSCHLUSSGLEIS

1 Das uns vorgelegte Zahlenmaterial hat uns veranlasst, alle Fragen der Installierung eines Anschlussgleises intensiv zu prüfen.
2 Wir werden durch einen Beauftragten unserer Gesellschaft Ihr Betriebsgelände besichtigen lassen. Den Besuchstermin teilen wir Ihnen rechtzeitig mit.
3 Ihr Industriegelände ist in unserem Flächenplan für die Errichtung eines Anschlussgleises vorgesehen.

VOIE DE RACCORDEMENT

1 Les chiffres qui nous ont été soumis nous ont incités à étudier de près toutes les questions concernant la construction d'une voie de raccordement.
2 Nous allons envoyer un représentant de notre compagnie visiter vos installations industrielles. Nous vous aviserons de la date de sa visite en temps utile.
3 Votre zone industrielle est prévue dans notre plan pour la construction d'une voie de raccordement.

4 Die Baukosten eines Anschlussgleises werden in einem abzuschliessenden Vertrag fixiert.
5 Es kann Ihnen schon jetzt mitgeteilt werden, dass ein jährliches Mindestfrachtaufkommen von . . . erforderlich ist.
6 Über alle Einzelheiten wird Sie unser Herr . . . anlässlich seines Besuchs unterrichten.

4 Les frais de construction d'une voie de raccordement seront fixés dans un contrat encore à conclure.
5 Nous pouvons vous signaler dès à présent qu'il faut que vos expéditions représentent un volume moyen annuel de . . .
6 Notre collaborateur, Monsieur . . ., vous donnera tous les détails nécessaires à l'occasion de sa visite.

TARIF

1 Ein Ganzzug von 50 Waggons von . . . nach . . . kostet . . .
2 Bei diesem Angebot handelt es sich bereits um eine Sonderfrachtrate.
3 Als Anlage erhalten Sie den neuesten Frachttarif, der Ihnen Aufschluss über die Stückgut- und Wagenladungsfrachten gibt.
4 Ferner erlauben wir uns, Ihnen ein Bahnhofsverzeichnis zu übermitteln.
5 Schliesslich erhalten Sie einen Nebengebührentarif, der Ihnen auch Aufschluss über die Kosten der Inanspruchnahme von bahneigenen Krananlagen gibt.
6 Die Benutzung der bahneigenen Krananlage wird stundenweise berechnet.

TARIF

1 Les frais pour un train complet de 50 wagons de . . . à . . . s'élèvent à . . .
2 Les taxes de transport mentionnées dans cette offre sont déjà des taxes spéciales.
3 Veuillez trouver ci-joint notre dernier tarif; il vous donnera toutes indications sur les taxes à payer pour les expéditions de détail et par wagons entiers.
4 Nous nous permettons en outre de vous envoyer une nomenclature des gares.
5 Enfin, nous vous adressons un tarif des frais accessoires où vous trouverez les renseignements sur les frais d'utilisation des appareils de levage de la compagnie.
6 L'utilisation des appareils de levage appartenant à la compagnie est calculée à l'heure.

LIEFER- UND LADEFRISTEN

1 Die Lieferfristen richten sich nach der jeweiligen Entfernung.
2 Für verkürzte Lieferfristen werden laut Nebengebührentarif zusätzliche Kosten berechnet.
3 Abbestellgebühren bei Nichtbeladung eines bestellten Waggons werden in Höhe von . . . erhoben.
4 Für die Beladung eines Waggons stehen Ihnen . . . Stunden zur Verfügung.
5 Das gleiche gilt für die Entladung eines Waggons.
6 Eine Verlängerung der Be- sowie Entladefristen bedarf der Genehmigung durch die Direktion.
7 Waggonstandgelder werden (nicht) vergütet.

DÉLAIS DE LIVRAISON ET DE CHARGEMENT

1 Les délais d'acheminement sont fonction des distances.
2 Pour des délais d'acheminement plus courts, on applique les surtaxes prévues dans le tarif des frais accessoires.
3 Pour un wagon retenu mais non utilisé, les taxes d'annulation s'élèvent à . . .
4 Vous disposez de . . . heures pour le chargement d'un wagon.
5 Ce délai s'applique aussi au déchargement d'un wagon.
6 La prolongation du délai de chargement ou de déchargement est soumise à l'autorisation de la direction.
7 Les taxes de stationnement d'un wagon sont (ne sont pas) remboursées.

STUNDUNGS-VERFAHREN

1 Es besteht die (keine) Möglichkeit, ein Stundungskonto bei der . . .-Bank in Anspruch zu nehmen.
2 Über alle Details, die bei Eröffnung eines Stundungskontos zu beachten sind, informiert Sie unsere Abteilung . . .
3 Über die Abwicklung eines Stundungskontos unterrichtet Sie unsere als Anlage beigefügte Kundenfibel. Bitte beachten Sie besonders das Kapitel über Handhabung von Warenwert-Nachnahmen.

RÉGIME DE RÈGLEMENT DIFFÉRÉ

1 Il est possible (impossible) d'ouvrir un compte de règlement différé dans le cadre du régime Grande Maison auprès de la banque . . .
2 Notre service . . . vous donnera tous les détails concernant l'ouverture d'un compte de règlement différé.
3 Vous trouverez ci-joint un mémento vous donnant tous les renseignements concernant le fonctionnement d'un compte de règlement différé. Veuillez lire avec attention le chapitre concernant les expéditions contre remboursement.

FRACHT- UND BEGLEITPAPIERE

1 Die Frachtbriefe sind in der Regel vom Auslieferer der Ware auszustellen.
2 Es müssen grundsätzlich die genormten Frachtbriefe ausgefertigt werden.
3 Für Stückgutsendungen und komplette Wagenladungen werden einheitliche Frachtbriefe verwendet.
4 Korrekturen im Frachtdokument sind erlaubt; sie müssen jedoch gegengezeichnet werden.
5 Kurzmitteilungen, die in unmittelbarem Zusammenhang mit der zu befördernden Ware stehen, sind erlaubt.
6 Es empfiehlt sich, im Frachtbrief die Brutto-, Tara- und Nettogewichte anzugeben.
7 In der Regel wird das frachtpflichtige Gewicht von der Bahn festgestellt.
8 Anlagen dürfen dem Frachtbrief nur in direktem Zusammenhang mit der Ware beigefügt werden.
9 Für bahneigene Behälter (Paletten) werden Begleitpapiere seitens der Bahn ausgefertigt.
10 Frachtbriefe können in kleinen Mengen bei Ihrem Bahnhof bezogen werden. Eine grössere Anzahl bestellen Sie bitte bei der Firma . . ., die Ihnen sicherlich einen entsprechenden Rabatt für Grossabnehmer einräumen wird.

DOCUMENTS D'EXPÉDITION

1 En règle générale, c'est l'expéditeur de la marchandise qui doit établir les lettres de voiture.
2 Les lettres de voiture doivent être obligatoirement établies sur les formules types prévues à cet effet.
3 Les formulaires de lettres de voiture à utiliser pour les expéditions de détail et pour les expéditions par wagons entiers sont les mêmes.
4 Il est permis de faire des corrections à l'intérieur du document d'expédition, à condition toutefois que celles-ci soient contresignées.
5 Il est permis d'utiliser la lettre de voiture pour une courte notification au destinataire à condition que celle-ci concerne directement les marchandises à expédier.
6 Il est recommandé d'indiquer dans la lettre de voiture le poids brut/net/la tare.
7 En règle générale, c'est la compagnie de chemin de fer qui détermine le poids taxable.
8 On ne peut joindre à la lettre de voiture que des pièces concernant directement la marchandise.
9 C'est la compagnie de chemin de fer qui établit les papiers d'accompagnement des containers (palettes) lui appartenant.
10 Votre gare vous fournira un petit nombre de lettres de voiture. Pour une quantité plus importante, veuillez adresser votre commande à la maison . . .; elle vous consentira certainement un rabais en rapport avec l'importance de votre commande.

ÄNDERUNGEN

1 Eine Änderung des Frachtvertrags ist durch nachträgliche Verfügung möglich.
2 Welche nachträglichen Verfügungen erlaubt sind, können Sie unserer Broschüre «Was muss ich bei einer nachträglichen Verfügung beachten?» entnehmen.
3 Sobald der Empfänger den Frachtbrief ausgelöst hat, erlischt das nachträgliche Verfügungsrecht des Absenders.
4 Erst nach Auslösung des Frachtbriefs kann der Empfänger die Ware an Dritte weitergeben.

MODIFICATIONS

1 La mise à la disposition de l'expéditeur permet de modifier après coup le contrat de transport.
2 Notre brochure «Que faire en cas de mise à la disposition de l'expéditeur?» vous indique les modifications possibles à apporter après coup au contrat de transport.
3 Le droit de disposition de l'expéditeur cesse dès que le destinataire a donné décharge de la lettre de voiture.
4 Le destinataire ne peut céder la marchandise à un tiers qu'après avoir donné récépissé de la lettre de voiture.

HAFTUNG

1 Gern beantworten wir Ihnen Ihre Fragen:
2 Die Bahn haftet für den gänzlichen oder teilweisen Verlust von in ihrem Gewahrsam befindlichen Gütern.
3 Soweit ein Verschulden der Bahn vorliegt, haftet diese auch für Beschädigungen.
4 Nach Übergabe von Frachtbrief und Gut beginnt die Bahn zu haften.
5 Mit Aushändigung von Frachtbrief und Gut endet die Haftung.
6 Bei unverpackten sowie mangelhaft verpackten Gütern besteht ein Haftungsausschluss.
7 Sofern bei Übernahme der Ware eine Beschädigung festgestellt wird, hat sofort eine bahnamtliche Tatbestandsaufnahme zu erfolgen.
8 Falls die versandte Ware spätestens nach . . . Tagen nicht beim Empfänger eingetroffen ist, muss mit dem Verlust der Ware gerechnet werden.
9 Über die Einzelheiten, die bei Schadensersatzansprüchen zu beachten sind, erhalten Sie als Anlage ein entsprechendes Merkblatt, in dem u. a. auch die Verjährungsfristen erläutert werden.

RESPONSABILITÉ

1 C'est avec plaisir que nous vous communiquons les renseignements que vous nous avez demandés:
2 La compagnie de chemin de fer est responsable de la perte totale ou partielle des marchandises qui lui ont été confiées.
3 S'il y a faute de la compagnie de chemin de fer, celle-ci est également responsable des dommages.
4 La responsabilité de la compagnie commence à partir du moment où la lettre de voiture et la marchandise lui sont remises.
5 La responsabilité cesse à partir du moment de la remise de la lettre de voiture et de la marchandise au destinataire.
6 La responsabilité de la compagnie n'est pas engagée si les marchandises ne sont pas ou sont mal emballées.
7 S'il s'avère au moment de la remise que la marchandises est endommagée, la compagnie de chemin de fer doit aussitôt procéder à la constation du fait.
8 Si . . . jours après l'expédition, la marchandise n'est toujours pas parvenue au destinataire, elle doit être considérée comme perdue.
9 L'aide-mémoire ci-joint vous donnera tous les détails sur les règles à observer en cas de droit à dommages-intérêts; vous y trouverez également indiqués les délais de prescription.

DIVERSES

1 Die Zustellung Ihrer Sendungen erfolgt durch die Firma . . .
2 Der Bestimmungsbahnhof . . . hat einen (keinen) bahnamtlichen Rollführer.

DIVERS

1 La livraison à domicile des envois qui vous sont destinés est assurée par la maison . . .
2 La gare destinataire de . . . a un service auxiliaire (n'a pas de service auxiliaire) de camionnage.

3 Sofern der Empfänger am Bestimmungsbahnhof eine Vollmacht zugunsten eines bestimmten Spediteurs abgegeben hat, erfolgt durch diesen die Zustellung seiner Sendungen.

4 Bestimmte zollamtliche Behandlungen nimmt der ortsansässige Spediteur vor.

5 Für Rollfuhrleistungen gibt es feste Tarife, zweiseitige Preisabsprachen sind jedoch möglich.

6 Ob die Zustellungskosten vom Empfänger zu tragen sind, richtet sich nach dem Frankaturvermerk.

7 Auf Ihre Anfrage teilen wir Ihnen mit, dass eine Expressgutsendung nach . . . eine Laufzeit von ca. . . . Stunden hat.

8 Eine Expressgutsendung kann mit einer Warenwert-Nachnahme bis zur Höhe von . . . belegt werden.

9 Speditionsleistungen können per Nachnahme bis zur Höhe von . . . eingezogen werden.

10 Wenn auf dem Frachtbrief ein entsprechender Hinweis auf die Avisierung der Sendung vorhanden ist, erfolgt seitens der Bahn die Benachrichtigung des Empfängers.

11 Der Empfänger kann die Ware am Bestimmungsbahnhof selbst abholen.

12 Ein Zustellungszwang besteht (nicht).

13 Behälter können nur bis zu einem Höchstgewicht von . . . per Expressgut versandt werden.

14 Wir sind in der Lage, Ihnen Spezialwaggons vom Typ . . . bei rechtzeitiger Anmeldung in ausreichender Zahl bereitzustellen.

15 Unser Wagenpark umfasst auch Spezialwaggons für Schüttgut.

16 Tiefladewaggons stehen uns nur beschränkt zur Verfügung; es muss daher eine rechtzeitige Anmeldung des Transports erfolgen.

17 Der Bestimmungsbahnhof . . . hat eine . . . t tragende Krananlage.

18 Eine Zustellung per Strassenroller ist (leider nicht) möglich.

19 Wunschgemäss erhalten Sie ein Verzeichnis der im Einsatz befindlichen Waggons, dem Sie auch die betriebstechnischen Daten entnehmen können.

20 Waggons mit Selbstentladeeinrichtung können nach vorherigem Avis bereitgestellt werden.

21 Die Nachbeeisung von Kühlwagen wird ab einer bestimmten Entfernung vorgenommen.

22 Kühlwagen werden in der Regel nach Sonderfahrplan abgefertigt.

3 Si, à la gare de destination, le destinataire a donné une procuration au profit d'un commissionnaire de transport déterminé, c'est celui-ci qui assure la livraison à domicile des envois.

4 Le commissionnaire de transport local procède à des opérations de douane déterminées.

5 Pour le service de camionnage, il y a des tarifs fermes, mais des accords tarifaires bilatéraux sont cependant possibles.

6 La mention de la lettre de voiture sur le port indique si le destinataire doit payer ou non la taxe de livraison à domicile.

7 En réponse à votre demande de renseignements, nous vous signalons qu'une expédition par express à destination de . . . prend environ . . . heures.

8 Il est possible d'expédier par express des marchandises contre remboursement jusqu'à concurrence de . . .

9 La compagnie de chemin de fer peut procéder à l'encaissement du remboursement des déboursés exposés au moment de l'expédition jusqu'à concurrence de . . .

10 La compagnie de chemin de fer avise le destinataire de l'arrivée de la marchandise sur mention correspondante de la lettre de voiture.

11 Le destinataire peut enlever lui-même la marchandise à la gare de destination.

12 Il y a (n'y a pas) camionnage d'office.

13 Les containers ne peuvent être expédiés par express que jusqu'à un poids limite de . . .

14 Nous pouvons vous fournir en nombre suffisant des wagons spéciaux du type . . . à condition que vous en fassiez la demande suffisamment à l'avance.

15 Notre parc roulant comprend également des wagons spéciaux pour les marchandises en vrac.

16 Nous ne disposons que d'un nombre limité de wagons à plate-forme surbaissée, aussi la demande de transport doit-elle être faite suffisamment à l'avance.

17 La gare destinataire de . . . possède des engins de levage d'une puissance de . . . t.

18 La livraison à domicile par service de camionnage est (n'est malheureusement pas) possible.

19 Comme vous le demandez, nous vous faisons parvenir une nomenclature des wagons en exploitation où vous trouverez également toutes les données techniques.

20 Nous pouvons fournir des wagons autodéchargeurs à conditions d'être prévenus en temps utile.

21 La glace des wagons frigorifiques est renouvelée après une distance de transport déterminée.

22 En règle générale, les départs et les arrivées des wagons frigorifiques relèvent d'un horaire spécial.

AUSKÜNFTE UND AUFTRAGSERTEILUNG

ALLGEMEINE AUFTRAGSERTEILUNG

1 Merken Sie bitte vor, dass wir ab sofort die Zuführung aller eingehenden Sendungen durch den bahnamtlichen Rollführer wünschen.
2 Veranlassen Sie bitte, dass uns alle eingehenden Sendungen avisiert werden.
3 Alle normalen Stückgutsendungen sind automatisch durch den Rollfuhrunternehmer ... zuzustellen, Sendungen mit Warenwert-Nachnahme sind uns grundsätzlich zuvor zu avisieren.
4 Geben Sie bitte Ihrer Empfangsstelle die Anweisung, dass eingehende Waggonladungen uns umgehend telefonisch avisiert werden, da wir die Entladung selbst vornehmen.
5 Ab sofort sind die für uns eingehenden Waggons am Anschlussgleis der Firma ... bereitzustellen.

RENSEIGNEMENTS ET PASSATION D'ORDRE

ORDRES GÉNÉRAUX

1 Veuillez noter que nous désirons que tous les arrivages de marchandise nous soient désormais livrés à domicile par le service de camionnage de la gare.
2 Veuillez faire le nécessaire pour que nous soyons avisés de tous les arrivages de marchandises.
3 Toutes les expéditions de détail normales sont à faire livrer automatiquement à domicile par l'entreprise auxiliaire de camionnage ...; quant aux expéditions contre remboursement, elles doivent dans tous les cas nous être d'abord notifiées.
4 Veuillez donner ordre à votre service de réception de nous aviser immédiatement par téléphone des arrivages de marchandises par wagons, car nous procédons nous-mêmes au déchargement.
5 Les wagons qui nous sont destinés sont à amener désormais jusqu'à la voie de raccordement de la maison ...

ANSCHLUSSGLEIS

1 Wir sind bereit, uns mit ...% an den Installierungskosten für das Anschlussgleis zu beteiligen, vorausgesetzt, dass die Anlage innerhalb kürzester Frist erfolgt.
2 In der Zwischenzeit hat Ihr Herr ... unsere Betriebsanlagen besichtigt. Wir erklären uns mit den von ihm gemachten Vorschlägen einverstanden.
3 Wir sichern Ihnen zu, dass unser jährliches Frachtaufkommen von ... überschritten wird. Mit der Gleisverlegung kann daher unverzüglich begonnen werden.
4 Da der Vertrag Ihnen schon am ... unterzeichnet zurückgegeben wurde, muss unverzüglich mit dem Bau des Anschlussgleises begonnen werden.

VOIE DE RACCORDEMENT

1 Nous acceptons de prendre ... % des frais d'installation de la voie de raccordement à notre charge, à condition que la construction soit terminée dans les plus brefs délais.
2 Votre collaborateur, Monsieur ..., a entretemps visité nos installations industrielles. Nous sommes entièrement d'accord avec les propositions qu'il a faites.
3 Vous pouvez être assurés que le volume annuel de nos expéditions dépassera ... La construction de la voie peut donc être entreprise sans retard.
4 Comme le contrat, dûment signé, vous a déjà été remis le ..., la construction de la voie de raccordement doit être commencée sans retard.

SPEZIALWAGGONS UND ENTLADE-EINRICHTUNGEN

1 Wir bestellen hiermit für den ... insgesamt ... Spezialwaggons des Typs ...
2 Wir benötigen am ... für eine Schüttgutverladung ... Waggons.
3 Den Tiefladewaggon vom Typ ... benötigen wir am ...
4 Verständigen Sie bitte den Bestimmungsbahnhof ... davon, dass die dortige Krananlage für den ... ganztägig für uns freigehalten werden muss.
5 Wir beladen heute einen Kühlwaggon nach ... und ersuchen Sie um Abfertigung nach Sonderfahrplan.

WAGONS SPÉCIAUX ET INSTALLATIONS DE DÉCHARGEMENT

1 Nous vous passons ordre par la présente de nous fournir en tout ... wagons du type ... pour le ...
2 Nous avons besoin pour le ... de ... wagons pour un chargement de marchandises en vrac.
3 Nous avons besoin pour le ... d'un wagon à plate-forme surbaissée du type ...
4 Veuillez avertir la gare destinataire de ... de nous réserver ses installations de levage pour toute la journée du ...
5 Nous procédons aujourd'hui au chargement d'un wagon frigorifique à destination de ... et vous demandons de le faire partir d'après l'horaire spécial.

ÄNDERUNGEN

1 Gemäss beigefügtem Frachtbriefdoppel ist die Sendung entgegen der im Frachtbrief genannten Anschrift an die Firma ... in ... auszuliefern.
2 Laut unserer nachträglichen Verfügung ist die Sendung (siehe Frachtbriefdoppel) ohne Warenwert-Nachnahme auszuhändigen.
3 Die am ... ausgelieferte Sendung nach ... ist gemäss nachträglicher Verfügung an uns zurückzusenden.

MODIFICATIONS

1 Comme indiqué dans le double de la lettre de voiture ci-joint, l'envoi est à livrer, non pas à l'adresse portée dans la lettre de voiture, mais à la maison ... à ...
2 Selon nos nouvelles instructions, l'envoi est à remettre sans encaissement de remboursement (voir duplicata de la lettre de voiture).
3 L'envoi à destination de ... remis le ... est à nous retourner, comme prévu dans les instructions que nous avons données après coup.

ZUFÜHRUNG VON SENDUNGEN

1 Entgegen unserer ursprünglichen Anweisung sind uns die eingehenden Expressgutsendungen nicht zuzustellen.
2 Die am ... eingetroffene Sendung wird durch unseren Beauftragten am Güterbahnhof übernommen.
3 Wir erteilen Ihnen hiermit den Auftrag, uns die für uns bestimmten Waggons per Strassenroller zuzuführen.
4 Die eintreffenden Container bitten wir am Terminal abzustellen, da wir die Ausladung des Guts dort vornehmen.

LIVRAISON

1 Contrairement à l'ordre que nous avions donné initialement, les arrivages d'expéditions par express ne doivent pas nous être livrés à domicile.
2 L'envoi arrivé le ... sera enlevé à la gare de marchandises par notre commissionnaire.
3 Nous vous passons ordre de nous amener les wagons qui nous sont destinés par remorque routière.
4 Les arrivages de containers sont à deposer à la gare des containers où nous procéderons au déchargement de la marchandise.

AUSFÜHRUNGS-BESTÄTIGUNG

1 Wir können Ihnen die erfreuliche Mitteilung machen, dass Ihrem Antrag auf Errichtung eines Anschlussgleises stattgegeben wurde; der Baubeginn ist für den . . . angesetzt worden.
2 Gern bestätigen wir Ihnen, dass die von Ihnen bestellten Spezialwaggons vom Typ . . . zu den gewünschten Terminen zur Verfügung stehen werden.
3 Auf Grund Ihrer nachträglichen Verfügung ist die Sendung nach . . . umgeleitet worden.
4 Wir haben zur Kenntnis genommen, dass Sie die eingehenden Container am Terminal entladen werden.
5 Ab sofort werden Ihnen die für Sie bestimmten Waggons per Strassenroller zugeführt.

CONFIRMATION D'EXÉCUTION

1 Nous avons le plaisir de vous annoncer qu'il a été fait droit à votre demande d'installation d'une voie de raccordement; le début des travaux a été fixé au . . .
2 Nous vous confirmons que les wagons spéciaux du type . . . que vous nous avez demandés vous seront fournis aux dates indiquées.
3 À la suite de votre contre-ordre, l'envoi a été détourné sur . . .
4 Nous avons pris note que les containers qui vous sont destinés seront déchargés à la gare des containers.
5 Les wagons qui vous sont destinés vous seront désormais amenés par remorque routière.

LAGERWESEN

ENTREPOSAGE

ANFRAGEN

DEMANDES

ALLGEMEINES

1 Ihre Anschrift haben wir einem Adressbuch entnommen. Sind Sie in der Lage, für uns ein Auslieferungslager zu unterhalten? Sobald uns Ihre Stellungnahme vorliegt, werden wir Ihnen Details bekanntgeben.

2 Ihre Adresse wurde uns von der Firma . . . genannt.

3 Durch die Fachzeitschrift . . . sind wir auf Sie aufmerksam geworden.

4 Ihre Firma ist uns von der (der/dem) hiesigen Industrie- und Handelskammer (Botschaft/Konsulat) empfohlen worden.

5 Herr . . . von der Firma . . . hat uns an Sie verwiesen.

6 Ihre hiesige Interessenvertretung gab uns bekannt, dass Sie ein weiteres Auslieferungslager aufnehmen können.

7 Haben Sie an der Errichtung eines Auslieferungslagers Interesse?

8 Haben Sie alle Voraussetzungen für die ordnungsgemässe Führung eines Auslieferungslagers?

9 Könnten Sie die Grundlagen für ein Auslieferungslager schaffen?

DEMANDES GÉNÉRALES

1 Nous avons trouvé votre adresse dans un annuaire. Êtes-vous en mesure de tenir pour nous un entrepôt de distribution? Nous vous donnerons tous les détails nécessaires dès réception de votre réponse.

2 C'est la maison . . . qui nous a communiqué votre adresse.

3 C'est le journal professionnel . . . qui a attiré notre attention sur votre maison.

4 Votre maison nous a été recommandée par la chambre de commerce et d'industrie locale (l'ambassade/le consulat).

5 Monsieur . . ., de la maison . . ., nous a conseillé de nous adresser à vous.

6 L'agence qui représente ici vos intérêts nous a fait savoir que vous pouvez vous charger d'un entrepôt de distribution supplémentaire.

7 L'établissement d'un entrepôt de distribution vous intéresserait-il?

8 Remplissez-vous toutes les conditions nécessaires pour bien diriger un entrepôt de distribution?

9 Pourriez-vous fournir les éléments de base pour un entrepôt de distribution?

SPEZIELLES

1 Wir benötigen ein Freilager von ca. . . . m³.

2 Die Freifläche müsste mit Maschendraht eingezäunt werden.

3 Das Freilager müsste (nicht) überdacht sein.

4 Das Freilager wäre von Ihnen nach dem normalen Arbeitsschluss zu bewachen.

5 Da es sich bei der einzulagernden Ware um explosionsgefährdete Güter handelt, müsste das Freilager mindestens . . . m von Gebäuden jeder Art entfernt sein.

6 Da das einzulagernde Gut in Eisenfässern verpackt ist, kann die Ware im Freien gelagert werden. Jedoch sollte das Gut dort nicht längerer direkter Sonnenbestrahlung ausgesetzt sein.

7 Unsere Ware kann während der Sommerszeit im Freien gelagert werden. Im Winter ist die Lagerhaltung in geschlossenen Räumen vorzunehmen.

DEMANDES SPÉCIALES

1 Nous avons besoin d'un entrepôt en franchise de . . . m³ environ.

2 Il faudrait que la surface d'entrepôt en franchise soit clôturée par un grillage en fil de fer.

3 Il faudrait (il n'est pas nécessaire) que l'entrepôt soit couvert.

4 Vous auriez à surveiller l'entrepôt en zone franche une fois la journée normale de travail terminée.

5 Comme il s'agit de marchandises présentant des dangers d'explosion, il faudrait que l'entrepôt en zone franche soit à une distance d'au moins . . . m de toute construction.

6 La marchandise est emballée en fûts métalliques, elle peut donc être entreposée à l'air libre. Il ne faudrait cependant pas qu'elle reste trop longtemps exposée directement aux rayons du soleil.

7 En été, nos marchandises peuvent être entreposées à l'air libre. En hiver, il faut les entreposer dans des hangars fermés.

8 Wir suchen einen Lagerraum in einer Grössenordnung von . . . m².
9 Die Bodenbelastbarkeit muss . . . kg/m² betragen.
10 Der Lagerraum sollte gegen andere Einlagerer abgegrenzt sein.
11 Das Lager muss feuersicher sein.
12 Das Lager muss den feuerpolizeilichen Vorschriften voll entsprechen.
13 Das Lager muss trocken sein.
14 Das Lager sollte möglichst einen Gleisanschluss haben.
15 Für die Lagerhaltung wird eine (keine) Rampe benötigt.
16 Wegen Kälteempfindlichkeit der Ware wird ein beheizbarer Lagerraum benötigt.
17 Die Ware kann über einen längeren Zeitraum nur in Kühlhäusern eingelagert werden.
18 Der Lagerraum muss eine Mindesthöhe von . . . m aufweisen.
19 Da unsere Ware auf Paletten geliefert wird, wäre es empfehlenswert, Palettenregale – falls nicht schon vorhanden – zu installieren.
20 Unsere Erzeugnisse werden auf Paletten verladen. Demnach ist erforderlich, dass entsprechende Entladegeräte wie etwa Gabelstapler zur Verfügung stehen.
21 Eingelagert wurden folgende Erzeugnisse: . . . mit einem durchschnittlichen Monatsumschlag von . . . t.
Davon
. . . t Kartonware
. . . t in Kisten
. . . t in Behältern/Fässern
. . . t in Trommeln
. . . t in Kunststoffsäcken.

8 Nous cherchons un entrepôt de . . . m² de surface environ.
9 La capacité de charge au sol doit être de . . . kg/m².
10 Il faut que l'entrepôt soit séparé de celui des autres entreposeurs.
11 L'entrepôt doit être protégé contre les risques d'incendie.
12 Il faut que l'entrepôt remplisse les conditions imposées par la police pour la prévention des incendies.
13 Il faut que l'entrepôt soit sec.
14 Il faudrait que l'entrepôt ait si possible une voie de raccordement.
15 Pour l'entreposage, il y a besoin d'une rampe (il n'y a pas besoin de rampe).
16 La marchandise ne supporte pas le froid, aussi faut-il que l'entrepôt puisse être chauffé.
17 La marchandise ne peut être entreposée pour une durée assez longue qu'en chambre froide.
18 L'entrepôt doit avoir une hauteur minimum de . . . m.
19 Nos marchandises sont livrées sur palettes; il serait donc souhaitable d'installer des rayonnages à palettes s'il n'en existe pas déjà.
20 Nos articles sont chargés sur palettes. Il faut donc que nous disposions d'appareils de déchargement appropriés, par exemple de chariots élévateurs à fourche.
21 Ont été entreposés les articles suivants: . . . avec un mouvement moyen de marchandises de . . . t par mois.
Dont
. . . t de marchandises en cartons
. . . t de marchandises en caisses
. . . t de marchandises en réservoirs/fûts
. . . t de marchandises en tambours
. . . t de marchandises en sacs de matière plastique.

TRANSPORT ZUM LAGER

1 Die Transporte von unserem Werk . . . zu Ihnen sollen per Bahn (LKW/Schiff) vorgenommen werden.
2 Die Verfrachtung von unserem Herstellungswerk . . . zu Ihrem Lager könnten Sie mit Ihren eigenen LKW vornehmen.
3 Berücksichtigen Sie bitte, dass die Lagerbevorratung per Waggon (LKW) vorgenommen werden kann.
4 Die Lagerhaltung würde mit Hilfe werkseigener Fahrzeuge erfolgen.

TRANSPORT À L'ENTREPÔT

1 Le transport de nos marchandises depuis notre usine de . . . jusqu'à votre entrepôt doit s'effectuer par chemin de fer (camion/bateau).
2 Vous pourriez utiliser vos propres camions pour le transport des articles de notre usine de fabrication de . . . jusqu'à votre entrepôt.
3 Veuillez tenir compte de ce que nos achats de stocks de couverture ne peuvent se faire que par wagon (camions).
4 L'entreposage se ferait au moyen des véhicules de l'usine.

5 Da unser Betrieb in . . . auf bahneigenem Gelände liegt, muss die gesamte Verfrachtung per Bahn erfolgen.

6 Wir haben mit unserem Hausspediteur Vereinbarungen getroffen, nach denen die Transporte an Ihr Lager ausschliesslich durch ihn erfolgen.

5 Notre entreprise de . . . étant située sur les terrains de la compagnie de chemins de fer, tous les transports doivent donc se faire par voie ferrée.

6 Nous avons convenu avec notre commissionnaire de transport attitré que tous les transports à destination de votre entrepôt se feraient par son intermédiaire.

ALLGEMEINE ANGEBOTE

1 Wir danken Ihnen für Ihre Anfrage. Gern sind wir bereit, mit Ihnen Geschäftsverbindungen aufzunehmen.

2 Bitte geben Sie uns einen Termin bekannt, damit wir die Angelegenheit in persönlichem Gespräch behandeln können.

3 Selbstverständlich sind wir in der Lage, Ihren Wünschen hinsichtlich ordnungsgemässer Lagerhaltung gerecht zu werden.

4 Sobald Sie uns Einzelheiten bekanntgeben, werden wir Ihnen ein günstiges Angebot übermitteln.

5 Sollte unsere derzeitige Lagerausstattung Ihren Vorstellungen nicht entsprechen, wären wir bereit, Umstellungen vorzunehmen.

6 Seien Sie versichert, dass wir Ihre Wünsche hinsichtlich der weiteren technischen Ausstattung des Lagers gern berücksichtigen.

OFFRES GÉNÉRALES

1 Nous vous remercions de votre demande de renseignements. Nous acceptons avec plaisir d'entrer en relations d'affaires avec vous.

2 Veuillez nous fixer rendez-vous pour que nous puissions traiter cette affaire au cours d'un entretien personnel.

3 Nous sommes bien sûr en mesure d'entreposer vos marchandises comme vous le désirez.

4 Dès que vous nous aurez fourni davantage de détails, nous vous ferons parvenir une offre avantageuse.

5 Au cas où nos installations actuelles ne vous conviendraient pas, nous serions prêts à modifier notre organisation.

6 Soyez assurés que nous tiendrons compte de vos demandes concernant l'équipement technique de l'entrepôt.

ABSAGEN

1 Auf Ihre Anfrage müssen wir Ihnen mitteilen, dass wir den von Ihnen gewünschten Lagerraum leider nicht zur Verfügung stellen können.

2 Unsere Lagerabteilung ist derzeit voll ausgelastet, so dass wir Ihnen – so sehr wir es bedauern – einen abschlägigen Bescheid geben müssen.

3 Wir haben unsere Sparte Lagerhaltung aufgelöst.

4 Da unsere Lagerhaltung ausschliesslich auf Massengut ausgerichtet ist, können wir Stückgut-Auslieferungslager nicht übernehmen.

REFUS

1 En réponse à votre demande, nous avons le regret de vous informer que nous ne pouvons malheureusement pas mettre l'entrepôt demandé à votre disposition.

2 Nos services d'entrepôt sont actuellement surchargés; à notre grand regret, nous sommes donc obligés de vous donner une réponse négative.

3 Nous avons supprimé notre section «entrepôt».

4 Notre entrepôt est équipé exclusivement pour l'entreposage de marchandises de gros tonnage, aussi ne pouvons-nous pas nous charger d'un entrepôt de distribution de marchandises de détail.

ANGEBOT FREILAGER

1 In sofortiger Beantwortung Ihres Schreibens vom . . . teilen wir Ihnen mit, dass wir Ihnen kurzfristig ein Freilager vermieten können.
2 Ihrem Wunsch gemäss sind wir bereit, die Freifläche mit Maschendraht einzuzäunen.
3 Sollte eine (teilweise) Überdachung gewünscht werden, erklären wir uns – allerdings gegen Kostenerstattung – bereit, diese errichten zu lassen.
4 Das Freilager ist ca. . . . m von festen Gebäuden entfernt.
5 Da wir im Freilager schon artgleiche Güter untergebracht haben, gibt es bei der Einlagerung Ihrer Güter keine Schwierigkeiten.

OFFRES CONCERNANT ENTREPÔT EN ZONE FRANCHE

1 Répondant de suite à votre lettre du . . ., nous vous informons que nous pouvons vous louer à bref délai un entrepôt en franchise.
2 Nous sommes prêts à clôturer la surface d'entrepôt en zone franche avec un grillage en fil de fer comme vous le demandez.
3 Au cas où vous voudriez une toiture (partielle), nous accepterions d'en faire installer une contre remboursement des frais exposés.
4 L'entrepôt en franchise est à . . . m environ des bâtiments.
5 Comme nous avons déjà entreposé des marchandises de ce genre en franchise, le stockage de vos marchandises ne présente donc aucune difficulté.

ANGEBOT LAGERRAUM MIT SONDERAUSSTATTUNG

1 Wir nehmen Bezug auf Ihr Schreiben vom . . . und dürfen Ihnen mitteilen, dass wir in der Lage sind, Ihnen einen Ihren Wünschen voll gerecht werdenden Lagerraum zur Verfügung zu stellen.
2 Der vorgesehene Lagerraum umfasst . . . m^2. Er ist feuerpolizeilich abgenommen.
3 Die Bodenbelastbarkeit beträgt . . . kg/m^2. Das Lager ist (nicht) abgegrenzt.
4 Der Lagerraum ist vollkommen trocken.
5 Es ist ein (kein) Gleisanschluss vorhanden.
6 Das Lager hat eine (keine) Rampe.
7 Der vorgesehene Lagerraum ist (nicht) beheizbar.
8 Der Lagerraum weist eine Höhe von . . . m auf.
9 Zur Lagereinrichtung gehören Palettenregale.
10 Selbstverständlich sind die für die Manipulation benötigten technischen Geräte (Stapler, Krananlagen usw.) vorhanden.
11 Wir gehen von den uns vorliegenden Daten des derzeitigen Lohn-/Preisniveaus aus und bieten Ihnen als Basis folgende Konditionen an:
12 Meter-Preis pro Monat . . .
13 Einlagerungsgebühren pro 100 kg . . .
14 Auslagerungsgebühren pro 100 kg . . .
15 Folgelagergeld für den jeweils am Monatsende zu ermittelnden Bestand pro 100 kg . . .

OFFRES CONCERNANT ENTREPÔT AVEC ÉQUIPEMENT SPÉCIAL

1 Nous référant à votre lettre du . . ., nous nous permettons de vous informer que nous sommes en mesure de mettre à votre disposition un entrepôt correspondant pleinement à ce que vous demandez.
2 L'entrepôt prévu est de . . . m^2. Il est agréé au point de vue prévention des incendies.
3 La capacité de charge au sol est de . . . kg/m^2. L'entrepôt est (n'est pas) délimité.
4 L'entrepôt est parfaitement sec.
5 Il existe une voie de raccordement. (Il n'existe pas de voie de raccordement.)
6 L'entrepôt est pourvu d'une rampe (n'a pas de rampe).
7 L'entrepôt prévu peut (ne peut pas) être chauffé.
8 L'entrepôt à une hauteur de . . . m.
9 L'entrepôt est équipé de rayons à palettes.
10 L'entrepôt dispose bien entendu de tous les appareils techniques nécessaires à la manutention (chariots élévateurs, grues etc.).
11 Partant des données que nous avons en ce qui concerne le niveau actuel des salaires/prix, nous vous faisons une offre aux conditions de base suivantes:
12 Prix par mètre et par mois . . .
13 Taxes d'entreposage: . . . les 100 kilos.
14 Taxes de sortie de magasin: . . . les 100 kilos.
15 Taxe tournante d'entrepôt pour l'inventaire à effectuer à chaque fin de mois: . . . les 100 kilos.

16 Bei Behandlung von Schwergut mit Einzelkolligewichten von über . . . kg wird ein Zuschlag von . . . pro 100 kg berechnet.
17 Ausstellung von Lieferscheinen (Frachtbriefen usw.) pro Stück . . .
18 Lagerversicherung wird auf Wunsch von uns übernommen.
19 Sollten die angebotenen Sätze Ihre Zustimmung finden, bitten wir Sie, uns zu unterrichten.
20 Sofern Ihnen unser Angebot zusagt, erwarten wir gern Ihre baldige Auftragserteilung.
21 Mit Interesse sehen wir den Abschlussverhandlungen entgegen.
22 Wir erwarten Ihre baldige Antwort, weil wir die Lagerräume sonst anderweitig vermieten müssten.
23 Bitte geben Sie uns bis zum . . . Nachricht. Von diesem Tag an betrachten wir unsere Offerte als gegenstandslos.
24 Da es noch weitere Interessenten gibt, bitten wir um Ihren Bescheid bis zum . . .
25 Sollten Sie von unserem Angebot keinen Gebrauch machen, erbäten wir trotzdem Ihre Nachricht.
26 Sofern Ihnen das vorliegende Angebot nicht entspricht, bitten wir Sie, uns dies unter Angabe der Gründe kurz mitzuteilen.
27 Sollten Sie sich anders entschieden haben, erbäten wir einen kurzen Bescheid.

16 Pour la manutention de marchandises lourdes, il est perçu une surtaxe de . . . par 100 kg si le poids unitaire de chaque colis dépasse . . . kg.
17 Établissement de bons de livraison (lettres de voiture, etc.): . . . pièce.
18 Sur demande, nous pouvons nous charger de l'assurance de la marchandise entreposée.
19 Veuillez nous faire savoir si les taux offerts vous conviennent.
20 Si vous acceptez notre offre, c'est avec plaisir que nous attendons de recevoir prochainement votre ordre.
21 Nous attendons avec intérêt la fin des négociations.
22 Veuillez nous donner votre réponse au plus tôt, car nous serions obligés autrement de louer l'entrepôt à un autre client.
23 Veuillez nous faire connaître votre réponse d'ici le . . . au plus tard. Passé cette date, nous considérerons notre offre comme sans objet.
24 Comme nous avons d'autres clients éventuels, nous vous demandons de nous faire parvenir votre réponse d'ici le . . .
25 Nous vous prions de nous donner en tout cas votre réponse même si vous ne donnez pas suite à notre offre.
26 Si notre offre ne vous convient pas, nous vous prions de nous le faire savoir en nous indiquant brièvement les motifs de votre refus.
27 Si vous vous engagez ailleurs, veuillez nous le faire brièvement savoir.

VERWEIS AN GESCHÄFTSPARTNER

1 Da wir selbst keine Lagerhaltung betreiben, bitten wir Sie, sich an unsere Schwesterfirma . . . zu wenden.
2 Mit gleicher Post haben wir heute unserer Zentrale in . . . mitgeteilt, dass Sie in . . . einen Lagerraum suchen.
3 Unsere Lagerhaltung wird zentral in . . . geführt, wenden Sie sich wegen preislicher Absprachen daher bitte dorthin.

RENVOI À TIERS

1 Nous n'entretenoms pas nous-mêmes d'entrepôt et vous prions donc de vous adresser à la maison . . .
2 Par ce même courrier, nous avons informé aujourd'hui notre direction de . . . que vous cherchez un entrepôt à . . .
3 La direction centrale de nos entrepôt se trouve à . . . C'est là que vous devez vous adresser pour toutes les questions de prix.

AUFTRAGSERTEILUNG

1 Wir danken für Ihr Angebot vom . . . und bitten Sie, uns einen vorgefertigten Vertrag zukommen zu lassen. Als Vertragsbeginn wünschen wir den . . .
2 Ihr Angebot entspricht unseren Erwartungen; wir wollen einen Lagervertrag mit Ihnen abschliessen.

PASSATION D'ORDRE

1 Nous vous remercions de votre offre du . . . et vous prions de nous faire parvenir un contrat tout préparé. Nous voudrions que le contrat entre en vigueur le . . .
2 Votre offre d'entreposage correspond à ce que nous attendons, et nous désirons donc passer avec vous un contrat.

3 Wir erhielten Ihr Angebot und teilen Ihnen mit, dass wir vor endgültiger Vertragsschliessung eine Besichtigung der Lagerräume vornehmen wollen.

4 Wir beziehen uns auf Ihr Angebot vom . . . und ersuchen Sie, uns einen Vertragsentwurf zukommen zu lassen.

5 Wir erklären uns mit Ihrem Angebot einverstanden. Zur Vertragsunterzeichnung wird sich Herr . . . am . . . bei Ihnen einfinden.

6 Gemäss Ihrem Angebot vom . . . erklären wir uns mit Ihren Konditionen einverstanden.

7 Unter Bezugnahme auf Ihre Offerte vom . . . teilen wir Ihnen mit, dass wir die besichtigten Lagerräume zu den angegebenen Sätzen übernehmen werden.

8 Wir sind mit Ihrem Angebot generell einverstanden.

9 Ihr Angebot entspricht unseren Vorstellungen. Wir bitten Sie um Übersendung eines Vertrags.

10 Wir hoffen auf eine gedeihliche Zusammenarbeit.

11 Wir sind sicher, dass sich unsere Geschäftsbeziehungen erfreulich gestalten werden.

12 Wir erwarten eine vertrauensvolle Zusammenarbeit.

13 Wir geben der Hoffnung Ausdruck, dass Sie unseren Wünschen voll Rechnung tragen werden.

3 Nous avons reçu votre offre et vous avisons qu'avant de conclure définitivement le contrat, nous désirons visiter les locaux de l'entrepôt.

4 Nous nous référons à votre offre du . . . et vous demandons de nous faire parvenir un projet de contrat.

5 Votre offre nous convient. Monsieur . . . se présentera chez vous le . . . pour la signature du contrat.

6 À la suite de votre offre du . . ., nous vous faisons savoir que nous acceptons vos conditions.

7 Nous référant à votre offre du . . ., nous vous faisons savoir que nous prendrons les entrepôts que nous avons visités au tarif proposé.

8 D'une façon générale, nous sommes d'accord avec votre offre.

9 Votre offre correspond à ce que nous attendions. Nous vous prions de nous envoyer le contrat.

10 Nous comptons sur une coopération fructueuse.

11 Nous sommes sûrs que nos relations d'affaires se dérouleront de la façon la plus satisfaisante.

12 Nous espérons que notre coopération se déroulera dans une atmosphère de confiance réciproque.

13 Nous exprimons l'espoir que vous tiendrez le plus grand compte de ce que nous vous demandons.

ABSAGEN

1 Leider müssen wir Ihnen mitteilen, dass wir von Ihrem Angebot keinen Gebrauch machen können, weil:

2 die angegebenen Sätze zu hoch sind,

3 die vorgesehenen Lagerräume nicht unseren Vorstellungen entsprechen,

4 ein Anschlussgleis fehlt,

5 die Lagerräume keine Rampe aufweisen,

6 das Lager ebenerdig ist,

7 der Lagerplatz verkehrsungünstig liegt,

8 keine Zufahrtsmöglichkeit für Schwerlastzüge besteht,

9 sich unsere Planungsabteilung anders entschieden hat,

10 wir ein günstigeres Angebot vorliegen haben,

11 unsere Verkaufsabteilung das Objekt für nicht zweckmässig hält.

REFUS

1 Nous avons le regret de vous faire savoir que nous ne pouvons pas donner suite à votre offre parce que:

2 les tarifs indiqués sont trop élevés,

3 les locaux prévus ne correspondent pas à ce que nous voulons,

4 il n'y a pas de voie de raccordement,

5 les entrepôts ne possèdent pas de rampe,

6 l'entrepôt est au niveau du sol,

7 l'emplacement de l'entrepôt rend le problème des transports difficile,

8 l'entrepôt n'est pas accessible aux poids lourds,

9 notre service de planning en a décidé autrement,

10 on nous a fait une offre plus avantageuse,

11 notre service de vente considère que le projet est inutile.

BESTÄTIGUNG

1 Wir bedanken uns für Ihre Auftragserteilung.
2 Als Anlage erlauben wir uns, Ihnen einen vorgefertigten Vertrag zu überreichen. Bitte geben Sie eine Ausfertigung mit rechtsverbindlicher Unterschrift an uns zurück.
3 Für das uns entgegengebrachte Vertrauen danken wir Ihnen verbindlich.
4 Als Anlagen erhalten Sie die ausgefüllten Vertragsunterlagen.
5 Den ausgefüllten Lagervertrag erhalten Sie als Anlage.
6 Ein von uns bereits unterzeichneter Lagervertrag geht Ihnen als Anlage in dreifacher Ausfertigung zu.
7 Den Ihnen als Anlage überreichten Lagervertrag bitten wir Sie genau zu prüfen.
8 Sofern Sie mit den vertraglichen Formulierungen einverstanden sind, bitten wir, eine Vertragsausfertigung unterzeichnet zurückzureichen.
9 Nach Prüfung erwarten wir die Rücksendung einer Vertragsausfertigung, die mit Ihrer Unterschrift versehen ist.
10 Die mit Ihrer rechtsverbindlichen Unterschrift gezeichneten Verträge reichen Sie uns bitte baldigst zurück.
11 Sie dürfen versichert sein, dass wir Ihr Vertrauen zu schätzen wissen.
12 Wir werden das in unsere Firma gesetzte Vertrauen zu rechtfertigen wissen.
13 Wir hoffen zuversichtlich auf eine vertrauensvolle Zusammenarbeit.
14 Wir wünschen uns eine erfolgreiche Partnerschaft.

CONFIRMATION

1 Nous vous remercions de l'ordre que vous nous avez passé.
2 Nous nous permettons de vous envoyer ci-joint un contrat tout préparé. Veuillez nous en retourner un exemplaire dûment signé.
3 Nous vous remercions vivement de la confiance que vous nous témoignez.
4 Veuillez trouver ci-joint les pièces du contrat dûment remplies.
5 Veuillez trouver ci-joint le contrat d'entreposage dûment rempli.
6 Nous vous adressons ci-joint un contrat d'entreposage déjà signé par nous et en triple exemplaire.
7 Nous vous prions d'étudier avec soin le contrat d'entreposage ci-joint.
8 Si vous êtes d'accord avec la façon dont le contrat est formulé, nous vous prions de nous en retourner un exemplaire dûment signé.
9 Après examen du contrat, nous vous demandons de nous en ren yer un exemplaire revêtu de votre signature.
10 Veuillez nous retourner au plus tôt les contrats revêtus de votre signature légale.
11 Vous pouvez être sûrs que nous savons apprécier la confiance que vous nous témoignez.
12 Nous saurons justifier la confiance que vous placez dans notre maison.
13 Nous sommes sûrs que notre coopération se déroulera dans la plus grande confiance réciproque.
14 Nous espérons que notre coopération sera fructueuse.

VERPACKUNG

EMBALLAGE

ALLGEMEINE ANFRAGEN

1 Der Fachpresse entnehmen wir, dass Sie an neuen Geschäftsverbindungen interessiert sind. Übersenden Sie uns bitte Informationsmaterial, damit wir einen Überblick über die Leistungsfähigkeit Ihrer Firma bekommen.
2 Teilen Sie uns bitte mit, ob Sie nur die Herstellung von Verpackungsmitteln betreiben, oder ob Sie auch die Verpackung von bestimmten Gütern übernehmen.
3 Beschäftigen Sie sich mit besonderen Verpackungsmethoden?
4 Liegt die Stärke Ihrer Firma auf einem speziellen Verpackungssektor?
5 Wird die Verpackung bestimmter Güter in Ihrem Betrieb vorgenommen?

DEMANDES GÉNÉRALES

1 Nous apprenons par la presse spécialisée que vous cherchez de nouvelles relations d'affaires. Veuillez nous envoyer de la documentation pour que nous puissions nous faire une idée d'ensemble des possibilités de votre maison.
2 Veuillez nous faire savoir si vous vous occupez seulement de la fabrication d'emballages ou si vous vous chargez également de l'emballage de certaines marchandises.
3 Vous occupez-vous de procédés d'emballage particuliers?
4 Votre maison est-elle spécialisée dans un emballage particulier?
5 L'emballage de certaines marchandises a-t-il lieu dans votre usine?

SPEZIELLE ANFRAGEN

1 Von einem Geschäftsfreund erfahren wir, dass Sie sich hauptsächlich mit der Verpackung von Überseesendungen befassen.
2 Wir haben regelmässige Verpackungsaufträge zu vergeben und bitten Sie, sofern Sie an einer zusätzlichen Geschäftsverbindung interessiert sind, sich mit uns in Verbindung zu setzen.
3 Als Spezialfirma für das Verpackungswesen haben Sie sich einen weltweiten Namen gemacht.
4 Wir haben wegen der Aufstellung von Palettomaten mit unserer derzeitigen Kartonverpackung Schwierigkeiten und bitten Sie deshalb, nach vorheriger Abstimmung mit uns, unser Werk zu besichtigen.
5 Die laufenden Frachterhöhungen fordern von uns, dem Thema Verpackung mehr Augenmerk zu schenken. Können Sie uns für unsere Erzeugnisse vom Gewicht her günstigere Verpackungseinheiten empfehlen?
6 Wie wir erfuhren, haben Sie ein neues Verpackungsmittel-Verfahren entwickelt, das bruchempfindliche Waren durch chemisches Einschäumen in der Verpackungseinheit gegen äusserliche Gefahren schützt. Können Sie uns hierzu nähere Erläuterungen geben?
7 Bekanntlich gibt es für die Verwendung von Holzverpackung im Überseeverkehr nach bestimmten Ländern besondere Vorschriften. Können Sie uns hierüber informieren?

DEMANDES SPÉCIALES

1 Nous avons appris par un correspondant que vous vous occupez essentiellement d'emballages maritimes.
2 Nous avons régulièrement des envois à faire emballer et, dans la mesure où de nouvelles relations d'affaires vous intéressent, nous vous prions de prendre contact avec nous.
3 Vous vous êtes fait une renommée mondiale comme maison spécialisée dans le domaine de l'emballage.
4 L'installation de palettomates nous cause des difficultés avec notre actuel emballage en boîtes de cartons. Nous vous prions pour cette raison de venir visiter notre usine après vous être préalablement mis d'accord avec nous.
5 L'augmentation constante des frais de transport nous amène à apporter davantage d'attention à la question de l'emballage. Pouvez-vous nous recommander des unités d'emballage plus avantageuses au point de vue poids pour nos articles?
6 Nous avons appris que vous avez mis au point un nouveau procédé d'emballage consistant à protéger les articles fragiles contre tout danger de casse extérieur par l'introduction dans l'emballage d'une mousse chimique. Pouvez-vous nous donner des explications complémentaires?
7 Il existe comme on le sait des règlements particuliers pour l'utilisation d'emballages en bois dans les transports à destination de certains pays d'outre-mer. Pouvez-vous nous renseigner à ce sujet?

8 Wir möchten uns von der Karton- auf Folienverpackung umstellen. Bitte unterbreiten Sie uns ein entsprechendes Angebot.

9 Unsere im Umlauf befindlichen Verpackungsmittel bedürfen der Aufstockung. Sind Sie in der Lage, kurzfristig folgende Verpackungseinheiten herzustellen und zu welchen Preisen? ... Kisten, ... Trommeln, ... Fässer, ... Behälter, ... Paletten. Die technischen Einzelheiten wie Masse, Gewichte usw. entnehmen Sie bitte den beigefügten Musterzeichnungen.

10 Wir möchten in Zukunft unsere Waren in Einwegverpackungen versenden. Können Sie uns hierzu Vorschläge unterbreiten?

8 Nous voudrions abandonner l'emballage en boîtes de carton pour l'emballage sous feuilles plastiques. Veuillez nous soumettre une offre dans ce sens.

9 Nous avons besoin d'augmenter notre stock d'emballages en circulation. Êtes-vous en mesure de fabriquer à bref délai les unités d'emballage suivantes et à quel prix? ... caisses, ... tambours, ... fûts, ... réservoirs, ... palettes. Veuillez trouver les détails techniques, tels que mesures, poids, etc. dans les croquis ci-joints.

10 Nous voudrions à l'avenir expédier nos marchandises en emballages perdus. Pouvez-vous nous soumettre des propositions?

ALLGEMEINE ANGEBOTE

1 Wir bedanken uns für Ihre Anfrage und übermitteln Ihnen gern unser Informationsmaterial, damit Sie sich von der Leistungsfähigkeit unseres Unternehmens überzeugen können. Die beigefügte Preisliste hat Gültigkeit bis zum ...

2 Auf Ihre Anfrage hin dürfen wir Ihnen mitteilen, dass wir uns neben der Herstellung von Standard-Verpackungsmitteln auch mit Einzel- und Sonderverpackungen befassen.

3 Unsere besondere Stärke liegt in der Entwicklung von Kunststoff-Verpackungsmitteln.

4 In speziell gelagerten Fällen kann die Verpackung eines Guts in unserem Werk erfolgen.

OFFRES GÉNÉRALES

1 Nous vous remercions de votre demande. C'est avec plaisir que nous vous envoyons notre documentation pour que vous puissiez vous convaincre des possibilités de notre maison. Le tarif ci-joint est valable jusqu'au ...

2 En réponse à votre demande de renseignements, nous vous informons qu'outre la fabrication d'emballages standard, nous nous occupons aussi d'emballages unitaires et spéciaux.

3 Nous sommes spécialisés dans la mise au point d'emballages en matière plastique.

4 Dans certains cas déterminés, l'emballage d'une marchandise peut avoir lieu dans notre usine.

SPEZIELLE ANGEBOTE

1 Wie Sie von Ihrem Geschäftsfreund zutreffend unterrichtet wurden, beschäftigen wir uns im besonderen mit der Verpackung von Überseesendungen.

2 Als Anlage übermitteln wir Ihnen ein Angebot, dem Sie sämtliche Einzelheiten entnehmen können. Unser Kostenvoranschlag beläuft sich auf insgesamt ...

3 Wir würden uns freuen, wenn Ihnen unser Angebot entspräche.

4 Ihrer Auftragserteilung sehen wir mit grossem Interesse entgegen.

5 Wir sind gern bereit, Ihren Palettomaten zu besichtigen und werden Ihnen dann nach eingehender Studie unsere Vorschläge unterbreiten.

OFFRES SPÉCIALES

1 Comme vous l'avez appris par votre correspondant, il est exact que nous nous occupons surtout d'emballages maritimes.

2 Nous vous faisons parvenir ci-joint une offre où vous trouverez tous les détails nécessaires. Le montant total du devis que nous vous proposons s'élève à ...

3 Nous serions heureux que notre offre vous convienne.

4 Nous attendons avec intérêt que vous nous passiez votre ordre.

5 Nous sommes volontiers prêts à examiner vos palettomates et après avoir étudié à fond la question, nous vous soumettrons nos propositions.

6 Bevor wir Ihnen eine neue Verpackungseinheit empfehlen, möchten wir diese einem längeren Versuch unterziehen. Die Stückpreise könnten wir Ihnen erst nach erfolgreichem Ablauf des Versuchs nennen.

7 Das chemische Einschäumen stellt eine Neuheit auf dem Verpackungsmittel-Sektor dar. Als Anlage erlauben wir uns, Ihnen eine Broschüre zu überreichen, aus der Sie Einsatzmöglichkeiten ersehen können. Der Preis beträgt pro kg . . . Bei Abnahme von . . . kg erhalten Sie einen Mengenrabatt von . . .%.

8 Besondere Vorschriften bei Verwendung von Holzverpackungen bestehen für folgende Länder:

9 Die Imprägnierungsmittel stellen wir Ihnen gern zum Preis von . . . pro kg zur Verfügung.

10 Anhand der uns vorliegenden Musterzeichnungen ermittelten wir einen Einzelpreis von . . . bei Abnahme von mindestens . . . Stück.

11 Die in Ihrer Anfrage vom . . . genannten Verpackungsmittel können wir zu folgenden Preisen produzieren:

12 Wir können jederzeit für Ihre Erzeugnisse Einwegverpackungen herstellen. Unsere Fabrikabgabepreise entnehmen Sie bitte der beigefügten neuesten Preisliste.

6 Avant de vous recommander un nouvel emballage standard, nous voudrions soumettre celui-ci à un essai prolongé. Nous pourrons vous donner les prix unitaires une fois que nous connaîtrons le résultat positif de l'expérience.

7 La mousse chimique représente une nouveauté dans le domaine de l'emballage. Nous nous permettons de vous envoyer ci-joint une brochure où vous trouverez les possibilités d'utilisation. Le prix s'élève à . . . le kilo. Pour une commande de . . . kg, nous vous accordons une remise de . . . %.

8 Il existe des règlements particuliers pour l'utilisation d'emballages en bois pour les pays suivants:

9 Nous pouvons vous fournir les produits d'imprégnation au prix de . . . le kilo.

10 Sur la base des croquis qui sont entre nos mains, nous avons calculé un prix unitaire de . . . pour une commande minimum de . . . pièces.

11 Nous pouvons fabriquer les emballages indiqués dans votre lettre du . . . aux prix suitants:

12 Nous sommes à tout moment en mesure de fabriquer des emballages perdus pour vos articles. Vous trouverez nos prix de fabrique dans le nouveau tarif ci-joint.

ALLGEMEINE AUFTRAGSERTEILUNG

1 Auf Grund der uns vorliegenden Preisliste bestellen wir hiermit:

2 Die uns genannten Preise entsprechen unseren Vorstellungen. Wir geben daher folgende Verpackungseinheiten in Auftrag:

3 Ihre Stückpreise entsprechen nicht unseren Erwartungen, daher können wir Ihnen leider keinen Auftrag erteilen.

4 Ihre Konkurrenz bietet erheblich billigere Verpackungsmittel an.

5 Die vorliegenden Musterverpackungen werden unseren Anforderungen leider nicht gerecht.

6 Die uns aufgegebenen Lieferfristen gestatten uns keine Auftragserteilung.

PASSATION D'ORDRES GÉNÉRAUX

1 Nous référant aux tarifs qui nous ont été soumis, nous vous commandons par la présente:

2 Les prix que vous nous indiquez nous conviennent. Nous vous passons donc commande des unités d'emballage suivantes:

3 Vos prix unitaires ne nous conviennent pas et nous ne pouvons donc malheureusement pas vous passer commande.

4 Votre concurrent offre des emballages bien meilleur marché.

5 Les échantillons d'emballages qui nous ont été soumis ne nous satisfont malheureusement pas.

6 Les délais de livraison qui nous ont été indiqués ne nous permettent pas de vous passer commande.

SPEZIELLE AUFTRAGSERTEILUNG

1 Hiermit erteilen wir Ihnen den Auftrag, gemäss Ihrem Angebot vom . . . die Maschinenanlage zum Preis von . . . ordnungsgemäss zu verpacken.

PASSATION D'ORDRES SPÉCIAUX

1 Nous référant à votre ordre du . . ., nous vous passons l'ordre d'emballer les machines de façon adéquate et au prix de . . .

2 Wir beziehen uns auf Ihr Angebot vom ... und bestellen zur sofortigen Lieferung folgende Verpackungsmittel:

3 ... Stück Kisten (Zeichnung Nr. ...)
... Stück Einwegpaletten (Zeichnung Nr. ...)
... Stück Eisenfässer (Zeichnung Nr. ...).

4 Sie haben uns von der vielseitigen Verwendungsmöglichkeit Ihres Einschäummittels überzeugt. Wir bestellen ... kg zum Preis von ... je kg.

5 Wir kommen zurück auf Ihr Angebot vom ... und bitten Sie, uns ... kg Holzimprägniermittel, Sorte ... zum Preis von ... je kg frachtfrei (Bahnstation: ...) zu liefern.

6 Gemäss Ihrem Angebot vom ... übertragen wir Ihnen die Herstellung nachstehender Spezialverpackungen:

7 Wir erteilen Ihnen den Auftrag, die bei uns im Einsatz befindlichen Verpackungseinheiten zu prüfen und uns Vorschläge für deren Neugestaltung zu machen. Kostenlimit: ...

2 Nous nous référons à votre offre du ... et vous commandons pour livraison immédiate les emballages suivants:

3 ... caisses (dessin n° ...)
... palettes perdues (dessin n° ...)
... fûts en fer (dessin n° ...).

4 Vous nous avez convaincus des multiples possibilités d'utilisation de votre mousse chimique. Nous vous en commandons ... kg au prix de ... le kilo.

5 Nous reprenons votre offre du ... et vous prions de nous livrer franco de port (gare: ...) ... kg de produit pour l'imprégnation du bois, qualité ... aux prix de ... le kilo.

6 Suite à votre offre du ..., nous vous chargeons de fabriquer les emballages spéciaux suivants:

7 Nous vous passons l'ordre d'étudier les emballages standard actuellement utilisés chez nous et de nous faire des propositions pour renouveler le conditionnement de nos articles. Coût limite: ...

AUFTRAGS-BESTÄTIGUNG UND VERSANDAVIS

1 Wir danken für die Auftragserteilung und bestätigen Ihnen, dass wir Ihre Verpackungsmittel termingerecht zum ... liefern werden.

2 Die von Ihnen am ... bestellten Verpackungseinheiten werden voraussichtlich am ... ausgeliefert.

3 Wir bestätigen Ihnen mit bestem Dank den Erhalt Ihrer Bestellung und haben heute unsere Versandabteilung angewiesen, die für Sie bestimmte Ware umgehend per Frachtgut an Sie abzuschicken.

4 Das am ... von Ihnen bestellte Verpackungsmaterial wird heute per LKW-Sammelgutverkehr an Sie expediert.

5 Das mit Auftrag Nr. ... vom ... bestellte Verpackungsmaterial werden wir Ihnen am ... mit werkseigenem Lastzug anliefern.

6 Wir werden am ... per Express eine Vorauslieferung von ... Stück vornehmen.

7 Für die Verpackung der Maschinenanlage gemäss Ihrem Auftrag vom ... haben wir den Termin ... eingeplant.

8 Das Personal für die Verpackung der Maschinenanlage in Ihrem Werksgelände wird rechtzeitig bereitgestellt.

CONFIRMATION D'ORDRE ET AVIS D'EXPÉDITION

1 Nous vous remercions de l'ordre que vous nous avez passé et nous vous confirmons que nous livrerons vos emballages comme prévu le ...

2 La livraison des unités d'emballage que vous avez commandées le ... est prévue pour le ....

3 Nous accusons réception de votre commande et vous en remercions; nous avons donné aujourd'hui ordre à notre service d'expédition de faire immédiatement partir les marchandises qui vous sont destinées en régime ordinaire.

4 Le matériel d'emballage que vous avez commandé le ... va vous être expédié aujourd'hui par camion en transport groupé.

5 Nous vous livrerons nous-mêmes par camion le ... le matériel d'emballage objet de votre commande n° ... du ...

6 Nous vous ferons le ... par express une première livraison anticipée de ... pièces.

7 Conformément à votre ordre du ..., nous avons prévu la date du ... pour l'emballage des machines.

8 Nous vous fournirons en temps voulu le personnel nécessaire pour emballer les machines sur place dans votre usine.

TRANSPORT-VERSICHERUNG

ASSURANCE-TRANSPORT

ALLGEMEINE ANFRAGEN

1 Wir bitten Sie um Mitteilung, ob und zu welchen Bedingungen Sie Transportversicherungen für Land-/See-/Lufttransporte durchführen (vermitteln) können.
2 Übermitteln Sie uns bitte Ihre Prämientarife.
3 Wir benötigen zu Offertenerstellungen die jeweils gültigen Prämientarife für Land-/See-/Lufttransporte.
4 Für unsere Preiskalkulationen benötigen wir dringend Ihre Prämientarife.
5 Zur Überprüfung von Preisangeboten benötigen wir Ihre Prämientarife.
6 Bitte übersenden Sie uns umgehend Ihr Tarifwerk.
7 Geben Sie uns bitte umgehend Ihre Prämientarife an. Für postwendende Erledigung wären wir Ihnen dankbar.
8 Für die sofortige Bereitstellung Ihres Tarifwerks danken wir Ihnen im voraus.
9 Für die umgehende Zusendung Ihrer Prämienunterlagen danken wir Ihnen schon jetzt.

DEMANDES GÉNÉRALES

1 Veuillez nous faire savoir si et à quelles conditions vous assurez les transports terrestres/maritimes/aériens, ou bien s'il est possible de le faire par votre intermédiaire.
2 Veuillez nous communiquer vos barèmes de primes.
3 Nous avons besoin pour l'établissement d'offres des barèmes de primes applicables aux transports terrestres/maritimes/aériens.
4 Nous avons besoin de toute urgence pour nos calculs de prix de vos barèmes de primes.
5 Nous avons besoin de vos barèmes de primes pour étudier des offres de prix.
6 Veuillez nous envoyer votre tarif par retour du courrier.
7 Veuillez nous communiquer au plus vite votre barème de primes. Nous vous serions reconnaissants de le faire par retour du courrier.
8 Nous vous prions de nous fournir de suite votre tarif et vous en remercions à l'avance.
9 Nous vous prions de bien vouloir nous faire parvenir par retour du courrier la documentation concernant les primes et vous en remercions à l'avance.

SPEZIELLE ANFRAGEN

1 Von Ihrer hiesigen Gebietsvertretung erfahren wir, dass Sie sich auch mit Transportversicherungen beschäftigen.
2 Können Sie uns einen günstigen Prämiensatz für Sendungen ab unserem Werk . . . nach . . . einräumen?
3 Sofern Ihre Prämien unseren Vorstellungen entsprechen, werden wir gern mit Ihnen zusammenarbeiten.
4 Soweit uns bekannt ist, sind Sie am Abschluss von Transportversicherungen interessiert.
5 Aus Ihren Prospekten ersehen wir, dass Sie sich im besonderen mit Transportversicherungen befassen.
6 Wir sind am Abschluss einer Generalpolice interessiert.
7 Zu welchen Bedingungen gewähren Sie Versicherungsschutz für Sendungen im durchschnittlichen kg-Wert von . . . nach . . .?
8 Erläutern Sie uns bitte den Unterschied zwischen f.p.a.- und w.p.a.-Deckung.
9 Geben Sie uns bitte die Prämiensätze für f.p.a.-Deckung (free from particular average) und w.p.a.-Deckung (with particular average) an.

DEMANDES SPÉCIALES

1 Votre agence locale nous a appris que vous vous occupez également d'assurance transports.
2 Pouvez-vous nous accorder des taux de primes intéressants pour des envois depuis notre usine . . . à destination de . . .?
3 Si vos primes nous conviennent, nous serons heureux de travailler avec vous.
4 Nous croyons savoir que la conclusion d'assurances transports vous intéresse.
5 À ce qu'il ressort de vos prospectus, vous vous occupez surtout d'assurances transports.
6 Nous voudrions souscrire une police générale d'assurance.
7 À quelles conditions assureriez-vous des envois d'une valeur moyenne de . . . par kilo à destination de . . .?
8 Veuillez nous expliquer la différence entre assurance f.p.a. et assurance w.p.a.
9 Veuillez nous faire connaître le taux de primes pour l'assurance f.p.a. (free from particular average) et pour l'assurance w.p.a. (with particular average).

10 Sind bei Abschluss einer w.p.a.-Versicherung die Risiken:
Abhandenkommen
Aufruhr
Beraubung
Beschädigung
Beschmutzung
Bruch
Diebstahl
Erdbeben
Hakenriss
Krieg
Nässe
Oxydation
Plünderung
Rost
Sabotage
Schäden durch Beiladung
Seewasserschäden
Streik
Verbiegung
abgedeckt?

11 Welche Risiken beinhaltet eine f.p.a.-Deckung?

12 Können (müssen) wir bei Aufgabe der Versicherungssumme einen imaginären Gewinn einkalkulieren?
Sofern ja, bis zu welcher Höhe?

13 Schliesst die w.p.a.-Versicherung auch eine Deckladungsklausel ein?

14 Werden bei einer Deckladungsklausel höhere Gebühren berechnet?

10 L'assurance w.p.a. couvre-t-elle les risques de (d')
perte
émeute
vol à main armée
avarie
souillure
casse
vol
tremblement de terre
déchirure par accrochage
guerre
mouillure
oxydation
pillage
rouille
sabotage
dommage dû à un envoi joint
avarie par eau de mer
grève
déformation?

11 Quels sont les risques couverts par l'assurance f.p.a. (franco d'avarie particulière)?

12 Pouvons-nous (devons-nous), en indiquant le montant de l'assurance, tenir compte d'un gain imaginaire? Si oui, jusqu'à quel montant?

13 L'assurance f.p.a. comporte-t-elle aussi une clause de chargement sur pont?

14 La clause de chargement sur pont entraîne-t-elle des taxes plus élevées?

ANGEBOTE

1 Wir danken Ihnen für Ihre Anfrage und übermitteln Ihnen heute die gewünschten Prämientarife.

2 Als Anlage überreichen wir Ihnen wunschgemäss die neuesten Prämientarife, aufgegliedert nach Land-/See-/ und Lufttransporten.

3 Da aus unserer Broschüre sämtliche Transportversicherungsarten ersichtlich sind, erübrigt es sich, auf Ihre spezielle Frage einzugehen.

4 Sie finden die entsprechende Prämie auf Seite ... Beachten Sie bitte, dass zur angeführten Prämie noch ...% Versicherungssteuer hinzukommen.

5 Über die Unterschiede zwischen w.p.a.- und f.p.a.-Deckung informieren Sie die Ausführungen auf Seite ...

6 Die Deckladungsklausel wird auf Seite ... erläutert.

7 Zum Zweck des Abschlusses einer Generalpolice erlauben wir uns, Ihnen ein Antragsformular zukommen zu lassen. Bitte, geben Sie uns dieses Formular, in allen Teilen ausgefüllt, bald zurück. Wir werden Ihnen dann umgehend unser Angebot unterbreiten.

OFFRES

1 Nous vous remercions de votre demande de renseignements et vous faisons parvenir aujourd'hui les barèmes de primes demandés.

2 Comme demandé, nous vous envoyons ci-joint les nouveaux barèmes de primes, classés selon transports terrestres/maritimes/aériens.

3 Notre brochure indiquant toutes les sortes d'assurances transports, il n'est donc pas nécessaire que nous répondions spécialement à votre question.

4 Vous trouverez la prime en question page ... Veuillez noter que ... % de taxes viennent s'ajouter à la prime indiquée.

5 Vous trouverez page ... toutes les indications expliquant la différence entre assurance f.p.a. et assurance w.p.a.

6 La clause de chargement sur pont est expliquée page ...

7 Nous nous permettons de vous faire parvenir un formulaire de demande de police générale d'assurance. Veuillez nous retourner au plus tôt ce formulaire dûment rempli. Nous vous soumettrons alors notre offre par retour du courrier.

AUFTRAGSERTEILUNG

1 Auf Grund der uns vorliegenden Prämientarife erteilen wir Ihnen hiermit den Auftrag, unsere Sendung ... nach ... gegen allgemeine Risiken zu versichern.
2 Wir bitten Sie, folgende Sendung mit f.p.a.-Deckung (w.p.a.-Deckung) zu versichern: ...
3 Wir erteilen Ihnen den Auftrag, uns eine Versicherungspolice für unsere Exportsendungen zukommen zu lassen.
4 Ihr Tarifwerk sagt uns zu. Wir haben uns daher entschlossen, bei Ihrer Gesellschaft eine Generalpolice abzuschliessen.
5 Die uns aufgegebenen Prämiensätze entsprechen nicht unseren Erwartungen. Der Abschluss einer Generalpolice steht deshalb nicht zur Diskussion.
6 Das Konkurrenzangebot liegt wesentlich günstiger. Wir werden unsere Versicherungsabschlüsse dort tätigen.

PASSATION D'ORDRE

1 Nous référant au barème de primes reçu, nous vous donnons par la présente l'ordre d'assurer notre envoi ... à destination de ... contre les risques normaux.
2 Nous vous prions d'assurer les envois suivants selon la clause f.p.a./w.p.a.: ...
3 Nous vous donnons par la présente l'ordre de nous faire parvenir une police d'assurance pour nos exportations.
4 Votre tarif nous convenant, nous avons décidé de souscrire une police générale d'assurance auprès de votre compagnie.
5 Les taux de primes qui nous ont été communiqués ne nous conviennent pas. Nous ne pouvons donc envisager de souscrire une police générale d'assurance.
6 Nous allons souscrire nos assurances chez votre concurrent, car son offre est nettement plus avantageuse.

AUFTRAGS-BESTÄTIGUNG

1 Wir danken Ihnen für Ihren Auftrag und erlauben uns, Ihnen als Anlage die Versicherungspolice zu überreichen.
2 Für künftige Abschlüsse stehen wir Ihnen jederzeit zur Verfügung.
3 Für Ihre Sendung nach ... erhalten Sie wunschgemäss ein Versicherungszertifikat.
4 Durch den Abschluss einer Generalpolice bei unserer Gesellschaft sind Ihre Sendungen nunmehr gegen alle Risiken abgesichert. Die bei Ihnen ein- oder ausgegangenen Sendungen wollen Sie uns bitte monatlich nachträglich melden.

CONFIRMATION D'ORDRE

1 Nous vous remercions de l'ordre que vous nous avez passé et nous nous permettons de vous envoyer ci-joint la police d'assurance.
2 Nous serons toujours à votre entière disposition chaque fois que vous désirerez souscrire une assurance.
3 Vous allez recevoir le certificat d'assurance demandé pour votre envoi à destination de ...
4 Du fait que vous avez souscrit une police générale d'assurance auprès de notre compagnie, vos envois se trouvent désormais assurés contre tous les risques. Veuillez nous envoyer à la fin de chaque mois la liste des envois que vous aurez reçus ou expédiés.

UMFANG DES VERSICHERUNGS-SCHUTZES

1 Bitte versichern Sie unsere Sendung bis zur Grenze (einschliesslich Verzollung/bis zum Bestimmungsort).
2 Gemäss Ihrer Anforderung haben wir die für Sie bestimmte Sendung bis zur Grenze (einschliesslich Verzollung/bis zum Bestimmungsort) versichert.

ÉTENDUE DE L'ASSURANCE

1 Veuillez assurer notre envoi jusqu'à la frontière (dédouanement y compris/jusqu'au lieu de destination).
2 Suite à votre demande, nous avons assuré l'envoi qui vous est destiné jusqu'à la frontière (dédouanement y compris/jusqu'au lieu de destination).

3 Ist die Sendung nach Ankunft bis zur Anlieferung bei uns versichert?
4 Die Sendung ist bis zum Bestimmungsort (bis Entladung vom Sammeltransport/bis zur Anlieferung bei Ihnen) versichert.

3 Après l'arrivée, l'envoi est-il assuré jusqu'à sa livraison chez nous?
4 L'envoi est assuré par votre compagnie jusqu'au lieu de destination (jusqu'à déchargement du transport groupé/jusqu'à sa livraison chez vous).

SCHADENSFALL

1 Betr.: Ihren (Unseren) Schadensfall vom ...
2 Bitte senden Sie uns die notwendigen Versicherungsformulare, damit wir den Schadensfall melden können.
3 Die von Ihnen angeforderten Versicherungsformulare sind an Sie abgegangen.
4 Wir möchten Ihnen den folgenden Schadensfall melden und bitten Sie, einen Ihrer Agenten damit zu beauftragen, den Schaden an Ort und Stelle zu inspizieren.
5 Wir haben von Ihrem Schadensfall Kenntnis genommen und an die Versicherungsgesellschaft weitergeleitet.
6 Die beigefügten Versicherungsformulare wollen Sie bitte ausgefüllt an uns zurücksenden.
7 Wir haben Ihre Anweisungen vom ... erhalten und werden uns mit ... in Verbindung setzen.

SINISTRES

1 Objet: Votre (notre) sinistre du ...
2 Veuillez nous envoyer les formules d'assurance nécessaires pour que nous puissions faire la déclaration du sinistre.
3 Les formules d'assurance que vous avez demandées vous ont été envoyées.
4 Nous faisons ci-après une déclaration de sinistre et vous prions de charger l'une de vos agences d'inspecter sur place le sinistre en question.
5 Nous avons pris connaissance de votre déclaration de sinistre et l'avons transmise à la compagnie d'assurances.
6 Vous voudrez bien nous retourner les formules d'assurance ci-jointes dûment remplies.
7 Nous avons reçu vos instructions du ... et allons nous mettre en contact avec ...

EMPFANGSBESTÄTIGUNG

ACCUSÉ DE RÉCEPTION

ALLGEMEINE BESTÄTIGUNGEN

1 Die uns am ... avisierte Sendung kam heute an.
2 Ihre Sendung vom ... ist heute morgen angeliefert worden.
3 Das am ... durch Sie versandte Gut soll heute eintreffen.
4 Die am ... von Ihnen verschickte Ware ist heute in unser Wareneingangsbuch aufgenommen worden.

ACCUSÉS DE RÉCEPTION GÉNÉRALES

1 L'envoi dont nous avions été avisés le ... est arrivé aujourd'hui.
2 Votre envoi du ... a été livré ce matin.
3 La marchandise que vous avez expédiée le ... doit arriver aujourd'hui.
4 La marchandise que vous avez expédié le ... a été inscrite aujourd'hui chez nous au registre des fournisseurs.

DETAILLIERTE BESTÄTIGUNGEN

1 Ihre Luftfrachtsendung gemäss AWB Nr. ... ist bei uns am ... eingetroffen.
2 Das am ... durch ... versandte Material traf erst am ... ein.
3 Gemäss Ihrem Versandavis sind gestern ... Kisten mit ... in unserem Werk ... eingetroffen.
4 Von den zugesagten ... Ballen ... haben Sie laut Frachtbrief nur ... Stück an uns expediert.
5 Der vorliegende Frachtbrief weist entgegen Ihrem Lieferschein nur ... Fässer à ... kg aus.
6 Die Ladung ... ist mit SS «...» soeben im Hafen eingetroffen.
7 Ihre Sendung von ... Sack ... wird uns soeben von der Speditionsfirma ... zur Selbstabholung avisiert.

ACCUSÉS DE RÉCEPTION DÉTAILLÉS

1 Votre envoi par voie aérienne, AWB n° ..., est arrivé chez nous le ...
2 Les matériaux envoyés le ... par ... sont arrivés seulement le ...
3 Conformément à votre avis d'expédition, ... caisses de ... sont arrivées hier à notre usine de ...
4 D'après la lettre de voiture, vous ne nous avez expédié que ... balles de ... sur les ... que vous deviez nous livrer.
5 La présente lettre de voiture ne correspond pas à votre bon de livraison car elle porte seulement sur ... fûts de ... kg.
6 La cargaison de ... vient d'arriver au port à bord du vapeur «...».
7 La maison de transport ... vient de nous aviser de venir enlever votre envoi de ... sacs de ...

REGISTER

Dieses alphabetische Register erfaßt die Austauschsätze (S. 83–332). Die Thematik der Briefbeispiele (S. 33–81) ist aus der systematischen Übersicht im Inhaltsverzeichnis ersichtlich. Bei den Angaben unter den fettgedruckten Stichwörtern handelt es sich um die Abschnittsüberschriften mit den Seitenziffern (fett) und den Nummern (mager) derjenigen Sätze, die das Stichwort wörtlich oder sinngemäß enthalten.